物流节点规划设计

陈子侠　官小云　彭建良　著

ZHEJIANG UNIVERSITY PRESS
浙江大学出版社

图书在版编目(CIP)数据

物流节点规划设计 / 陈子侠等著. —杭州:浙江
大学出版社,2019.6
ISBN 978-7-308-19185-2

Ⅰ.①物… Ⅱ.①陈… Ⅲ.①物流—系统工程 Ⅳ.
①F252

中国版本图书馆 CIP 数据核字(2019)第 102592 号

物流节点规划设计

陈子侠　官小云　彭建良　著

责任编辑	石国华
责任校对	高士吟
封面设计	周　灵
出版发行	浙江大学出版社
	(杭州市天目山路 148 号　邮政编码 310007)
	(网址:http://www.zjupress.com)
排　　版	杭州星云光电图文制作有限公司
印　　刷	杭州高腾印务有限公司
开　　本	710mm×1000mm　1/16
印　　张	19.5
字　　数	390 千
版 印 次	2019 年 6 月第 1 版　2019 年 6 月第 1 次印刷
书　　号	ISBN 978-7-308-19185-2
定　　价	58.50 元

内 容 提 要

国务院自 2013 年 9 月出台《全国物流园区发展规划（2013—2020 年）》后，2014 年 10 月，又正式印发《物流业发展中长期规划（2014—2020 年）》，从国家层面部署加快现代物流业发展，建立和完善现代物流服务体系，提升物流业发展水平，为全面建成小康社会提供物流服务保障，也预示我国物流业发展迎来了前所未有的历史机遇。其中，《全国物流园区发展规划（2013—2020 年）》对国内各类物流节点（物流园区、物流中心、物流配送中心、配送服务站等）规划提供了有力的宏观指导和服务保障。2017 年 8 月，国务院办公厅印发《关于进一步推进物流降本增效促进实体经济发展的意见》，从 7 个方面提出了 27 条具体措施，指出物流业贯穿一二三产业，衔接生产和消费，推动物流降本增效对促进产业结构调整和区域协调发展、培育经济发展新动能、提升国民经济整体运行效率具有重要意义。2018 年 1 月，国务院办公厅又发布《关于推进电子商务与快递物流协同发展的意见》，着重解决目前电子商务与快递物流协同发展面临的政策法规体系不完善、发展不协同、衔接不通畅等问题。

本书立足当前"一带一路"物流业快速发展需求，全面、系统地分析各类物流节点规划设计的理论与实践，通过对国内外物流节点规划设计已有的成果与经验的总结，试图从更新、更广、更全面的视野来诠释现代物流节点规划设计的内涵、进展与意义。

全书共分 12 章，内容包括物流节点概论、需求分析、物流节点选址与规模控制、物流节点运作流程及内部规划设计、物流节点仓储系统规划设计、物流节点运输系统规划设计、物流节点分拣系统规划设计、物流节点装卸搬运系统规划设计、物流节点设施设备规划设计、物流节点信息系统规划设计、物流节点规划设计成本分析，以及物流节点规划设计的 8 个具体应用实践。

本书难度适中，特色鲜明，理论与实践紧密结合，具有很强的针对性和实际可操作性，可作为工商企业、"三农"企业、物流企业等行业进行物流节点规划设计的专业参考用书，也可以作为大中专院校物流专业和高等教育自学考试物流专业的教材，对政府相关部门、规划设计研究单位，以及企业电子商务人员、物流管理人员等，提高物流节点规划设计方面的专业知识与能力，也很有裨益。

前　言

　　物流节点是现代社会实现物流现代化的重要组成部分。物流节点在现代商品流通中的作用极大，它通过对商品的运输、保管、装卸、搬运、流通加工、配送、订单处理和信息处理等工作的统一管理，可以大大减轻作业劳动强度，减少商品损耗，提高库存周转率，加速商品流通，降低流通成本，提高社会需求的满足程度，给消费者以更多的选择。

　　物流节点作为进行物流配送活动的主要基础设施，已成为今后相当长一个时期我国物流设施规划、设计和建设的重点。在我国东中部经济发达城市和西部大中型城市，各种物流园区、物流中心、配送中心已经陆陆续续建成并投入使用，特别是现代无线宽带网络、境内电子商务、跨境电子商务的应用，各种快递物流服务（如"三通一达"）如雨后春笋般进入千家万户。但是物流节点的建设投资，即便是在欧美及日本这样的国家也算是巨额投资，如何使这笔巨额投资能够获取应有的绩效，这就需要从项目可行性和必要性研究、物流节点的规划设计、物流节点的施工到正常运营时的经营管理，做到科学、合理、高效率。既要具有现代化的水平，又要注重实用性；既要学习经济发达国家已成熟的经验和理论，又要符合我国国情。因此，在物流节点建设之前，需要进行科学规划，其目的是确定合理的投入，使未来的物流资源得到优化配置，获得期望的产出。物流节点的有效运行，不仅取决于有形资产的规划，还与市场、技术、环境、人员、法律、政策等密切相关；不但需要满足本地区的经济发展，还应与国际市场变化趋势及我国国民经济可持续发展相适应。物流节点规划与设计是一项涉及面很广的系统工程，在进行详细构建与整体安排后，还要求进行定量与定性相结合的分析。

　　本书主要介绍物流节点规划设计的具体内容、步骤和任务。主要包括：计划筹备阶段的基础规划资料的收集和系统规划策略目标的确定；系统规划设计阶段的基础规划资料的分析、规划条件设定、作业需求功能规划、设施设备需求规划与选用、信息系统规划、区域布置规划；方案评估与选择阶段的物流系统评估因素规划、物流节点的区位选择；细部规划设计阶段物流设备规划设计、外围设施规划设计、细部布置规划、事务流程设计、作业规范与人力需求规划、计划实施考核、成本分析与效益评估等。

　　全书共分12章。在第一章介绍物流节点基本概念的基础上，第二章提出了物流节点规划设计的需求、分析流程及阶段划分，从第三章开始到第十一章，按照第二章需求分析的总体要求,分别从物流节点的选址、物流节点的内部流程、物流节点的仓储系统、物流节点的运输系统、物流节点的分拣系统、物流节点的装卸搬运系统、物流节点的设施设备、物流节点的信息系统以及物流节点的成本9个部分进行了详细具体的规划设计与分析。最后一章先后列举了宁波明州物流园区规划、廊坊市烟草物流配送中心规划、辽宁省医药物流配送中心规划设计、烟台铁路公司珠矶物流配送中心规划、桂北柑橘物流中心规划设计、玉柴物流园区规划设计、南京汽车整车及零配件物流园区规划设计、跨境电商海外仓选址规划等8个典型物流规划设计具体实践,进行了实际应用佐证。

本书与同类书相比,主要有以下特色:一是本书在全面阐述物流节点规划设计内容、步骤与任务的基础上,完整、准确、系统地介绍了国内外先进的物流节点规划设计的方法和技术,这在国内同类著作中并不多见;二是本书所采用的案例大都是作者近几年理论与实践中所用到的,故其更加翔实、可靠、有说服力,对任何要学习或进行物流节点规划设计的人员来说,都具有一定的参考价值;三是本书将物流节点规划设计中所涉及的内容进行了全面深入浅出的分析、阐述,使得它的应用范围更加广泛。本书不仅可以作为高等院校物流及物流相关专业的本科生、研究生的教材或教学参考书,也可作为从事物流节点规划设计的专业人员的工作指南和手册,还可作为企业培训物流规划设计人员的教材。本书与同类书的最大区别在于研究范围与读者对象的不同,本书涵盖了物流园区、物流中心、配送中心、配送站等不同规模层次的物流节点,对于物流专业人员而言具有知识点的全面性和系统性,这是不可或缺的。此外,本书特色鲜明、专业可操作性强、理论与实践紧密结合,书中内容、数据紧跟时代步伐,其中许多是作者本人多年来的研究成果与工作成果,甚至涉及目前与"一带一路"倡议相适应的跨境电商"海外仓"布局规划。

在本书撰写过程中,得到了上海交通大学、浙江工商大学、五粮液安吉物流、四川东方物流、四川卓尔物流、杭州烟草公司、浙江省发展规划研究院、浙江省交通规划设计研究院、浙江广厦建设职业技术学院等单位的物流专家教授、企业家等的热情指导与大力支持,在此表示衷心的感谢。十分感谢笔者所在单位浙江广厦建设职业技术学院对本书出版的经费资助。由于笔者水平有限,成稿时间仓促,书中表述难免出现疏漏和谬误,敬请各位专家、读者提出批评意见,以便本书逐步完善。

陈子侠(461124137@qq.com)

2019年6月于杭州

目　录

第一章 概 论

第一节 物流节点相关概念的界定

一、物流节点概念及其规划内涵

(一)物流节点的概念

2006年3月,中华人民共和国国家质量监督检验检疫总局、中国国家标准化管理委员会颁布的国家标准《物流术语(修订版)》(GB/T 18354—2006)对物流园区、物流中心、配送中心等物流节点的概念进行了定义:

物流园区(logistics park):为了实现物流设施集约化和物流运作共同化,或者出于城市物流设施空间布局合理化的目的而在城市周边等各区域,集中建设的物流设施群与众多物流业者在地域上的物理集结地。

物流中心(logistics center):从事物流活动且具有完善信息网络的场所或组织。应基本符合下列要求:(1)主要面向社会提供公共物流服务;(2)物流功能健全;(3)集聚辐射范围大;(4)存储、吞吐能力强;(5)对下游配送中心客户提供物流服务。

配送中心(distribution center):从事配送业务且具有完善信息网络的场所或组织。应基本符合下列要求:(1)主要为特定客户或末端客户提供服务;(2)配送功能健全;(3)辐射范围小;(4)多品种、小批量、多批次、短周期。

配送服务站:是配送中心下一级物流节点,也是最后一公里末端节点,是物流配送最小的分货场所。一般而言,客户的订单显示到达配送服务站,说明其货物即将派送给送货师傅(快递小哥),很快就会到达最终用户手中。

由上述定义可以看出,物流节点就是物流园区、物流中心、配送中心、配送服务站等物流集合点的统称,其中:物流园区是占地规模较大、拥有多种物流设施设备、入驻多种类型物流企业、具有综合物流服务功能和特定区域的重要物流节点;物流中心是地域型的、货物大进大出的、具有多种交通运输方式和物流服务功能的主要物流节点;配送中心是以组织配送或供应、执行实物配送为主要职能的一般物流节点,它既有集货中心的职能,又有分货中心的职能,还有较强的流通加工能力,它是集货中心、分货中心和加工中心的高度综合。

(二)物流园区、物流中心、配送中心的区别与联系

(1)物流园区、物流中心和配送中心的关系。物流园区是一家或多家物流(配送)企业在空间上集中布局的场所。它提供一定品种、一定规模、较高水平的综合物流服务的物流集结点。物流园区主要是一个空间概念,与工业园区、科技园区等概念一样,是具有产业一致性或相关性且集中连片的物流用地空间。物流园区与物流中心之间既有联系,又有区别。通常来说,物流园区是物流中心的空间载体,与从空间角度所指的物流中心往往是一致的。综合物流园区可以包含几个物流中心和几个配送中心,因此,它不是物流的管理和经营实体,而是数个或多个物流节点,如物流中心、配送中心、物流企业的集中地。一般来讲,配送中心的范畴是最小的,一个物流中心通常包括几个或者几十个配送中心,不过生活中人们并没有严格区分,通常人们习惯性地称物流中心为物流配送中心,有时候为了凸显配送中心的重要性,也将单个配送中心称为物流中心。物流园区是物流中心和配送中心的空间集聚地,但是范畴更大一点。物流园区除了包括物流中心、配送中心和物流企业以外,一般还会引入为物流企业和物流中心服务的配套服务区,例如设置金融、保险、外汇、代理、会计师事务所、律师事务所、邮电通信、交通运输等为企业和货主提供服务的机构,以及为员工提供餐饮、娱乐、就医等服务的设施,有的物流园区还引入物流培训中心、物流信息中心等。

(2)物流园区、物流中心和配送中心的区别。物流园区、物流中心、配送中心是三种不同规模层次的物流节点。主要区别体现在以下三个方面:第一,从规模来看,物流园区是巨型物流节点,其规模最大,物流中心次之,配送中心最小。第二,从流通货物来看,物流园区的综合性较强,专业性较弱。物流中心在某个领域综合性、专业性较强,具有这个领域的专业性。配送中心则主要面向城市生活或某一类型生产企业,其专业性很强。第三,从物流节点功能来看,物流园区的功能十分全面,存储能力大,调节功能强。物流中心的功能健全,具有一定的存储能力和调节功能。而配送中心的功能较为单一,以配送功能为主,存储功能为辅。

需要特别强调的是,本书《物流节点规划设计》包括上述物流园区、物流中心、配送中心等物流节点的规划设计。

(三)《全国物流园区发展规划(2013—2020年)》内涵

近年来,随着国家公路、铁路、水路、航空、管道运输综合交通运输基础设施的建设与完善,我国重要物流节点布局也在发生深刻变化,在距大都市20～40千米的郊外,陆续建起了大规模的物流园区或物流中心,这些物流园区或物流中心拥有大型的物流设施设备,有很强的辐射吸纳能力,向省际、全国乃至国际范围内的用户,进行集货、分拨、中转、储存、配送大宗货物作业,逐步形成了我国重要物流节点城市的大宗货物区域集疏运体系,被人们称之为广域物流园区或区域物流园区。

2013年10月,中华人民共和国发展与改革委员会正式发布了《全国物流园区发展规划(2013—2020年)》,该规划明确了全国物流园区的发展目标和总体布局,到2020年,全国要基本形成布局合理、规模适度、功能齐全、绿色高效的物流园区网络体系。物流园区布局城市可根据实际需要建设不同类型的物流园区,包括货运枢纽型物流园区、商贸服务型物流园区、生产服务型物流园区、口岸服务型物流园区、综合服务型物流园区。具体按照物流需求规模大小以及在国家战略和产业布局中的重要程度,将物流园区布局城市分为三级,确定一级物流园区布局城市29个,二级物流园区布局城市70个,三级物流园区布局城市由各省(区、市)根据本省物流业发展规划具体确定,原则上应为地级城市。其中,一级物流园区布局城市有北京、天津、唐山、呼和浩特、沈阳、大连、长春、哈尔滨、上海、南京、苏州、杭州、宁波、厦门、济南、青岛、郑州、合肥、武汉、长沙、广州、深圳、南宁、重庆、成都、昆明、西安、兰州、乌鲁木齐。

值得指出的是,《全国物流园区发展规划(2013—2020年)》要求各地有关部门严格控制园区数量和规模,防止盲目建设或以物流园区名义圈占土地。要选择一批发展条件好、带动作用大的园区,作为省级示范物流园区加以扶持推广,在此基础上,开展国家级物流园区示范工程,对列入国家级示范的物流园区,有关部门可给予土地、资金等政策扶持。各地应及时将物流园区纳入所在城市的各类城市规划和土地利用总体规划,统筹规划和建设,涉及新增建设用地的,合理安排土地利用计划指标。示范物流园区新增建设用地,优先列入国家和地方建设用地供应计划。在投融资方面,国家支持物流园区及入驻企业与金融机构联合打造物流金融服务平台,形成多渠道、多层次的投融资环境。各地要适当放宽对物流园区投资强度和税收强度的要求,鼓励物流企业入驻物流园区。

《全国物流园区发展规划(2013—2020年)》列在本书附录一中,方便学生参考。

二、物流节点的产生

物流节点是随着社会生产的发展和社会分工的细化而产生的,这主要基于以下几个条件:

(1)降低物流成本的迫切要求。竞争的压力以及追求高额利润的动力,迫使厂商不断降低自己的物流成本。在市场竞争压力还不足够大时,厂商、仓库和运输业主之间是彼此相对独立的,但当市场竞争压力逐渐增大以后,他们发现必须密切配合才能降低物流成本。拥有自备仓库的厂商觉得必须将仓储业务交给专业仓储企业去做,以此来减少自己在仓储的投入,增加生产资金,扩大生产规模;同时也要通过与仓储运输企业密切合作来减少产品的库存量,减少产品成本的资金占用。

（2）商品流通量急剧增加。随着科技的发展与进步，人类开发利用自然资源的规模在迅速扩大，资源分布的不均衡性，各国经济技术发展的不平衡性，导致原料、材料、产品在世界范围的大量流动。货流量的增加，促进了运输业的增长，也促进了作为物流节点的仓库功能的变化，其从原来的单一保管功能发展到收货、分货、装卸、加工、配送等多种功能。

（3）运输方式与运输工具发生了巨大变化。现代科技的发展，也使得多种交通工具与交通方式出现了。当汽车、火车、铁路、飞机、轮船等多种运输工具和多种运输方式融合在一起时，就需要运输工具的转换。货物在运输工具之间的转换使物流业务变得异常复杂。不同货物的同一流通方向、同一货物的不同流通方向、不同货主的同一流向货物、同一货主的不同流向货物，不同运输工具之间的转换、交接，使得物流场所必须拥有足够的场地、泊位、铁路专用线、站台、仓库等才能完成这些工作，这些因素的集成使物流场所发展成为物流节点。

（4）科学技术的进步。自动识别技术、互联网技术、信息传递技术、卫星定位技术以及货物递送、分拣、装卸、运输等技术的发展，使得物流节点有了先进的技术支持，从而使规模处理成为可能。

（5）大量新的贸易形式的出现。在激烈的商业竞争中，超市、仓储超市、连锁商店、专卖店等新的贸易形式大量出现，贴近顾客、低价格销售的营销方式促使物流节点的产生。现代物流节点的主要服务对象依然是商业企业，物流节点这种新的物流流通方式能为企业提供增值服务、降低运作成本，这也是它在商业界得以迅速推广的重要因素。

（6）完善城市功能的需要。城市经济的发展，对物流节点的形成及类别、功能起着至关重要的作用。城市经济规模的扩大，需要较大的物流场所与之适应，那种较小的单一功能的仓库也就被规模较大的多功能的物流节点所取代；同时由于城市中心地价昂贵，交通不畅，物流节点向城市边缘转移，向交通的主干线和节点靠拢，并由单一的仓储功能向物流要求的多功能方向转变。这些因素都促使了城市的物流场所向物流节点转化。

第二节　物流节点类别与功能

一、物流节点的作用

在现代物流网络体系中，物流通道和物流节点是两个基本构成要素。

物流通道包括运输通道、物流服务通道和物流信息通道。运输通道包括公路运输、铁路运输、水路运输、航空运输、管道运输（简称"公铁水航管"）五大类；物流服务通道是物流服务的实物载体（如水运班轮、公路运输专线、航班、铁路车次与班列等）；物流信息通道即通过数据库、互联网以及卫星通信技术实现物流节点与运输通道、物流服务通道之间的信息交流，为物流活动的主体和管理者提供决策信息支持，包括物流公共信息服务平台、行业物流信息服务平台、企业物流信息系统等。

在物流节点网络体系中，物流园区、物流中心、配送中心（配送站）是三种不同层次的物流节点。物流节点作为商品周转、分拣、配货、保管、流通加工等物流活动的场所，能克服在流通过程中所产生的时空障碍，促进商品按顾客要求顺利转移。物流节点的作用主要有：

（1）商品集散中心的作用。将零星产品集中成批量商品，称为"集货"。在生产厂数量很多，每个生产厂产量有限的地区，只要这一地区某些产品总量达到一定规模，就可以设置起聚集作用的物流节点。随着市场经营规模的扩大，生产与消费之间的距离越来越远，流通渠道也越来越复杂，特别是在强调差异化营销的时代，商品流通呈现出多批次、少批量的趋势。在这样的形势下，整个运输过程必然分化为大量商品统一输送的干线运输和都市内终端配送，这两者在输送管理的方法和手段上都有差异。如此多样、复杂的物流体系显然是生产企业无法完全控制管理的。具体来看，在干线运输中，如果由单个企业直接承担小规模商品运输，不仅会因为平均运送商品量较少而造成成本增加，而且运输次数频繁会造成道路过度使用、交通堵塞、环境污染等现象，也增加了社会成本。相反，如果在干线运输的源头或厂商集散地建立物流节点，统一集中各中小企业的商品，加以合理组合，再实施干线运输，既发挥了物流规模效益，使成本得以降低，又有效地抑制了社会成本的上升。同样，干线运输的商品再在运输消费地附近的配送中心统一进行管理，再通过相应的小型货车进行配送，可以大大提高物流的效率。

（2）商品分拣、配货中心的作用。随着流通体系的不断完善和营销渠道的进一步细分，在商品、原材料进货或发货方面，越来越显现出多样化、差异化的趋势。在这种趋势下，商品的分拣、配货职能显得日益重要。商品分拣与配货对保证商品的顺利流动，建立合理、高效的物流网络系统具有积极的意义。而物流节点正是专门从事分拣、配货工作的机构。例如，把各个不同工厂生产的商品调运至物流节点，通过对各用户订单的处理，按客户要求的种类、数量进行集中配置，然后再通过物流节点向各类用户（批发商或零售商）发货，这样可以大大节约商品分拣、配货的作业量。对于连锁形式的零售业来说，利用物流节点的分拣、配货功能直接配送到货架，同样可以节约大量的费用，并能提高整个连锁业的竞争力，有利于实施企业整体的发展战略。除此之外，物流节点的分拣、配送职能对整个社会的发展和产业的利益也有重要影响。因为商品的分拣和配货工作是集中在物流节点统一完成的，而非每个企业各自完成的，这就实现了商品配送的集约化，有效地避免了分散运输、重复运输、迂回运输和不合理运输等现象，实现了总物流成本最小化和社会效益最大化的目标。

（3）流通加工中心的作用。商品从生产地到消费地的过程中要经过很多流通加工作业,特别是在开展集中配送后,在消费地附近需要把大批量运达的商品按照用户要求进行细分,诸如小件包装、分割、计量、组配、价格贴附、标签贴附、商品检验等操作,这些作业都需要在物流节点内进行。除此之外,随着商品零售业的不断发展,特别是便利店的快速兴起及普及化,物流节点的流通加工功能,如蔬菜冷藏加工、食品速冻加工、食品保鲜及食品加工等功能,也得到了进一步的发挥。由此可见,物流节点的流通加工功能在市场需求差异化不断增强、现代零售业竞争日益激烈的今天,已经变得越来越重要,已成为现代物流的基本功能之一。

(4)调解供需矛盾的作用。在现代经济社会中,由于社会生产与商品消费都按照各自的规律进行,所以商品生产与消费之间存在着各种矛盾。诸如有些商品生产是均衡的,而消费是不均衡的(如饮料的生产与消费);而有些商品的生产是不均衡的,但消费却是均衡的(如粮食的生产与消费)。因此,在商品生产与消费之间存在着时间上的分离,即生产与消费不同步。同理,生产与消费在空间上也是分离的,即此地生产,彼地消费。此外还存在季节、地区间的供需矛盾等。物流节点可以充分发挥时空的调节机能和价格的调整功能,消除时空差存在的矛盾与分离,有效地衔接产需,调解供求矛盾。

(5)商品在库管理中心的作用。在现代社会中,任何一个有一定经济规模的国家,为了保证国民经济的正常运行,保证企业生产经营工作的正常开展,保证市场的正常运转,以仓库为储备的形式是不可缺少的,总还有一批仓库或储备中心以储备为其基本职能。在我国,这种类型的储备中心还不少。近年来,随着企业生产规模的不断扩大,产品成本的不断下降,很多企业都提出压缩库存和零库存管理的想法。为了削减库存并实现零库存管理,众多企业提出要建立能实现在库集约化管理的物流节点,这种物流节点在削减各企业库存的同时,也使各企业节约大量仓储费用和存储空间。特别是连锁经营的快速发展,这种物流节点为各连锁店提供了强有力的支持,使批发商和零售商有可能实现零库存管理和商品集中在库管理。

二、物流节点的类型

按照服务功能、商品经营类别、服务范围与服务对象,以及物流设施的归属等不同进行划分,物流节点可分为以下几种形式。

(一)按服务功能划分

物流节点的主要功能有集散、周转、保管、分拣、配送和流通加工等,根据侧重点不同,其大致可分为如下几种:

(1)储存型物流节点。此类物流节点拥有较大规模的仓储设施,具有很强的储存功能,从而把下游的批发商、零售商的商品储存时间及空间降至最少程度,实现有效的库存调度。这样的物流节点多起源于传统的仓库。我国的中储粮物流园区、四川宜宾五粮液白酒物流仓储中心,以及瑞士 GIBA-GEIGY 公司物流园区、美国福来明公司的食品物流配送中心等,都是储存型物流节点的典型。

(2)流通型物流节点。一般情况下,流通型物流节点主要以随进随出方式进行分拣、配货和送货,其典型方式是"整进零出",商品在物流节点仅做短暂停滞。近年来,在我国一些大中城市所建立或正在建立的商品流通中心多属于这种类型的流通中心。

(3)加工型物流节点。此类物流节点的主要功能是对产品进行再生产或再加工,以强化服务为主要目的,提高服务质量和服务水平,为消费者提供更多的便利。如食品或农副产品的深加工,木材或平板玻璃的再加工,水泥、混凝土及预制件的加工等。我国上海地区 6 家造船厂共同组建的钢板配送中心就属于这种类型的物流节点。

(4)多功能物流节点。此类物流节点集储存、流通加工、分拣、配送、采购等多种功能于一体。从现代物流发展的实践来看,为加速商品流动,提高流通效率,更好地顺应市场需求,目前发达国家多功能物流节点所占的比例比其他类型物流节点高。

(二)按商品经营类别划分

(1)综合型物流节点。综合型物流节点是指那些储存、运输、流通加工、分拣、配送多种商品的物流节点,这类物流节点的加工、配送品种多、规模大,适合各种不同需求用户的服务要求,应变能力较强。

(2)专业型物流节点。所谓专业型物流节点是指专门服务于某些特定用户或专门从事某大类商品服务的物流节点,例如煤炭、钢材、建材、食品冷藏等。

(三)按服务范围与服务对象划分

(1)区域型物流节点。此类物流节点是以较强的辐射能力和库存商品,向省际、全国甚至国际范围的用户服务的物流节点。其物流设施齐全,库存规模较大,用户较多,配送量也较大,而且往往是配送给下一级的城市物流中心,也配送给批发商和大企业用户。这种物流节点在国外十分普遍,例如荷兰 Nedlloyd 集团所属的"国际物流配送中心",美国的马特公司物流配送中心和瑞典 DAGAB 公司所属乔鲁德市布洛物流中心,都是这种性质的区域型物流节点,这种物流节点是物流网络服务体系的支柱。

(2)城市型物流节点。这是以所在城市区域为配送范围的物流节点,由于城市范围一般处于汽车运输的经济里程,因此,这种物流中心,都采用机动性强、调度灵活的汽车进行运输,且直接配送到最终用户,实现"门到门"式的配送活动。如北京的食品配送中心,无锡的物资配送中心都属于城市型物流节点。

（四）按物流设施的归属划分

（1）公共型物流节点。公共型物流节点是从整个社会系统的要求出发，根据社会物流规模的数量及交通通信状况等条件建立的开放式经营型的专门从事物流活动的物流节点。一般而言，公共型物流节点主要建立在国内中心城市或其附近。

（2）自有型物流节点。自有型物流节点是指企业从自身生产经营活动的需要出发，根据自身生产经营活动的规模和区域等条件，建立专门为企业自身提供物流服务的物流节点。在实际运作过程中，企业各部门将自身活动所涉及的物流业务全部交由物流节点来解决，以便其他部门能集中精力搞好本职工作，提高工作效率。

（3）合作型物流节点。这种物流节点是由几家企业合作兴建、共同管理的物流设施，多为区域性物流节点。一般而言，这些合作型企业规模不大，这类物流节点多为中小型企业之间的联合建设和应用。

上述物流节点类型的划分，理论上比较简单，实践中却要复杂得多，甚至上述划分有时无法实现。现代物流节点有可能是多功能、多种类商品的综合物流节点，也可能是区域性的"综合性多功能区域物流节点"。从现代物流发展的趋势来看，为加速商品的快速运动，更好地满足终端用户需求不断变化的特点，必须根据市场需求变化和物流发展的具体要求对现代物流节点进行具体分类。

第三节　物流节点规划设计概述

一、物流节点规划设计基本内容

物流节点是为了实现物流设施集约化、物流运作共同化、城市物流设施空间布局合理化的目的，在城市周边或其他区域集中建设的物流节点。

物流节点规划设计是指对物流园区、物流中心、配送中心等物流节点进行比较全面的、长远的发展计划，是对未来整体性、长期性、基本性问题的思考、考量和设计。物流节点规划设计有别于国家与区域物流发展规划，又不同于工业与房地产园区的规划。物流节点规划设计更偏重于在较大规模的地域范围内物流节点的土地布局与功能布局结合的科学性，更偏重于物流节点建设发展的基础条件规划，更突出物流产业的特点以及相关产业发展的协调等要素规划。

一般而言，物流节点规划设计的基本内容包括：

（1）所在地区的经济发展与城市发展背景（如地区经济发展与城市发展的现状、发展规划等）；

（2）所在地区的物流业发展现状（如资源分布、物流量及其分布、市场需求等）；

（3）物流节点建设必要性与可行性分析；

（4）物流节点选址论证；

（5）物流节点定位分析与功能设计；

（6）物流节点内部布局规划；

（7）物流节点交通规划；

（8）物流节点信息系统规划；

（9）保障措施等。

二、物流节点规划设计总体思路与具体步骤

（一）物流节点规划设计总体思路

物流节点规划设计有多种类型。按内容性质分，有综合物流节点规划和专业物流节点规划；按管辖范围分，有全国发展物流节点规划、区域物流节点规划、企事业单位物流节点规划；按时间分，有远景物流节点规划和短期物流节点规划。

物流节点规划设计应综合考虑宏观布局设计、基本战略定位、组织网络架构和营运策略设计等几个不同的方面。除物流节点平面分区及功能规划外，还应从如下几个层次进行设计。

（1）作业层次：如储运作业的整合与标准化（集装箱、托盘、储运箱与容器共同化）、配送运输作业整合（车辆共同化、货源整合）、作业信息输入整合（条码、RFID、GPS/GIS）、采购作业与订单信息传递（无线网络、ETC、EOS、微信/QQ）等。

（2）作业管理层次：如库存管理、存货管理（MRP、ABC分级）、营销信息反馈（POS）与分析、出货订单排程、拣货工作指派等作业的规划管理。

（3）决策支援层次：如配派车系统、配送区域规划、物流成本分析与计费定价策略等。

（4）经营管理层次：策略联盟、联合采购、共同配送等业者间的资源整合。可从产业垂直整合、水平整合，或不同行业间的整合方向进行。规划和处理好水平交叉和立体交叉。

物流节点规划设计的具体思路有：

（1）分析中国物流行业概况（政策、资本、运作、购并）。

（2）分析所规划的物流节点在所在地第三方物流市场中可能占有的容量，及其各细分市场的容量和成长率。

（3）分析所规划的物流节点的经营网络、所在地及相关地区的现实和潜在的物流客户群状况。

（4）结合具体情况，分析和确定所规划的物流节点在有效的物流半径内所提供服务和产品的类型及其发展方向和潜力。

（5）分析和确定所规划的物流节点的客户能力、运作成本及对进驻企业的整合价值。

（6）结合所规划的物流节点的优势和物流市场竞争情况，分析并确定所规划的物流节点未来可能的业务目标。

（7）评估所规划的物流节点潜在的商业风险：业务风险、技术风险、财务风险和资源风险，及其相应对策。

（二）物流节点规划设计具体实施步骤

为了更好地合理规划目前我国仍不完善的物流行业，使规划工作起到应有的效用，在具体的物流节点规划中应该抓住以下问题。

（1）合理处理好政府在物流节点规划和建设中的地位和作用问题。在物流规划的全过程中，政府应按照专家的建议行事，听从多方面的意见，而不能盲目地依靠领导的主观感觉，或强加于科学决策之上，进行过多管制，同时规划中政府必须给予足够的支持，特别是支持调研过程中的资料收集工作。

（2）加快形成统一的核定指标体系。组织目前国内物流领域专家，早日制定出一套符合物流规划方面的测算和核定的指标体系，同时统计部门在统计过程中也应该对相应指标的统计给予足够的重视。

（3）物流节点规划工作规范化。一个物流节点的筹划、规划、建设及运营，是一个复杂的系统工程，需要众多的专业组织和人才共同完成。

一般地说，物流节点规划及建设需经过以下实施步骤：

（1）意向形成。政府或工商企业，根据自己的职业判断和物流业务的增长变化情况，提出拟建立物流中心的设想。

（2）前期准备。前期准备工作是为物流节点规划设计提供必要的基础资料，主要内容包括：①收集物流节点建设的内部条件、外部条件及潜在客户的信息；②分析物流节点经营商品的品种、货源、流量及流向；③调查物流服务的供需情况、物流行业的发展状况等。前期准备采取的方法，包括网上调研、图书资料调研与现场调研等。

（3）组建物流节点项目论证。主要进行物流节点项目的可行性研究论证，包括物流节点的需求度、已有客户群和潜在客户群、市场竞争状况、价格、成本收益分析、投资回收期、物流节点的大体布局、结构、可能采用的设施设备、物流节点的功能设定等。参与可行性研究论证的成员应当包括投资主体的所有者或授权代表、物流专家、市政建设专家、建筑设计专家和设备专家、运输配送专家及信息技术人员。

（4）筹资。物流节点项目经研究论证，认为可行并经最高决策者确定之后，立即进入筹资阶段。对于公共的大型综合物流节点，需要政府和企业共同投资。

（5）立项。物流节点项目必须报上级主管部门立项，金额超过一定限度的，还要逐级报政府主管部门批准。

（6）报建。项目方案要报建筑规划部门审批，同时要进行招标代理、设计招标、勘察招标、监理招标等程序。

（7）土地确权。购买或租用物流节点占地，确定土地使用权合法有效。

（8）方案审核。物流节点项目建设方案要送主管部门审核批准，在此之前，该方案要经环保、规划、消防部门审核。

（9）建筑招标。方案和施工图审查批准后，要发布招标公告并在各地招标办的主持下开标，与中标单位签订施工合同。取得开工许可证后方可开始施工。

（10）竣工验收。在质量监理人员监督下完成施工，组织有关部门进行竣工验收之后，进入试运行阶段，即对物流节点的各种设施设备进行符合作业要求的调试，以达到最优的运行状态。

（11）投入运营。整个物流节点项目的可行性研究论证规划，应该按照一定的程序进行，有一个合理的步骤。一般可以按以下步骤进行（如图 1-1 所示）。

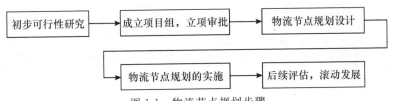

图 1-1　物流节点规划步骤

在具体规划物流节点时，首先要调查收集资料，项目组在分析需要收集获得的资料和确定获取资料的渠道之后，实地去调查获取这些资料。这些资料和数据一般包括本地区的区位条件、历年区域经济发展情况、交通现状、历年货物运转量和周转量、企业状况、周边地区历年的经济发展情况以及物流节点的建设等。其次是对这些资料进行分析，具体内容如图 1-2 所示。

总之，物流节点规划设计是一项系统工程，只有在统一协调、科学规划的指导下，各有关部门分别按照系统发展的要求开展技术、经济和管理等专业化的研究，才能使我国物流节点建设和发展走向健康轨道。

在完成物流节点规划设计需求分析之后，本书作者将在本书后续章节，分别从物流节点的选址、物流节点的流程及内部设计、物流节点仓储系统规划设计、物流节点运输系统规划设计、物流节点分拣系统规划设计、物流节点装卸搬运系统规划设计、物流节点设施设备的选择、物流节点信息系统规划设计、物流节点运作的成本分析等几个大的方面展开论述，最后选择目前国内具有代表性的物流节点规划设计实际案例，予以佐证。

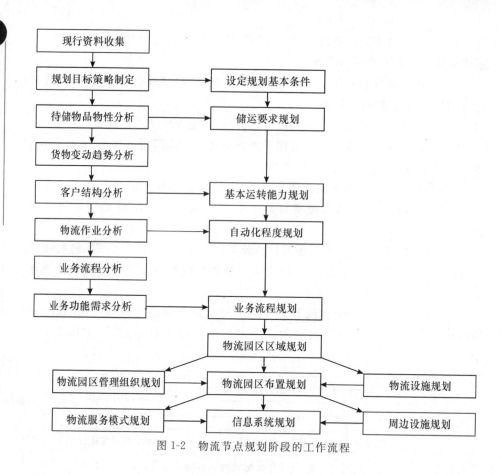

图 1-2　物流节点规划阶段的工作流程

第四节　物流节点的发展

一、国外物流节点的发展

（一）日本物流节点的发展

物流节点的产生和演变最重要的关联因素是城市的建设和发展。或许是国土面积过于狭小、物流货源大进大出、城市化问题日益严重等问题，日本最先颁布了与物流节点有关的法规。1966 年，日本经济进入高速发展期。其城市规模越来越大，人口越来越集中，商业群体聚集在城市中心，这就产生了交通拥挤、客货流通不畅、车辆尾气增加、噪声污染严重等问题。为了解决上述问题，日本政府制定了《流通业务市街地整治法》，要求将位于市区的商业和物流设施迁移到郊区。在此之前的 1965 年，日本政府制定了《日本汽车中段站株式会社法》。这些法律的主要目的是将物流设施迁至郊区和交通枢纽区，以增强流通功能，减少城市交通拥挤。东京、大阪、名古屋、京都、横滨等大城市都被列为流通业务城市。

物流园区、物流中心、配送中心等物流节点的外迁，必然涉及土地批租、建设资金和税费收取三大问题。日本政府采取下列措施：一是政府出面做好物流节点用地的规划，选择交通便利，连接海运、陆运的枢纽地区作为物流节点用地；二是将土地以较低的价格卖给物流企业或物流企业集团；三是向物流企业提供低息和贴息的贷款，解决建设资金问题，日本开发银行、北海道东北开发公库等金融机构就是专向物流产业提供贷款的政府金融机构；四是商业银行出资参与物流基地的建设，成为物流项目的出资方和股东，如东京都平和岛物流中心的股东就有株式会社东京三菱银行、株式会社日本长期信用银行、株式会社富士银行、株式会社第一劝业银行、株式会社日本兴业银行等五家银行；五是政府出资设立物流公司，出资兴建物流节点，待运营正常后再将其卖给私人资本。例如 1965 年设立日本汽车中转站股份有限公司，有计划地出资建设若干个卡车中转站，京滨卡车中转站是日本最大的公共卡车中转站，占地 24 万平方米，设 423 个车位，每日处理货物能力为 1.2 万吨。中转站内货物处理场、配送服务站、集装箱场、停车场、加油站，以及办公、生活设施一应俱全。

1977 年 4 月，日本政府制定了《综合物流施策大纲》，确定了本国物流产业发展的目标和措施，包括社会资本的配置，物流设施的规划与建设，物流技术的开发和使用，城市物流、区域物流和国际物流发展。2000 年 12 月，日本政府又出台了《新综合物流施策大纲》，在《综合物流施策大纲》基础上，进一步提出了物流一体化、物流信息化、物流标准化，推进单元装载化等现代物流具体措施。

(二)其他国家的物流节点的发展

德国物流中心建设由联邦政府统一规划，由州政府负责按规划进行建设。政府规划在全国建 30～40 个物流中心。这些物流中心的场地向物流企业出租，承租企业根据自己的业务需要建设相应的库、场，配置相关的设施设备。西班牙政府一般是在确定好规划的前提下，将物流基地的土地"三通一平"，以土地入股，成为物流企业的股东，并且将铁路专用线、道路及公共基础设施全部建成，由入驻的物流企业租用。

从上述国家的物流节点规划建设历程可以看出，政府在物流节点的规划建设和运营中起着非常重要的作用，这些作用可以归纳为以下几点：

(1)总体规划和协调。由于土地属于国有，城市的规划、交通、污染又涉及民众，物流节点的选址必须符合城市的规划，否则便会造成新的城市建设紊乱。日本由于国土狭小，大城市集中，人口密度大，政府的规划力度较强，而对于国土面积广阔的美国，政府的作用就小得多。可以说，日本物流业的发展主要依靠政府推动，而在美国，主要是企业物流的发展推动全国物流业的发展。

(2)政策支持。物流行业是投资大、利润薄的行业，资本投资回报期较长，必须得到政府土地批租、税收政策的支持才能维持运营。各国政府看重的是发展物流节点所产生的社会效益而不是经济效益,看重的是物流的快速化、集约化给社会经济带来的便利,看重的是空载率的减少、污染的减轻、交通堵塞的缓解,看重的是就业机会的增加,社会压力的减少。

(3)制定和执行标准。实现物流设备的标准化、通用化、国际化,便于货物的换载和装卸保管工具的使用,使单证及数据的交换和计算机语言相统一。

(4)研究、制定物流节点和物流产业的发展战略。各国政府对物流节点建设的具体政策多寡不一,但对于与运输相关及码头场站建设的法规都比较详尽。对涉及国际物流节点的问题非常敏感。日本政府花了大力气,希望保住亚洲物流中心港地位,但难以克服的困难是可以用于物流节点建设的土地狭小,一旦亚洲物流中心港的地位丧失,对以物流产业为支柱的日本经济来说是致命一击,可见物流节点的作用是何等重要。

二、国外物流节点发展的对比

发达国家的物流节点建设和运作,一方面体现了时代特点,另一方面也融进了各国社会文化氛围,其中以美国、日本和欧洲物流节点的建设和发展最具特色。

(一)共同点

(1)物流节点的规模都较大,超出了原有仓库的概念。在日本,20 世纪 70 年代以前的物流节点建筑面积在 5000～10000 平方米,70 年代以后出现了许多 10000 平方米以上的建筑,东京物流团地的建筑面积更是超过了 40 万平方米。

(2)物流节点功能齐全,附属设施较为齐全。即使是较小的物流节点,也拥有集装箱场站、装卸、搬运、起重等设施。因此,除了主体建筑占地以外,其他设施占地几乎等于或大于主体建筑的占地面积。

(3)物流节点尤其是物流园区、物流中心,一般都分布在城市郊区或交通枢纽位置,如车站、码头、机场、公路交会处等,一般距城市边缘 5～40 千米。

(4)物流节点均采用高科技的管理手段,主要采用了计算机管理。日本小松的补给中心在 20 世纪 70 年代就使用计算机进行管理,30 年来不断进行更新换代,自动化较高。例如采用射频识别技术或条码技术自动采集货物信息,由计算机整理信息后发出自动存货、补货、分拣、传送、包装、装卸指令,完成相应作业。物流节点实际上是高新技术集中使用的场所。

(二)不同点

(1)一般而言,美国的物流节点分布比较分散,日本的物流节点分布集中。欧洲大力发展公共型物流节点,有众多物流企业聚集,这种聚集主要是由于欧洲各国的国土拥有量不同、物流节点发展的阶段不同。欧洲物流节点规划建设由于起步较晚,因此能适应当前物流企业急剧发展的形势。

(2)美国的物流节点单体建筑规模大,一般都在 2 万平方米以上,而欧洲的单体建筑只有约 5000 平方米,很少见到面积在 2 万平方米以上的单体建筑。

（3）日本的仓库多为楼库;而欧美物流节点建筑为平库,形状呈矩形。

三、我国物流节点的规划建设与发展

（一）我国物流节点的发展历程

现代意义上的物流节点是从传统意义上的仓库、货栈发展演变而来,自从有了剩余产品和商品,便产生了仓库,储藏功能是仓库最原始、最基本的功能。存粮为仓,存兵器为库,仓库随农业的发展而发展。随着工业文明的到来,大量的原材料需运到东南方,而产成品又要向北、西方运输,仓库储存流转的货物逐渐增多,粮仓、棉仓、煤场、干杂货仓等专业仓库先后出现。中华人民共和国成立后,政府一方面接收旧政府留下来的各类仓库、码头、货站,一方面根据生产的布局和经济区划,建设了一批仓库。在商业领域,与商业批发机制相适应的一级批发、二级批发仓库,各省、市、县均有。在物资领域(即生产资料领域),设立了物资储备库和物资中转库,前者属国家战略物资储备,物资基本不流通。后者是为生产企业提供物资的仓库,生产企业凭国家调拨单来提取物资。在外贸领域,国家兴建了一批外贸仓库。在粮食领域,国家兴建了大大小小几万个粮库,从中央到省、市、县、乡都有粮库。粮库也分粮食储备库和流通粮库,分别承担着国家粮食储备和当年消费的任务。此外还有军队仓库、企业仓库、学校仓库等。据估计,全国仓储用地面积达 3.5 亿平方米。

20 世纪 90 年代以来,我国的商业形式发生重大变化,徘徊了十年之久的超市突然之间被人们接受,大型超市、连锁店蜂拥而起,百货公司也在走向联合,并扩大自己的营业规模,物流配送中心也就应运而生。运输方式也在发生巨大变化。集装箱运输每年以超过 20% 的速度递增。据交通运输部公布的 2017 年交通运输行业发展统计公报可知,2017 年全国港口完成货物吞吐量 140.07 亿吨,比上年增长 6.1%,全国港口完成集装箱吞吐量 2.38 亿 TEU(即标准箱),比上年增长 8.3%。其中,沿海港口完成 2.11 亿 TEU,增长 7.7%;全国规模以上港口完成货物吞吐量 126.72 亿吨,比上年增长 6.6%。2017 年上港集团洋山港四期工程完工开港,已经连续 7 年排名世界第一的洋山港,更加如虎添翼,其集装箱吞吐量突破 4000 万 TEU,是美国所有港口吞吐量之和,占据全球港口年吞吐量的十分之一。集装箱运输业的发展,必然产生大量的集装箱堆场和中转中心,新式的公铁水联运物流节点开始在我国兴起。

在公路运输系统中,类似日本卡车货运站的货运中转站也纷纷出现。这类货运站一般设有中转仓库、装卸工具、停车场、加油站、生活设施等。

大型生产企业也基本拥有自己的物流节点,为本企业的生产和销售服务。其一般建在生产基地的附近。例如,海尔集团新建的物流节点设有采购件库和制成品库两个自动立体仓库。在邮政系统中,邮件分拣中心本身就是一个物流中心,邮政部门向企业转化后,将成为中国最大的包裹快件速递企业。

(二)我国物流规划与物流业发展的最新进展

物流业的兴起与发展,与其他产业的出现与发展一样,是社会生产力发展到一定阶段的必然产物。传统的物流活动分散在不同的经济部门、不同的企业以及企业组织内部不同的职能部门之中。随着经济快速的发展、科学技术水平的提高以及工业化进程的加快,大规模生产、大量消费使得经济中的物流活动已远远不能适应现代经济发展的需求。

近几年,国家连续出台一系列促进物流业发展的规划、政策和意见。2009年3月,国务院出台《物流业调整和振兴规划》,指出制定实施物流业调整和振兴规划,不仅是促进物流业自身平稳较快发展和产业调整升级的需要,也是服务和支撑其他产业的调整与发展、扩大消费和吸收就业的需要,对于促进产业结构调整、转变经济发展方式和增强国民经济竞争力具有重要意义。国务院在"十一五"规划纲要中首次提出"大力发展现代物流业,建设大型物流枢纽,发展区域性物流中心";在"十二五"规划纲要中系统阐述了现代物流服务体系的建设要求,从体系建设、发展方向、基础设施、主要产品专业物流到地域区域发展、管理与技术等诸多方面,提出了明确的指引。2011年8月,国务院办公厅印发《关于促进物流业健康发展政策措施的意见》(即"国九条"),同年12月,国务院办公厅又发出《关于印发贯彻落实促进物流业健康发展政策措施意见部门分工方案的通知》,把"国九条"细化为47项具体工作,落实到31个部门和单位。

2013年7月,中共中央总书记习近平考察武汉集装箱码头时,强调"要大力发展现代物流业,长江流域要加强合作,充分发挥内河航运作用,发展江海联运,把全流域打造成黄金水道"。同年11月,习近平在视察山东金兰物流基地后,指出"临沂物流搞得很好,要继续努力,与时俱进,不断探索,多元发展,向现代物流迈进,你们的事业大有可为"。

2014年6月11日召开的国务院常务会议通过《物流业发展中长期规划(2014—2020年)》,确定12项重点工程,提出到2020年基本建立现代物流服务体系,提升物流业标准化、信息化、智能化、集约化水平,提高经济整体运行效率和效益。会议提出我国物流业发展目标:一要着力降低物流成本。加快物流管理体制改革,打破条块分割和地区封锁,加强市场监管,清理整顿乱收费、乱罚款等各种"雁过拔毛"行为,形成物畅其流、经济便捷的跨区域大通道。二要推动物流企业规模化。推进简政放权,支持兼并重组,健全土地、投融资、税收等扶持政策,培育发展大型现代物流企业,形成大小物流企业共同发展的良好态势。三要改善物流基础设施,完善交通运输网络,改进物流配送车辆城市通行管理,加快解决突出的"卡脖子"问题,提升物流体系综合能力。

由此可以看出,我国物流业普遍存在的低效高成本问题已引起了中央、地方政府、企业和社会各界的高度重视,物流业的地位逐渐得到提升,成为新一轮的投资热点,各种物流园区、物流中心、物流配送中心等规划建设项目陆续上马,在当前国内经济结构调整、产业转型发展中,物流业逐步成为推动我国第一产业、第二产业发展的融合剂,成为国内第三产业发展的重要组成部分。

(三)我国物流节点项目的科学决策问题

1. 充分发挥政府对物流节点的统筹规划、组织引导、政策扶持作用

物流节点是国家、区域、城市物流体系的重要组成部分,必须由政府做好统筹规划。这个规划要与城市发展总体规划、城市综合交通运输规划、城市土地利用规划、城市工业布局规划、城市商业网点规划等结合起来考虑。物流节点的建筑物几乎都是永久性建筑物,一旦建成就不易迁动,当与整个物流体系发生矛盾时,将会造成巨大的投资浪费和业主损失。

加强政府的组织引导工作,是因为我国的物流企业行业壁垒严重,功能单一,规模较小,无法形成协同作战的能力。商业系统的物流节点一般规模较小,偶尔有较大的(如上海商业物流中心),也因为产权归属关系而孤军作战;由于我国铁路场站的垄断性,它无法广纳货源,也不能与公路运输实现很好的无缝连接。对于集公路、铁路、水运等多式联运的综合物流节点建设,政府必须加强组织协调工作。这里不仅有许多技术问题,还有许多部门分割、地区差别等问题需要协调。对于地方政府纷纷规划物流节点的行为,中央政府要加以引导。大型的综合物流节点关系国计民生,应由中央政府确定和审批;区域性的物流节点由地方政府审批,但应注意与国家级物流节点相配套。

2. 物流节点的建设要做好充分的可行性论证

从我国经济体制的发展趋势看,物流节点投资的主体不是国家而是企业。即使是国家级的物流枢纽,也必须由某一企业以承债方式进行投资和运营。企业是追求投资回报的,在建设物流中心前,必须做好可行性论证。

一是论证物流节点的建设和运营是否有盈利,无盈利的物流节点无法长期存续。决定是否盈利的关键在于物流的供给与需求,如果需求量大,价格便会维持较高水平。如果供给过大,物流价格便可能下降。决定是否盈利同时还取决于物流运营的成本,成本过大,物流节点便有可能难以维持。

二是物流节点建设要因地制宜,不可一味追求最先进的物流装备。使用人力和使用机械的最基本原则是机械能够节约成本,自动化立体高架库是高新技术最集中的,但这种仓库并不适用所有物品,也并不适用所有企业。林德公司物流中心的小件区采用的是最先进的巷道输送机,而大件区仍然使用货架、托盘、叉车等配置。

三是物流节点的规模和服务对象,既要考虑当前需要,又要兼顾长远发展。从物流节点的发展趋势看,单个物流节点规模有大型化倾向,这主要是因为规模经营集中配载能够降低成本,道路交通条件的改善使网点趋于集中,集约化经营能够采用先进的设备等。所以新建城市物流节点规模不宜过小,同时,选用的设施设备通用性要强,以适应多种货物的需要。因为目前中国的市场经济在逐步成熟时期,生产企业和流通企业的不确定性很大,昨天还是红红火火,明天就可能宣布停产,如果物流节点的设施设备只适用于该企业,便会造成闲置。

四是物流节点的布局要形成网络。生产的集中使中国的企业规模越来越大,其产品行销全国乃至全球,这就需要有一个能承担其全国物流业务的合理分布的物流节点。物流网络的优势在于实行统一的业务流程,统一的信息系统,统一的服务贸易,极大地方便客户货物流的管理。物流网络的布局要能降低运输和配送成本,调剂余缺,保证市场需求。

第二章 物流节点规划设计需求分析

第一节 需求分析主要内容

一、物流节点规划设计需求分析的目的

物流节点规划设计需求分析的目的,在于为物流节点建设提供物流能力供给满足物流需求的依据,以保证供给与需求之间的相对平衡,使社会物流活动保持较高的效率与效益。在一定时期内,当物流能力供给不能满足需求时,将对需求产生抑制作用;当物流能力供给超过需求时,不可避免地造成供给的浪费。因此,物流需求是物流能力供给的基础,物流节点需求分析的社会经济意义亦在于此。有效的需求分析有利于合理规划,有效引导投资,避免重复建设,减少浪费,使物流节点建设与运营多一分收益,少一分失误。

二、物流节点规划设计需求分析的主要内容

(一)物流节点规划设计需求规模分析

在确定物流节点的数量布局和规模标准时,应对当地各种物流需求量数据,如运输量、仓储量、配送量、流通加工量等进行系统分析,主要包括以下几方面:

(1)工业企业对物流服务的需求量。2017年我国社会物流总额为252.8万亿元,其中工业品物流234.5万亿元,占比92.8%,可见工业企业对物流服务的需求是巨大的、绝对的。工业企业的物流需求包括原材料采购物流、生产物流和产成品销售物流。随着市场需求环境的变化,与计划经济时代相比,我国工业企业目前的生产经营环境和生产经营方式发生了很大的变化,生产主导型经营方式将逐步被市场主导型的经营方式所取代。工业企业非核心物流业务可以采取外包方式,推进制造业与物流业的联动发展,由专业的第三方物流企业(如物流节点企业)提供社会化物流配送服务,降低工业企业物流运行成本;对物流节点内的物流企业而言,不同工业企业的物流业务外包,在物流量的集聚与整合上,可以积少成多、集腋成裘,达成规模效益,反过来又可以提高第三方

物流企业对工业企业的物流服务能力与服务水平。目前工业企业的这种物流需求首先在汽车、电子等加工组装行业产生。

(2)连锁商业企业对配送服务的需求量。连锁商业的发展是流通业的发展方向。连锁经营的重要目的是通过集中进货、集中配送形成规模效应,以降低流通费用,提高竞争力。因此,连锁经营会对配送服务产生旺盛需求。

(3)一般消费者的物流服务需求量。随着居民生活水平的提高,消费者对物流服务需求的比重也将增大。这一需求的内容主要是电商物流配送、快递、搬家服务、个人物品储存等。随着无线宽带业务、手机终端电商业务、跨境电商业务等现代商贸业态的出现,消费者的物流服务需求量将呈指数级增长。

(4)农产品的种植、养殖与销售等环节产生的农业物流需求量。包括种子采购、储存、运输、流通加工等,近年来冷链物流技术和装备的快速发展,对农业物流的需求量也在快速增长,加上国家对这一行业的支持,前景看好。

(5)区域间货物中转运输的需求量。首先是制造企业和本区域商品分拨中心所产生的运输需求量,其次是国内大型物流企业将本区域作为物流节点所产生的运输需求量,第三是国际物流公司将本区域作为物流节点所产生的运输需求量,第四是货主利用本区域的运输基础设施,实现货物的快速发送配送和接收所产生的运输需求量等。

(二)物流节点需求类型分析

在对物流节点进行类型定位时(综合/专业、国际性/区域性/市域性等),应结合城市地理位置、城市经济情况等因素,对当地物流需求结构进行全面分析,主要分析以下指标:区域内城市居民的社会化物流需求量占全社会区域的物流需求量的比率,区域内各类批发市场的运行产生的物流需求量占全社会区域物流需求量的比率;区域内生产企业对社会物流需求量占全社会区域物流需求量的比率;区域内各类商业企业的运行产生的物流需求量占全社会区域的物流需求量的比率。区域内与区域外的物流需求比率是指区域内物流需求总量与区域外的物流需求总量(主要指物流需求源与物流产生源均在区域之外而在区域内要进行中转的物流需求量)的比率。

(三)物流节点需求层次分析

物流需求的层次按其提供的服务可以分为三个层次:第一层次,也就是初级层次,只向需求方提供仓储、运输、配送和分拨;第二层次是指除提供第一层次的服务外,还可以参与订货处理、采购、生产计划等;第三层次除提供第一、二层次的服务外,还可提供资源整合、平台搭建、供应链管理一体化发展等第三方物流服务。在规划物流节点、提高物流服务的质量档次时,不能盲目求新、求全,而应充分考虑当地经济发展水平及对社会物流需求的层次,循序渐进。

第二节 需求分析手段与途径

一、国内物流节点规划存在的主要问题

由于我国物流行业发展起步不久,物流规划还处在初期摸索阶段,纵观目前的各种规划工作及规划报告,笔者发现,目前国内物流节点规划或多或少存在一些普遍意义上的问题,主要体现在以下方面:

(1)物流规划工作流于形式,未能起到真正的约束和指导作用。由于我国早期实行计划经济体制,后来由计划经济向市场经济转轨,目前这方面的工作还未能完善,仍然处在一个过渡时期。物流节点规划往往是政府出面,盲目地追从物流热,未经过严格的实地考察、研究论证,只是凭着领导者的"长官意志",就圈出一块地搞起物流节点建设,物流节点的选址没有经过科学的论证,而是圈地以后再规划论证建设,使得规划工作处于被动位置,未能真正地发挥物流节点规划的约束和指导作用,同时也使得物流节点未能真正发挥其应有的作用,导致投资的损失。

(2)物流节点规划缺乏系统性。规划过程没能形成系统的观点,孤立地去看待某个问题对物流节点规划工作的影响。比如在对物流节点所在地的经营环境分析过程中,只是简单地罗列一些当地的经济发展指标、交通的现状、当地企业的情况等,而没有把它们联系起来,看作对整个物流节点系统的影响因素,找到它们之间的联系,综合起来评价它们对该物流节点经营环境的影响,为后续规划提供可靠的依据。同时在物流规划建设过程中,未能考虑它与其他规划的对接协调,物流节点建设应该依托城市综合交通运输体系、工业和商业网点布局、城市信息化建设等方方面面,各个环节互相联系、相辅相成,应该统一规划,统一实施。

(3)物流规划大多从行政区域出发,而不从经济区域出发,没有考虑物流节点的辐射作用。目前国内许多地方物流节点规划还是各地为政、条块分割,仅仅从本地区角度出发,缺乏跨行政区域、跨行业的综合考虑,导致整个地区基础设施的重复建设。

(4)物流节点规划大多停留在定性分析,缺少定量分析。规划过程中只知其然不知其所以然,各种结论缺少说服力。对物流节点规划建设预期达到的目标未形成量化,使得后续评价工作无法展开。

(5)物流节点规划的定位模糊,未能明确该物流节点将何去何从。对于物流节点的定位可以有三种:区域性物流节点、全国性物流节点和国际性物流节点。在规划中没有很好地分析和挖掘该物流中心所具备的潜力,过低或过高地估计了它的前景,限制或夸大了物流节点的发展步伐。

(6)物流节点规划的可操作性不强,规划模式趋同化。对于整个规划的实施,没有提出能有效落到实处的合理实施步骤和政策建议,可操作性不强。同时物流节点规划往往是"模板式",所有的物流规划都千篇一律、毫无变数,没能依据实际情况合理分析,实事求是地进行规划,使得规划工作犹如走过场,基本无实际意义。

二、物流节点规划存在问题的原因分析

通过上述分析,可以挖掘出问题产生的根源,综合表现在以下几个方面:

(1)体制弊端和政府的管制。我国计划经济时代遗留下来的影响,使得目前国内许多地方,特别是西部欠发达地区,物流节点规划或多或少仍带有政府色彩,存在着过多的政府干预。我国经济领域中,部门分割、地区分割以及地区间市场封锁的问题,阻碍了物流节点的系统规划和建设工作。在对一些大城市的调查中发现,我国重要大城市在制订下一个世纪的发展规划时,公路交通部门在规划自己的各级枢纽和物流节点,铁路部门也在规划自己的货运站、场、线路及编组站,而很少有统筹几个方面的综合规划。

(2)物流理论研究的滞后以及方法论的缺乏。由于我国物流节点规划建设起步不久,相应物流理论方面研究尚处于初期阶段,可操作性的研究成果相对不多,可供借鉴的成果也很少。我国至今尚未建立物流产业的行业构成规范和统计指标体系,物流业的"量化"也就成为物流规划工作的一大难题。泛泛地谈物流节点规划要受区域经济、产业发展、运输量、贸易量等的影响,很难解决实际问题。要落实到可操作的方案,就要深入到定量分析、系统建模和算法求解的层次才行。例如物流枢纽城市的确定,其确立标准、评估指标体系要有科学方法论的指导。

(3)物流基础统计分析数据的匮乏。我国的统计工作出现较晚,仍存在一些不足,还未能完善,导致统计数据大多有偏差。另外,物流这一概念较新,与物流方面相关的指标体系还未能建立,使得在物流规划中很难获得物流相关指标体系的往年统计数据。缺乏基础数据,即使有了理论指导,甚至有了评价体系,也可能会因缺乏系统、准确的数据而使其无用武之地。

(4)物流规划设计人才严重不足。目前,我国从事物流研究的机构较少,现有的不少部门和大专院校设立的专门物流研究机构或科研项目大多是分散、独立的,不能发挥群体优势。在师资方面,尽管从事物流教育具体工作的队伍非常庞大,但真正接受过物流系统教育的人才并不多,大多数物流教育研究人员或者物流企业家,都是由其他相近专业、相关行业转行过来,属于"半路出家",目前我国物流人才供给远远小于市场需求,高层次的物流战略规划与管理人才更是匮乏。

三、物流节点需求分析的手段与途径

物流节点是一家或多家物流企业在空间上布局的场所,是具有一定规模和

综合服务功能的物流集结点。根据物流集结点的运作模式和特点划分,目前国内物流节点主要包括企业自营物流节点和社会化物流节点两种。物流节点规划设计是通过理论联系实际,在分析和研究物流节点所在地的经营环境和物流市场需求的基础上,确定物流节点的发展目标和设计达到目标的策略与行为的过程。它是企业或地方政府从城市整体利益出发,在郊区或城乡接合部边缘地带的主要交通干道附近专辟用地,通过逐步配套完善各项基础设施、服务设施,提供各种优惠政策,吸引中、大型物流企业在此聚集,使其获得规模效益,降低物流成本,同时减轻大型配送企业在市中心地带分布所带来的种种不利影响,有利于城市的可持续发展。

物流节点需求分析的主要手段与途径:

(1)物流节点的经营环境分析。对物流节点所在地的区位条件、区域经济发展条件、物流需求、服务水平条件、物流基础运作条件和人才、技术进行分析,为后续规划打下基础。

(2)物流节点的市场需求现状和预测。对现有的调研资料进行分析,选择合理的预测方法,对物流节点的物流市场的需求进行预测。包括物流节点所在地的各种运输方式的货运量,仓储及配送能力的需求,该地区的重点企业的状况等。

(3)具体的物流发展规划。包括对总体发展规划的条件,物流节点建设所面临的外部环境,物流节点建设本身所具备的优劣势、目标、战略构想、物流节点的选址、物流节点系统的架构(包括基础设施架构、物流组织架构、技术支持架构和物流管理架构等),以及物流节点的投资估算与资金筹措,经济和社会效益分析等。

(4)物流节点的具体实施方案及合理的政策建议。这一部分应该将具体的规划工作落到实处,用以指导物流节点今后的具体运作,同时对政府所应提供的有效政策提出一些合理的建议。

第三节 物流节点需求预测

一、预测概述

预测是人们对某一不确定的或未知事件的表述,是把某一未来事件发生的不确定性极小化。从本质上看,预测是以变化为前提,如果没有变化,预测也就不存在了,可以说预测就是掌握变化的规律。做预测有几点要求:一要正确地掌握变化的原因,二要了解变化的状态,三要从量的变化中找出因果关系,四要从以上的变化中找出规律性的东西对未来进行判断。

预测必须以最新科技成果及数学、计算机为工具,与其他学科的具体实践相结合,去研究适用于各个领域的预测的理论和方法。在物流领域,预测需要对货物的流向与流量,需要对资金周转及供求规律等进行调查研究,取得各种数据和信息,运用科学的方法,预计和推测一定时期内的物流状态,从而为国民经济发展提供战略决策,为生产和流通部门及其企业的经营管理和决策提供科学依据。

预测的主要流程如图 2-1 所示。

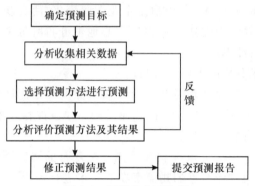

图 2-1　预测的主要流程

物流预测的作用可归纳为两个方面:

(1)物流预测是编制物流规划和物流计划的基础。物流系统的仓储、运输等各项业务活动的计划都是以预测数据为基础制订的,因而预测数据的准确与否,直接影响到计划的可行性和规划的合理性,进而决定企业经营的成败。例如 2001 年夏天,北京地区气候异常,持续高温,四十年所罕见。很多轻工纺织企业在制订产销计划时未预见到这种情况,致使很多产品脱销,如游泳衣裤、痱子粉、爽身粉等;但也有许多产品积压,如塑料雨衣,由于高温少雨积压了 70 多万件,很多企业因此受到损失。

(2)物流预测是物流决策的依据。有些管理学家认为"管理就是决策",而决策的前提是预测。正确的决策取决于可靠的预测。例如无锡无线电五厂,1995 年在收音机销路不畅的情况下,开展市场调查,获得了可靠的预测资料,该厂据此做出了增产袖珍收音机的决策,取得了好的经济效益。

物流系统预测的内容很多,凡是物流系统活动的各种影响因素都是预测对象。如物流系统的人力、物力、财力,以及资源、销售、交通等的状况,国家的政策方针,经济发展的形势和自然条件等,都是预测的内容。

二、物流节点需求预测

物流规划理论在国际上是一个非常活跃的研究领域,但是在我国的发展还相对滞后,基本处于研究的起步阶段,没有形成科学的方法体系,不能为物流系统和物流节点的规划提供足够的决策支持和理论依据,导致我国物流建设过程中出现了诸多问题,比如重复建设、设施冗余、服务瓶颈等,因此有必要加强我国物流理论与方法的研究。

规划要有适度超前性,物流节点的规划规模不能太小,否则不利于区域物流的持续发展;但从各地经济发展水平和物流发展需求来说,物流节点的规划规模也不能太大,否则会产生投资浪费和物流资源闲置,给以后的经营运作埋下隐患。确定物流节点运营规模的最主要的依据是该园区的物流需求。借助定性和定量的预测方法,了解社会经济活动对物流能力供给的需求强度,进行有效的需求管理,引导投资有目的地进入物流节点服务领域,这样做有利于合理规划、建设物流节点的基础设施,改进物流供给系统,减少资源浪费。

在实际工作中,尽管都知道物流需求的重要性,但要确定它却是一件非常困难的事。主要存在两个方面问题:一是缺乏基础数据,没有物流节点区域范围内物流量的历史数据,或数据不全、不系统,无法进行预测;二是对物流节点区域范围进行 OD(origin-destination)现场调查非常困难。OD 调查指交通起止点调查,又称 OD 交通量调查,OD 交通量就是指起止点间的交通出行量。由于上述困难,有些规划在做物流需求预测时,把物流节点所处的经济区内的物流量作为该园区的物流量,以此来进行预测。众所周知,这个量只是这个物流节点所处的经济区的物流需求总量,并不是这个物流节点实际的有效物流需求量。因此,有必要使用新的方法来确定物流节点的物流需求。

三、物流节点需求预测方法

为了解决以上问题,可采用两种方法来确定物流节点的物流需求。

(一)宏观法

宏观法是从宏观着手解决微观(物流节点)的物流需求。从预测全社会物流总量自上而下分解到预测园区物流量。其公式如下:

$$D_p = i_1 \times i_2 \times i_3 \times D_s$$

式中,D_p 为预测规划目标年份的某物流节点的物流量,D_s 为预测规划目标年份的全社会物流总量,i_1 为预测规划目标年份第三方物流(3PL)市场占全社会物流市场的比例,i_2 为规划目标年份 3PL 通过该物流节点发生的物流量占 3PL 全部物流量的比例,i_3 为该物流节点承担的物流量在所有物流节点承担的物流量中的比例。

宏观法预测分析步骤如下:

(1)确定 D_s。全社会物流量的预测可以采取很多定性和定量方法。定量方法如时间序列预测法、多元回归预测法、指数平滑预测法、弹性系数预测法、灰色系统预测法、神经网络预测法、组合预测法。如果全社会物流量的历史数据比较全面,可用时间序列法进行预测;若数据不太全面,最常见的方法是构建全社会物流量与该地区国内生产总值(GDP)的相关函数,通过预测 GDP 的未来值得到与之相关的全社会物流量 D_s。

(2)确定 i_1。i_1 为预测规划目标年份第三方物流(3PL)市场占全社会物流市场的比例。第三方物流自 20 世纪 80 年代末在欧美出现以来发展迅速,3PL 完成的物流量占整个物流市场的比重已较大,详见表 2-1。

表 2-1　部分国家 3PL 物流市场比重

国家	美国	日本	德国	法国	荷兰	英国
$i_1(\%)$	57.0	80.0	23.8	26.9	25.0	34.5

在我国,通过中国物流与采购联合会的调查估计,i_1 为 20%。但是,我国幅员辽阔,每个地方的 i_1 值相差较大,在沿海经济发达地区,i_1 较大,而在内地,i_1 较小。因此,若要得到不同地方的物流节点 i_1 的取值就要调查了解当地的第三方物流(3PL)的发展水平。比较精确的方法是通过对物流节点所在经济区内的典型工业企业和商业企业进行问卷和走访调查,得到在规划目标年份这些企业愿意外包物流量的比例。比较粗略的方法是在沿海经济发达地区,$i_1 \geqslant 20\%$,如取 25%;在内陆地区,$i_1 \leqslant 20\%$,如取 18%。

(3)确定 i_2。i_2 为规划目标年份 3PL 通过物流节点发生的物流量占 3PL 全部物流量的比例。物流具有规模经济,因此,随着物流业的发展,有越来越多的物流量处理经过物流节点来完成。例如德国许多城市物流量中的 60% 以上是由"货运村"(相当于物流节点)完成的。经济总量越大,市场化程度越高,i_2 越大,反之越小。要决定 i_2 值,可以采用类比法。我国目前大部分地区可以取 30%～60%。要预测的规划目标年份越远,i_2 值可取越大,可取到 60%～80%。

(4)确定 i_3。i_3 为该物流节点承担的物流量在所有物流节点承担的物流量中的比例。在某个经济区,可能存在多个物流节点。这些园区将瓜分整个区域进入园区的物流量。为了计算 i_3,可对这些物流节点进行竞争力分析,以确定该园区在所有园区中瓜分的量。可以从市场实力、技术实力、组织协调能力、管理水平等方面构建竞争比例模型,采用层次分析法来解决。

(二)市场法

市场法是根据物流节点的定位及市场能力来获取相关行业经过该园区处理的物流量。其公式如下:

$$D_p = \sum_{i=1}^{M} k_i \times D_i$$

式中,D_p 为预测规划目标年份的某物流节点物流量;k_i 为第 i 个目标市场的适区系数;D_i 为该地区第 i 个目标市场的物流需求量。

市场法运行步骤:

(1)对目标市场进行定位,选取目标市场。可使用 STP(Segmentation、Targeting、Positioning,即"市场细分、目标市场、定位")市场定位工具。首先进行市场细分,对每个细分的子市场进行描述;然后选择目标市场,即评估每个子市场的吸引力,选择合适的目标细分市场;最后进行定位,即为所选定的目标细分市场确定可能的选择,针对每个目标细分市场选定最合适的定位,选取 M 个目标市场。

(2)分别确定每个目标市场的物流总需求。可采用多种预测方法对某个目标市场的物流总需求进行预测,得到预测规划目标年份的第 i 个目标市场的物流需求量 D_i。

(3)确定每个目标市场的适区系数 k_i,也就是进入园区处理的系数。

(三)两种预测方法比较及适用范围

宏观法与市场法各有优劣,适合于不同的场合。

(1)从预测操作的简易程度来说,宏观法操作起来比较简单方便,基础数据容易获取,往往只需要比较宏观的数据,而这些数据往往可以从统计年鉴或统计公报中获取。

(2)从预测的误差程度来说,市场法预测误差较小。宏观法中各种系数较多,确定时较难准确估计,因而预测结果误差较大。而市场法中只有一个系数,并且预测的市场比较明确,因而预测结果误差相对较小。

(3)从预测的实用性来说,由于市场法目标市场明确,预测得到的结果更有实用性,而宏观法得到的是一个市场预测的笼统结果,实用性相对要差些。

因此,这两种方法有各自的适用范围。宏观法适用于基础数据不多,希望能较快知道预测的大概数量,即有个笼统的总量"印象"时的情况。市场法适用于目标市场明确,市场基础数据较为完善,希望能得到主要产品的物流需求时的情况。

(四)影响物流节点需求预测的几个实际因素

在实际预测工作中,以下几点值得进一步研究:

(1)由于我国实行严厉的土地政策,实际物流节点规划常常是政府划定一块地,在这块地上进行物流节点的规划和修建。因此,许多情况下,需求预测是围绕着这块地能容纳的物流处理量来确定。这种方法常常被比喻为"比着筐来找鸡蛋",而忽略了"鸡蛋"的真正数量,容易造成物流节点的空置。因此,应该"比着鸡蛋来找筐",才能提高物流节点的使用效益。

(2)关于预测的数理方法、预测的技术的研究和应用达到了一个高度,但是针对具体对象的预测方法还有待改进。例如对物流节点的需求预测,其预测方法更值得我们进一步研究。

(3)物流统计体系的建立和完善。目前,在实际预测中,最头疼的就是物流基础数据的缺乏,只有绞尽脑汁从相关数据着手来分析和预测,但这样做加大了预测的误差。因此,应尽快建立和完善物流统计体系。

第三章　物流节点选址与规模控制

　　物流节点选址是指在一个具有若干货物供应点及若干货物需求点的经济区域内,选一个地址设置物流节点的规划过程。较佳的物流节点选址方案要求是使商品通过物流节点的汇集、中转、分发,直至输送到需求点的全过程的效益最好。物流节点拥有众多建筑物、构筑物以及固定机械设备,一旦建成很难搬迁,如果选址不当,将付出长远代价。因而物流节点选址在整个物流节点规划设计中占有非常重要的地位。物流节点选址决策就是确定所要分配的设施的数量、位置以及分配方案。这些设施主要指物流系统中的节点,如制造商、供应商、仓库、分销中心、中转站、零售商网点等。

　　本章从物流节点选址的意义出发,介绍物流节点选址的影响因素,并对选址模型的类型及其应用,对物流节点用地规模控制,进行详细的论述。

第一节　物流节点选址的重要性

一、物流节点对物流业发展的意义

(一)物流节点的产业聚集功能

　　物流节点的建设初衷就是让城市的职能分工更为清晰,将一个城市或地区的物资集散和流转配送聚集到较为合理的区域,如靠近交通便利的城市间交通主干道、多种交通方式的接驳点,并就城市的核心制造或服务产业对物流服务的需求综合分析,建设出一个为社会物资流通服务的大型基地,减少由不合理的物资流动造成的城市交通混乱、物流效率低下等问题。20世纪70年代的日本最早提出了"物流团地"建设的思想,并在一些作为流通重点的城市周围建立了若干集约运输、仓储、市场、信息、管理功能的物流团地,这些团地对日本随后的经济崛起发挥了重要的作用,使物流业成长为日本国内产业发展的基础性服务产业。

　　物流节点建设有几个方面的集聚优势值得注意:

　　首先,物流节点要通过产业政策和提供配套的企业服务,将提供各种不同特色、具备不同功能优势的物流企业吸引过去,从而形成产业上的某种聚集。在物流节点内,有着较为明细的分工。如日本物流团地的经验:一个团地内搞仓储的不搞运输,跑长途的不做市内配送,千方百计把各企业的专业特色显示出来,把本企业的专业运作成本降下去,把规范服务搞上去,以此来增强企业的市场竞争能力,实现优势互补,降低各自为政造成的设备浪费和合作交易成本,形成集合优势。

其次,对于今天制造业和商业企业不断增强核心竞争力培养而将非核心业务外包的需求,物流需求变得越来越复杂,项目越来越多,而物流节点通过这种产业聚集,使企业能方便地寻找到不同特色的物流服务提供商,这些物流服务提供商之间则因为较多的合作关系形成默契的一体化物流服务,增加了服务的质量可靠性和客户的信任度。这种产业链中体现出来的优势,正是物流节点对物流企业的吸引作用之一。

再次,由于物流节点本身的建设和政府对物流产业的重视有关,因此物流节点往往还为物流企业提供了政策上的一些优惠措施,如较低的地皮租赁费用、各种手续的快捷办理、税收减免等,为物流企业的发展提供了较低廉的发展运作成本,使得物流节点内的物流企业具有比在节点外的企业更多的竞争优势,从而将社会上的优良物流资源有效地吸引到一起,进一步有序化整个物流市场的运作和竞争,有效地配置社会的物流资源。

(二)物流节点对产业发展的推动作用

物流节点在聚集各种物流服务提供商的同时,也为物流企业提供了一个良好的发展空间,推动了物流企业自身的发展。这些推动作用包括资金推动、技术推动、人才推动和信息化管理推动。

(1)资金推动。由于物流节点的建设投资巨大,一般企业无从独立开发,而从各国的物流节点建设来看,德国、日本等都由政府进行统一规划,筹集资金,以政府投资为主,采用信用贷款和企业投资为补充。因此一般认为,物流节点是属于政府出资进行的物流基础设施建设,通过政府的投资大大减轻物流企业发展的前期投入成本,从而促使物流企业将更多的资金投入核心能力和物流服务的开发中去,在高质量的服务中所获得的竞争优势将为物流服务提供者带来丰厚的利润,而物流节点通过为物流企业提供的各种服务获得良好的投资回报,由此可以形成良性的资金链循环,促进物流服务的不断发展。

(2)技术推动。在物流节点内,存在着不同实力和水平的物流企业,尤其是一些行业领先者入驻物流节点,带来最新的物流设备、技术的应用经验。而物流节点管理部门则不断关注最新的物流业界技术发展动向,通过各种信息传播平台共享给各企业,从而促进行业内的技术交流和传播。物流节点还通过建立各种物流辅助设施生产企业,如通过引入国家标准,统一托盘、条形码、电子标签等的规格,将标准化的技术结合到物流产业中,推动产业的技术标准化进程。

(3)人才推动。在提供一体化服务的物流节点内,可以引入物流专业培训部门,或与社会教育和培训机构合作,形成物流人才培养基地。既可以为物流节点内企业输送人才,也可以为社会提供更多的物流知识,推动物流社会化的进程。在人才管理中,园区管理还能够集成园区内企业的人事管理职能,为部分进驻物流企业,尤其是小微物流企业提供人力资源管理服务。

(4)信息化管理推动。综合性、大规模的物流节点,同时也是指挥中心、管理中心和信息中心,通过物流节点信息管理,达到自动化、信息化、专业化的指挥调度功能。现代物流企业面向的是供应链管理环境,没有良好的管理信息系统的支持几乎无法在市场中展开竞争,但是信息化的风险和巨额的投资又使一些中小物流企业观望不前。物流节点通过引入技术较为成熟的信息系统,一方面再次引入这些中小企业,同时也将这些企业在能力和管理上整合起来,通过整合节点内各企业的信息系统,形成一个统一的指挥管理中心,提高了整个物流节点工作的效率。而通过信息技术的运用也让中小物流企业获得了信息化管理带来的优势,帮助其逐步建立起具备现代管理水平的企业制度和文化,从而推动了整个产业管理的信息化。

(三)物流节点对建立国家物资流通网络的作用

面对各地政府争相将物流作为支柱产业,不断兴建物流节点的状况,也为了防止这些物流节点重复性建设和恶性竞争,整个国家的物资流通网络至关重要,需要进行合理和严谨的规划。

整个国家的物资流通硬件网络是由各级物流节点和贯穿中国的公路、铁路、航空和航道所组成的。而这一物流网络的形成源于经济和贸易往来,物流节点往往就是那些物资集散中心地,在地理上一般接近于物资生产地或者是物资销售地,是物资生产地不同和销售地不同所设立的必要的中转站。由于社会物流产业的发展,物流功能从生产和销售中分工独立出来,新兴的物流节点则正好充当了将这些集散中心进一步整合和管理的职能。因此,未来国家物资流通网络的战略支点,将由各地的物流节点来担当。

国家物资流通网络还要能够对各种物资信息进行调配,而物流节点所具备的信息管理功能将进一步发挥作用,将通过信息系统的集成,形成虚拟的中国物流管理中心。从全社会角度出发,可以发现物流节点实质上不单单是一个经济单位,更是一个具有国家战略意义的实体,充当的是支撑整个国民经济发展的基础支柱。

中国物流业的发展,是为了重构和完善中国从计划经济走向市场经济后的国家物资流通网络,因此从这个角度看,物流节点对物流业的整体发展也一样起到了基础支柱作用。

二、物流节点的盈利模式

(一)土地增值

对于物流节点全部投资者与经营者来说,均将从土地增值中获取巨大收益。初期投资者从政府手中以低价购得土地,等完成初期基础设施设备建设后,地价将会有一定的升值,而到物流节点正式经营后,还将大幅上涨。对于物流经营者而言,土地的增值将能增加其土地、仓库、房屋等出租收入。在日本,运作最为成功的东京物流组团,其物流节点的主要赢利即来自土地价值的增加。

（二）出租收入

物流节点投资者与经营者按一定比例对出租收入进行分配。

(1)仓库租赁费用。经营者将园区内所建筑的大型现代化仓储设施设备租给一些第三方物流商、生产型企业等,从中收取租金,这是出租收入主要来源之一。

(2)设备租赁费用。将物流节点内一些主要的交通设施设备如铁路专用线、物流设备如装卸、运输设备等租给节点内企业运用,收取租金。

(3)房屋租赁费用。主要包含物流节点里面一些办公大楼及用作他途的房屋的租金。以浙江传化物流基地为例,该基地的买卖中心总建筑面积10758平方米,营业用房总面积7476平方米,买卖大厅近600平方米,共三层,有300多间商务用房,建成不到一年该基地已吸引逾200家第三方物流企业和93家第三产业的企业入驻,仅房屋租金就可以收回除土地外的一半支出。

(4)停车费用。物流节点凭借强大的信息功能,吸引众多运输企业入驻,节点内建筑现代化停车场,也将收取一定的停车费用。

(5)其余管理费用。如物业管理费、环保费等费用。

(6)服务费用。主要包括信息服务费用、培训服务费用、融资中介费用等。其中信息服务费用是最主要的服务费用之一,来源有三:一是提供车辆配载信息,帮助用户增加车辆的满载率和减少成本,并从节约的成本中按比例收取一定的服务费;二是提供商品供求信息,可以为节点内的商户服务,从本地和周边地市配送所要进的各种商品,以减少他们的经营成本;三是可以专门为社会上大的商场、批发市场和广大客户服务,为他们从全国各地集中配送所需要的各种商品。在收费方法上采取按成交额提取一定比例的中介费的方法。培训服务费用是指利用物流节点运作的成功经验及相关的物流发展资讯优势,开展物流人才培训业务,从中收取培训费用。融资中介费用是指物流节点经营者通过介绍投资者进驻节点,从中收取中介费用。

此外,物流节点投资者可以自己对看好的物流项目如加工项目、配送业务等进行投资,从中获取收益。物流节点经营者可以通过增资扩股、上市等方法获取收益,或者通过技术服务、体系设计等收取服务费用。

第二节 物流节点选址决策的影响因素

物流节点的选址决策受多种因素的影响,这种影响主要来自经济环境、自然环境、政策环境、基础设施和劳动力成本环境、竞争对手环境以及企业内部环境等方面。

一、经济环境因素

经济环境影响因素主要有货流量大小及流向、城市扩张与发展、交通状况和规模经济要求等。

(1)货流量的大小。物流节点设立的根本目的是降低社会物流成本,如果没有足够的货流量,物流节点的规模效益便不能发挥,所以物流节点的建设一定要以足够的货流量为条件。

(2)货物的流向。货物的流向决定着物流节点的工作内容和设施设备。对于供应物流来说,物流节点主要为生产企业提供原材料、零部件,应当选择靠近生产企业的地点,便于降低生产企业的库存,随时为生产企业提供服务。同时还可以为生产企业提供暂存或发运工作。对于销售物流来说,物流节点的主要职能是将产品集结、分拣,配送到门店或用户手上,故应选择靠近客户的地方。

(3)城市的扩张与发展。城市物流节点的选址,既要考虑城市扩张的速度和方向,又要考虑短驳费用和装卸次数。中储的许多仓库,20世纪70年代以前处于城乡接合部,对城市交通产生压力较小,但随着城市的发展,这些仓库现处于闹市区,大型货车的进出受到管制,专用线的使用也受到限制,不得不选择外迁。大凡道路通达之后,立即就有住宅和工商企业兴起,城市实际上沿着道路一块一块发展着、迁徙着。物流节点也不是固守一地的。

(4)交通状况。综合型物流节点一定要选择在两种以上运输方式的交汇地。如公水联运、公铁联运、公空联运,以及公铁水联运、公铁空联运等。对于港口物流中心,还要选择内河运输与海运的交汇地,既要满足吃水较深,能停靠大型货船的需要,又要克服内河泥沙淤积、河道疏通的困难。对于城市物流节点,要选择干线公路或高速公路与城市交通网络的交汇地,还要拥有铁路专用线或靠近铁路货运编组站。

(5)规模经济要求。以铁路运输为重要手段的物流节点,其规模应达到经济规模的要求。一般认为物资年吞吐量小于30万吨时,设置铁路专用线就不经济。当仓库距离铁路编组站较近,就能有较好的车源提供。仓库距编组站在2km以内,不仅基建费用少,而且管理营运费用也少,营运方便;以公路运输为主的物流节点,一般运输生活用品较多,应根据下游客户的分布情况,考虑适当位置,减小服务半径,便于物资的辐射吸纳,一般而言,此类物流节点应建在公路干线或高速公路出口附近5km以内范围。

二、自然环境因素

(一)地理因素

市镇的规模应该与物流节点的大小相适应,另外,地形对仓库基建投资的影响也很大,地形坡度应为 1‰～4‰,库区设置在地形高的地段,容易保持物资干燥,减少物资保管费用;临近河海地区,必须注意当地水位,不得有地下水上溢。另外,由于物流节点作业比较繁忙,容易产生噪音,所以应远离闹市或居民区。应考虑物流节点周边不应有产生腐蚀性气体、粉尘和辐射热的工厂,居民区应处于这些企业的上风方向。此外,还应与易发生火灾的单位保持一定的安全距离,如油库、加油站、化工厂等。

(二)气候因素

在物流节点规划前应详细了解当地的自然气候环境条件,例如湿度、盐分、降雨量、风向、风力、瞬时风力、地震、山洪、泥石流等。

三、政策环境因素

政策环境条件也是物流选址评估的重点之一,如果有政府政策的支持,则更有助于物流业的发展。政策环境条件包括企业优惠措施(如土地提供、项目资金支持、减税等)、城市规划(土地开发、道路建设计划等)、地区产业政策等。目前,许多城市建立了现代物流节点,其中除了提供物流用地外,也有关于税赋方面的减免,有助于降低物流业者的运营成本。以戴尔(Dell)为例,1984 年,迈克尔·戴尔在得克萨斯州的奥斯汀成立了戴尔公司。1994 年,相邻城市圆石提供给戴尔一些优惠的税收政策,如将戴尔所交的 2%的销售税的 31%返还 60年,100%免除戴尔的财产税 5 年,75%免除 5 年,50%免除 50 年,于是,戴尔就将总部移到了圆石。同样,戴尔在田纳西州建厂以及将亚洲的第一个工厂建于马来西亚也是同样的原因。

关税政策引起的市场壁垒也是企业物流节点选址的一个重要因素,特别是跨境电商"海外仓"的国际物流节点布局规划。如果一个国家的关税较高,要么企业放弃这个市场,要么企业选择在该国建厂和物流节点以避开高额关税。例如,Dell 通过在我国的厦门建立工厂来扩大中国市场,尤其是政府及国有企业的销售份额;Dell 在爱尔兰建立欧洲市场的第一个工厂,一方面是由于当地低成本、高质量的劳动力以及较低的企业税;另一方面,则是由于爱尔兰是欧共体成员国,在爱尔兰制造的计算机产品可以直接发往欧洲市场无须交纳增值税,而且爱尔兰属于欧元区,可以通过欧元的稳定性减小在欧洲的汇率风险。

就物流节点选址决策的影响因素而言,大致可以分为外部因素及内部因素两大类。外部因素包括诸如宏观政治及经济因素、基础设施及环境、竞争对手等,内部因素包括企业的发展战略、产品、技术或服务的特征等。

四、基础设施和劳动力成本因素

基础设施包括交通设施、通信设施等,环境包括自然环境及社会环境,如劳动力的成本、素质等。现代企业中,物流成本往往要超过制造成本,而一个良好的基础设施对于降低物流成本是十分关键的,所以,基础设施在选址决策中占有重要地位。如 Dell 在美国田纳西州的工厂位置靠近骨干高速公路,同时靠近联邦快递的一个物流配送中心。由于现代宽带网络和无线通信技术的高速发展,伴随物流产生的信息流已经不会对降低物流需求的扭曲和库存成本产生影响,因此通信设施的质量、成本,成为物流节点选址决策的一个次要因素。

劳动力的成本与质量是选址决策的一个关键因素,越来越多的国际企业选择在亚洲建立自己的制造工厂,就是由于当地低价的劳动力成本。戴尔选择的得克萨斯州及田纳西州的劳动力成本要比硅谷低,马来西亚要比新加坡低,爱尔兰在欧共体中属于劳动力成本较低的地区。除去劳动力成本,劳动力的素质也同样重要。戴尔在爱尔兰的工厂建立在 Limerick,最初是看重当地较低的劳动力成本,随着戴尔的进入以及供应商的进入,劳动力的成本越来越高,但是,戴尔对于当地的劳动力资源比较满意,因为当地的劳动力素质比较高,在戴尔的 Limerick 工厂里 50% 的员工都具有学士学位。

五、竞争对手因素

所谓"知己知彼,百战不殆",在企业物流节点选址决策中,必须考虑到竞争对手的布局情况,根据企业产品或服务的自身特征,来决定是靠近竞争对手还是远离竞争对手。

六、企业内部因素

企业的内部因素往往是最主要的。选址决策首先要与企业的发展战略相适应。例如,作为制造业的企业,发展劳动力密集型的产品还是高技术类型的产品,这是企业综合内外形势分析得到的企业发展战略,如果选择劳动力密集型的产品,则必然要以生产成本低作为选址的依据;而选择高技术类型的产品,则必须要选择生产劳动力素质高的地区,而这些地方往往成本较高。从商业及服务业来说,选择连锁便利店还是超市的发展战略,会有不同的企业网络设计。选择连锁便利店,则必须选择一些人口密集区域,成本较高,面积需求较小;选择超市,则要选择人口不是非常密集,可以有较大用地面积的区域。

第三节 物流节点功能定位与建设模式

目前我国规划建设的物流节点类型、依托条件与功能定位如表 3-1 所示。

物流节点建设模式的选择是物流节点发展中很重要的一环,通过研究总结国内外物流节点理论及实践成果,我国目前及未来可能选择的物流节点建设模式有四种,即物流经济开发区模式、主体企业引导模式、工业地产商模式、综合运作模式。

表 3-1　我国规划建设的物流节点类型

物流节点类型	依托条件	主要功能定位	案　例
港口物流节点	港口	国际、国内物流分拨配送	深圳盐田物流园区
空港物流节点	航空港	航空快运物流	上海的浦东空港物流园区
公铁联运物流节点	公路、铁路运输枢纽	多式联运分拨配送	北京的良乡物流园区
工业物流节点	经济开发区、工业园区、高新技术开发区	为生产提供物流服务	天津的开发区工业物流园区
保税物流节点	保税区	进出口产品保税加工物流	青岛保税物流园区等
城市配送型物流节点	靠近城区的原有仓储基地	城市配送物流	大连老港区市域物流园区等
综合物流节点	区位、交通、市场等综合优势条件	城市或区域综合物流服务	上海的西北综合物流园区

一、物流经济开发区模式

近年来,我国陆续创建了经济特区、经济技术开发区、高新技术产业开发区、边境经济合作区、保税区等不同类型和不同层次的开发区。它们广泛分布于我国沿海和内陆地区的开放城市,在现代化建设中发挥着重要的作用。物流节点与工业园区、高新技术产业园区相似,都具有"园区化"的特点,包括产业一致性、物质空间相对独立性和形态完整性等,因此可以考虑将开发区模式应用于物流节点,将物流节点作为一个类似于目前的工业开发区、经济开发区或高新技术开发区的项目进行有组织的开发和建设。

由于物流节点具有物流组织管理功能和经济发展功能的双重特性,因此,建立在经济开发区模式上的物流节点建设项目,实际上就是在新的经济发展背景下的全新的经济开发区项目。

物流经济开发区同其他类型的开发区既有区别又有联系,物流节点以提供物流及相关服务为主,不同于其他开发区,物流节点创造的"产品"是服务。物流节点的经济开发功能主要体现在物流基础设施项目的建设和完善的物流服务所带来的经济开发功能上。在目前缺乏物流节点实践经验的情况下,将开发区的经验和模式应用于物流节点建设是很有现实意义的。

二、主体企业引导模式

主体企业引导模式主要是从利用市场进行物流资源和产业资源合理有效配置的角度,通过利用在物流产业经营和企业供应链管理中具有优势的企业,由其率先在物流节点内开发和发展,并在宏观政策的合理引导下,逐步实现在节点范围内的物流产业聚集,依托物流环境引进或吸引工商企业进入物流节点进行发展。

企业是物流节点管理运营的主体,主体企业引导的物流节点开发模式以市场需求为立意点,采用了自下而上的"拉动"方式。从市场配置资源的优势分析,由于企业本身具有丰富的物流经营管理经验和较高的专业技术水平,该模式降低了物流节点由功能定位不合理和需求不足等因素所造成的投资风险。

主体企业引导模式对城市经济管理体制、管理机制等制度方面提出了挑战,要求有体制和机制的改革与创新,要求能从中心城市发展和区域经济发展的高度,培育物流节点发展所需要的实力企业和良好的市场环境。这种模式要求企业具有较强的实力和较大的规模,考虑到我国物流企业的现状,其适用的范围受到很大的限制。

三、工业地产商模式

物流节点的工业地产商开发模式的理论基础是物流节点的开发和建设,目的就是建立良好的物流运作与管理环境,为工业、商业及物流经营企业创造提高物流效率和降低物流成本的条件,物流节点建设自身不是为了赢利,是一种社会效益的体现,城市及政府的收益来自于物流节点发展中形成的整体经济规模的扩大和经济效率与效益的提高。

四、综合运作模式

综合运作模式指对上述的物流经济开发区模式、主体企业引导模式、工业地产商模式进行混合运用的物流节点开发模式。由于物流节点建设项目一般具有较大的建设规模,涉及经营范围较广,既要求在土地、税收等政策上的有力支持,也希望在投资方面跟上开发建设的步伐,还要求具备物流节点经营运作能力的保证,单纯采用一种开发模式,可能很难达到使物流节点建设顺利推进的目的,因此可以综合运用物流经济开发区模式、主体企业引导模式、工业地产商模式。

综合运作模式并不是上述三种模式的简单重叠,而是在考虑三种模式特点基础上,确定其中一种为主导模式:

(1)主体企业引导模式对物流节点所处的外部制度环境和机制环境要求较高,对其建设核心——主体企业的实力要求也很高,在目前情况下我国几乎没有具备相应实力的企业,因而现实可行性非常低。

(2)物流经济开发区模式是考虑到"园区化"的共性,将我国创办开发区的经验移植到物流节点建设,其最大优点在于我国有20多年创建和经营开发区的成功经验,但是物流节点以提供"物流服务"为主要"产品",其所创造的物流条件对经济运行的重要支撑作用的特殊性又决定其不能完全照搬创建开发区的一般套路,因而如何成功地进行经验移植还需要在实践中不断探索。从这个角度讲,物流经济开发区模式作为主导模式还是有一定的风险性的,但这并不排除局部地区采取试点的方式逐渐摸索经验。

(3)工业地产商模式是国外一种比较成熟的物流节点建设模式。尤其是日本、德国采用的基于工业地产商模式的变形操作模式在我国目前情况下更具有现实操作性。

通过以上分析,以工业地产商模式为主导的综合运作模式作为当前我国物流节点建设的主导模式,是现实可行的。

第四节　物流节点选址模型与算法

物流节点的选址问题有多种类型。类型不同,选址模型的建立及其求解算法也各异。

一、根据选址目标区域的特征分类

按照选址目标区域的特征,可以将选址问题分为连续选址、网格选址及离散选址三大类。

(1)连续选址。待选区域是一个平面,不考虑其他结构,可能的选址位置的数量是无限的。选址模型是连续的,而且通常也可以被相当有效的分析。典型的应用是一个企业的配送中心初步选址。

(2)网格选址。待选区域是一个平面,被细分成许多相等面积(通常是正方形)的区域。候选地址的数量是有限的,但是也相当多。典型的应用是仓库中不同货物的存储位置的分配。例如将100000种货物分配到200000个可能位置上的问题,如果使用离散选址模型将产生200000000000个二进制分配变量,这么多的变量是不可能得到可行的表述和合理的解决方案的。

(3)离散选址。目标选址区域是一个离散的候选位置的集合。候选位置的数量通常是有限的且甚少的。这种模型是最切合实际的,然而相关的计算和数据收集成本是相当高的。实际的距离可以在目标函数和约束中使用,还可以包含有障碍和不可行区域的复杂地区。典型的应用是一个国内企业物流配送中心的详细选址设计。

二、根据选址约束分类

根据选址问题的约束种类,可以分为有能力约束的选址问题和无能力约束的选址问题,以及有不可行区域与无不可行区域的选址问题。

(1)有能力约束与无能力约束。如果新设施的能力没有限制,那么选址问题就是无能力约束的选址问题;反之,就是有能力约束的选址问题。

（2）不可行区域约束。如果在目标区域内有些区域不适合作为选址地点,那么这个选址问题就包含了不可行区域的约束。例如,在美国大陆进行配送中心的选址,五大湖区和墨西哥湾就是不可行区域。

三、根据选址成本分类

根据选址成本可以将选址问题分为以下几类问题:是寻求可行成本方案还是寻求最优成本方案,是寻求总成本的最小化还是成本最大值的最小化,是固定权重还是可变权重,选址成本是确定性的还是随机性的,被定位设施间有无相互联系,是静态的还是动态的选址问题,等等。

（一）可行性/最优性

对于许多选址问题来说,首要目标是得到一个可行的解决方案（满足所有约束的解决方案）,第二步的目标是找到一个更好的解决方案即目标函数的优化。两种最常见的目标函数类型如下所述。

（二）Minisum/Minimax 目标函数

Minisum 目标函数寻求整个设施选址的总和为最小,目标是优化全部或者平均性能。这种目标通常在企业问题中应用,所以被叫作"经济效益性"（economic efficiency）。这种问题也被称作网络上的中值问题。

Minisum 问题的目标函数通常写成如下形式:

$$\min_X \left\{ \sum_j C_j(X) \right\}$$

式中,X 为新的待定位设施物体的坐标;

j 为已存在且位置固定的物体的编号;

$C_j(X)$ 为对于已经存在的物体 j,新物体定位在 X 时的成本。

Minimax 目标由已存在设施的单个成本最大的组分组成。目标是优化最坏的情况。这种目标通常在军队、紧急情况和公共部门中使用,也称作"经济平衡性"（economic equity）。这种问题也叫作网络上的中心问题。

Minimax 问题的目标函数通常写成如下的形式:

$$\min_X \{ \max_j C_j(X) \}$$

例如,假设在一条直线上按位置 0,5,6 和 7 上有 4 个点。为每个点服务的成本与这些点和新设施间的距离成比例。对于 Minisum 目标来说,新设施的最优位置是这些点的中值,$X^* = 5.5$,也就是说,在选址的左边和右边有同样多的点。实际上,点 5 和 6 间的线段包含了无数的其他中值位置。对于 Minimax 目标来说,最优位置是这些点的中心,$X^* = 3.5$,也就是说,选址位置到最左边点和到最右边点的距离是相等的。图 3-1 是中值及中心点示意图。

如果最左边点定位在 -1000,而不是在 0,最优中值位置不会改变。对于这个特殊的例子来说,选址区域是一条直线,固定位置的顺序比它们的实际位置更加重要。如果在点 5 和 6 之间再增加 1000 个点,最优中心选址的位置同样不会改变。中心选址是由那些极端位置决定的,而其他的内部物体的位置对它不起作用。

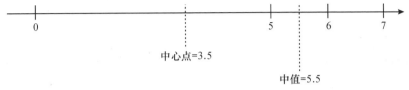

图 3-1　中值及中心点

第三种目标函数通常在有害设施(例如废水处理厂、军工厂等)的选址中使用,它是 Maximin 型的目标函数,这种情况下,物体被定位在使最小距离最大化的地方。

Maximin 问题的目标函数通常写成如下形成:

$$\max_X \{\min_j C_j(X)\}$$

Maximin 问题的最优化解决方案通常被称作"反中心"(anti-center)。在前一个例子中,反中心点是 2.5,如图 3-2 所示。

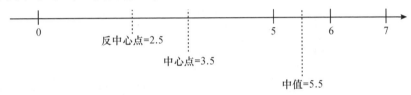

图 3-2　中心点与反中心点

(三)固定权重与可变权重

如果新设施和已存在设施间的关系与新设施的位置无关,而是固定的,选址问题就是具有固定权重的选址问题。这种问题也叫作"单纯选址问题"(pure location problems)。

如果这种权重或关系与新设施的位置相关,那么这些权重本身就成为变量,这种问题被称作"选址—分配问题"(location-allocation problems)。例如,顾客到最近配送中心的分配问题,删除一个配送中心不仅增加了顾客的距离,同时将这个顾客分配到了另一个配送中心。

(四)被定位设施间有无相互联系

选址问题的一个很重要的区别标准是,被定位设施之间有相互关系,还是仅仅与已存在物体间有相互关系。如果选址问题包含多个有相互关系的新设施,它的目标函数常常是一个二次或更高次的函数。在一个设施设计项目中,在一个块状区域内布置二维部门的选址问题就是一个典型的二次目标函数。

（五）确定性与随机性

如果选址的成本或参数的值是确定的，那么这个问题是确定性的。如果成本或参数是一个随机分布的概率值，那么这个问题就是随机性的。在配送系统的设计中，客户需求通常是随机的，但是它通常被近似为确定的平均值。

（六）静态与动态

如果选址问题的成本或参数不随着时间的改变而改变，那么这个问题就是静态的；反之，这个问题就是动态的。

四、选址问题中的距离计算

选址问题模型中，最基本的一个参数是各个网点之间的距离。一般采用两种方法来计算网点之间的距离，一种是直线距离，也叫欧几里得距离（Euclidean metric）；另一种是折线距离（rectilinear metric），也叫城市距离（metropolitan metric）。图 3-3 表示了距离计算方法。

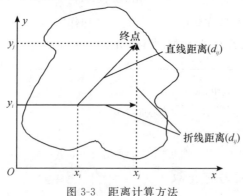

图 3-3　距离计算方法

（一）直线距离

直线距离是指平面上两点间的距离。平面上两点 (x_i, y_i) 和 (x_j, y_j) 间的直线距离 d_{ij} 为：

$$d_{ij}^E = \sqrt{(x_i - x_j)^2 + (y_i - y_j)^2} \tag{3-1}$$

上标 E 代表欧几里得距离。欧几里得距离通常用在城市间配送问题和通信问题。在这些问题中，直线距离是可以接受的近似值。城市间配送问题中的实际路线距离可以通过将欧几里得距离乘以一个适当的系数（如在美国大陆是 1.2，在南美洲是 1.26）来更好地近似。

（二）折线距离

折线距离采用如下的公式计算：

$$d_{ij}^R = |x_i - x_j| + |y_i - y_j| \tag{3-2}$$

折线距离一般用在道路较规则的城市内的配送问题及具有直线通道的工厂及仓库内的布置、物料搬运设备的顺序移动等问题中。

五、选址模型

选址模型应该具有以下两个方面的功能：一是为设施（工厂、仓库、零售点等）找到一个最优的位置，二是物流系统设计中的一个重要部分。对设施选址问题可以通过一个最为简单的实例来理解：在一条直线上（街道）选择一个有效位置（商店），即一种设施选址。为了能够让在这条街上的所有顾客到达你的商店的平均距离最短，在不考虑其他因素的情况下，当然这条大街的中点是最为合理的位置。

上面的问题是一个简单的选择问题，实际上街上各个位置可能出现顾客的概率是不一样的，如果需要考虑这个条件的限制，就需要给整条街不同位置加上一个权重 ω_i 进行分析。由于对不同的选址模型的权重设计方法并不是完全一样的，问题将变得复杂。在权重等外部条件都确定的情况下，此类问题可以用以下的目标函数进行评价：

$$\min Z = \sum_{i=0}^{s} \omega_i (s - x_i) + \sum_{i=s}^{n} \omega_i (x_i - s) \tag{3-3}$$

或者

$$\min Z = \int_{x=0}^{s} \omega(x)(s-x)\mathrm{d}x + \int_{x=s}^{L} \omega(x)(x-s)\mathrm{d}x \tag{3-4}$$

式中，ω_i 为大街上第 i 个位置出现顾客的概率；

x_i 为大街上第 i 个位置到所选地址的距离；

s 为选择投资的位置。

式（3-3）适用于离散模型，而式（3-4）适用于连续模型。

对上面等式求解，需对等式求微分，然后令其微分值为零，结果为：

$$\frac{\mathrm{d}Z}{\mathrm{d}s} = \sum_{i=0}^{s} \omega_i - \sum_{i=s}^{n} \omega_i = 0 \tag{3-5}$$

或者

$$\frac{\mathrm{d}Z}{\mathrm{d}s} = \int_{x=0}^{s} \omega(x)\mathrm{d}x - \int_{x=s}^{L} \omega(x)\mathrm{d}x = 0 \tag{3-6}$$

上面的计算结果表明，所开设的新店面需设置在权重的中点，即两面的权重都是 50%。

这是一个很简单的选址模型，下面将对选址问题中的各个模型进行详细介绍，并通过实例来说明如何应用。

（一）连续点选址模型

连续点选址问题指的是在一条路径或者一个区域里面的任何位置都可以作为选址的一个选择。

1. 交叉中值模型（cross median）

交叉中值模型是用来解决连续点选址问题的一种十分有效的模型，它是利用选址距离进行计算。通过交叉中值的方法可以对单一的选址问题在一个平面上的加权的选址距离进行最小化。其相应的目标函数为：

$$Z = \sum_{i=1}^{n} \omega_i \{|x_i - x_s| + |y_i - y_s|\} \tag{3-7}$$

式中，ω_i 为与第 i 个点对应的权重（例如需求）；(x_i, y_i) 为第 i 个需求点的坐标；(x_s, y_s) 为服务设施点的坐标；n 为需求点的总数目。

需要注意的是，这个目标函数可以用两个互不相干的部分来表达。

$$\min Z = \sum_{i=1}^{n} \omega_i |x_i - x_s| + \sum_{i=1}^{n} \omega_i |y_i - y_s| \tag{3-8}$$

在上面介绍的商店在一条大街上选址的问题中，选择的就是所有可能需要服务的对象到目标点的绝对距离总和最小。与之相似的，在这个问题里面，最优位置也就是如下坐标组成的点：

x_s 是 x 轴方向的所有的权重 ω_i 的中值点；y_s 是在 y 轴方向的所有的权重 ω_i 的中值点。考虑到 x_s，y_s 或者同时两者可能是唯一或某一范围，最优的位置也相应地可能是一个点，或者是一条线，或者是一个区域。

交叉中值模型在物流配送中心选址和其他选址模型应用中（如连锁门店位置确定）具有一定的普遍性，下面以"报刊亭选址"为例加以说明。

例 3-1 报刊亭选址：一个报刊连锁公司想在一个地区开设一个新的报刊零售点，主要的服务对象是附近的 5 个住宿小区的居民，他们是新开设的报刊零售点的主要顾客源。图 3-4 笛卡儿坐标系中确切地表达了这些需求点的位置，表 3-2 是各个需求点对应的权重。这里，权重代表每个月潜在的顾客需求总量，基本可以用每个小区中的总的居民数量来近似。经理希望通过这些信息来确定一个合适的报刊零售点的位置，要求每个月顾客到报刊零售点所行走的距离总和为最小。

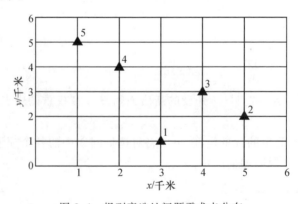

图 3-4 报刊亭选址问题需求点分布

由于考虑的问题是在一个城市中的选址问题，评价是，使用城市距离是合适的。交叉中值选址方法将会用来解决这个问题。

表 3-2 需求点对应的权重

需求点	x 坐标	y 坐标	权重 ω_i
1	3	1	1
2	5	2	7
3	4	3	3
4	2	4	3
5	1	5	6

首先,需要确定中值:

$$\overline{W} = \frac{1}{2} \sum_{i=1}^{n} \omega_i \tag{3-9}$$

表 3-2 中中值 $\overline{W} = (3+7+1+3+6)/2 = 10$。

为了找到 x 轴方向上的中值点 x_s,从左到右将所有的 ω_i 加起来,按照升序排列到中值点,如表 3-3 所示。然后重新再由右到左将所有的 ω_i 加起来,按照升序排列到中值点。可以看到,从左边开始到需求点 1 就刚好达到了中值点,而从右边开始则是到需求点 3 达到中值点。

回到图 3-4,发现在需求点 1,3 之间 1000m 的范围内对于 x 轴方向都是一样的,也就是说,$x_s = 3 \sim 4\text{km}$。

表 3-3　x 轴方向的中值计算

需求点	沿 x 轴的位置	$\sum \omega_i$
从左到右		
5	1	6 = 6
4	2	6+3 = 9
1	3	6+3+1 = 10
3	4	
2	5	
从右到左		
2	5	7 = 7
3	4	7+3 = 10
1	3	
4	2	
5	1	

表 3-4　y 轴方向的中值计算

需求点	沿 y 轴的位置	$\sum \omega_i$
从上到下		
5	5	6 = 6
4	4	6+3 = 9
3	3	6+3+3 = 12
2	2	
1	1	
从下到上		
1	1	1 = 1
2	2	1+7 = 8
3	3	1+7+3 = 11
4	4	
5	5	

接着寻找在 y 轴方向上的中值点 y_s。从上到下,逐个叠加各个需求点的权重 ω_i。在考虑 5,4 两个需求点时,权重和为 9,仍没有达到中值点 10,但是加上第三个需求点后,权重和将达到 12,超过中值点 10,如表 3-4 所示。所以从上向下的方向考虑,报刊亭零售点应该设置在 3 点或 3 点以上的位置。然后从下往上,在第 1 和第 2 个需求点之后,权重总和达到 8,仍旧不到 10,当加入第三个需求点 3 后,权重总和达到 11。这说明,报刊零售点应该在需求点 3 或者它下面的位置。结合两个方面的限制和图 3-5 的相对位置,在 y 轴方向上只能选择一个有效的中值点 $y_s = 3\text{km}$。

综合考虑 x 轴和 y 轴方向的影响,于是最后可能的地址为 A,B 之间的一条线段(见图 3-5)。表 3-5 对 A,B 两个位置的加权距离进行了比较。从比较的结果可以看到,它们直接的加权距离是完全相等的。也就是说,可以根据实际情况,选址 A,B 之间的任何一点。就像本例中说明的,如果在 y 轴方向上也有一个范围,那么整个可能的选择范围就是一个区域;如果在 x 轴方向上是一个点,那么可选的地点就只有一个点了。利用交叉中值的方法可以为决策提供更多的选择和使其更加灵活。

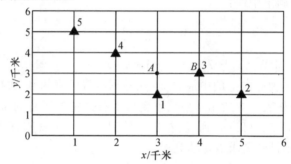

图 3-5　可能的方案

表 3-5　位置 A,B 之间的加权距离比较

位置 $A(3,3)$				位置 $B(4,3)$			
需求点	距离	权重	总和	需求点	距离	权重	总和
1	2	1	2	1	3	1	3
2	3	7	21	2 .	2	7	14
3	1	3	3	3	0	3	0
4	2	3	6	4	3	3	9
5	4	6	24	5	5	6	30
合计			56	合计			56

2. 精确重心法(exact gravity)

前面介绍的交叉中值模型由于其本身的局限性,例如使用的是城市距离,只适合于解决一些小范围的城市内的选址问题。下面介绍的精确重心法,在评价的过程中使用的是欧几里得距离,即直线距离,它使选址问题变得复杂,但是有着更为广阔的应用范围。

在使用了欧几里得距离之后,目标函数变成了:

$$\min Z = \sum_{i=1}^{n} \omega_i \left[(x_i - x_s)^2 + (y_i - y_s)^2 \right]^{1/2} \tag{3-10}$$

这是一个双变量系统,分别对 x_s 和 y_s 进行求偏微分,并且令其为零,这样就可以得到两个微分等式。应用这两个等式分别对 x_s 和 y_s 进行求解,即可以求出下面的一对隐含有最优解的等式:

$$x_s = \frac{\displaystyle\sum_{i=1}^{n} \frac{\omega_i x_i}{d_{is}}}{\displaystyle\sum_{i=1}^{n} \frac{\omega_i}{d_{is}}} \tag{3-11}$$

$$y_s = \frac{\sum\limits_{i=1}^{n} \dfrac{\omega_i y_i}{d_{is}}}{\sum\limits_{i=1}^{n} \dfrac{\omega_i}{d_{is}}} \qquad (3\text{-}12)$$

这里，$d_{is} = [(x_i - x_s)^2 + (y_i - y_s)^2]^{1/2}$。

在式（3-11）和式（3-12）中，可以看到在等式的左右两边都出现了 x_s 和 y_s（在右边包含了 d_{is} 项），因此该微分方程组不能直接求解。对于这个问题，可以通过迭代的方法进行求解，这需要提供一组初始值 x_s 和 y_s。然后利用 $x_{s(i-1)}$ 和 $y_{s(i-1)}$ 求出 $d_{s(i-1)}$，再用它去求出 x_{si} 和 y_{si}，迭代公式如下：

$$x_{si} = \frac{\sum\limits_{i=1}^{n} \dfrac{\omega_i x_i}{d_{s(i-1)}}}{\sum\limits_{i=1}^{n} \dfrac{\omega_i}{d_{s(i-1)}}} \qquad (3\text{-}13)$$

$$y_{si} = \frac{\sum\limits_{i=1}^{n} \dfrac{\omega_i y_i}{d_{s(i-1)}}}{\sum\limits_{i=1}^{n} \dfrac{\omega_i}{d_{s(i-1)}}} \qquad (3\text{-}14)$$

这里，$d_{s(i-1)} = [(x_i - x_{s(i-1)})^2 + (y_i - y_{s(i-1)})^2]^{1/2}$。

如果该迭代过程具有收敛性，那么经过无限次的迭代之后，可以得到一个最优解 x_s^* 和 y_s^*。但是实际上，可以迭代的次数是有限的，所以在迭代过程中需要确定一个中止准则。设置中止准则有两个方法：其一是根据经验和以前的试验结果，直接设置一个确定的迭代次数 N；其二是将每一次得到的迭代结果 $x_{s(i-1)}$，$y_{s(i-1)}$，当两次的迭代得到的结果变化小于某一个阈值 Δx_{slimit}，Δy_{slimit} 时，迭代过程结束。

$$\Delta x_s = [x_{si} - x_{s(i-1)}] \leqslant \Delta x_{slimit} \qquad (3\text{-}15)$$
$$\Delta y_s = [y_{si} - y_{s(i-1)}] \leqslant \Delta y_{slimit} \qquad (3\text{-}16)$$

为了说明如何运用精确重心法，对上面的报刊零售点选址问题做一个假设，即这个报刊亭附近都是空地，使用欧几里得距离进行计算是合适的，然后我们就用精确重心法选择一个最优的位置。

从 A 点（3,3）开始进行欧几里得距离最优的搜索，表 3-6 进行了一些必要的计算，然后根据式（3-13）和式（3-14），即可以得到迭代结果：

$$x_{si} = \frac{1.5 + 15.63 + 12 + 4.25 + 2.13}{0.5 + 3.13 + 3 + 2.13 + 2.13} = 3.26$$

$$y_{si} = \frac{0.5 + 6.25 + 9 + 8.5 + 10.63}{0.5 + 3.13 + 3 + 2.13 + 2.13} = 3.20$$

然后进行中止准则的判断，确定是否继续进行迭代。

注意：用精确重心法得到的最优解只有一个点，而不会是一条线段或者一个区域。而且只有在十分偶然的情况下，才会出现用交叉中值法和精确重心法得到的最优地址一致的情况。

表 3-6　精确重心法计算

需求点(i)	1	2	3	4	5
位置($x_{s(i-1)}, y_{s(i-1)}$)	(3,1)	(5,2)	(4,3)	(2,4)	(1,5)
权重(ω_i)	1	7	3	3	6
距离($d_{is(i-1)}$)	2	2.24	1	1.41	2.82
$\omega_i/d_{is(i-1)}$	0.5	3.13	3	2.13	2.13
($\omega_i x_i/d_{is(i-1)}, \omega_i y_i/d_{is(i-1)}$)	(1.5,0.5)	(15.63,6.25)	(12,9)	(4.25,8.5)	(2.13,10.63)

（二）离散点选址模型

离散点选址指的是在有限的候选位置里面,选取最为合适的一个或者一组位置为最优方案,相应的模型就叫作离散点选址模型。它与连续点选址模型的区别在于:它所拥有的候选方案只有有限个元素,我们考虑问题的时候,只需要对这几个有限的位置进行分析。

对于离散点选址问题,目前主要有两种模型可供选择,分别是覆盖模型（covering）和 P-中值模型。其中覆盖模型常用的有集合覆盖模型（set covering location problem）和最大覆盖模型（maximum covering location）。下面将针对这些离散点选址模型的使用范围、建立方法、如何求解逐一进行详细的介绍。

1. 覆盖模型

所谓覆盖模型,就是对于需求已知的一些需求点,如何确定一组服务设施来满足这些需求点的需求。在这个模型中,需要确定服务设施的最小数量和合适的位置。该模型适用于商业物流系统的选址,如零售点的选址问题、加油站的选址、配送中心的选址等,公用事业系统,如急救中心、消防中心等,以及计算机与通信系统,如有线电视网的基站、无线通信网络基站、计算机网络中的集线器设置等。

根据解决问题的方法的不同,可以分为两种不同的主要模型:一是集合覆盖模型,用最小数量的设施去覆盖所有的需求点（见图 3-6）,二是最大覆盖模型,在给定数量的设施下,覆盖尽可能多的需求点（见图 3-7）。

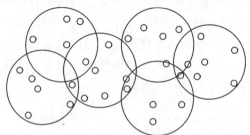

图 3-6　集合覆盖模型

从图 3-6、图 3-7 中可以看出上述两类模型的区别:集合覆盖模型要满足所有的需求点,而最大覆盖模型则只覆盖最大的需求点,两种模型的应用情况取决于服务设施的资源充足与否。

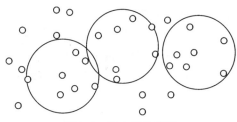

图 3-7　最大覆盖模型

下面分别对两种模型的构建和求解进行详细的介绍。

(1)集合覆盖模型。集合覆盖模型的目标是用尽可能少的设施去覆盖所有的需求点,相应目标函数可表达为:

$$\min \sum_{j \in N} x_j \qquad (3-17)$$

约束条件为:

$$\sum_{j \in B(i)} y_{ij} = 1, \quad i \in N \qquad (3-18)$$

$$\sum_{j \in A(j)} d_i y_{ij} \leqslant C_j x_j, \quad j \in N \qquad (3-19)$$

$$x_j \in \{0,1\}, \quad j \in N \qquad (3-20)$$

$$y_{ij} \geqslant 0, \quad i,j \in N \qquad (3-21)$$

式中,$N = \{1,2,\cdots,n\}$,为研究对象中的 n 个需求点;

d_i 为第 i 个节点的需求量;

C_j 为设施节点 j 的容量;

$A(j)$ 为设施节点 j 所覆盖的需求节点的集合;

$B(i) = \{i \mid i \in A(j) \mid\}$,可覆盖需求节点 i 的设施节点 j 的集合;

$x_j = \begin{cases} 1, 假如该设施位于节点 j; \\ 0, 假如该设施不位于节点 j; \end{cases}$

y_{ij} 为节点 i 需求中被分配给节点 j 的部分。

式(3-17)是最小化设施的数目,式(3-18)保证每个需求点的需求得到完全满足,式(3-19)是对每个提供服务网点的服务能力的限制,式(3-20)保证一个地方最多只能投建一个设施,式(3-21)允许一个设施只提供部分需求。

对于此类带有约束条件的极值问题,有两大类方法可以进行求解。一是精确的算法,应用分支定界求解的方法,能够找到小规模问题的最优解,由于运算量方面的限制,一般也只适用小规模问题求解。这方法在运筹学方面的书籍上有详细的介绍,可以借鉴相应的参考书。二是启发式方法,所得到的结果不能保证是最优解,但是可以得到可行解,可以对大型问题进行有效的分析、求解。

下面结合乡村医疗诊所选址问题,来说明离散化覆盖模型的应用。实际上,这与物流节点选址问题是非常吻合的。

例 3-2　乡村医疗诊所选址问题:卫生部门考虑到农村地区的医疗条件落

后匮乏,计划在某一个地区的9个村增加一系列诊所,以改善该地区的医疗条件。它希望在每一个村周边30km的范围之内至少有一个诊所,不考虑诊所服务能力的限制。卫生部门需要确定至少需要多少个诊所以及和它们相应的位置。除了第6个村之外,其他任何一个村都可以作为诊所的候选地点,原因是在第6个村缺乏建立诊所的必要条件。图3-8是各个村之间的相对位置和距离的地图。

第一步,找到每一个村可以服务的所有村的集合 $A(j)$,即距该村距离小于或等于30km的所有村的集合。例如从1村开始,2,3和4村到1村的距离都小于30km,它们都可以由1村的诊所提供服务,得到集合 $A(1)=\{1,2,3,4\}$;然后逐一地进行考虑计算,就可以得到所有的 $A(j)$,$j=1,2,\cdots,9$,并将所得结果填入表3-7中。

第二步,找到可以给每一个村提供服务的所有村的集合 $B(i)$。一般来说,这两个集合是一致,但是考虑到其他的一些限制条件,就可能出现差异。例如本例中,6村由于本身条件所限不可能建立诊所,所以也不可能给别人提供相应的医疗服务。考虑7村,$B(7)=\{4,7,8\}$。相应地将其他的结果填入表3-7中,得到选择评价的基本信息。

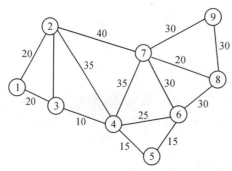

图 3-8　乡村距离和相对位置

表 3-7　候选位置的服务范围

村编号	$A(j)$	$B(i)$
1	1,2,3,4	{1,2,3,4}
2	1,2,3	{1,2,3}
3	1,2,3,4,5	1,2,3,4,5
4	1,3,4,5,6,7	1,3,4,5,7
5	3,4,5,6	{3,4,5}
6	4,5,6,7,8	4,5,7,8
7	4,6,7,8	{4,7,8}
8	6,7,8,9	7,8,9
9	8,9	{8,9}

第三步,找到其他村服务范围的子集,将其省去,可以简化问题。2村可以对1,2,3村提供服务,而1村可以对1,2,3,4村提供服务,2村的服务范围是1村的服务范围的一个子集,可以忽略在2村建立诊所的可能性。在表3-7中带有括号的都是其他部分的子集,它们已经被排除在候选子集之外。$\{3,4,8\}$是候选点的集合。

第四步,确定合适的组合解。很显然,问题得到简化之后,在有限的候选点上选择一个组合解是可行的。(3,4,8)本身就是一个组合解,但是为了满足经济性要求,尽可能少地建立诊所,还需要从中剔除可以被合并的候选点。$\{3,8\}$则是可以覆盖所有村的一个数量最少的组合:3村的诊所可以覆盖1村到5村,而8村的诊所可以覆盖6村到9村。

如果放宽一些问题的限制条件,例如一个诊所的服务半径扩大到40km,也可能会出现多解的情况。$\{3,8\}$、$\{3,9\}$、$\{4,7\}$、$\{4,8\}$ 和 $\{4,9\}$ 都是可以覆盖所有的村而且数量最少的组合解。

(2)最大覆盖模型。最大覆盖模型的目的是对有限的服务网点进行选址，为尽可能多的对象提供服务。它的相应目标函数是：

$$\max \sum_{j \in N, i \in A(j)} d_i y_{ij} \tag{3-22}$$

约束条件为：

$$\sum_{j \in B(i)} y_{ij} \leqslant 1, \quad i \in N \tag{3-23}$$

$$\sum_{j \in A(j)} d_i y_{ij} \leqslant C_j x_j, \quad j \in N \tag{3-24}$$

$$\sum_{j \in N} x_j = p \tag{3-25}$$

$$x_j \in \{0,1\}, \quad j \in N \tag{3-26}$$

$$y_{ij} \geqslant 0, \quad i, j \in N \tag{3-27}$$

式中，$N = \{1, 2, \cdots, n\}$，为研究对象中的 n 个需求点；

d_i 为第 i 个节点的需求量；

C_j 为设施位于节点 j 时相应的容量；

$A(j)$ 为可以被位于节点 j 的设施覆盖的所有节点的集合；

$B(i) = \{i \mid i \in A(j) \mid\}$，可以覆盖节点 i 的设施节点 j 的集合；

p 为允许投建的设施数目；

$x_j = \begin{cases} 1, \text{假如该设施位于节点 } j; \\ 0, \text{假如该设施不位于节点 } j; \end{cases}$

y_{ij} 为节点 i 需求中被分配给节点 j 的部分。

式(3-22)是满足最大可能的对需求所提供的服务，也是目标；式(3-23)是需求的限制，服务不可能大于当前需求的总和；式(3-24)是设施的服务能力的限制；式(3-25)则是问题本身的限制，也就是说最多可能投建设施的数目 p。其他两式同集合覆盖模型。

就前面提到的医疗站问题，如果仍旧不考虑其服务能力的限制，最多的诊所数目为 2，用最大覆盖模型对其进行分析，由 Richard Church 和 Charles Re Velle 设计的贪婪算法就可以进行求解。该算法是一个空集合作为原始的解集合，然后在剩下的所有的其他候选点中，选择一个具有最大满足能力的候选点加入原来的候选集合中，如此往复，一直到设施数目的限制或者全部的需求都得到满足为止。

在医疗站的问题中，我们已经分析得到候选集合为 $\{3,4,8\}$。初步确定解的集合 $S = \varnothing$。然后比较 $A(3)$、$A(4)$ 和 $A(8)$ 的数目，4 村加入解集合 S 中，$S = \{4\}$。接着比较 3、8 两个村，除去 4 提供服务的村 1、3、4、5、6、7 外，剩下只有 $\{2,8,9\}$，3 村对 2 村提供服务。而 8 村可以对 8、9 两个村提供服务。8 村将作为第二个投建点加入解集合中 $S = \{4,8\}$。这就是我们通过最大覆盖法得到的解集合,显然不是最优解,这也是启发式算法的特点。

2. P-中值模型

P-中值模型是指在一个给定数量和位置的需求集合和一个候选设施位置的集合下,分别为 p 个设施找到合适的位置并指派每个需求点到一个特定的设施,使之达到在工厂和需求点之间的运输费用最低。图 3-9 用图形的方式说明了 P-中值模型的原理。

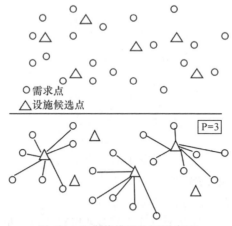

图 3-9   P-中值模型的图形表达

P-中值模型也可以通过精确的数学语言进行描述。在用数学语言进行描述时,需要准确地表达问题的约束条件、目标,还有合理的变量定义。一般 P-中值问题的目标函数是:

$$\min \sum_{i \in N} \sum_{j \in M} d_i c_{ij} y_{ij} \tag{3-28}$$

约束条件为:

$$\sum_{j \in M} y_{ij} = 1, \quad i \in N \tag{3-29}$$

$$\sum_{j \in M} x_j = p \tag{3-30}$$

$$y_{ij} \leqslant x_j, \quad i \in N, \quad j \in M \tag{3-31}$$

$$x_j \in \{0,1\}, \quad j \in M \tag{3-32}$$

$$y_{ij} \in \{0,1\}, \quad i \in N, \quad j \in M \tag{3-33}$$

式中,$N = \{1,2,\cdots,n\}$,为系统中的 n 个客户(需求点);

d_i 为第 i 个客户的需求;

$M = \{1,2,\cdots,m\}$,为投建设施中的 m 个候选地点;

c_{ij} 为从地点 i 到 j 的单位运输费用;

p 为可以建立的设施总数($p < m$);

$x_j = \begin{cases} 1, 假如在 j \in M 建立设施, \\ 0, 其他的情形; \end{cases}$

$y_{ij} = \begin{cases} 1, 假如客户 i \in N, 由设施 j \in M 来提供服务, \\ 0, 其他的情形。 \end{cases}$

式(3-28)是P-中值模型的目标函数,约束条件式(3-29)保证每个客户(需求点)只有一个设施来提供相应的服务,约束条件式(3-30)限制了总的设施数目为 p 个,约束条件式(3-31)有效地保证没有设施的地点不会有客户对应。

从上面的两种P-中值模型不同表达方式中,可以看出,求解一个P-中值模型需要解决两方面的问题:一是选择合适设施位置(表达式中的 x 变量),二是指派客户到相应的设施中去(表达式中的 y 变量)。一旦设施的位置确定,再确定每个客户到不同的设施中,使费用总和 c_{ij} 最小就十分的简单了。与覆盖模型相似,求解一个P-中值模型的设施选址问题,主要有两大类的方法:精确计算法和启发式算法。P-中值模型一般适用于工厂或者仓库的选址问题,例如要求在它们和零售商或者顾客之间的费用最小。

除了上述物流节点选址方法外,本书第十二章第八节"跨境电商海外仓选址规划"详细介绍了采用层次分析法求解物流节点选址问题的另外一种决策思路。

第五节　物流节点用地规划与规模控制

目前,国内许多省、市、县都已制定或正在研究制定现代物流业发展规划,在省域或市(县、区)域范围内规划建设了不同规模、数量的物流节点,全国已规划的各级物流园区、物流中心数量多达几千个。虽然物流节点的规划和建设备受地方政府的重视,但是由于规划缺乏科学有效的方法,各种物流规划中物流节点的规模难以确定,这也给城市总体规划中物流用地的划定带来困难。在目前已出台的各种城市物流规划中,物流节点的用地规模千差万别,一些经济、物流业发达的特大城市,物流节点的用地总规模尚且只有 $2\sim3km^2$,而一些物流业不发达、经济落后的小县市,规划的物流节点的总用地规模却多达数十平方公里,更有甚者,一个物流节点的用地规模就达十几平方公里,物流节点用地成为控制城市用地的新的突破口。此外,一些地方城市以物流之名,开展新一轮的城市圈地运动,一批物流地产商也应运而生,他们打着建设物流节点的旗号,以低廉的价格(一般是工业用地价)从政府手里获得土地,然后把物流节点建设成商场、写字楼和住宅,或者再倒卖土地,从中牟利。综上所言,科学有效地确定城市物流节点的用地规模是我国亟待解决的问题。

一、物流节点的用地规模与数量问题

城市物流节点的规模对城市物流业发展具有重大影响。首先,如果一个城市物流节点的规模太小,就难承担起为整个城市物流业服务的职能,进而会阻碍城市物流业的发展;反之,如果物流节点规模太大,物流基础设施数量过大,不仅会导致物流节点空置率很高,投资成本难以收回,物流节点难以维持经营,也会使不同物流节点之间产生恶性竞争,最后对城市物流业发展起到许多负面作用。因此,适度的物流节点规模对城市物流业发展是最有利的。

城市物流节点的规模问题可以分解为两个问题,即城市物流节点的总体数量和单个物流节点的规模问题。这两个问题是相互关联、彼此影响的。目前对于一个城市的物流节点的数量和规模并没有严格的限定,城市物流节点的规模主要与城市在物流网络中的地位级别和城市物流发展需求有关系。当城市物流需求一定时,单个物流节点规模越大,城市物流节点的数量就少;反之,单个物流节点规模越小,城市物流节点的数量就多一些。

物流节点是物流企业和物流活动集中的场所,要追求一定的集聚效益,物流节点的规模一般不能太小;但是,物流节点规模如果过大,也会导致其服务半径过大,出现不经济配送的现象,且过多的物流企业集聚,也会导致产业过度竞争,引发环境、卫生、供给等一系列问题,因此物流节点的规模应控制在一定范围之内,应根据不同等级物流节点的具体情况而有所不同。一般来说,一个城市物流节点的数量,取决于城市的总体规模、经济总量、物流需求和交通条件,与城市的功能结构、道路交通布局也有一定的关系。

从国内经验看,深圳、上海、北京等城市的物流节点用地规划建设最有参考价值。深圳市是我国物流业发展较早和最早规划物流园区的地区,目前已规划六大物流园区,西部港物流园区占地 $40hm^2$,盐田港物流园区占地 $50hm^2$,龙华物流园区占地 $40hm^2$,平湖物流园区占地 $50hm^2$,笋岗—清水河物流园区占地 $50hm^2$,航空城物流园区占地 $10\sim15hm^2$;上海市规划有深水港物流园区、外高桥物流园区、浦东空港物流园区、西北综合物流园区等四大物流园区,北京市规划有空港物流园区、通州物流产业园区、西南物流综合基地等三大物流基地,平均占地约 $100hm^2$。

根据国内外的经验,区域性中心城市物流节点数量以 3～5 个为宜,单个物流园区规模在 $50hm^2$ 左右,最小不宜小于 $20hm^2$,最大不宜超过 $100hm^2$;区域内的重要城市物流园区数量以 2～4 个为宜,单个物流园规模宜控制在 20～$50hm^2$;区域内的一般城市物流园区数量以 1～3 个为宜,单个物流园规模宜控制在 10～$30hm^2$。

二、物流节点用地规模的确定方法

城市物流节点的规模可以通过预测城市物流需求的规模进行换算,也可以与同类城市进行比较计算,其用地规模确定与控制,可以采取参数法、类比法和控制系数法。

(一)参数法

参数法的计算公式为:$S = \alpha\beta Q\varepsilon/365$

式中,S 表示所求物流节点的面积(单位:万平方米);α 表示适站系数,即进入物流节点的物流量占城市总物流量的比；β 为分配系数，表示单个物流节点所处理的物流量占城市所有物流节点处理物流量的比例；Q 为城市物流需求量，表示城市物流作业的总量，通常用社会货运总量代替（单位：万吨）；ε 为单位生产能力用地参数，表示日处理一吨货物需要物流基础设施的面积（单位：平方米/吨）。

（1）适站系数 α。适站系数 α 跟城市物流业的发展阶段有关，一般来说，城市物流业的发展阶段越低，第三方物流的比例就越低，物流作业进入园区的比例就越低；反之，物流业发展的阶段越高，第三方物流的比例就越大，物流作业进入园区的比例就越高。根据经验，在进行城市物流规划时，适站系数 α 一般取值为 0.2～0.4，物流业发展相对发达的城市取值大一点，物流业发展相对落后的地区取值小一点；规划期限越短，取值就越小，规划期限越长，取值就越大。

（2）分配系数 β。分配系数为规划物流节点在城市物流节点体系中作业量的承担系数，主要取决于物流节点的综合区位条件，综合区位条件越高，分配系数 β 越大，反之越小，一个城市所有物流节点的分配系数之和等于 1。如果利用层次分析法对物流节点的条件进行综合评价，得到一个城市 n 个物流节点的最后综合得分分别为 $z_1, z_2, \cdots, z_n$，那么第 i 个物流节点的分配系数 β_i 的计算公式为：

$$\beta_i = \frac{z_i}{\sum\limits_{i=1}^{n} z_i}$$

（3）物流需求量 Q。物流需求量 Q 为规划年份城市所有物流作业量的预测值，一般用社会货运量的预测值代替。

（4）用地参数 ε。用地参数 ε 表示处理单位物流量需要的物流基础设施面积。用地参数跟物流节点的集约化程度有关，也跟物流作业的品种品类、作业特点相关。一般来说，物流节点建设强度大，单位面积处理货物的能力就强，用地参数 ε 取值就小；反之就大。不同类型的货物品种，占地情况也不一样。一般来说，生产资料型的物品，如木材、钢材、机械设备等，占地面积大，用地参数 ε 就大；而生活资料型的物品，如食品、服装等，可以立体存放，占地面积小，用地参数 ε 就小。此外，用地参数也跟物流节点的作业类型有关。配送型和枢纽型的物流节点，其货物周转期短，在相同时间内货物周转次数多、周转量大，单位货物占地面积小，因此用地参数 ε 就小；反之，仓储型物流节点，货物周转期长，用地参数 ε 要大些。国内物流节点用地参数可借鉴日本东京物流节点的运作经验，根据具体情况，ε 在 40～60 m^2/t 取值。

（二）类比法

类比法是参照国内外物流发达地区物流基础设施的规模情况而进行本城市物流基础设施布局的方法。当然，由于地区的差异，不能直接根据其他城市的物流基础设施规模来确定本城市物流基础设施规模，而是要根据一定比例类推。比较常用的对比指标有城市经济规模、物流需求规模等。

类比公式为：$S_1/S_2 = G_1/G_2 = Q_1/Q_2$，即：$S_1 = S_2 \times G_1/G_2 = S_2 \times Q_1/Q_2$

式中，S 为城市物流基础设施面积，G 为城市区内生产总值，Q 为城市物流总量。

（三）控制系数法

控制系数法强调一个地区货物处理量对物流节点规模的规划控制，这种方法类似于公路等级依据车流量大小而定的方法。通过对国内外物流节点用地规模与货物处理量计算参数之间的关联度研究分析，可以得出物流节点用地规模控制系数 K（亩/万吨，1 亩 $\approx 666.7\text{m}^2$）的取值范围，如表 3-8 所示。

表 3-8　各国物流节点用地规模控制系数 K 的取值范围

控制系数	德国	东京	新加坡（空港）	新加坡（集装箱）
K（亩/万吨）	1～2.5	1.6～2.5	13.2	2.5

这里的物流节点可以理解为不同等级的物流节点（物流园区、物流中心、物流配送中心、配送服务站），对于不同等级物流节点，当地政府和规划设计部门对其功能定位是不同的。相对而言，物流园区是一个城市最重要的物流节点，节点级别最高，控制系数 K 也是最大，体现了对该地区物流业发展的龙头带动作用；物流中心主要面向特定的行业或产业，可依托多种运输方式，实现运输、仓储、包装、装卸搬运、配送、信息处理等多种物流功能，其控制系数 K 一般在 2.0～3.0；物流配送中心和配送服务站针对特定的企业或专业市场，进行多批次、少批量的物流配送和仓储服务，控制系数 K 一般在 1.0～2.0（国外物流配送中心从事单个物流配送服务的，一般用地规模在 200～300 亩）。表 3-9 是某城市不同物流节点控制系数 K 确定的一个应用案例。

表 3-9　某城市 2020 年三级物流节点用地规模控制

节点级别	物流节点名称	货物处理量（万吨）	控制系数 K（亩/万吨）	物流节点用地面积（亩）
一级（1 个）	临港物流园区	4700	3.2	15000
二级（6 个）	象鼻物流中心	1250	3.0	3800
	金沙物流中心	700	2.0	1400
	罗龙物流中心	450	2.0	900
	巡场物流中心	600	2.0	1200
	五粮液物流中心	200	2.5	500
	空港物流中心	0.68	——	300
三级（14 个）	配送中心（下长、南溪、阳春坝、太平、巡司、新市—新安、福溪、长宁、高县、维乐、南岸高铁、孔滩、泥溪、菜坝等）	2062	1.7	3500
合计（21 个）	—	9662	——	26600

注：表中，空港物流中心主要以价高、量小、时效性强的航空货运为主，虽货运量较小，但需要作业面积较大，不适合利用控制系数 K 确定物流规模用地。

第四章 物流节点运作流程及内部规划设计

物流节点的选址和规模控制完成后,接下来就是如何规划、设计、运营、管理物流节点。本章首先介绍物流节点的运作流程,然后对物流节点的内部规划设计的基本原则及实施步骤进行详细阐述。

第一节 物流节点作业流程分析

一、物流节点作业流程

物流节点的作业流程形式有许多种类,这主要取决于物流节点本身的规模大小、设施条件、客户方向、服务功能等诸多因素。典型的作业流程一般包括:①订单处理作业;②采购作业;③进货作业;④储存作业;⑤拣货作业;⑥发货作业。如图4-1所示。

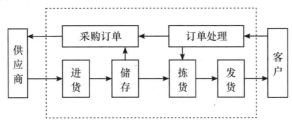

图 4-1　物流节点的作业流程

(一)订单处理作业

物流节点的业务归根到底来源于客户的订单,它始于客户的询价、业务部门的报价,然后接收客户订单,业务部门需了解当日的库存状况、装卸货能力、流通加工能力、包装能力、配送能力等来满足客户需求。而当订单无法按客户要求的时间及数量交货时,业务部门需进行协调。对于具有销售功能的物流节点,需核对客户的信用状况,未付款信息也是重要的内容之一。对于服务于稳定的连锁企业的物流节点,其业务部门也叫作客户服务部。每日的订单处理和与客户的经常沟通是客户服务的主要功能。此外还需统计该时段的订货数量,确定调货、分配、出货程序及数量。退货数据也在此阶段处理。另外,业务部门需制定报价计算方式,做报价历史管理,确定客户订购最小批量、送货间隔,订货方式或订购结账截止日。

(二)采购作业

采购作业的功能是将物流节点的存货控制在一个可接受的水平,同时寻求订货批量、时间与价格的合理关系。部分由批发业务转变而来的物流节点或服务于连锁企业的物流节点,将存货控制功能交由存货控制部或仓储部管理,采购部门只负责购买等相关事务。采购信息来源于客户订单、历史销售数据和物流节点存货量,所以物流节点的采购活动不是独立商品买卖,应包括商品数量需求统计、查询供货厂商交易条件,然后根据所需数量及供货厂商提供的经济订购批量,提出采购单,当采购单发出后进行收货的跟进工作。

(三)入库作业

发出采购订单或订货单后,库房管理员即可根据采购单上的预定入库日期进行入库作业安排,在商品入库当日,进行入库商品资料查核、商品质检,当质量或数量与订单不符时应进行准确的记录,及时向采购或存货控制部门反馈信息,并更新入库数据。库房管理员按库房规定的方式安排卸货、托盘堆叠、薄膜缠绕、货品入位等事宜。对于同一张订单分次到货,或不能同时到达的商品要进行认真的记录,将部分收货记录资料保存到规定的到货期限。到货商品入库有三种作业方式:

(1)需要储存的商品放入存货区,用于拣货区货品不足时的补充。高货架库房的商品入库,需由计算机或管理人员按照仓库区域规划管理原则或商品保质期等因素,来指定储放位置并登记,以便日后的货品先进先出(FIFO)管理或出货查询。

(2)小批量的货品放入拣货区,直接进行拣货处理。

(3)直接出库作业或直接转运。管理人员要为直接转运的商品安排临时存放空间,或合理安排到货及出货车辆的对接时间,以避免周转区的商品混乱堆放与车辆资源的浪费。

(四)仓储管理作业

仓储管理作业包括:商品在仓库区域内的摆放方式、区域大小、区域分布等规划;商品进出仓库的控制——先进先出或后进先出;进出货方式的制定——商品所需搬运工具、搬运方式;仓储区货位的调整及变动;商品存储期内的卫生及安全;在库商品的数量盘点;等等。仓储管理作业包括制定库存盘点方法,定期负责打印盘点清单,并根据盘点清单内容清查库存数、修正库存账目并制作盘盈盘亏报表。此外,仓库区的管理还包括包装容器使用与包装容器保管维修。

(五)拣货作业

根据客户订单的品种及数量进行出货商品的拣选。拣选工作包括拣选之前的商品在库量核对,按照送货规范要求(按路线或按订单)进行拣选。还包括拣货区域的规划布置、工具选用及人员调派。拣选不只包括拣取作业,还需补充拣货架上的商品,使拣货不至于缺货,这包括补货量及补货时点的确定、补货作业调度、补货作业人员调派。

(六)流通加工作业

物流节点除仓储及运输功能之外,越来越多地加入了可以增加附加值的活动,其中流通加工是最能创造附加值的物流活动。流通加工作业包括商品的分类、称重、拆箱重包装、贴标签及商品组合包装等简单加工作业,这就需要进行包装材料及包装容器的管理、组合包装规划的制定、流通加工包装工具的选用、流通加工作业的调度、作业人员的调派等作业。

(七)出货作业

出货作业是完成商品拣货及流通加工作业后、送货之前的准备工作。出货作业包括送货文件的准备,为客户打印出货单据,准备发票,制定出货调度,打印装车单,画装车图,印制出货批次报表、出货商品上所需地址标签及出货核对表等。出货作业一般由仓库人员决定出货方式、选用出货工具、调派出货作业人员,由运输调度人员决定运输车辆大小与数量。仓库管理人员或出货管理人员决定出货区域的规划布置及出货商品在车上的摆放方式。

(八)送货作业

送货作业包括送货路线的规划、优化,与客户的即时联系等,由配送路线选用的先后次序来决定商品装车顺序,并在商品配送途中进行商品跟踪、控制及配送途中意外状况的处理、送货后文件的处理。

(九)会计作业

会计作业是物流节点的经营活动目的最终能实现的重要保证。送货单在得到客户的签字确认后或交给第一承运人并签署后,可根据送货单据制作应收账单,并将账单转入会计部门作为收款凭据。商品入库后,则由收货部门制作入库商品统计表,以备供货厂商催款核对,会计部门制作各项财务报表供经营政策制定及经营管理参考。

二、物流节点信息化

(一)物流节点信息化的意义

电子信息技术改造了传统的流通环境、经营手段、经营方式和经营服务内容,电子信息网络支持遍布市区、全国、全世界的连锁店并实现规模化、自动化、信息化运营。物流节点之所以能正常运作并迅速发展,是与信息网络技术的成熟应用,实现自动化货仓、电子订货补货(EOS)、电子数据交换(EDI)、管理信息系统(MIS)、电子商务(EC)等无纸交易分不开的。以计算机和通信技术为基础的现代信息技术发展是企业管理现代化的重要标志,也是现代物流的重要特点,它对物流节点建设和运营有下述几方面的深远影响。

1. 管理方法科学化

建立企业 MIS 之后,可以充分发挥计算机运算速度快、数据存储容量大、通信设备信息传送速度快等优点。一方面可以利用数学模型对企业的管理活动进行模拟,采用各种计算的方法进行定量分析,以提高管理决策的准确性和科学性,使管理工作更加精确有效;另一方面,可以对过去的大量数据进行分析、总结,找出规律,用来预测未来,使管理工作由粗变细,由事后管理向实时管理方向发展,做到事前有预测,使管理工作由被动状态逐渐变为主动。例如,对于一个流通企业,加强对企业的外部环境的有效分析,据此来不断地调整企业的经营方向和管理方法,以适应客观环境的要求,不仅可以避免或减少因市场环境变化给企业带来的经济损失,还可以使其获得更多的利润,从而在市场竞争中取胜。此外,还可以通过信息传送的及时、快速,对企业进行实时管理与控制。

2. 加强企业管理的基础工作

企业 MIS 是对企业内外的大量数据进行收集、加工处理,为企业领导提供有用信息的系统。它要求输入系统的数据准确、完整,以反映客观真实情况,系统的处理应科学严密,这样,输出的信息对管理才有指导意义。如果一个企业管理混乱,不科学,原始数据不全、不准,则输出的信息也是毫无价值的。因此,建立企业 MIS,必然会促进企业加强管理的基础工作,从根本上改变企业决策数据支持的被动局面。

3. 管理体制合理化

信息是企业管理的资源,是各级管理人员决策的重要依据。企业管理的过程实际上是对信息的处理过程。现行的管理体制对信息的处理仍是传统的人工分散处理,不仅中间层次多,也不便于横向联系,信息不能综合利用。MIS 能使信息分散处理转变为分布处理和集中控制,从而适应市场经济体制下的管理需求,充分发挥信息综合利用的作用,同时还能提高信息的质量(信息及时、准确),大大增加信息的处理量,以满足企业各级管理人员决策所需的信息要求。特别是对于物流管理的局部利益与整体利益相背离时更需要管理体制的合理化,因此,加大信息收集传递的广度、深度与速度是现代管理的必然要求。

4. 提高管理人员的素质和管理水平

开发 MIS 是对企业的人、财、物等资源和商品的购、销、调、存环节在信息处理、工作方式、管理机制、工作习惯等方面的变革。因此,必须促进管理人员思想观念的改变,管理业务水平的提高,以适应这一变革。开发 MIS 期间,管理人员可从中学习、掌握信息技术。MIS 建成之后,管理人员可以从烦琐、重复的事务性工作中解脱出来,进行调查研究,使用各种数据分析手段和方法对企业的管理活动进行分析,制定改进和提高管理工作效率的措施,即从事信息分析、判断和决策等真正的信息管理工作,充分发挥信息在管理中的作用。

5. 提高企业的经济效益和社会效益

MIS 使企业管理规范化、科学化、高速化,资源利用合理化。从国外的经验来看,它给企业带来的直接经济效益是显著的。由于 MIS 能准确、及时提供信息,加强了信息反馈,企业各部门据此合理地组织商品流通,减少了库存积压,从而加快资金周转;此外,MIS 对企业内部资金进行统一管理,实现及时掌握、调配使用,提高了资金利用率。

信息技术的广泛运用,使市场销售动态信息能够及时、准确地传递及反馈到生产厂家,使经营者做出迅即反应,使产、供、销之间信息交流的时间差、地区差、空间差可以缩小到最低程度,从而使生产和流通中的库存规模大大缩小,库存成本大大降低,企业运作效率大大提高。

(二)物流节点实施信息化的条件

1. 稳定的物流模式

物流节点信息系统的配置是一个复杂的过程,需要投入大量的人力、财力和时间,所以一旦采用了信息系统,不能轻易地改变。稳定的物流模式是决定采用物流信息系统的前提。

2. 较固定的客户

物流节点信息系统所支持的运营模式是相对于客户而言的,所以较固定的客户是物流节点商品类别、运作方式、沟通方式保持基本稳定的基础。这也是为什么连锁业物流节点采用信息系统较普遍的原因。

3. 良好的客户关系

信息化过程是由简单到复杂,由局部到整体的过程。信息系统与客户系统的有效连接是信息传递高效化的重要内容,与客户建立起来的良好的合作伙伴关系是与客户系统有效连接的关键。

4. 标准的作业流程

物流节点采用信息化管理过程也是运作标准化的过程,只有统一的运作方式,规范的信息收集、核对方法才能保证信息系统的真实性、即时性,所以物流节点在实施信息化过程中强调同时进行业务流程重组(business process re-engineering,BPR)就是这个道理。

第二节　物流节点内部规划

一、物流节点内部规划的基本原则

建立物流节点的根本目的在于提高物流服务水平,降低物流成本,增加物流效益。为实现这一目标,就必须对物流节点内部规划进行认真分析研究和设计,一般应遵循以下基本原则。

(一)内部布局合理化

物流节点内部布局合理化应遵循以下五个原则:(1)要具有与装卸、搬运、加工、保管、运输等作业活动完全相适应的作业性质和功能。(2)必须满足易于管理,能提高物流效益,对作业量的变化和商品形态的变化能灵活适应等要求。(3)根据系统的概念,运用系统分析的方法求得内部布局整体优化,把定性分析、定量分析和个人经验结合起来,以动态的观点作为布局规划的出发点,贯穿于布局规划的始终。为保证内部布局合理化,注意从宏观(总体方案)到微观(每个部门、库房、设施),再从微观到宏观过程的协调。例如,布局应先从总体布局开始,然后再进行详细布置;而详细布置方案又要反馈到总体布置方案中去评价,评价后再加以修正甚至重新布置。(4)应注意减少或消除不必要的作业流程,这是提高物流节点生产率和减少消耗的最有效方法之一。只有作业周期缩短,即空间占有面积小,商品停留、搬运和库存时间减少,才能保证投入的资金最少、生产作业成本最低。(5)重视人的因素,物流节点作业地点的设计,实质上就是人、机械设备与环境相协调的综合设计。因此,只有全面科学地考虑各种因素,才能创造一个设施完整、功能齐全、服务优质的物流节点。

(二)内部作业标准化

不同类型的物流节点,其作业内容有所不同,一般来说物流节点执行的作业流程为:进货→验收→入库分类→存放→加工→标示包装→出库检查→装货待运→配送。归纳起来为:进货入库作业管理、在库保管作业管理、流通加工作业管理、理货作业管理、配货作业管理和出库作业管理。因此,在物流节点作业流程设计中必须采用标准化的成果,与社会上所形成的标准系统相匹配。例如运输车辆、作业车辆、包装模数、作业方式和作业手段等,早已形成标准化系列的装备、机械、模式等,这应该成为设计的基础。物流节点只是整个物流系统的一个节点,而且往往是衔接环节,所以在内部作业设计时必须考虑整个物流系统的统一和标准化。

(三)作业规模经济化

工业生产企业规模的经济性非常明显,在条件允许限度内采用大生产方式可以降低单位产品的成本。同样,物流节点也存在规模经济性的问题,采用大规模处理货物的手段可以降低成本。但是制约物流节点规模的因素显然高于一般生产企业,其主要受客观物流量的限制,也受当地交通运输等方面条件的限制。在考虑物流节点的设计原则时一般不能根据规模经济性来选择企业规模,而应根据市场容量、发展趋势以及该领域竞争对手的状况,确定的目标份额,来决定该物流节点的规模设计。规模设计中应该注意两方面:第一,要充分了解社会经济发展的大趋势;第二,要充分了解竞争对手的状况,包括生产能力、市场占有份额、经营特点、发展规划等。因为市场总容量是相对固定的，不能正确地分析竞争形势就不能正确地估计出自身占有的市场份额。如果预测发生大的偏差，将会导致设计规模过大或过小。在对物流节点各功能项进行逐个分析的基础上，再突出重点，统一协调，对物流节点的总体规模进行设计和决策。一般地说，规模设计和实施步骤没有必然的关系，根据资金、市场等具体条件，可一步到位，也可以分步实施。

（四）作业能力弹性化

设计物流节点作业能力时，必须要考虑到弹性化问题，其主要原因是流通相对于生产而言具有一定的波动性，由于市场变化、生产涨落，流通量也必然有较大波动，这种波动性往往高于生产企业的波动。在一般条件下，物流节点对于这种波动应该有一定的容纳能力。这就要求在设计时对物流节点的进出能力、加工能力、存储能力、转运能力等做出一定的弹性安排。

（五）技术设施适用化

随着科学技术的不断发展，物流领域也产生了许多先进实用技术，如自动化仓储技术、自动分拣技术、自动导引车（AGV）技术等，在物流节点设施规划设计时，是否采用某种先进技术，不应一概而论，而应对经济、技术、使用条件、成本等各方面进行综合论证，这样才能做出正确的抉择。一般来说，物流节点软硬件设备系统的水平，常常被看成物流节点先进性的标志。物流节点必须合理配置物流设施设备，以适用的简单设备、适当的投资规模，实现预定的物流作业活动功能和目标。

根据我国的现实状况，对于物流节点的建设，应贯彻软件先行、硬件适度的原则。即要加强计算机信息管理系统、管理软件与控制软件的开发，要瞄准国际先进水平；而机械设备等硬件设施则要选用足以满足物流作业要求的设备。例如仓库机械化，可以使用叉车或者与货架相配合的高位叉车；在作业面积受到限制，一般仓库不能满足使用要求的情况下，也可以考虑建设高架自动仓库。所以，在考虑物流节点的技术设施时，应从经济性、合理性、与物流节点规模的适应性等多方面来进行分析研究。

二、物流节点内部规划的主要内容

一般来说，物流节点的规划主要有两个阶段，即前期准备阶段和系统规划设计阶段。

（一）前期准备阶段

为了保证物流节点规划设计成功，必须成立一个强有力的领导集体来协调和指挥物流节点的建设工作。考虑到物流节点的专业性、技术性、系统性和未来发展变化等因素，领导集体还应与物流系统工程技术人员和专家学者紧密合作，全面听取有关物流节点建设的合理建议，以保证物流节点规划的顺利实施。

根据规划的物流节点类型,开展基本资料的搜集和调研工作。资料的搜集过程可分为现行资料的搜集和未来规划资料的搜集两个阶段。

1. 现行资料的搜集

现行资料搜集是针对欲建的物流节点类型和现时需求而进行的,具体包括如下内容:

(1)基本运行资料。如业务种类、营业范围、营业额、从业人员数量、运输车辆数量、供应厂商和用户数量等。

(2)商品资料。如产品种类、品种规格、包装规格、包装形式、供货渠道和保管形式等。

(3)订单资料。如商品名称、商品属性、商品数量、计量单位、订货日期、交货日期、送货地点、生产厂家等。

(4)商品特性。如商品形态、对环境的要求、理化性能、储存特性、有效期限及对温湿度的要求等。

(5)销售资料。即按不同商品、不同种类、不同用途、不同地区、不同客户及不同时间分别统计的销售资料。

(6)作业流程。一般作业流程为:进货、搬运、储存、分类、拣选、补货、流通加工、备货发货、配送、退货、盘点及报废处理。

(7)单据传送。包括接单订货分类处理、发货计划传送、相关库存管理与账簿的登录等。

(8)库房设施资料。包括库房结构与规模、库房布置形式、地理环境、道路设施、主要设施规格、吞吐能力等。

(9)物料搬运资料。包括进出库的数量、频率、搬运车辆的类型及作业能力、作业形式等。

(10)作业工时资料。包括作业人员的组织结构、人工作业形式、作业时间与时序分布等。

(11)供应商资料。包括供应商类型、供应商的规模、信誉、交货能力、地理分布、送货时段等。

(12)物流网点与分布。包括配送路线、网点数量与分布、网点规模、交通状况与约束、特殊配送等。

2. 未来规划资料的搜集

除搜集现行资料外,还应搜集未来发展的趋势及需求变化的相关资料。如:

(1)国家中长期发展计划及有关的产业政策,外部环境的发展变化及国外先进技术的使用;

(2)未来商品需求预测及未来消费增长趋势;

(3)商品种类和品种的变化趋势;

(4)物流节点未来可能发展的规模和水平。

在前期准备阶段,应对所搜集的资料从技术性、政策性、可靠性等方面进行认真分析,在对上述资料进行初步分析后,再进一步确认系统规划目标和方针。

(二)系统规划设计阶段

这个阶段主要工作是对基本规划资料的分析,条件的设定,作业程序和功能的规划,物流设施的规划与选用,信息系统规划与区域布置规划,等等。这种系统规划设计实际上是逻辑分析的反复过程。在此过程中,对初步资料进行分析运算,初步得到初始规划和布置方案。经过反复分析论证,逐步修正初始方案,从而得到较明确的规划方案。

1. 基本规划资料分析

来自各方的原始资料,必须经过整理分析,结合所建物流节点的实际情况加以修订,才能作为规划设计的参考依据。需要注意的是,在实际工作中,应把原始资料与规划设计有机地结合起来,否则资料只是一堆数据与报表,使人难以判断。一般来说,基本规划资料分析包括以下几个方面。

(1)订货变化趋势分析。在物流节点的规划过程中,首先应分析总结历史的销售和发货资料,了解销售趋势和变化情况。若能求解出有关的变化趋势或周期性变化规律,则有利于后续资料分析和物流节点大小规模的建立。常用的订货变化趋势分析方法有时间序列分析法、回归分析法和统计分析法等。

(2)订单品项和数量分析。订单是物流节点的生命线。如果没有订单,物流节点就失去了建立和生存的意义。掌握了订单就能了解物流节点的特性。然而订单的品名、数量、发货时间千差万别,千变万化,是物流节点的活力和不确定因素,也就是说物流节点随订单的变化而波动。这样往往使物流节点的规划人员感到无从下手。如果能掌握数据分析原则,再进行相关的分析,得出有益的规划结果,对规划人员来说是很有益处的。

(3)物品特性与储运单元分析。在进行订单品项和数量分析时,应结合物品的相关特性、包装规格及特性、储运单元等因素进行分析。这样更有利于对仓储和分拣区的规划。根据储存保管特性,可分为干货区、冷冻区和冷藏区。按货物重量,可分为重物区和轻物区。按货物价格,可分为贵重物品区和一般物品区。

(4)物流与信息流分析。在进行物流节点规划时,除了数量化信息分析之外,物流与信息流的定性分析非常重要。如作业流程分析、事物过程分析、作业时序分析、人员素质分析及自动化水平分析等。

2. 作业功能规划

物流节点的作业功能规划是一项系统工程,要求规划的物流节点合理化、简单化和机械化。所谓合理化是指各项作业流程具有必要性和合理性;简单化是指使整个系统简单、明确、易操作,并努力做到作业标准化;机械化是指规划设计的物流系统应力求减少人工作业,尽量采用机械或自动化设备来提高生产效率。

（1）作业流程规划。在基本资料分析和基本条件设定之后，就可针对物流节点的特性做进一步分析，并制定合理的作业程序，以便选用设备和规划设计空间。经过对各项作业流程的合理化分析，从中剔除不合理和不必要的作业，以提高整个物流节点的效率。

（2）作业区域功能规划。在作业流程规划后，根据物流节点运营特性对物流作业区和周边辅助活动区进行规划。一般情况下，物流作业区可分为以下几类：一般性物流作业区，仓储管理作业区，分拣作业区，流通加工作业区，退货物流作业区，换货补货作业区，办公事务区，车辆设施维修区，劳务性活动区，计算机作业区，厂区相关活动区，等等。

（3）作业区能力规划。在确定作业区后，应进一步确定各作业区的具体内容。在规划物流节点各区域时，应以物流作业区为主，再延伸到相关周边区域。对物流作业区的规划应根据作业流程、进出顺序逐区划分。如果缺乏有关资料而无法逐区规划时，可对仓储作业区和分拣作业区进行详细分析，再根据分析结果进行相关作业的规划。

3. 设施规划与选用

完整的物流节点所包含的设施十分广泛，但主要有物流作业区设施、辅助作业区设施和厂房建筑周边设施三大类。

（1）物流作业区设施

物流作业区是开展物流活动的核心区域，为此，规划的重点是对物流作业设备的规划设计与选用。物流作业区的主要设备有以下几种。

①容器设施。主要包括搬运、储存、拣取、加工和配送使用的容器。利用这些容器设施可简化储运作业，实现物流作业单元化。

②储存设备。主要包括自动化仓库的高位货架、普通层格货架及各种组合移动式货架。

③订单拣取设备。主要包括自动化订货拣取设备和一般订货拣取设备，不同的订单拣取设备取决于不同的拣货要求和作业方式。

④物料搬运设备。包括自动化搬运设备、机械化搬运设备、输送传输设备、装卸搬运设备等。

⑤流通加工设备。流通加工设备主要取决于流通加工的规模、品类和用户的不同要求。一般情况下，通用加工设备多于专用加工设备，这样可使加工范围相对拓宽，从而提高设备利用率。

⑥物流附属设备。物流附属设备主要是为了配合物流作业而设置的，如装卸货平台、搬运器械的附属机具等。

（2）辅助作业区设施

物流节点的正常运营，除了应具备主要的物流设备之外，还需要辅助作业设备和设施的密切配合，如办公设备、信息处理设施、网络通信设施、卫生医疗设施、劳务设施等。

（3）厂房建筑周边设施

在规划物流节点时，不仅要考虑主要设施，还要充分考虑到水电、交通、动力、安全保卫及消防等与厂房建筑相关的周边设施。

4. 信息系统规划

在物流节点的全部运营中，信息流伴随着物流活动的始终，对物流活动起着重要影响。因此，规划设计一个良好的物流信息系统显得尤为重要。

（1）信息系统功能规划。根据各项物流功能特性及物流节点管理部门对信息的需求程度，物流节点的信息系统一般要求具备以下几项功能：订单处理及市场分析功能，仓储保管功能，运输配送优化调度功能，信息统计及决策支持功能，以及各种信息数据的查询服务功能，等等。

（2）信息系统的框架结构。物流节点信息系统主要由信息管理系统和网络系统组成。一方面，在规划物流节点信息管理系统时，应充分考虑到物流节点信息系统功能的发展和有关设备的更新换代情况。例如，信息管控系统应和数据采集识别系统（一维码、二维码、射频码等）、计算机辅助分拣系统、掌上型终端数据处理系统及高位仓库的自动进出系统等相适应，具有在线搜集和实时监控管理功能。另一方面，在规划物流节点信息网络系统时，除了考虑物流节点内部相关设施连接外，还应考虑供货厂商和用户之间的信息接口形式，本地区有关部门的要求和物流节点的发展规模等，从而建立起现代化信息网络系统，减少不必要的浪费，避免与数据资料的不一致和重复统计，实现无纸化、效率化和数据共享化的信息传输。

5. 区域布置规划

在完成各作业程序、作业区域以及主要物流设备和周边设施的规划后，就可以进行空间区域的布置规划和作业区域的区块布置，确定各作业区域的面积和界限范围。区域布置规划的主要内容有活动关系的分析、作业空间规划、区域位置设计、物流路线分析等。

（1）活动关系的分析

在物流节点各类作业区域之间存在的活动关系主要有：第一，程序上的关系，即建立在物流与信息流之间的关系；第二，组织上的关系，即建立在各部门组织之间的关系；第三，功能上的关系，即区域之间因功能需要而形成的关系；第四，环境上的关系，即考虑操作环境和安全需要而保持的关系。对上述关系进行认真分析，其目的就是为做好区域布置规划工作打下良好的基础。例如，对物流作业区域则以物流作业流程为主，对各点间的物流量进行重点分析，从而了解各区域间流量规模及程度；对辅助作业区域，主要考虑信息流和有关组织、功能、环境等方面的相互配合程度，从而确定其程度级别。

（2）作业空间规划

作业空间规划在整个物流节点规划中占据重要的地位。这一规划直接影响到运营成本、空间投资与效益。在规划空间时,应根据作业流量、作业活动特性、设备型号、建筑物特征、成本与效率等因素,确定满足物流作业要求的空间大小、长度、宽度和高度。物流节点作业空间规划的主要内容包括:

①通道空间的布置规划。通道空间的合理安排与宽度设计将直接影响物流效率,如作业通道、人员通道、电梯通道、公共设施及消防通道等的布置规划。

②收发货区的作业空间规划。商品在进出库时可能需要拆装、理货、检验或暂存待运等。为此应在收发货区平台上设有一定的预备空间作为缓冲区,同时还应设有衔接外部运输设备的连接通道与设备空间。

③仓储区的作业空间规划。在规划仓储区空间时,应考虑如下因素:商品的外观尺寸和包装规格,托盘或货箱的外形尺寸,货架空间,作业设备的型号、能力和最小转弯半径,通道宽度和形式,柱间距离,进出库形式及作业原则(如一次性作业或单元化作业),堆码方式或保管保养要求等。

④分拣区作业空间规划。分拣作业是物流节点内最费时的工作,如能合理布置分拣方式,必将提高整个物流系统的运作效率。常见的分拣方式有:储存与拣货区共用托盘或货箱方式,储存与拣货区共用的零星拣货方式,储存与拣货区分开的零星拣货方式,分段拣货的少量拣货方式,U 形多品种少批量拣货补货方式等。

⑤集货区的规划。在物流节点的规划中,当商品经过分拣出库后进行集货、清点、检查和待运转车等作业,由于拣货方式和装载容器的不同,在发货前需要有一定的集货空间。常用的集货作业方式有:单一订货拣取、订货分区拣货和订单批量拣货。

⑥行政区的规划。行政区的规划主要是指非直接从事生产、仓储或流通加工等部门的规划。如档案室、办公室、会客室、食堂等辅助设施的规划。

⑦厂区规划。除了物流节点内的运输、仓储和行政区外,厂区还包括停车场、保卫室与环境绿化空间等,这些区域的规划也是作业空间规划的内容。

(3)区域位置设计

当完成各作业区域面积计算和基本规划之后,就应该设计各部门区域的相互位置。其方法是按照各作业区域的规划面积和长宽比例做成模块进行设计。常用的区域布置设计形式主要有以下几种:

①直线式,适用于作业流程简单、规模较小的物流节点。

②双直线式,适用于出入口在物流节点两侧、作业流程相似但有两种不同进出货形态的情况。

③锯齿型,一般适用于多排并列的库存货架区域内。

④U 形,适用于出入口在物流节点两侧,根据进出频率大小,安排靠近进出 U 端的储区,缩短拣货搬运路线。

⑤分流式,适用于批量拣货的分流作业。

⑥集中式,适用于因仓储区特性把订单分割在不同区域,拣货后再进行集

货作业的方式。

(4)物流路线分析

在区域布置阶段,虽然没有指明各项设备的规格型号和尺寸,但按生产要求基本确定了各种设备类型。应根据这些设备性能逐一分析各区之间和各区内的物流路线是否畅通。

具体分析过程如下:首先,根据物流节点装卸货的出入形式、节点内物流路线形式及各区域相对位置,设计物流节点的主要通道;其次,进行物流设备方向和面积的规划;最后,分析各区域之间物流路线形式,绘制物流路线图,进一步分析物流路线的合理性与流畅性。

第三节 物流节点内部设计

经过物流节点内部规划与评估后,就可进行物流节点内部设计工作。在该设计阶段,主要是对各项物流设备和物流周边设施进行规划设计与布置。

一、物流节点规划设计原则

设计物流设备规格型号的依据是物流节点单元负载和储运作业单元。一般先决定托盘和货箱(周转箱)的尺寸、堆放层数及重量,然后再设计仓储设施的规格型号。在规划物流设备时还应考虑到操作空间和搬运通道空间等因素。

物流节点的规划设计应遵循以下几项基本原则:

(1)标准化原则。在物流节点内,应尽量使搬运方法、搬运设备、搬运器具和容器标准化。

(2)简单化原则。应排除、减少或合并不必要的活动和设备,以简化物流节点设计工作。

(3)单元化原则。根据商品尺寸和负荷形式决定搬运、储存单元,运用单元负载容器作为基本搬运单位,以提高商品的搬运活性指数。

(4)合理化原则。提供一个最佳的物流运输路线和平面布置,缩短搬运距离,避免不合理运输与搬运。

(5)机械化原则。尽量实现装卸搬运机械化,以节省人力,提高效率。

(6)准时原则。应及时准确、按时按量把货物搬运到指定地点。

(7)安全原则。采用安全的搬运设备和方法,提供安全的作业服务。

(8)柔性原则。使作业设备和作业方法能适用于各种不同商品的储运工作。

(9)重力原则。在保证作业人员安全和商品不受损的情况下,尽量利用重力机械设备搬运商品,以节省劳力和动力。

(10)信息化原则。对商品的储存与搬运系统采取信息管理,实现对物流全程的信息控制。

(11)效果原则。监督和考核物流节点运作的成本,降低物流费用,提高物流系统工作成效。

(12)维护原则。要制定所有装卸搬运设备的日常维护计划和定期维修计划,保证设备完好率。

二、物流设备设计原则

(一)单元容器的选择

在设计单元容器时,应尽量选用厂内外通用的标准容器,单元容器不仅要适合物流节点内部使用,还应适用于外部运输,容器的大小应和运输工具相匹配,以减少运输空间的浪费;在条件和设施允许的情况下,增加单位装载量,从而实现降低作业成本和提高作业效率的目的。

(二)物流节点设备规格型号的设计

在物流节点系统规划时,主要是规划设计整个物流系统的功能、数量和形式,而在物流节点内部设计阶段,主要是设计各项设备的详细布局和设施配置。如储存容器、储存设备、搬运设备、订货拣取设备、流通加工设备和物流周边设备的种类、数量、规格型号及选用条件等。

(三)周边设施的设计

物流节点周边设施的设计,一方面要满足物流节点设备运转的需要,另一方面也要满足企业文化、形象和员工的实际需要,使现代物流节点在企业文化、企业形象、企业标志和整体规划等方面,都呈现出清洁、柔和、明朗、整齐和高效的独特风格。因此,在进行物流节点整体规划设计时,除考虑流程、制度和实际需要之外,还应将企业形象具体化与中心建筑设施结合起来考虑。

颜色与采光。现代物流节点应特别加强色彩管理和科学采光,在有条件的地方,应尽量采用自然光线照明,既经济合理,又有利于健康,达到绿色物流、生态物流之目的。但应避免阳光直射库房而使库内温度太高。在工作场所光线应明亮充足些,而在休息与会客场所光线应柔和一些,具体照明度要求应按技术要求执行。

安全设施与劳动保护。实践证明,物流作业操作不当或忽视安全规程造成人员伤亡和商品损坏的情况很多。如违章作业造成人员伤亡,搬运工具或堆垛机碰撞导致设备和商品损坏等。因此,应采取经济、技术、组织等综合措施,加强安全作业标识、警示及设置防撞设施。配合工业安全规程,用颜色标识出不同性质的设施,如物流节点内运动的车辆、移动机具应采用醒目的黄色标识,以提醒人们注意安全。此外,还应认真贯彻"安全第一、预防为主"的方针,强化劳动卫生安全监察,努力改善劳动条件和作业环境,完善检测、监测手段,使安全生产落到实处。

温湿度控制。温度和湿度是影响商品变化的主要自然因素。库存商品发生变化,大部分与大气的温度与湿度有关。温湿度控制的目的在于保持库内与室外的空气循环流通,调节温度、湿度、氧气和二氧化碳的含量。从而确保工作人员有良好的作业环境,满足商品对温湿度的要求。在规划设计物流节点时,应根据库房高度,人员和车辆路线以及库房面积等因素来决定通风换气的方法。一般来说,仓储区面积较大时应采用自然通风方式,较为经济,也可以采用机械通风设施强迫库内外空气循环,达到确保库内外环境通风的目的。

(四)物流节点详细规划设计

经过上述规划与设计后,可进入物流节点建筑、物流设备和周边设施详细规划设计阶段,该阶段主要是相关设备面积与实际位置的设计、物流与周边设施的调整设计等。

1. 设备面积和实际位置的设计

在实际设计之前,首先应了解各种物流设备与周边设施的规格型号、各区域设备的布置与规格型号,然后根据各区域规划图逐步进行分区的详细配置设计和区域内通道设计。内容包括物流主要作业区、物流辅助作业区、劳务设施区、休息室和停车场等区域的详细配置设计。在各区域设备配置设计后,就可进行物料搬运设备的规划设计,然后逐一确认各区域间物流连接形式,检查物料搬运和作业程序是否通畅合理,有无不合理运输、不合理搬运或不符合搬运原则的现象。

经过详细的设备和设施布置设计后,还应根据结果反复进行调整与修正,具体调整内容有:一是物流节点环境,如气候、温湿度及水电气的供应配置情况;二是物流节点特性,建筑物的形式、支柱间距、门窗形式、出入口高度等是否相符;三是物流节点内通道,通道直线性、整齐性、安全性及车辆转弯半径的调整;四是法规条例方面,如建筑、交通、环保、消防、排水及劳保等方面是否符合有关规定。

2. 物流与周边设施的统一规划设计

物流与周边设施的统一规划设计内容主要包括:①电力配置图。根据各区域分项设备所需电力和控制线路绘制电力配置图,并注明电压频率、相位和相关参数。②给排水配置图。根据各区域分项设施所需供水与排水量绘制给排水配置图,并标明水压、管径、流量和水质等参数。③压缩空气配置图。根据各区域分项设备所需压缩空气绘制压缩空气配置图,并标明气压、管径与流量等。④消防设施配置图。根据各区域设备配置、设备特性、安全要求、作业类型、物流路线和人员分布等情况制定各区域消防设施种类、数量和配置地点,并绘制消防设施配置图。⑤照明配置图。根据各区域的作业类型和作业特点,绘制各区域的照明配置。⑥其他设施配置图。根据物流节点需要的通风换气设施、冷藏冷冻设施、电信通信设施和防盗监控设施等绘制配置图。

除此之外,对于与物流作业无直接关系的作业,如清洁、维修、参观或其他耗材物流等,也应该逐一进行配置设计,并绘制规划图。

(五)事务流程与信息系统设计

事务流程设计。所谓事务流程就是把物流节点的物流与信息流统一起来,用事务流程图把物流与信息流的流向、过程、环节直观地表示出来,并进行综合分析设计,以实现物流与信息流的合理化。例如,根据不同作业环节,分别把采购进货、接单发货、退货与对账等作业过程用流程图表示出来,从而可直观地分析其流程的合理性。

信息系统的详细设计。在完成物流节点各作业流程和事务流程分析设计后,就可对信息系统的功能和整体框架、设备和界面等进行设计。系统设计包括系统与子系统间的系统关系、数据库结构、资料关系等设计。硬件设备和信息网络界面设计是根据系统功能设计的硬件设备与相关软件、系统界面及输入输出界面等进行的。各种类型物流节点的输入输出功能和查询显示功能都应做到操作简单和安全可靠。

(六)人员的组织结构设计

当物流节点的事务流程及作业规划完成后,就可以进行人员的组织结构设计。人员组织结构对企业经营特性、企业文化、经营管理、企业效益和作业成本有着重要影响。人员结构与物流节点的作业时序也有密切关系。应根据物流节点作业类型、配送范围、订单处理速度和配送车辆的调度来设计物流节点的作业时序。根据时序图和作业内容可合理进行规划,并绘制出人员结构分析表。

(七)物流节点运营的效益评估

为使物流节点发挥最大的投资效益,必须对规划与设计的物流节点进行审核与评估。分析所规划的设备与其作业效率是否能满足物流节点的实际需求,各区域与站点之间是否有瓶颈现象,如果有临时订单,物流节点是否能针对这些即时需求和异常情况进行处理。此外,应根据物流节点实际经营内容对物流节点的投资成本、运营成本和预期收益进行投资效益分析。如土地改造和建筑成本分析、机械设备成本分析、人工作业仓储成本分析、装卸搬运与运输成本分析、设备维修与运营费用分析、设备折旧与保险税收等费用分析。

科学地规划设计一个现代物流节点,搜集和分析大量的数据资料是非常重要的。这些内容丰富和全面的信息资料,对保证所规划的物流节点高效、低成本运营具有重要的意义。

三、物流节点内部设施与构造

在新建或改建物流节点时,除对库房、消防、照明、通风与采暖、动力与供电等系统有专门要求外,物流设备类型和作业内容对建筑物也有具体要求。

（一）立柱跨度与建筑物通道

1.立柱跨度

立柱跨度（立柱间的距离）的选择是否合理，对物流节点的作业成本、作业效率和保管储存能力都有重要影响。虽然对建筑成本有利的立柱跨度对物流节点的储存设备来说，不一定是最佳立柱跨度，但合理设计立柱跨度可以显著提高物流节点的保管效益和物流效益。为此，在决定立柱跨度时，应充分考虑建筑物的构造与经济性、物流节点存储设备的类型和托盘货箱的规格尺寸等因素，以求最适宜的立柱跨度。一般情况下，立柱宽度为 7～10m。常用基本储存设备与立柱跨度的关系，如表 4-1 所示。

表 4-1　物流节点基本储存设备与立柱跨度关系　　　　（单位：m）

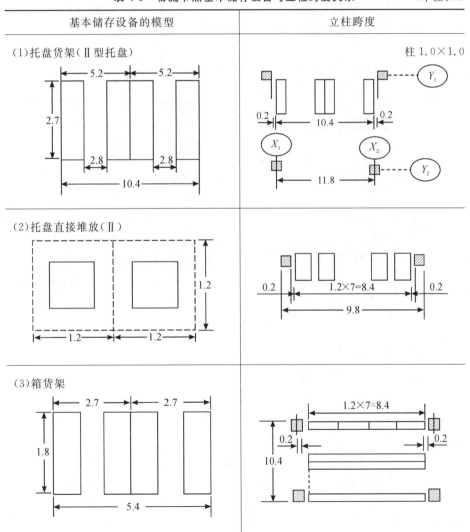

基本储存设备的模型	立柱跨度
（1）托盘货架（Ⅱ型托盘）	柱 1.0×1.0
（2）托盘直接堆放（Ⅱ）	
（3）箱货架	

基本储存设备的模型	立柱跨度
（4）托盘流动货架（Ⅱ型）	
（5）货车车位（4t）（使用车库时）	
（6）垂直回转货架	
（7）水平回转货架	

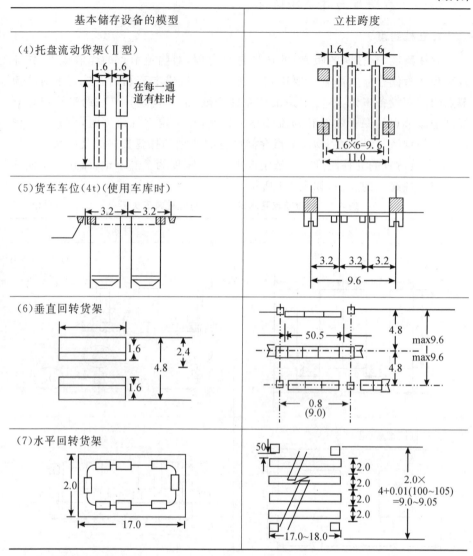

2.建筑物通道

通道设计的宽度和条数，主要由搬运方法、车辆出入频度和作业路线等因素决定。由于建筑物内部的通道的设置与建筑物设施的功能、效率、空间利用率等因素密切相关，所以应根据进出库商品的品种和数量，以及所选定的设备的作业特点，决定通道的宽度和通道的条数。

库房内的通道，可分为运输通道（主通道）、作业通道（副通道）和检查通道。运输通道供装卸运输设备在库内运行，其宽度主要取决于装卸运输设备的类型、外形尺寸和单元装载的大小。如铁路专用线入库，其通道宽不应小于4.5m；移动式起重机和汽车进库其通道宽度为3～4m；若库内安装桥式起重机，其运输通道宽度可压缩到1～1.5m。当库内利用叉车作业时，其运输通道宽度可通

过公式计算求出。如果单元装载的宽度不太大时,可利用下式进行计算:

$$A=R+D+L+C$$

式中:A 为运输通道宽度;D 为叉车驱动轴中心线距叉取货物的距离;R 为叉车外侧转向半径;L 为单元装载货物的长度;C 为叉车转向轮滑行的操作余量。

具体可参照图 4-2。图中 W 为货物宽度,B 为叉车总宽度的一半加内侧转向半径。上式适合于 $W<2B$ 的场合。

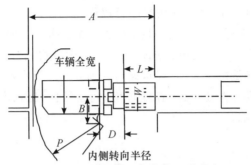

图 4-2 叉车装卸一般货物通道宽度

作业通道是供作业人员存取搬运商品的行走通道。其宽度取决于作业方式和货物的大小。当通道内由人工存取货物时,其宽度可按下式计算:

$$a=b+l+2c$$

式中:a 为作业通道的宽度;b 为作业人员身体的厚度;l 为货物的最大长度;c 为作业人员活动余量。

如果使用手推车进入作业通道作业,则通道的宽度应视手推车的宽度而定。检查通道是供仓库人员检查库存商品时的行走通道,其宽度只要能使检查人员自由通过即可,一般为 0.5m 左右。

(二)地面负荷与存储空间

1.地面负荷

地面负荷强度是由所保管商品的种类、比重、商品码垛高度和使用的装卸搬运机械等决定的。一般地面负荷强度规定为:

(1)平房建筑物。平均每平方米负荷 2.5～3t。

(2)多层建筑物。一层平均每平方米负荷为 2.5～3t;二层平均每平方米负荷为 2.0～2.5t;三层及以上平均每平方米负荷 1.5～2t。多层建筑物,即二层以上的建筑物的地面负荷是指通过建筑物墙体而由地基支撑的负荷。因此,随着建筑物层数的增多,各层地面所承受的能力是逐渐减小的。此外,在确定地面承受能力时,不仅要考虑地面上的商品的重量,还要考虑所用的装卸搬运机械的重量。叉车和无人台车是物流节点最常用的搬运机械之一,为使其正常作业,除了要求地面精度在 2000mm 范围内的误差率为 ±20mm,还要求地面有足够的承载能力,即承载车轮的压力。

$$叉车轮压=\frac{叉车自重+装载商品重量}{4}×安全系数$$

2.存储空间

存储空间管理的重点就是如何提高存储空间的有效利用率。存储空间一方面是为储存商品之用，另一方面这个空间是商品采购、运输、加工和配送的中继站，也是物流的中心枢纽，它对提高物流节点的整体效益有着重要的影响。存储空间包括物理空间、潜在利用空间、作业空间和无用空间。其中物理空间是指商品实际占有的空间；潜在利用空间是指在存储空间中可以争取利用的空间，一般有 10%～30%的潜在利用空间可以得到利用；作业空间是指机械或人工作业方法能顺利进行所需要的空间；无用空间是指在存储空间中，除了物理空间、潜在空间和作业空间之外的剩余空间。在满足物流节点规划要求和作业需要的前提下，应尽量减少无用空间，提高物理空间和潜在利用空间的利用率。同时，还应注意处理好作业方法、作业环境、商品特性、出入库数量及设备等因素对存储空间的影响。

第五章　物流节点仓储系统规划设计

本章对物流节点的仓储系统规划设计进行全面的阐述与分析,对立体仓库布置规划亦有一定的论述。

第一节　仓储系统概述

在传统的物流系统中,储存作业一直扮演着最主要的角色,但在生产制造技术及运输系统都已相当发达的今天,储存作业的角色发生了质与量的变化,以适应少批量、多品种、个性化、快速反应的市场需求。

一、仓储系统的功能

(一)物流节点仓储系统的功能表现

(1)调节生产制造与需求的功能。一些物流节点常位于工厂附近,除具备商品配送的功能之外,还具备一般仓库调节生产过剩或不足的功能,因此需求量大的储存区域以供使用。

(2)取得采购优惠的功能。还有一些物流节点是附属于零售商集团或批发商的,为了采购时能取得较优惠的折扣,常一次订购所谓经济批量的商品,所以储存区域也需考虑每一批量的大小。

(3)补充拣货作业区商品存量功能。前两项都包含在传统仓库的储存作业功能中,而物流节点内储存作业最重要的功能,就在于补充拣货作业区的商品存量。

(二)保管储区的规划设计

在入库作业时所使用的保管区域,此区域的货品大多以中长期状态进行保管,所以称为保管储区。一般物流节点均以此区域为最大且最主要的保管区域,货品在此区域均以较大的储存单位进行保管,是整个物流节点的管理重点所在。为了让保管区域的储存容量增大,就要分析如何将空间弹性运用,以提升使用效率。为了对其摆放方式、摆放位置及存量进行有效的控制,应考虑到储位的指派方式、储存策略等是否合宜,并选择合适的储存设备及搬运设备配合使用,以提高作业效率。

1. 保管储区的设施规划分析

(1)地面负荷：建筑前应顾及储存需求总量，储区的地面状况与负荷不可超过最大负荷限度。

(2)货品状况：储区货架所储存货品的种类与数量，必须依大小、尺寸、形状及重量来设计储存策略，最好能采用可弹性调拨方式储存，使储区管理更具弹性。

(3)出入口：为使储存作业及搬运作业等均可顺利进行，出入口的大小、位置及数目应斟酌分析。

(4)通道设计：通道应配合搬运设备的运作移动，因此通道应以实际最大运输工具转弯半径或货品宽度来设定，通道与储存区应以颜色标示清楚。

(5)其他：消防设备的位置应尽可能明显。非储存的空间，如办公室、盥洗室的面积应减至最低限度，而照明也宜分设开关控制以节省用电，但仍以便利为原则。

2. 保管区作业要点

(1)待验与验妥的货品应于预备储存时划分清楚，保管区内仅存放验妥的货品。

(2)盘点作业应在各储区中分别进行，其中以保管区内种类最多，作业也最复杂，故而应分析便利性。

(3)基于物流节点内货品品项繁多，大小不一，故储位及储架位置应视情况适时调整。

(4)物流节点的服务策略，如强调快速、准确的客户服务计划等使客户满意。故以配送效率而言，保管员应依据入库单(如表 5-1 所示)迅速接收预备储区的货品，并且在需要时，依据补货单(如表 5-2 所示)补货至分拣区，方不致延滞服务水平。但每一作业皆需前一作业确实完成后，方可开始进行。

表 5-1　入库单

日期：_____　　　　　　　　　　　　　　　　时间：_____

项次	品名/规格	供应商	货品编号	单位	储位	预计进货数量	实际进货数量

主管：_____　　　　　　　　　　　　　　　　经办：_____

表 5-2　补货单

类别		补货日期/时间：		本单编号：			
项次	存放储位	品名	货品编号	货源储位	单位	需要数量	实发数量

点收员：_____　　　　　　　　　　　　　　　经办：_____

(5)保管区内的储存，应承接预备储存时管理的重点，注重颜色管理、目视管理、看板管理并加以整理、整顿，使货品储存分类、区隔划分标示清楚，以防止混淆，如表 5-3 所示。

表 5-3　保管区整理、整顿检查项目

项目	作业内容	是	否
整理	1.储存的货架或空间应妥善规划,有无浪费		
	2.整理出仓库的呆滞品,制定标准,区分摆放标示		
	3.制定报废处理办法,指定权责单位处理		
	4.进货不良的退货品应制定退货期限,避免大量积压		
	5.不能使用的量具、搬运工具、货架、容器应立即处理		
	6.定期整理过期的文件、报表、资料		
整顿	1.合格货品应以颜色贴纸(要区分月份)分别贴在所装容器上,以利先进先出作业的执行		
	2.定期检视货品是否库存过久,并加以处理		
	3.货架放置场所的标示是否清楚		
	4.储位上的标示是否有损毁掉落		
	5.货品放置位置是否正确		
	6.定期检查库存资料		

(6)散装的货品尽可能摆设在货架上或储物柜中。容易滚(滑)动的货品应在放置储位(架)上四周以挡板定位,并且以经济而有效的方式利用空间,使储区内货品整齐,不致因凌乱而寻找不到货品,并建立库存表(如表 5-4 所示),记录库存情况,以供必要时随时查阅库存情形。

表 5-4　库存记录

项次	货品名称/规格	货品编号	出/入库日期	出/入库单据编号	收发记录				备注
					昨日库存量	入库量	发货量	结存量	

主管:_____　　　　　　　　　　　　　　　　　　　　　　　经办:_____

(7)为使货品能常保时效性,收发货品应采取先进先出原则。至于规划时,若为食品,则另应考虑保存期限,以先到期者先出货为原则,且周转率较高者应接近通道,以便利存取为原则。

(8)其他。如意外防护、进出库管制、温湿度、暴晒、火灾、地震天灾等损坏的防治及安全上的措施均应列入储存作业要点中,并订立各种办法加以管制,使保管区储存作业更完善。

二、仓储系统的构成

仓储系统的主要构成要素包括储存空间、物品、人员及储存设备等。

(一)储存空间

储存空间即物流节点内的仓库保管空间。在进行储存空间规划时,必须考虑到空间大小、柱子排列、梁下高度、走道、设备回转半径等基本因素,再配合其他相关因素的分析,方可做出完善的设计。

(二)物品

物品是储存系统的重要组成要素。这些物品的特征、物品在储存空间的摆放方法以及物品的管理和控制是储存系统要解决的关键问题。

1. 物品的特征

物品的特征包括以下几个方面：

(1)供应商：商品是别处供应而来，还是自己生产而来，且是否有其行业特性及影响。

(2)商品特性：此商品的体积大小、重量、单位、包装、周转率、季节性的分布，及物性(腐蚀或溶化等)，温湿度的需求，气味的影响，等等。

(3)数量：如生产量、进货量、库存决策、安全库存量等。

(4)进货时效：采购前置时间，采购作业特殊需求。

(5)品项：种类类别、规格大小等。

2. 物品的摆放

物品在储存空间摆放的影响因素包括：

(1)储位单位：储位的单位是单品，是箱，还是托盘，且其商品特性如何。

(2)储位策略的决定：是定位储存、随机储存、分类储存，还是分类随机储存，或其他的分级、分区储存。

(3)储位指派原则的运用：靠近出口，以周转率为基础。

(4)商品相依需求性。

(5)商品特性。

(6)补货的方便性。

(7)单位在库时间。

(8)以订购概率为基础。

商品摆放好后，就要做好有效的在库管理，随时掌握库存状况，了解其品项、数量、位置、入出库状况等所有资料。

(三)人员

人员包括仓管人员、搬运人员、拣货和补货人员等。仓管人员负责管理及盘点作业，拣货人员负责拣货作业，补货人员负责补货作业，搬运人员负责入出库作业、翻堆作业(为了商品先进先出、通风、气味避免混合等目的)，而人员在存取搬运商品时，在物流节点的作业中，讲求的是省时、有效率，而在照顾员工的条件下，讲求的是省力。因此要达成存取效率高、省时、省力，则作业流程方面要合理化，精简确实。而储位配置及标示要简单、清楚，一目了然，且要好放、好拿、好找，再加上表单要简单、统一且标准化。

(四)储存设备

除了上述三项基本要素，另一个关键要素为设备，包括储存设备、搬运与输送设备，也即当物品储存不是直接堆叠在地板上，则必须考虑相关的托盘、货架等。而人员不是以手工操作时，则必须考虑使用输送机、笼车、叉车等输送与搬运设备。

(1)搬运与输送设备。在选择搬运与输送设备时，需考虑商品特性、物品的单位、容器、托盘等因素,以及人员作业时的流程与状况,再加上储位空间的配置等,选择适合的搬运与输送设备。当然还要考虑设备成本与人员使用操作的方便性。

(2)储存设备。储存设备也要考虑如商品特性、物品的单位、容器、托盘等商品的基本条件,再选择适当的设备配合使用。例如使用自动仓库设备,或是固定货架、流力架等货架。有了货架设备时,必须将其做标示、区隔,或是颜色辨识管理等。在拣货作业时电子标签辅助拣选设备的应用,以及在出货、点货时,无线电传输设备的导入等皆须纳入考虑。而后,需将各储位及货架等编码,以方便管理。而编码原则,则必须明晰易懂,容易作业。

第二节　仓储系统作业方式

一、仓储方式

物流节点仓储方式多种多样,一般有以下几种分类。

(一)按储存量大小分类

1. 大批储存

一般指 3 个托盘以上的存量。大批储存一般均以托盘为储存单位,采用地面堆码或自动仓库储存的方式。

2. 中批储存

中批储存一般指 1~3 个托盘的量,可以托盘或箱为出货拣取单位。多采用托盘货架或地面堆码的方式。

3. 小批储存

小批储存一般指小于 1 个托盘的储存,一般以箱为出货拣取单位。在储存区的小批量物品一般存放于托盘货架、搁板货架、货柜等。

4. 零星储存

零星储存区或拣取区是使用货柜或搁板货架储存小于整箱的货品的地方。一般来说,货品的拣取在此区域中进行。然而,若产品很小及整批储量并不占很大空间,则整批产品也能储存于零星区。

零星拣货区一般包括检查与打包的空间,同时为了安全目的要与大量储区分开。另外,此储区最好置于低楼层及居中的位置,以减少等候拣取时间及减轻出货时理货的工作量。

(二)按储存设备分类

1. 地面堆码储存

地面堆码储存是使用地板支撑的储存,有将物品放于托盘上堆码或直接地面堆码两种。堆叠时可以靠墙码放以提高货垛的稳定性,袋装物也能采用此法储存。这种堆码方式可分为行列堆码及整区堆码两种形式。

(1)行列堆码。行列堆码是指将货物按行列堆码,在货堆之间留下足够的空间使得任何一行(列)堆码的托盘出货时皆不受阻碍。当在一行(列)储区中只剩几个托盘时,即应将这些托盘转移至小批量储区,而让此区域能再储存大批产品。

(2)整区堆码。整区堆码是指每一行与行间的托盘堆码并不留存或浪费任何空间,此方式能节省空间,适用于储存大量同类货品时。采用整区堆码时必须很小心作业,避免托盘存取时由于互相挤压而发生危险。

地面堆码的优点:①适于形状不规则货品的储存,尺寸及形状不会造成地面堆码的困难。②适合大量可堆叠货品的储存,若重量不致过重,能提供规则形状或容器化的物品三度空间的有效储存;③只需简单的建筑即可;④堆叠尺寸能根据储存量适当调整;⑤通道的需求较小,且容易改变。

地面堆码的缺点:①不能兼顾先进先出,若要先进先出,则必须增加翻堆作业,造成工作负荷增大并易损坏货品;②堆叠边缘无法被保护,容易被搬运设备损坏;③地面堆码容易不整齐,不适合小单位的拣取作业;④不适于储存某些特殊物品。如易燃物,需置于一定高度。

2. 货架储存

货架的种类很多,常用的货架类型包括:托盘货架、搁板货架、流动货架、驶入式货架等。货架储存的优点:①存取方便;②可以实现先进先出或自由存取;③货物之间不会相互挤压。货架储存空间除适于多样规则性货品的储存外,也能用于不规则形状货品的储存,但不能超出货格范围。

3. 自动仓库储存

自动仓库是由高层货架、有轨巷道堆垛机、输送系统构成的自动仓储系统,我国一般称其为自动仓库或立体仓库。它能够充分地利用空间,可以实现货物的自动存取,是一种高效率的储存方式,在欧、美、日等发达国家得到了广泛的应用,在我国也得到了快速的发展。

二、仓储策略

仓储策略即决定货品在仓储区域存放位置的方法或原则。良好的储存策略可以减少出入库移动的距离、缩短作业时间,甚至能够充分利用储存空间。

常见仓储策略有:定位储存、随机储存、分类储存、分类随机储存和共用储存等。

(一)定位储存

定位储存的原则:每一储存货品都有固定储位,货品不能互用储位,因此需规划每一项货品的储位容量不得小于其可能的最大在库量。

(1)定位储存的优点：①每种货品都有固定储存位置，拣货人员容易熟悉货品储位；②货品的储位可按周转率或出货频率来安排，以缩短出入库搬运距离；③可针对各种货品的特性做储位的安排调整，将不同货品特性间的相互影响降至最低。

(2)定位储存的缺点：储位必须按各项货品的最大在库量设计，因此储区空间平时的使用效率较低。

(3)定位储存的应用场合：①不适于随机储存的场合；②储存条件对货品储存非常重要时，例如有些品项必须控制温度；③易燃物必须限制储存于一定高度以满足保险标准及防火法规；④依商品物性，由管理或其他策略指出某些品项必须分开储存，例如饼干和肥皂，化学原料和药品；⑤保护重要物品；⑥厂房空间大；⑦多种少量商品的储存。

总之，定位储存容易管理，所需的总搬运时间较少，但却需较多的储存空间。

（二）随机储存

每一个货品被指派储存的位置都是随机产生的，而且可经常改变；也就是说，任何品项可以被存放在任何可利用的位置。此随机原则一般是指储存人员按习惯来储存，且通常按货品入库的时间顺序储存于靠近出入口的储位。

(1)随机储存的优点：由于储位可共用，因此只需按所有库存货品最大在库量设计即可，储区空间的使用效率较高。

(2)随机储存的缺点：①货品的出入库管理及盘点工作的进行困难度较高；②周转率高的货品可能被储存在离出入口较远的位置，增加了出入库的搬运距离；③具有相互影响特性的货品可能相邻储存，造成货品的伤害或发生危险。

一个良好的储位系统中，采用随机储存能使货架空间得到最有效的利用，储位数目因此得以减少。模拟研究显示，随机储存系统与定位储存比较，可节省35%的移动储存时间并增加了30%的储存空间，但较不利于货品的拣取作业。

(3)随机储存的适用场合：①厂房空间有限，需尽量利用储存空间；②种类少或体积较大的货品。

（三）分类储存

分类储存的原则：所有的储存货品按照一定特性分类，每一类货品都有固定存放的位置，而同属一类的不同货品又按一定的原则来指派储位。分类储存通常按产品相关性、流动性、产品尺寸、重量、产品特性来分类。

(1)分类储存的优点：①便于畅销品的存取，具有定位储存的各项优点；②各分类的储存区域可根据货品特性再做设计，有助于货品的储存管理。

(2)分类储存的缺点：①储位必须按各项货品最大在库量设计，因此储区空间平均的使用效率低；②分类储存较定位储存具有弹性，但也有与定位储存同样的缺点。

（3）分类储存的适用场合：①产品相关性大者，经常被同时订购；②周转率差别大者；③产品尺寸相差大者。

（四）分类随机储存

每一类货品有固定存放位置，但在各类储区内，每个储位的指派是随机的。分类随机储存优缺点如下。

优点：既具分类储存的部分优点，又可节省储位数量提高储区利用率。

缺点：货品出入库管理及盘点工作的进行困难度较高。

分类随机储存兼具分类储存及随机储存的特色，需要的储存空间介于两者之间。

（五）共用储存

在确定知道各货品的进出仓库时刻，不同的货品可共用相同储位的方式称为共用储存。共用储存在管理上虽然较复杂，所需的储存空间及搬运时间却更经济。

第三节　仓储系统的规划设计

仓储系统规划设计时，首先考虑的便是所要储存货品的多少及其储存形态，以便提供适当的空间满足要求。储存货品时，必须规划大小不同的区域，以适应不同尺寸数量货品的存放。要实施仓储空间的规划，首先必须对货物进行分类，了解各空间的使用目的，确定仓储空间的大小，然后进行仓储空间的设计布置。如果仓储空间无法满足储存要求时，就要寻求能提高保管效率的新储存方法来满足规划要求。

储存是物流节点的核心功能和重要的作业环节，仓储区域规划的合理与否直接影响到仓储配送中心的作业效率和储存能力，仓储空间的有效利用已经成为物流节点改善功能的重要课题。

一、仓储系统的储存空间规划

（一）仓储系统的储存空间定义

储存空间是物流节点中以保管为功能的空间，包括物理空间、潜在利用空间、作业空间和无用空间（如图 5-1 所示），即：

储存空间＝物理空间＋潜在利用空间＋作业空间＋无用空间

上式中，物理空间是指货物实际上占有的空间；潜在利用空间是指储存空间中没有充分利用的空间（一般有 10%～30% 的潜在利用空间可以利用）；作业空间是指为了作业活动顺利进行所必备的空间，如作业通道、货物之间的安全间隙等。

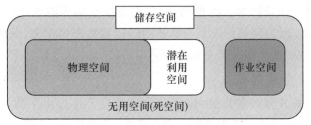

图 5-1　储存空间的分类

（二）影响储存空间的主要因素

影响储存空间的因素有多种,其中人为因素有作业方法及作业环境,货品因素有货品特性、货物存量、出入库数等,设备因素有保管设备及出入库设备。各项因素的影响程度如表 5-5 所示。

表 5-5　储存空间的影响因素

空间	人为因素	货品因素					设备因素
	作业方法 作业环境	货品 特性	保管 货物量	入出库 货量	入出库 件数	保管 设备	入出库 设备
物理空间	—	很大	很大	—	—	很大	—
潜在利用空间	—	很大	很大	—	—	很大	—
作业空间	很大	大	—	很大	很大	—	很大

（三）储存空间的评估要素

（1）空间效率（效率）：储存品特性、储存货物量、出入库设备,梁柱、走道的安排布置。

（2）货物的流速（流量）：进货量、保管量、拣货量、补货量、出货量。

（3）作业者感觉（人性）：作业方法、作业环境。

（4）保管成本（时间）：出入库时段、入出库时间。

（四）储存空间规划的影响因素

进行储存空间规划时,首先需了解所有影响储存空间规划的要素,对其进行认真分析和考核。主要影响因素包括：①货品尺寸、数量。②托盘尺寸、货架空间。③使用的机械设备（型号/式样、尺寸、产能、回转半径）。④通道宽度、位置及需求空间。⑤库内柱距。⑥建筑尺寸与形式。⑦进出货及搬运位置。⑧补货或服务设施的位置（防火墙、灭火器、排水口）。⑨作业原则：动作经济原则、单元化负载、货品不落地原则、减少搬运次数及距离、空间利用原则等。

（五）仓储系统的规划

仓储系统的规划内容：①仓储区域的作业空间规划；②分拣区域的作业空间规划；③柱子间隔设计；④库房高度设计；⑤通道规划。

二、仓储系统的作业空间规划

进行仓储系统的空间规划时,应先求出存货所需占用的空间大小,并考虑货品尺寸及数量、堆码方式、托盘尺寸、货架货位空间等因素,然后进行仓储系统的空间规划。因为区域的规划与具体的储存策略密切相关,下面针对几种不同的储存策略,分别介绍存货空间的计算方法。

(一)托盘平置堆码

若公司货品多为大量出货,以托盘为单位置于地面上平置堆码的方式储存,则计算存货空间所需考虑到的因素有数量、托盘尺寸、通道等。假设托盘尺寸为 $P \times P$ 平方米,由货品尺寸及托盘尺寸算出每托盘平均可码放 N 箱货品,若公司平均存货量为 Q,则存货空间需求(D)为:

$$D = \frac{平均存货量}{平均每托盘堆码货品量} \times 托盘尺寸 = \frac{P}{N} \times (P \times P)$$

实际仓储需求空间还需考虑叉车存取作业所需空间,若以一般中枢通道配合单位通道规划,通道约占全部面积的 $30\% \sim 35\%$,故实际仓储需求空间为:

$$A = D/(1-35\%) = D \times 1.5$$

(二)使用托盘堆码

若货品多为大量出货,并以托盘堆码于地面上,则计算存货空间需考虑货品尺寸及数量、托盘尺寸、可堆码高度等因素。假设托盘尺寸为 $P \times P$ 平方米,由货品尺寸及托盘尺寸算出每托盘平均可码放 N 箱货品,托盘在仓库内可堆码 L 层,若公司平均存货量为 Q,则存货空间需求(D)为:

$$D = \frac{平均存货量}{平均每托盘堆码货品箱数} \times 托盘尺寸 = \frac{Q}{L \times N} \times (P \times P)$$

(三)使用托盘货架储存

若仓储配送中心使用托盘货架来储存货品,则存货空间的计算除了考虑货品尺寸、数量、托盘尺寸、货架形式及货架层数外,还需考虑所需的巷道空间。假设货架为 L 层,每托盘约可码放 N 箱,若公司平均存货量为 Q,存货所需的面积为 P,则需求面积(D)为:

$$D = \frac{平均存货量}{平均每托盘堆码货品箱数 \times 货架层数} = \frac{Q}{L \times N}$$

由于此时货架系统具有区块特性,每区由两排货架及存取通道组成,因此基本托盘占地空间需换算成仓库区后再加上存取通道空间,才是实际所需的仓储工作空间,其中存取通道空间需视叉车是做直角存取还是通行而异。而在各储存货架位内的空间计算,应以一个货格为计算基准,一般的货格通常可存放两个托盘。图 5-2 为储存空间的计算方法。

在图 5-2 中,P_1 为货格宽度,P_2 为货格长度,Z 为每货架区的货格数(每格位含 2 个托盘空间),W_1 为叉车直角存取的通道宽度,W_2 为货架区侧向通道宽度,A 为货架使用平面面积,B 为储区内货架使用平面总面积,S 为总库存区平面面积,Q 为平均存货需求量,L 为货架层数,N 为平均每托盘码放货品箱数,P 为存货所需的基本托盘地面空间。则:

货架使用面积 $A=(P_1\times4)\times(P_2\times5)=4P_1\times5P_2$

货架使用总面积 $B=$货架使用面积$\times$货架层数$=A\times L$

总库存区平面面积 $S=$货架使用面积$+$叉车通道$+$侧通道

$$=A+[W_1\times(5P_2+W_2)]+(2P_1\times W_2\times2)$$

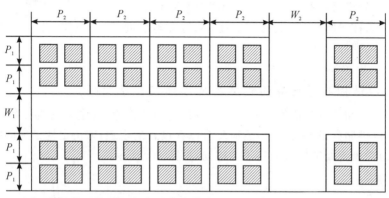

图 5-2　以托盘货架储存的储存空间计算

三、柱子间距设计

物流节点仓库内柱子的主要设计依据包括建筑物的楼层数、楼层高度、地盘载重、抗震能力等,另外还需考虑仓库的保管效率及作业效率。仓库内储存空间柱子间距的设计,可以从以下几个方面考虑。

(一)根据货车台数及种类确定柱子间距

进入仓库内停靠的货车台数及种类:不同形式重量的载货卡车会有不同的体积长度,停靠站台所需的空间及柱距也有所不同。

货车在室内停靠时柱子排列如图 5-3 所示。

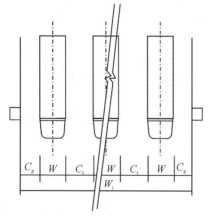

图 5-3　货车在室内停靠时的柱子间距

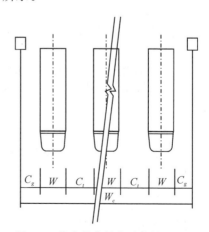

图 5-4　货车停靠月台时的柱子间距

【例5-1】 已知货车宽 $W=2.49\text{m}$,货车台数 $N=2$ 台,货车间距 $C_t=1\text{m}$,侧面间隙尺寸 $C_g=0.75\text{m}$,求内部柱间距尺寸。

$$W_i=W\times N+C_t\times(N-1)+2\times C_g=2\times 2.49+1\times 1+2\times 0.75=7.48(\text{m})$$

货车停靠月台时柱子的排列如图5-4所示。

W_c 为柱子间距,W 为货车宽度,N 为货车数量,C_t 为货车间距,C_g 为侧面间隙尺寸,则柱子间距为:

$$W_c=W\times N+C_t\times(N-1)+2\times C_g$$

(二)根据储存设备的种类及尺寸确定柱子间距

储存空间的设计应优先考虑保管设备的布置效率,其空间的设计尽可能大而完整以供储存设备的安置,故应配合储存设备的规划,来决定柱子的间距。

(1)托盘货架宽度方向柱子的排列,如图5-5所示。

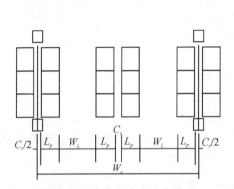 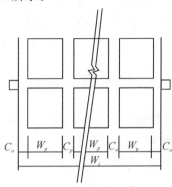

图5-5 托盘货架宽度方向柱子　　　图5-6 托盘货架长度方向的
　　　间距计算方式　　　　　　　　　　柱子间距

【例5-2】 已知托盘深度 $L_p=1.0\text{m}$,通道宽度 $W_L=2.5\text{m}$,货架背面间隔 $C_r=0.05\text{m}$,平房建筑,柱子间隔内可放2对货架($N=2$),求内部柱间距。

W_c 为柱子间距,L_p 为货架深度,C_r 为货架背面间隔,N 为货架巷道数。

$$W_c=(W_L+2\times L_p+C_r)\times N=(2.5+2\times 1.0+0.05)\times 2=9.1(\text{m})$$

(2)托盘货架长度方向柱子的排列,如图5-6所示。

W_i 为柱子间距,W_p 为货架宽度,N_p 为货架列数,C_p 为货架间距,C_o 为通道宽度。

【例5-3】 已知托盘宽 $W_p=1.0\text{m}$,托盘列数 $N_p=7$ 盘,托盘间隔 $C_p=0.05\text{m}$,侧面间隙 $C_o=0.05\text{m}$,求内部柱间距。

$$W_i=W_p\times N_p+C_p\times(N_p-1)+2\times C_o=1.0\times 7+0.05\times 6+2\times 0.05$$
$$=7.4(\text{m})$$

四、库房高度设计

在仓储空间中,库房的有效高度也称为梁下高度,理论上是越高越好,但实际上受货物所能堆码的高度、叉车的扬程、货架高度等因素的限制,库房太高有时反而会增加成本及降低建筑物的楼层数,因此要合理设计库房的有效高度。在进行库房的有效高度设计时,应从以下三个方面考虑。

(一)保管物品的形态、保管设备的形式和堆码高度

由于所保管物品的形态及所采用的保管货架形式均和高度有关,当采用托盘地面堆码或采用高层货架时,两者所需的堆码高度差距非常大,耐压的坚硬货品及不耐压的货品均采用地面堆码时,其对梁下有效高度的需求也有很大差异,故必须根据所采用的保管设备与堆码方式来决定库内的有效高度。

以下为采用地面堆码时梁下有效高度的计算方法。

【例 5-4】　已知货高 $H_A=1.3\text{m}$,堆码层数 $N=3$,货叉的抬货高度 $F_A=0.3\text{m}$,梁下间隙尺寸 $a=0.5\text{m}$,求最大举升货高与梁下有效高度。

最大举升货高 $H_L=3\times1.3+0.3=4.2(\text{m})$

梁下有效高度 $H_e=4.2+0.5=4.7(\text{m})$

(二)所使用堆垛搬运设备的种类

储存区内采用不同的作业设备,如各类叉车、吊车等,对梁下间隙有不同的要求,需要根据具体的堆垛搬运设备的起升参数和梁下间隙进行计算。

【例 5-5】　已知货架高度 $H_r=3.2\text{m}$,货物高度 $H_A=1.3\text{m}$,货叉的抬货高度 $F_A=0.3\text{m}$,梁下间隙尺寸 $a=0.5\text{m}$,求最大举升货高与梁下有效高度。

最大举升货高 $H_L=3.2+1.3+0.3=4.8(\text{m})$

梁下有效高度 $H_e=4.8+0.5=5.3(\text{m})$

(三)所采用的储存保管设备的高度

由于各种货架都有其基本设计高度,货架装设时必须达到此高度才有经济效益,因此有效高度的设计必须要符合所采用保管储存设备的基本高度要求。

梁下间隙尺寸是出于消防、空调、采光等因素,必须放置一些配线、风管、消防设备、灯光照明等而必须预留的装设空间,在所有梁下高度的计算中都必须把梁下间隙考虑进去。即:

梁下有效高度＝最大举升的货高＋梁下间隙尺寸

【例 5-6】　已知货架高度 $H_r=2.4\text{m}$,底层高度 $H_f=0.4\text{m}$,梁下间隙尺寸 $a=0.6\text{m}$,货物高度 $H_A=2\text{m}$,求最上层货架高度与梁下有效高度。

最上层货架高度 $H_L=2.4\times2+0.4=5.2(\text{m})$

梁下有效高度 $H_e=5.2+0.6=5.8(\text{m})$

五、有效利用储存空间

在储存空间中,不管货品是地面直接堆码还是以货架储存,均得占用保管

面积,在地价日益昂贵的今天,若能有效利用空间,可以大大降低仓储成本。空间有效利用的方法有三种。

（一）向上发展

当合理化设置好梁柱后,在此有限的立体空间中,面积固定,要增加利用空间就是向上发展。目前科学一日千里,堆高技术日新月异,堆高设备更是不断推陈出新,因此向上发展的困难已不大。堆高的方法为多利用货架,例如驶出/驶入式货架便可高达 10m 以上,而窄道式货架更可高达 15m 左右,利用这些高层货架可把重量较轻的货品储存于上层,而把较笨重的货品储存于下层,或使用托盘来多层堆放以提高储物量,增加利用空间。

（二）平面经济的有效利用

在空间的利用上,如果能争取到二维平面区域的利用,相对的就争取到三度空间的利用。其中,如何提升二维平面区域的经济效用,要点有四个。

(1)非储存空间设置角落:所谓非储存空间就是一些厕所、楼梯、办公室、清扫工具室等设施,应尽量设置在储存区域的角落或边缘,以免影响储存空间的整体性,更可增加储存货品的储存空间。

(2)减少通道面积:减少通道面积相对就增加保管面积,但可能会因通道的变窄变少而影响作业车辆的通行及回转,因此在空间利用率与作业影响两条件中由自己需求的权重来取个平衡点,不要因为储存空间的一时扩展而影响了整个作业的方便性。一般性的做法是把通道设定成保管区中行走搬运车辆的最小宽度,另设一较宽通道区域以供搬运车辆回转,如表 5-6 所示。

表 5-6　通道宽度与适用的叉车型式

通道形式	通道宽度(m)	叉车型式
宽道式	3.0～4.5	配重式叉车
窄道式	2.1～3.1	前移式叉车 支腿式叉车 转柱式叉车
超窄道式	2.1 以下	转叉式叉车 拣选叉车

(3)货架的安装设置应尽量采取方型配置,以减少因货架安置而剩下过多无法使用的空间。

(4)储存空间顶上的通风管路及配电线槽,宜安装于最不影响存取作业的角落上方,以减少对于货架的安置干涉。减少安置干涉,相对的就可增加货架数量,而提高保管使用空间。

（三）采用自动仓库

自动仓库在空间的使用率上是最高的,但并不表示其就是最适合的。对于自动仓库的选用必须先经过评估,了解仓储配送中心的货物特性、量的大小、频率的高低以及单位化的程度,再决定是否采用自动仓库。

第四节 立体仓库的规划设计

一、立体仓库的组成与分类

(一)立体仓库的基本组成

立体仓库的结构和种类很多,一般由建筑物、货架、理货区、管理区、堆垛机械和配套机械等几部分组成。

(1)建筑物。如果是低层立体仓库,则多为一般建筑物。如果是中、高层立体仓库,则需要设计和建造新的专用建筑物。

(2)货架。货架的作用是存放货物,它是立体仓库的中心部分。

(3)理货区。理货区是指整理货场或倒货区域,和高层货架区相衔接。在中、高层立体仓库中是和高层货架区域相邻的1~2层建筑物,由分货场、暂存站台和出入卡车停车场构成。

(4)管理区。这是出入库管理及库存管理区域。由计算机管理的自动化立体仓库,其管理区域也就是计算机控制管理室。

(5)堆垛机械。对于低层立体仓库一般使用叉车等,对于中、高层立体仓库一般使用有轨巷道堆垛机、无轨巷道堆垛机或桥式堆垛机等。

(6)配套机械。这是指货架外的出入库搬运作业、理货作业以及卡车装卸作业所使用的主要机械。如出入库台车、托盘装载装置、叉车、输送机等,为了特别防止出入库时货物散垛,也有的仓库备有压缩包装机。对于分拣仓库,还备有自动分拣、配货装置。

(二)立体仓库分类

立体仓库的种类是随着生产的不断发展和进步而变化的。物流系统的多样性,决定了立体仓库的多样性。立体仓库的分类通常有如下几种分类方法。

1. 按照建筑形式分类

按照建筑形式,可分为整体式和分离式立体仓库两种。一般整体式立体仓库高度在12m以上;分离式高度在12m以下,但也有15~20m的。整体式立体仓库的货架与仓库建筑物构成一个不可分割的整体,货架不仅承受货物载荷,还要承受建筑物屋顶和侧壁的载荷。这种仓库结构重量轻、整体性好,对抗震也特别有利。分离式立体仓库的货架和建筑物是独立的,适用于利用原有建筑物做库房,或者在厂房和仓库内单建一个高货架的场合。由于这种仓库可以先建库房后立货架,所以施工安装比较灵活方便。

2.按仓库高度分类

按仓库高度不同,立体仓库可以分为高层(>12m)、中层(5~12m)和低层(<5m)立体仓库。

3.按货架的形式分类

按库内货架形式的不同,立体仓库可以分为单元货格式货架仓库、贯通式货架仓库、旋转式货架仓库和移动式货架仓库。

单元货格式立体仓库是应用最为广泛的一种仓库,这种仓库的特点是,货架沿仓库的宽度方向分为若干排,每两排货架为一组,其间有一条巷道,每排货架沿仓库纵长方向分为若干列,沿垂直方向分为若干层,从而形成大量货格,用以储存货物。货物是以集装单元的形式储存在立体库中的。在我国建成的所有立体仓库中,单元货格式立体仓库占到90%以上。

4.按仓库的作业方式分类

按仓库的作业方式,立体仓库可以分为单元式仓库和拣选式仓库。

单元式仓库的出入库作业都是以货物单元(托盘或货箱)为单位,中途不拆散。所用设备为叉车或带伸缩货叉的巷道堆垛机等。

拣选式仓库的出库是根据提货单的要求从货物单元(或货格)中拣选一部分出库。其拣选方式可分为两种。第一种是拣选人员乘拣选式堆垛机到货格前,从货格中拣选所需数量的货物出库。这种方式叫"人到货前拣选"。第二种方式是将存有所需货物的托盘或货箱由堆垛机搬运至拣选区,拣选人员按出库提货单的要求拣出所需的货物,然后再将剩余的货物送回原址。这种方式叫"货到人处拣选"。对整个仓库来讲,当只有拣选作业,而不需要整单元出库时一般采用"人到货前拣选"作业方式;如果仓库作业中仍有相当一部分货物需要整单元出库,或者拣选出来的各种货物还需要按用户的要求进行组合选配时,就采用"货到人处拣选"作业方式。

(三)立体仓库的优点

与普通仓库相比,立体仓库具有以下几个优点:

(1)立体仓库能大幅度地增加仓库高度,充分利用仓库面积与空间,减少占地面积。立体仓库目前最高的已经达到40米。它的单位面积储存量要比普通的仓库高得多。例如,一座货架15m高的立体仓库,储存机电零件和外协件,单位面积储存量可达$2\sim5t/m^2$,是普通货架仓库的4~7倍。

(2)便于实现仓库的机械化、自动化,从而提高出、入库效率,能方便地纳入整个企业的物流系统,使企业物流更为合理化。

(3)提高仓库管理水平。借助于计算机管理能有效地利用仓库贮存能力,便于清点盘货,合理减少库存,节约流动资金。例如,某汽车厂的仓库,在采用自动化立体仓库后,库存物资的金额比过去降低了50%,节约资金数百万元。

(4)由于采用货架储存,并结合计算机管理,可以容易地实现先入先出的出入库原则,防止货物自然老化、变质、生锈。立体仓库也便于防止货物的丢失,减少货损。

（5）采用自动化技术后,立体仓库能适应黑暗、有毒、低温等特殊场合的需要。如贮存胶片卷轴的自动化立体库,以及各类冷藏、恒温、恒湿立体库等。

总之,立体仓库的出现使传统的仓储观念发生了根本性的变化。原来那种固定货位,人工搬运和码放,人工管理,以储存为主的仓储作业已改变为自由选择货位,按需要实现先入先出的机械化、自动化仓储作业。在储存的同时,可以对货物进行必要的拣选、组配,并根据整个企业生产的需要,有计划地将库存货物按指定的数量和时间要求送到合适的地点,满足均衡生产的需要。可以说,立体仓库的出现使"静态仓库"变成了"动态仓库"。

二、立体仓库的规划设计

立体仓库的规划设计一般包括以下几个阶段:

概念设计:总体设计的准备阶段,在概念设计需明确建设立体仓库的目标和有关的背景条件。

基本设计:总体设计阶段,包括对立体仓库的总体布置、设施配备、管理和控制方式、进度计划以及预算等进行全面的规划和设计。

详细设计:根据总体设计的要求,对组成立体仓库的所有设备和设施的详细设计或选型,此阶段要完成所有设备和设施的制造和施工图纸。

下面以单元式立体仓库为例,介绍总体规划设计的一般步骤和方法。

（一）规划准备阶段

立体仓库的建设是一项系统工程,需要花费大量投资资金,因此在建设前必须明确企业建设立体仓库的必要性和可能性,并对建库的背景条件进行详细的分析。一般都要做以下几个方面的工作。

（1）确认建设立体仓库的必要性。根据企业的生产经营方针、企业物流系统的总体布置和流程,分析确定立体仓库在企业物流系统中的位置、功能和作用。

（2）根据企业的生产规模和水平,以及立体库在整个物流系统中的位置,分析企业物流和生产系统对立体库的要求,并考虑企业的经营状况和经济实力,确定立体库的基本规模和自动化水平。

（3）调查拟存货物的品名,特征（例如易碎,怕光,怕潮等）,外形及尺寸,单件重量,平均库存量,最大库容量,每日出入库数量,入库和出库频率等,以便确定仓库的类型、库容量和出入库频率等。

（4）了解建库现场条件,包括气象、地形、地质条件、地面承载能力、风及雪载荷、地震情况以及其他环境影响等。

（5）调查了解与仓库有关的其他方面的条件。例如,入库货物的来源及入库作业方式,进、出库门的数目,包装形式和搬运方法,出库货物的去向和运输工具等。

概念设计阶段也是项目的详细论证阶段。如果论证通过,本阶段的分析研究结果也为立体库的总体设计奠定了一个可靠的基础。

(二)规划设计阶段

1.确定仓库的结构类型和作业方式

确定仓库的结构类型就是确定立体仓库各组成部分的结构类型,如:

(1)建筑物的特征:原有还是新建,高层还是低层,等等。

(2)货架的结构和特征:库架合一或库架分离式,横梁式或牛腿式,焊接式或组合式,等等。

(3)理货区的面积和功能:和高架区的位置关系,所进行的作业,配备的设施,等等。

(4)堆垛机械的类型:有轨巷道式堆垛机、无轨堆垛机、桥式堆垛机和普通叉车,等等。

(5)配套设备的类型:配套设备主要指那些完成货架外的出入库搬运作业、理货作业以及卡车的装卸作业等的机械和设备。包括叉车、托盘搬运车、辊子输送机、链条输送机、升降台、有轨小车、无轨小车、转轨车以及称重和检测识别装置等,对于一些分拣仓库,还配备有自动分拣和配货的装置。应根据立体库的规模和工艺流程的要求确定配套设备的类型。

最后,根据工艺要求,决定是否采用拣选作业。如果以整单元出库为主,则采用单元出库作业方式;若是以零星货物出库为主,则可采用拣选作业方式,并根据具体情况,确定采用"人到货前拣选",还是"货到人处拣选"。

2.确定货物单元的形式、尺寸和重量

货物单元是指进行出入库作业和储存的集装单元,由集装单元化器具和货物两部分组成。因为单元式立体仓库是以单元化搬运为前提的,所以确定货物单元的形式、尺寸及重量显得尤为重要。一般需要确定两个方面的内容:①集装单元化器具的类型;②货物单元的外形尺寸和重量。

立体库常用的集装单元化器具有托盘和集装箱,且以托盘最为常见。托盘的类型又有许多种,如平托盘、箱式托盘、柱式托盘和轮式托盘等,一般要根据所储存货物的特征来选择。当采用堆垛机作业时,不同结构的货架,对托盘的支腿有不同的要求,在设计时尤其要注意。

为了合理确定货物单元的尺寸和重量,需要对所有入库的货物进行 ABC 分析,以流通量大而种类较少的 A 类货物为主要保管服务对象,选择合适的货物单元的外形尺寸和重量。对于少数形状和尺寸比较特殊以及很重的货物,可以单独进行储存。

3.确定堆垛机械和配套设备的主参数

立体库常用的堆垛机械为有轨巷道堆垛机、无轨堆垛机(高架叉车)、桥式堆垛机和普通叉车等。在总体设计时,要根据仓库的高度、自动化程度和货物的特征等合理选择其规格结构,并确定其主要性能参数(包括外形尺寸、工作速度、起重量及工作级别等)。

立体库配套设备的配备应根据系统的流程和工艺统筹考虑,并根据立体库的出入库频率、货物单元的尺寸和重量等确定各配套机械及设备的性能参数。如对于输送机,则根据货物单元尺寸确定输送机的宽度,根据立体库的频率要求确定输送机的速度。

总体设计时,要根据仓库的规模、货物的品种、出入库频率等选择最合适的机械设备,并确定其主要参数;根据出入库频率确定各个机构的工作速度;根据货物单元的重量选定起重、装卸和堆垛设备的起重量;对于输送机,则根据货物单元尺寸确定其宽度,并确定使整个系统协调工作的输送机的速度。

4. 确定仓库总体尺寸

确定仓库的总体尺寸,关键是确定货架的长宽高总体尺寸。立体仓库的设计规模主要取决于其库容量,即同一时间内储存在仓库内的货物单元数。如果已经给出库容量,就可以直接应用这个参数;如果没有给出,就要根据拟存入库内的货物数量、出入库的规律等,通过预测技术来确定库容量。根据库容量和所采用的作业设备的性能参数以及其他空间限制条件,即可确定仓库的总体尺寸。

5. 确定仓库的总体布置

确定了立体仓库的总体尺寸之后,便可进一步根据仓库作业的要求进行总体布置。主要包括立体仓库的物流模式、高架区的布局方式和出入库输送系统的方式。

6. 选定控制方式

立体仓库的控制方式,一般可分为手动控制和自动控制两种。

手动控制方式设备简单,投资小,对土建和货架的要求也较低。主要适用于规模较小,出入库频率较低的仓库,尤其适用于拣选式仓库。

自动控制是立体库的主要控制方式。立体库的自动控制系统根据其控制层次和结构不同,可分为三级控制系统和二级控制系统,一般由管理级、监控级和直接控制级组成(二级控制系统由管理级、控制级组成),可完成立体库的自动认址和自动程序作业。自动控制适用于出入库频率较高、规模较大的立体仓库,特别是一些暗库、冷库或生产线中的立体仓库,可以减轻工人的劳动强度,提高系统的生产率。

7. 选择管理方式

立体仓库的管理方式一般可分为人工台账管理和计算机管理两种方式。台账管理方式仅适用于库存量较小,品种不多,出入库频率不高的仓库。在自动化立体仓库中,一般都采用计算机管理。与自动控制系统结合,实现立体库的自动管理和控制,是立体仓库管理的主要方式。在总体设计阶段,要根据仓库的规模、出入库频率、生产管理的要求、仓库自动化水平等方面的因素综合考虑,选定一种管理方式。

8. 提出土建、公用设施的要求

在总体设计时,还要提出对仓库的土建和其他公用设施的要求:

(1)根据货架的工艺载荷,提出对货架的精度要求。

(2)提出地面需要承受的载荷以及对基础均匀沉降的要求。

(3)确定对采暖、采光、通风、给排水、电力、照明、防火、防污染等方面的要求。

9. 投资概算

分别计算立体仓库各组成部分的设备费用、制造费用、设计及软件费用、运输费用、安装及调试费用等,综合得到立体仓库的总投资费用。

10. 进度计划

在总体设计的最后,要提出立体仓库设计、制造、安装、调试以及试运营的进度计划,提出具体进度的监督和检验措施。

第六章　物流节点运输系统规划设计

运输是将生产和消费所处的不同空间联结起来,通过完成物品的空间位移,实现物品在不同地点之间的移动。可以说,运输是物流的核心业务,运输系统规划设计是物流节点规划设计不可缺少的一环。

在物流节点的物流过程中,运输主要提供两大功能,即产品转移和产品临时储存。运输的主要目的就是以最短的时间、最低的成本将产品转移到规定地点,因此运输的主要功能就是产品在价值链中实现位移,从而产生空间效用和时间效用;另一大功能就是对产品在运输期间进行临时储存,也就是说将运输工具(主要是运输车辆)作为临时的储存设施,而且这种储存是免费储存、自然储存。总之,运输是把物流系统联结在一起的纽带,是物流过程不可缺少的组成部分。快速有效的物流系统必须具备良好的运输条件,没有运输就没有物流。对于物流节点而言,运输管理是决定核心竞争能力的关键要素,运输管理的有效性直接决定了物流节点运作水平的高低。

本章主要介绍运输的基本概念、功能、原理,同时也对各种运输方式的特点及业务流程加以描述,最后对运输的合理化以及运输的规划设计进行展开论述。

第一节　运输系统概述

一、运输概念及其功能

运输是指人或物借助运力在空间上产生的位置移动。所谓运力,是由运输设施、路线、设备、工具和人力组成的,具有从事运输活动能力的系统。运输不同于搬运,运输是在大范围内(如城市之间、工厂之间)进行的以实现物品位移为目的的物流活动;而搬运一般是在同一区域范围内(如工厂、仓库、车站等)对物品进行的以水平移动为主要内容的物流作业。

(一)运输的产品位移功能

无论产品处于原材料、零部件、装配件、半成品还是成品等任何一种形式,也不管是在制造过程中被转移到下一工序或阶段,还是实际上已经接近最终顾客,运输都是必不可少的物流环节。运输的主要功能就是使产品在价值链中不断地往返移动。当然,由于运输利用的是时间资源、财务资源和环境资源,因此,只有在它确实提高了产品的价值时,该产品的移动才有意义。

运输对于时间资源的利用是指因为产品在运输过程中消耗时间,从而占用转移产品的在途资金。运输对财务资源的使用主要是自有车队所造成的必需内部开支,以及商业运输、公共运输所需的外部开支。这些费用产生于驾驶员的劳动报酬、运输工具的运行费用,以及一般杂费和行政管理费用分摊。此外还有因产品丢失、损坏而必须弥补、赔偿的费用。

运输对环境资源的影响是因为运输是能源的主要消费者之一。尽管采取燃料效率更高的运输工具以及节能措施使燃料消耗水平不断下降,但随着经济全球化和商品运输距离的延长,运输的能源消耗量难以降低。另外,由运输造成的拥挤、空气污染和噪声污染等也会产生一定的环境费用。

因此,运输的主要目标应该是以最低的时间、财务和环境资源成本,将产品从原产地转移到指定地点,同时保证丢失损坏的费用最低,产品转移所采用的方式必须满足顾客托运、交付和装运信息可得性等方面的要求。

（二）运输的临时储存功能

在仓库空间有限的情况下,利用运输工具储存商品不失为一种可取的选择。实现这一功能可以采取的一种方法是,将产品装运到运输工具上以后,采用迂回线路或间接线路运往目的地。对于迂回线路来说,运输时间将大于直达线路的时间。当起始地或目的地仓库的储存能力受到限制时,这样做是合理的。当运输工具被用作一种临时储存设施时,这种设施是移动的,而不是处于静止状态。

另一种实现产品临时储存功能的方法是改道。这种情况只有运输的货物在原来交付目的地被改变时才会发生。例如,假设某产品最初计划从上海装运到洛杉矶,但是在交付过程中发现旧金山对该产品的需求量更大,或有可利用的仓储设施,于是该产品有可能改道旧金山作为目的地。随着现代通信技术的发展,这类事务的处理更加有效。

虽然利用运输工具储存产品可能会很昂贵,但当考虑装卸成本、储存能力限制等因素时,从总成本或完成任务的角度看,这种选择也是很有效的。

二、运输的参与者及其相互关系

在一般的商品交易中,买方和卖方即便不是唯一的,也是主要的参与者,买卖双方单独洽谈交易条款和条件,然后完成销售。在商品交易中,尽管某些商品交易有必要由政府进行干预,但大多数交易并不需要。然而,与一般的商品交易不同,运输交易往往受到以下五个方面的影响,即托运人、收货人、承运人、政府和公众,五方面之间的关系如图 6-1 所示。

（一）托运人和收货人

托运人与收货人的共同目的,是在规定的时间内以最低的成本将货物从起始地运到目的地。在这一过程中的运输服务应包括具体的提取货物和交付货物的时间、预计运输时间、零灭失损坏、准确及时地交换装运信息和签发单证。

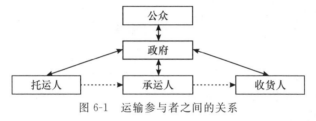

图 6-1　运输参与者之间的关系

（二）承运人

承运人作为中间人，他的目的与托运人和收货人多少有点差异。他期望以最低的成本完成所需的运输任务，同时获得最大的运输收入。这种观念表明，承运人想要按照托运人（或收货人）愿意支付的最高费率收取运费，并使运输货物所需的劳动、燃料和运输工具成本最低。为了这一目的，承运人期望在提取和交付的时间上具有灵活性，以便将个别零星装运整合成经济运输批量。

根据法定形式或类型，运输承运人可以划分为公共承运人、合同承运人、豁免承运人和自营承运人，前三种类型是承接运输业务的租赁承运人，最后一种则是承担自身的运输需求的承运人。一般来讲，自营承运人利用所拥有的运输工具运输自身产品，因此，不受安全及税收以外其他法规的影响。

（三）政府

由于运输对国家经济具有重要的影响，因此，政府期望一种稳定而有效率的运输环境，以保证经济的持续增长。稳定而有效率的商品经济需要承运人提供有竞争力的服务，同时有利可图。因此，与商品企业相比，许多国家的政府更多地干预了承运人的活动。这种干预往往采取规章、激励或拥有等形式。其中包括：政府通过限制承运人所能服务的市场或规定他们所能收取的价格来规范承运人的行为；或者通过支持研究开发或提供诸如公路或航空交通控制系统之类的通行权来促进运输的发展。

（四）公众

公众是最后的参与者。他们关注的是运输的可达性、费用和效果，以及环境上和安全上的标准。尽管最大限度地降低成本对于消费者（公众）来说是重要的，但他们对于环境和安全标准有关的交易代价也必须考虑。在过去 20 多年间，虽然在降低污染和提高安全方面已有了重大进展，但空气污染和石油泄漏所产生的影响仍然是运输面临的一个重大问题。由于承运人常常要把降低环境风险或减少运输工具事故的成本转嫁到消费者身上，所以公众理所当然应共同参与对运输安全的评判。

显然，由于各方的相互作用和影响，运输关系十分复杂。这种复杂性会导致托运人、收货人与承运人之间的频繁冲突，以及政府与公众之间的频繁冲突。这种冲突也导致运输服务备受规章制度的限制。

第二节　运输合理化

　　物流系统的总目标是高效率、低成本地组织物流活动,最大限度地保证商流活动的实现。根据系统理论的整体性原则,必须在与物流系统总目标一致的前提下来组织运输活动。运输管理决策就是从物流系统的总目标出发,运用系统工程学理论和方法,对运输子系统中运输方式、运输路线、运输工具以及其他子系统间的关系进行综合分析,并考虑环境因素的影响,选择合理化的运输方案。

一、运输方式的选择

(一)选择运输方式的基本原则

　　合理选择运输方式是保证运输质量,提高运输效率的一个重要方面。各种运输方式都有各自的特点,不同特性的物资对运输活动的要求也不尽相同,当同时存在多种运输方式可供选择的情况下,就有一个择优选择的问题。选择运输方式是一个非程序化决策问题,要制定一个统一的标准很困难,只能在组织货物运输时,按照一定的原则,因地制宜地进行。

　　选择运输方式的基本原则是:

　　(1)安全性原则。选择货物运输方式时,保证运输安全是首要的考虑,包括人身安全、设备安全和被运货物的安全。为了保证运输安全,首先应了解被运货物的特性,如质量、体积、贵重程度、内部结构以及其他理化性质(易碎、易燃、危险性等),然后选择安全可靠的运输方式。

　　(2)及时性原则。运输的及时性是由运输速度和可靠性决定的,能否准确及时到货是选择运输方式时考虑的又一重要原则。运输速度的快慢和到货及时与否不仅决定着物资周转速度,而且对社会再生产能否顺利进行至关重要,运输不及时会造成用户所需物资的缺货,有时还会给国民经济造成巨大损失。因此,应根据被运货物的急需程度选择合适的运输方式。

　　(3)准确性原则。货物运输的准确性是指在运输过程中准时准点到货,无差错事故。做到不错发、不漏交,准确无误地完成任务。货物运输的准确性在很大程度上取决于发送和接收环节,但与运输方式也有一定的关系,汽车运输可做到"门到门"运输,中转环节少,不易发生差错事故;铁路运输受客观环境因素影响小,容易做到准时准点到货。

　　(4)经济性原则。货物运输的经济性是衡量运输效果的一项综合性指标,虽然安全性、及时性、准确性三原则中考虑的因素在一定程度上均可转化成经济因素,但是这里的经济性原则强调的是从运输费用上考虑选择运输成本低的运输方式。运输费用是影响物流系统经济效益的一项主要因素,因此按经济性原则选择运输方式是应遵循的主要原则。

根据上述原则选择运输方式,是一个多目标决策问题。不过,这种多目标决策一般比较简单,无须进行复杂的定量计算,只需通过定性分析和少量的简单计算即可达到满意效果,其中运费和运输时间是最为重要的选择因素,具体进行选择时则应从运输需要的不同角度综合地加以权衡。进行决策时,通常是在保证运输安全的前提下再权衡运输速度和运输费用。一般来说,运输费用与运输速度是两项相互矛盾的指标,运费低的运输方式一般速度慢,速度快的运输方式则费用较高。

此外,运输服务与运输成本之间,运输成本与其他物流成本之间,也存在"效益背反"。若是保证运输的安全、可靠、迅速,成本就会增大;若要减少仓储费用而频繁地使用飞机,成本也会增大。由于运输成本与其他物流成本之间存在着"效益背反"关系,所以在选择运输方式时,应当以物流总成本作为依据,而不仅只考虑运输成本。

(二)运输方式选择模型

这里介绍一种运输方式选择模型,根据预定的决策规则对备选运输方式的选择进行估计。决策规则考虑评估每一种备选运输方式的优劣标准,如总成本 $C(T)$。若给定了通道,并已知货类的货流量时,那么就可确定各备选运输方式的一个集合,并测算每个备选运输方式的 $C(T)$ 值。优化模型就是把每一组货物分配到 $C(T)$ 值最低的备选运输方式上的方法。

最简单最普遍的优化法是假定运输成本曲线是线性函数,即平均费用是常量,与货流量无关。在这种情况下,货流量在备选运输方式上的分配通过线性规划模型完成,其目标函数是总的系统成本最低。由于任一备选运输方式上的总运量是分配在该运输方式上的不同货种运量的和,所以,为使计算的运输费用符合实际,必须对常规线性规划模型进行修改。

设有 i 个备选运输方式($i=1,2,\cdots,i$);j 类货物($j=1,2,\cdots,j$);T_{ij} 为 j 类货物在运输方式 i 上的货流量;C_{ij} 为运输方式 i 上 j 类货物的单位平均运费。假定 C_{ij} 是常量,这样便可得到一个简单的线性规划模型,用于向各备选运输方式分配货流:

$$\min \sum_i \sum_j C_{ij} T_{ij}$$

满足约束条件

$$\sum_i T_{ij} = T_j (T_{ij} \geqslant 0)$$

式中:T_j 为通道对 j 类货物运输的需求量。

当备选运输方式的总运输费用与其货流量有关时,就需要一个更复杂的模型进行优化。这时平均运费 C_{ij} 不是常量,而是与某一备选运输方式 i 上的总货流量 T_i 有关,那么上述规划模型可修改为:

$$\min \sum_i \sum_j C_{ij}(T_i) T_{ij}$$

满足约束条件

$$\sum_i T_{ij} = T_j; C_{ij}(T_i) = f_i(T_i) \quad (T_{ij} \geqslant 0)$$

其中，$C_{ij}(T_i) = f_i(T_i)$ 是运输方式 i 的运费与货流之间的关系，$f_i(T_i)$ 有待确定和检验。

二、不合理运输的形式

不合理运输形式主要包括以下几个方面。

(一)空车无货载行驶

这是不合理运输的最严重形式，目前国内汽运空载率约 37%。在实际运输组织中，有时候必须调运空车，从管理上不能将其看成不合理运输。但是，因调运不当，货源计划不周，不采用运输社会化而形成的空驶，是不合理运输的表现。造成空驶的不合理运输主要有以下几种原因：(a)能利用社会化的运输体系而不利用，却依靠自备车送货提货，这往往会出现单程重车、单程空驶的不合理运输现象；(b)由于工作失误或计划不周，造成货源不实，车辆空去空回，形成双程空驶；(c)由于车辆过分专用，无法搭运回程货，只能单程实车，单程回空周转；(d)信息不对称，物流信息化(物流公共信息平台、行业物流信息平台、企业物流信息系统等)建设滞后。目前造成国内空载的最重要原因是信息不对称。

(二)对流运输

对流运输也称为"相向运输""交错运输"，指同一种货物，或彼此间可以互相代用而又不影响管理、技术及效益的货物，在同一线路上或平行线路上做相对方向的运送，而与对方运程的全部或一部分发生重叠交错的运输。它有两种表现形式：一种是明显对流，即指同类的(或可以互相替代的)货物沿同一线路相向运输；另一种是隐蔽对流，即同类的(或可以互相替代的)货物在不同运输方式的平行路线上或不同时间进行相反方向的运输。

(三)迂回运输

由于物流网的纵横交错及车辆的机动性、灵活性，在同一发站和到站之间，往往有不同的运输路径可供选择。凡不经过最短路径的绕道运输，都称之为迂回运输，即通常说的"近路不走走远路"。

(四)重复运输

重复运输包括本来可以直接将货物运到目的地，但是在未到达目的地之处，或目的地之外的其他场所将货卸下，再重复装运送达目的地的运输；或者，同品种货物在同一地点一面运进，一面又运出两种情形。重复运输的最大弊端是增加了非必要的中间环节，这就延缓了流通速度，增加了费用，增大了损耗。

（五）倒流运输

倒流运输是对流运输的一种派生形式，指同一批货物或同批中的一部分货物，由发运站至目的站后，又从目的站往发运站方向运输。其不合理程度要大于对流运输，原因在于，往返两地的运输都是不必要的，形成了双程浪费。

（六）过远运输

过远运输是指调运物资舍近求远，近处有资源不调而从远处调运，拉长了货物运距的浪费现象。过远运输占用运力时间长，运输工具周转慢，占压资金时间长，远距离自然条件相差大，还容易出现货损，增加了费用支出。

（七）运力选择不当

运力选择不当是未利用各种运输工具优势而不正确地选择运输工具造成的不合理现象，常见的有以下形式：①弃水走陆，即在同时可以选择水运及陆运时，不利用成本较低的水运或水陆联运，而选择成本较高的铁路运输或汽车运输；②铁路、大型船舶的过近运输，即不属于铁路及大型船舶的经济运行里程却利用这些运力进行运输的不合理做法；③运输工具承载能力选择不当，即不考虑承运货物数量及重量，盲目决定运输工具，造成过分超载，损坏车辆及货物不满载、浪费运力的现象。

（八）托运方式选择不当

托运方式选择不当是指对货主而言，可以选择更好的托运方式而未选择，造成运力浪费及费用支出加大的一种不合理运输。例如，应选择整车而未选择，采取零担托运，应直达而选择中转运输，应中转而选择了直达运输等都属于这一类型的不合理运输。

此外，不合理运输方式还有弃水走陆、铁路短途运输（铁路经济运距在500km以上）、水路过近运输、亏吨运输、超载超限运输、假货运输等。

以上对不合理运输的表现形式的描述，主要就形式本身而言。在实际运营中，必须将其放在物流系统中做综合判断。如从单一角度看，虽然避免了不合理，但它的合理却可能给其他物流环节带来不合理，即物流各环节的效益背反现象，因此必须分析具体情况，从整个系统角度出发，进行综合判断。

三、影响运输合理化的内外部因素

（一）影响运输合理化的主要内部因素

1. 运输距离

在运输过程中，运输时间、货损、运费、车辆或船舶周转等运输的若干技术经济指标，都与运输距离有一定的比例关系。因此，运距长短是运输是否合理的一个最基本因素，缩短运距既具有宏观的社会效益，也具有微观的企业效益。

2. 运输环节

每增加一次运输,不但会增加起运的运费和总运费,而且必然要增加运输的附属活动,如装卸、包装等,各项技术经济指标也会因此下降。所以,减少运输环节,尤其是同类的运输工具的环节,对合理运输有着促进的作用。

3. 运输工具

各种运输工具都有其使用的优势领域,对运输工具进行优化选择,按运输工具特点进行装卸运输作业,最大限度地发挥所用运输工具的作用,是运输合理化的重要一环。

4. 运输时间

运输是物流过程中需要花费较多时间的环节,尤其是远程运输,在全部物流时间中,运输时间占绝大部分,因而,运输时间的缩短对整个流通时间的缩短有决定性的作用。此外,运输时间短,有利于运输工具的加速周转,充分发挥运力的作用;有利于货主资金的周转;有利于运输线路通过能力的提高。

5. 运输费用

运输费用在全部物流成本中占很大的比例,运费高低很大程度上决定了整个物流系统的竞争能力。实际上,运输费用的降低,无论对货主企业来讲还是对物流经营企业来讲,都是运输合理化的一个重要目标。运费的判断,也是各种合理化实施是否可行的最终判断依据之一。

(二)影响运输合理化的主要外部因素

1. 政府

政府期望一种稳定而有效的运输环境,以使经济持续增长。与其他商品企业相比,政府更多地干预了运输活动,这种干预往往采取规章制度或经济政策等形式。政府通过限制承运人所能服务的市场或确定他们所能收取的价格来规范他们的行为。政府通过支持研究开发或提供诸如公路或航空交通控制系统之类的通行权来支持承运人。

2. 资源分布状况

我国地大物博,资源丰富,但分布不平衡,这也在很大程度上影响了运输布局的合理性。如能源工业中的煤炭和石油,目前探明储量都集中于北方各省区和西南、西北地区,而我国东南部省区储量较小,但其工业产值却很大,这样就形成了我国煤炭、石油运输的总流向是"北煤南运""西煤东运""北油南运""西油东运"的格局。因而,资源的分布状况也对运输活动产生较大的影响。

3. 国民经济结构的变化

运输是生产过程的继续,它所运送的货物是工农业产品。因而,不仅工农业产品的增长速度成正比例地影响货运量及其增长速度,而且工农业生产结构的变动也会引起货物运输结构及其增长速度的变化。

4. 运输网布局的变化

交通运输网络的线路和港站的地区分布及其运输能力,直接影响运输网络的货物吸引范围,从而影响货运量在地区上的分布与变化。如某地区铁路网布局高于公路网分布密度,则铁路运量就大于公路运量,反之亦然。运输网布局的合理化,直接影响着企业运输的合理化。运输网布局的合理化,将促进货运量的均衡分布。

5. 运输决策的参与者

运输决策的参与者主要有托运人、承运人、收货人及公众。托运人和收货人有共同的目的,就是要在规定的时间内以最低的成本将货物从起始地转移到目的地。承运人作为中间人,则期望以最低的成本完成所需的运输任务,同时获得最大的运输的收入,并期望在提取和交付时间上有灵活性,以便于将个别的装运整合成经济运输批量。公众则是最后的参与者,他们关注运输的可达性、费用和效果,以及环境上和安全上的标准。公众通过合理的价格产生对周围商品的需求,并最终确定运输需求。这些运输决策的参与者的活动及决策直接影响着某一具体运输作业的合理性。

四、实现运输合理化的有效措施

(一)提高运输工具实载率

实载率有两个含义:一是单车实际载重量与运距之乘积和标定载重与行驶里程之乘积的比率,这在安排单车、单船运输时,是作为判断装载合理与否的重要指标;二是车船的统计指标,即一定时期内车船实际完成的物品周转量(以吨公里计)占车船载重吨位与行驶公里乘积的百分比。在计算车船行驶的公里数时,不但包括载货行驶,也包括空驶。提高实载率的意义主要包括:充分利用运输工具的额定能力,减少车船空驶和不满载行驶的时间,减少浪费,从而求得运输的合理化等。

(二)减少动力投入,增加运输能力

运输的投入主要是能耗和基础设施的建设,在设施建设已定型和完成的情况下,尽量减少能源投入,是少投入的核心。做到这点就可以大大节约运费,降低物品的运输成本,达到合理化运输的目的。目前在这方面所采取的有效措施有:一是满载超轴,超轴的含义即在机车能力允许的情况下,多加挂车皮。就是在客运紧张时,采取加长列车、多挂车皮的办法,在不增加机车情况下增加运输量。二是水运拖排和拖带法,即竹、木等物品的运输,可不采用运输工具载运,而是利用竹、木本身浮力,采取拖带法运输,能节省运输工具本身的动力消耗,从而求得运输合理。三是顶推法,这是我国内河货运采取的一种有效方法,将内河驳船编成一定队形,由机动船顶推前进,其优点就是航行阻力小,顶推量大,速度较快,运输成本低。四是汽车挂车法,这种方法的原理与船舶拖带、火车加挂基本相同,都是在充分利用动力能力的基础上,增加运输能力。

（三）发展社会化运输体系

运输的社会化就是发展运输的大生产优势，实行专业分工，打破一家一户自成运输体系的状况。实行运输的社会化，可以统一安排运输工具，避免对流、倒流、空驶、运力不当等多种不合理运输，不但可以追求组织效益，而且可以追求规模效益，所以发展社会化的运输体系是运输合理化的非常重要的措施。目前铁路运输的社会化运输体系已较完善，而在公路运输中，小生产作业方式非常普遍，是当前发展社会化运输体系的重点。

（四）开展中短距离的铁路、公路分流

开展中短距离铁路公路分流就是在公路运输经济里程范围内，经过论证，对于超出通常平均经济里程范围的，尽量利用公路。这样就可以使比较紧张的铁路运输，在利用公路分流后，得到一定程度的缓解，从而加大这一区段的运输通过能力，同时也可以充分利用公路从门到门和在中途运输中速度较快且灵活机动的优势，实现铁路运输服务难以达到的水平。

（五）发展直达运输

直达运输是追求运输合理化的重要形式，它主要是通过减少中转过载换装来提高运输速度，节省装卸费用，降低中转货损。直达运输的优势在一次运输批量和客户一次需求量达到了一整车时表现最为突出。此外，在生产资料、生活资料运输中，通过直达，建立稳定的产销关系和运输系统，也有利于提高运输的计划水平，大大提高运输效率。但是，应当看到，直达运输的合理性也是在一定条件下才会有所表现，不能绝对认为直达一定优于中转，这主要根据客户的要求，从物流总体出发做出综合判断。如果从客户需要量看，批量大到一定程度直达是合理的，批量小时中转是合理的。

（六）配载运输

这是充分利用运输工具载重量和容积，合理安排装载的物品及载运方法以求合理化的一种运输方式。配载运输也是提高运输工具实载率的一种有效形式。配载运输往往是轻重商品的混合配载，在以重质物品运输为主的情况下，同时搭载一些轻泡物品，如海运矿石、黄沙等重质物品，在舱面捎运木材、毛竹等。在基本不增加运力投入，也不减少重质物品运量的情况下，解决了轻泡物品的搭搭，因而效果显著。

（七）"四就"直拨运输

一般批量到站或到港的物品，首先要进分配部门或批发部门仓库，然后再按程序分拨或销售给客户。这样一来，往往出现不合理运输。"四就"直拨，首先是由管理机构预先筹划，然后就厂、就站（码头）、就库、就车（船）将物品分送给客户。

（八）发展特殊运输技术和运输工具

依靠科技进步是实现运输合理化的重要途径。例如，专用散装及罐车解决

了粉状、液态物运输损耗大、安全性差等问题；袋鼠式车皮、大型半挂车解决了大型设备整体运输问题；滚装船解决了车载货的运输问题；集装箱船比一般船能容纳更多的箱体；集装箱高速直达车加快了运输速度；等等。这些都是通过运用先进的科学技术来实现合理化。

（九）减少信息不对称，提高企业和整个社会的物流信息化水平

通过物流信息化实现资源共享，提高物流装备和物流信息数据等资源的实际利用率，通过企业物流信息系统、行业物流信息平台、全市物流公共信息平台的规划建设，实现社会物流资源的有效整合，降低物流成本，减少信息不对称。

第三节　物流节点运输系统规划设计

一、运输成本

物流节点的成本构成按工作性质可以分为仓储成本、运输成本和管理成本，其中运输成本一般要占整个物流节点成本的 40% 左右，可以说运输成本是影响物流费用的重要因素。一般来说，运输成本大致由以下四部分构成。

（1）固定成本。固定成本是指短期内不随运输量的变化而变化的成本，主要包括运输基础设施（如车辆、车辆附属设施）及与运输有关的固定资产。这些成本的大小不受营运量的直接影响，因此叫作固定成本，当然这些费用也必须通过一定时期的营运而得到补偿。

（2）变动成本。变动成本是指在一段时间内，由于运输工具的投入使用所发生的费用。使用运输工具要花费劳动力、燃料、维修保管费等，运输数量越多，运输里程越长，费用也就越高。这些随运输数量、里程而变动的费用，就是变动成本。因此，变动成本只有在运输工具投入营运时才发生。变动成本包含承运人运输每一票货物有关的直接费用，如劳动成本、燃料费用和维修保养费等。运输费率至少必须弥补变动成本。通常按照每公里或每单位重量多少来计算运输变动成本。

（3）运输管理成本。运输管理成本是为完成车辆的运输所付出的管理成本，包括管理人员的工资，联系费用，设施、设备的维修费用等成本费用。

（4）联合成本。联合成本是指为提供某种特定的运输服务而产生的不可避免的费用，例如运输返回的空车费用，承运人将货物从 A 运往 B，则从 B 至 A 空车返回发生的费用就是从 A 至 B 运输的"联合"成本。这种联合成本要么必须由最初从 A 至 B 的运输弥补，要么必须找一位有回程货的托运人以得到弥补。联合成本对于运输成本有很大的影响，因为物流节点的运价中必须包含隐含的联合成本。

这几个成本是物流节点在向客户提供运输服务时必须考虑的主要成本，也是物流节点成本控制的主要组成部分。

二、运输质量

运输所体现的价值是把货物从一个地方运送到另一个地方，完成地理上的位移，而无须对货物本身进行任何加工，也不改变货物本身的质量状况。但如果运输保管不当，就会对货物的质量产生影响。客户在选择物流节点时会将运输质量作为一个重要的因素来考虑。因此，物流节点在努力降低运输成本的同时，应保证运输质量满足客户的要求，并在控制成本的基础上改善运输质量，从而在物流节点的产业竞争中保持优势。

运输质量的控制主要包括以下几个方面：

（1）物流节点的货物运输控制流程。良好的运输控制流程将保证货物及时准确的发运、转运和卸载，减少货物的灭失、错卸、少卸和多卸以及错误交付等问题，从而保证运输质量。

（2）物流节点的装卸服务质量。货物在装卸过程中是最容易造成货损、货差的，因此，装卸工人的服务质量会直接影响到货物的运输质量。

（3）物流节点的运输工具。如车辆的运龄、车辆运输状态、集装箱新旧程度等。

（4）物流节点所雇用的运输员工的经验及工作责任心也在一定程度上影响着运输质量。如运货人员除了完成运输任务外，还承担着照料货物的责任，因此从货物上车前后的绑扎及货物在运输途中需要进行的一些通风或温度控制，卸货时的照料等都影响着运输质量。

（5）运输服务的可跟踪和可复查性。运输状态的记录和跟踪是运输质量得到保证的条件，也是系统评价认证的依据。

三、运输车辆的选择

运输车辆是实现运输的工具，良好的运输方案需要有相应的运输工具的支持。运输车辆是物流硬件设施的重要组成部分，合理地选择运输车辆是物流节点高效率运作的保障之一。对于物流节点，车辆的选择分为两个方面，一是车辆的购置，二是车辆的租赁和选用。这里以车辆购置为例说明车辆的选择，一般而言，车辆购置需要考虑以下几方面的因素。

（1）车辆形式的确定。物流节点运输货品的类别决定了所购置车辆的形式，如冷冻冷藏食品，运输车辆要选择冷藏车，一般货品要选择箱式车，批量货品的运输有些物流节点选择购置敞篷式平板车等。随着食品安全要求和运输规范的提高，一些快速消费品的物流必然都会选用箱式货车。

（2）车辆吨位的确定。对于单位货品的运输成本，车辆越大，承载能力越大,每次运输的单位货品运输费用越低。所以在可能的情况下,选择大吨位的车辆进行运输无疑是降低成本的好方法。但选择大吨位车辆也会受到一定的条件限制,如订单批量的限制,一个或几个客户的运输量在路线排定以后达不到一定的吨位,使用大吨位车辆无疑是一种浪费;同时也受到交通法规的限制,城市对车辆都有时间和吨位的限制,一般不允许大吨位车辆在白天进入市区送货。所以在选择车辆吨位时一定要权衡各种条件,选择具有恰当的承载能力的车辆。

(3)车辆箱体体积的确定。要根据运输货物的比重确定车辆箱体体积。运输较重的货物,例如冷冻货品、饮料等,应选择较小箱体,或标准配置的车辆箱体。如果运输较重的货物,应选择箱体较大的车辆。对于物流节点的管理而言,会尽可能地考虑少配备车辆,最大限度发挥车辆的运输能力。所以,在可选择的范围内选择较大箱体的车辆会方便车辆的运营调度。

(4)车辆标准的确定。物流节点选择车辆,要按照标准化的原则。所谓标准化原则就是指在标准的车辆系列中选择适合物流节点的系列车辆,车辆品种尽可能少;车辆的配置、尺寸、侧门等要求统一。标准化的车辆系列和配置是物流节点运输高效化的保证,能增加车辆的替代性,减少维修成本。

(5)车辆其他配置的确定。如车辆附属装备的配置,这是车辆型号选择与再设计的重点。车辆附属装备是为了更好地实现运输、装卸货、监控等目的。车辆附属装备的配置包括车辆尾板、车厢侧门、车厢地板等部件的选择。

车辆尾板的选择。车辆加装尾板是为了方便在没有卸货平台的情况下装卸货运作。但加装尾板往往使车辆在有卸货平台的物流节点停靠时不能完全与卸货平台密封门贴合。因此,如果选择车辆尾板配置,必须考虑卸货地点的运作配合问题。

车厢侧门的选择。车厢侧门的设计是为了卸货的方便,特别是多客户的配送,多温度控制的货品配送,侧门的选择就更是必不可少了。车厢侧门的位置和尺寸没有标准的形式,一般根据运输特性,由定购方自行决定。选择侧门的位置和尺寸主要考虑两方面因素,一是一个订单运输所包含的货品类别,二是不同货品类别的比例。所选侧门的设计要与运输的特点相配合。

车厢地板的选择。车厢地板的选择要考虑装卸的状况和货品的运输过程要求。如果采用平衡重叉车整托盘装货,车厢地板的承重必须达到要求。如果运输冷冻货品,车厢地板必须有回风槽,或者用托盘运输。

四、车辆装载合理化

车辆的装载是运输管理的一项重要工作,合理的装载不仅可以保证运输的安全,防止货品的损坏,还可以增加装载空间的利用率。

(一)车辆对装载的要求

车辆对装载的要求,具体表现为以下几个方面:

（1）货品的稳定性要求。车厢中的货品在运输途中应避免相互碰撞，有防止倒塌的措施。一般采用薄膜缠绕将整托盘货品固定，或使用固定带将货品与厢体相连。就是要采取措施防止因为车辆行驶中的颠簸、转弯而引起的货品倒塌、相互碰撞的发生。

（2）货品装载的重心位置。车辆装载虽然不同于船舶装载需要计算货品装载后货物重心的位置，但货品的装载重心应该是运输装载的基本注意事项之一。第一，货品的重心应靠下，就是说当装载不同货品时，重量较重的货品应放在下面；第二，货品重心应靠前，就是说装载不同货品时，重量较重的货品应放在车厢前面。

（3）对温度有要求的货品的装载。一些在温度上需要控制的货品在装载时，要为冷机的冷却循环提供空间。货品上部不能顶到车厢顶板，前后要留有冷风循环的空间。冷藏车厢地板一般有风循环槽，如果没有风循环槽，要用托盘运输来提供风循环空间。

（4）对有特殊要求的货品的装载。对这类货品的装载要按位置摆放。如长途运输调味酱类的货品要尽可能不放在车厢后部，避免长距离颠簸造成产品的油水分离。圆形货品的运输要避免货品在车厢内滚动，同时避免车厢开门时落下伤人。

（二）车辆装载合理化的意义

车辆装载合理化就是在既定的车辆形式和载重量下，使货品装载的综合利用率最高。这里的综合利用率不仅指货品重量，也指货品体积。从车辆成本组成中发现，车辆的成本与车辆的额定载重量有直接的关系，当车辆吨位选定后，运输成本基本和行驶距离按比例变化，而与车辆装载量关系不大。所以车辆装载率越高，单位货品的运输成本越低。

车辆装载的合理化可以在不增加任何投入的情况下，节约成本，从而使单位货品的运输成本最低；车辆装载的合理化还可以提高车辆的有效利用率，减少车辆对道路的占用，缓解城市交通拥挤矛盾，创造社会价值。

（三）车辆装载合理化的方法

车辆装载合理化一般采用以下方法：

（1）数学计算法。当运输批量大或运输方式变动不大时，采用数学计算的方法，将货物、体积、重量参数等数据用数学计算的方法求出满意解。

（2）计算机系统优化法。装配了运输管理及优化系统的物流节点，采用计算机系统进行优化。系统优化的结果比人工计算方法有更多的优点，结果更准确，速度更快。

（3）经验法。一般运输任务时间较紧，常按照实际经验对车辆进行安排。此种方法对体积或重量中运力条件有限制的一个指标进行优先安排，在此指标最大化的前提下酌情考虑另一个指标。

第四节 运输系统管理的信息化

现代化的物流节点具有快速的信息传递系统,利用信息手段可以让运输管理的过程更加快捷、方便,同时使运输的管理者可以共享信息,减少信息滞后所带来的影响,从而为客户提供更好的运输服务。运输管理的信息系统主要由两部分组成:一是对车辆位置进行监控的 GPS 全球定位系统,二是车载营运记录仪(黑匣子)。

一、卫星定位导航系统在物流节点运营中的应用

全球卫星定位系统(Global Positioning System,简称 GPS),是由美国科学家开发完成的。美国政府从 2000 年 5 月 1 日起取消对 GPS 的保护政策,向全世界用户免费开放。

中国北斗卫星导航系统(BeiDou Navigation Satellite System,BDS)是中国自行研制的全球卫星导航系统,由空间段、地面段和用户段三部分组成,可在全球范围内全天候、全天时为各类用户提供高精度、高可靠定位、导航、授时服务,并具短报文通信能力,已经初步具备区域导航、定位和授时能力,定位精度 10 米,测速精度 0.2 米/秒,授时精度 10 纳秒。BDS 是继美国全球定位系统、俄罗斯格洛纳斯卫星导航系统(GLONASS)之后第三个成熟的卫星导航系统。北斗卫星导航系统、美国 GPS、俄罗斯 GLONASS 和欧盟 GALILEO,是联合国卫星导航委员会已认定的供应商。

全球卫星定位导航系统在物流节点运营中的应用主要包括以下几点:

(1)车辆运转信息传递。车辆运转的信息也可以通过 GPS 及时传递。车辆的行驶速度,保温车辆的车厢内部温度,车辆运行的各种参数等信息,可以由事先设定的时间和数字采集间隔方式自动传递给物流节点,物流节点将收集到的信息进行处理并保存。这也可以作为诊断车辆故障的依据。

(2)业务信息传递。物流节点可以通过 GPS 系统传递文字和语音信息,随时将信息传递给行驶中的车辆,可以帮助驾驶员避开拥挤的道路,绕开险情,可以将客户的临时需求及时传递给驾驶员。同时,驾驶员也可以通过 GPS 将运营中的信息及时报告给物流节点,如货品的情况,车辆的运营状态。

(3)车辆位置信息传递。通过在物流节点配置 GPS 系统的方式,公司可以随时掌握运营车辆的位置信息。快速配运力,对运营中发生的问题给予快速的反馈,避免车辆故障给客户造成时间延误、断货等不良影响。车辆本身也可以通过所在位置的信息,选择最佳的运输路线,避免绕行。

二、车载营运记录仪

车载营运记录仪是国外 20 世纪 60 年代开发出来的,早期主要是用来记录高档轿车的运行状况,20 世纪 80 年代黑匣子技术引入我国。我国汽车运输企业用它对运输生产的各个环节进行管理,在物流节点主要将其用于车辆运行的记录和驾驶人员的跟踪,对管理进行评价。

"车载营运记录仪"与"汽车行车记录仪"不同。汽车行车记录仪是行车前方的视频记录(主要针对大货车),是通过数字视频记录并循环更新车前或周围的路面情况,甚至连车内录音、汽车的加速度、转向和刹车等信息数据也会被记录下来,以备调查交通事故责任时所用。

(一)车载营运记录仪的基本功能

(1)将车辆运行的状态完整地记录下来,包括行驶速度、油耗、停歇时间、紧急情况时驾驶员操作动作等,还可以根据客户需求增加车厢温度、加油量、车厢开门次数等一系列功能。

(2)当车辆回到物流节点,将车辆营运记录卡记录的信息输入计算机,进行存档处理。车载营运记录仪也可以和 GPS 连接,将车辆运转信息及时传递给物流节点管理系统。

(3)车载营运记录仪一般与车辆管理系统共同使用,可以对车辆营运表现进行管理。通过车载营运记录仪对车辆行驶是否超速、车辆维修费用、油耗等一系列指标的统计,管理人员可以对驾驶员的工作表现进行真实的记录和评定,并将其作为奖惩驾驶员的依据。

(二)使用车载营运记录仪的运输企业综合管理系统

为了解决道路运输企业在管理过程中对车辆行车过程中的动态数据的采集、汇总、分析和统计,以及解决如何使这些动态数据能够及时、准确和有效地用于企业管理的各个环节,我国已经开发出了以车载营运记录仪为动态数据采集终端,以计算机网络为后台管理平台的陆路运输企业自动化综合管理系统。

这种综合管理系统是以汽车行驶记录仪记录的车辆基本行驶数据为基础,根据不同运输企业自身特点及其管理模式,提供整个运输过程全方位各个环节的管理。系统充分利用现代网络技术和数据库技术,实现企业级数据共享。系统将在网上建立网络数据库,从基层站点到高层管理,各层管理者都可以通过局域网内的任何一台计算机进入运输管理系统进行添加、修改、查看等各项工作。在一台计算机上的数据操作,例如增加了某车辆的行驶信息,企业内部其他任何联网的计算机上都可以看到。管理人员将记录仪记录在 IC 卡上的车辆行驶数据通过局域网内一台计算机读入服务器上的数据库中,这时在局域网的所有计算机上均可查看到新读入的数据。而对于集团下属分公司企业,还可通过互联网实现数据通信,进一步简化报表数据上报过程。

第七章　物流节点分拣系统规划设计

本章主要介绍物流节点分拣作业的流程、分拣作业所采用的方法及分拣的策略,详细介绍如何规划设计物流节点分拣系统。

第一节　分拣系统概述

一、分拣作业的概念及重要性

分拣作业就是将用户所订的货物从保管处取出,按用户分类集中处理放置的过程。

分拣、配货及送货是物流配送中心的主要职能,而送货是在物流配送中心之外进行的,所以分拣配货就成为物流配送中心的核心工序。随着市场经济、外向型经济的进一步发展,用户需求向小批量、多品种、个性化、快速度的方向发展,物流配送中心配送货物的种类和数量急剧增加,分拣作业在物流配送中心作业中所占的比例越来越大,耗费大量的人力和时间,分拣作业的效率直接影响着物流配送中心的作业效率和经营效益,也是衡量物流配送中心服务水平高低的重要因素。

物流节点的各项作业中,拣选作业是其中十分重要的一个环节,其作用相当于人体的心脏。其动力的产生来自于客户的订单,拣选作业的目的也就在于正确且迅速地集合客户所订购的货品。要达到这一目的,必须根据订单分析采用适当的拣选设备,按拣选作业过程的实际情况运用一定的方法策略组合,采取切实可行且高效的拣选方式提高拣选效率,将各项作业时间缩短,提升作业速度与能力。同时,必须在拣选时防止错误,避免送错货,尽量减少内部库存的料账不符现象的产生。因此,如何在无拣选错误率的情况下,将正确的货物名称、正确的数量在正确的时间内及时配送给顾客,是拣选作业最终的功能和目标。

二、分拣作业的流程

(一)分拣作业的一般流程

一般物流节点内的分拣系统流程如图 7-1 所示,它包括两种分拣方式,其中下部流程为按单拣选分拣作业流程,上部为批量拣选分拣流程。不管采用哪种分拣方法,都包括在仓库或保管货架内进行拣选的环节。

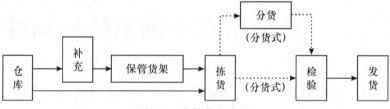

图 7-1　分拣作业流程

拣选的方式通常有两种,即按单拣选(单一拣选)和按品种拣选(批量拣选)。按单拣选即按订单进行拣选,拣选完一个订单后,再拣选下一个订单;批量拣选方式是将数张订单加以合并,一次进行拣选,最后根据各个订单的要求再进行分货。一般按品种拣选,从货架分拣完毕为一次操作,之后还进行分货作业,即为二次作业。这种方式拣选的人力虽可减少,但其后分货作业,又增加了人力,因此,对节省人力效果不大。过去为了提高出库准确性,采用"拣选总量-分货总量=0"的方式来进行复查,这种方法使用较多。近年来用户需求品种越来越多,为提高效率,解决劳动力不足,各种效率更高的按单拣选方式被开发出来,例如拣选指示系统,拣选小车等,对小批量的用户也可以高效、准确地出库,因此按品种的拣选方式的应用就逐渐减少了。

(二)分拣作业过程

分拣作业过程如图 7-2 所示,由生成拣选资料、行走或搬运、拣取、分类与集中几个环节组成。

图 7-2　分拣作业过程

1. 生成拣选资料

拣选作业开始之前,指示拣选作业的单据信息必须先行处理完成。虽然有些配送中心直接利用顾客的订单或公司的交货单作为人工拣选指示,但由于此类传票容易在拣选作业中受到污损导致错误发生,无法标示产品的货位,引导拣选员缩短拣选路径,所以必须将原始的传票转换成拣选单或电子信号,使拣选员或自动拣取设备进行更有效率的拣选作业。

2. 行走或搬运

进行拣选时,要拣取的货品必须出现在拣选员面前,可以通过以下几种方式实现:

(1)人至物方式。拣选员步行或搭乘拣选车辆到达货品储存位置,该方式的特点是货品采取一般的静态储存方式,如托盘货架、轻型货架等,主要移动的一方为拣取者。

(2)物至人方式。与上述方式相反,主要移动的一方为被拣取物,也就是货品,拣取者在固定位置内作业,无须寻找货品的储存位置。该方式的主要特点是货品采用动态方式储存,如负载自动仓储系统、旋转自动仓储系统等。

(3)无人拣取方式。拣取的动作由自动的机械负责,电子信息输入后自动转成拣选作业,无须人工介入,这是目前国外在拣选设备研究上致力改进的方向。

3.拣取

当货品出现在拣取者面前时,接下来的动作便是抓取与确认。确认的目的是确定抓取的物品、数量是否与指示拣选的信息相同。实际作业中都是利用拣选员读取品名与拣选单做对比。比较先进的方法是利用无线传输终端机读取条码由计算机进行对比,或采用货品重量检测的方式。准确的确认动作可以大幅度降低拣选的错误率,比出库验货作业发现错误并处理来得更直接而有效。

4.分类与集中

由于拣取方式的不同,拣取出来的货品可能还需按订单类别进行分类与集中。分类完成的每批订单的类别和货品经过检验、包装等作业后出货。

三、分拣作业规划设计的原则

(一)存放时应考虑易于出库和拣选

这就要了解和记忆各种货物的存放位置,存放时对出入库频繁的货物应放在距离出口较近的地方,这样可以缩短取货时间。

(二)提高保管效率,充分利用存储空间

在现实中存储空间不能充分利用的情况是常见的,除了提倡立体化储存之外,可以通过减少通道所占用的空间来提高保管效率,还可以采用一些有特色的保管和搬运设备。

(三)减少拣选错误

拣选作业中,误发货往往是不可避免的,这是最大的浪费,应加以避免。为解决这一问题,除了实现机械化和自动化之外,还要求作业者尽可能减少目视及取物操作上的错误,仔细研究作业指示和货物的堆放位置。

(四)分拣作业力求均衡,避免忙闲不均的现象

必须重视收货入库、接受订单后出库等作业和进、出卡车的装卸作业时刻表的调整。通常卡车卸货到入库前的暂存,以及出库和卡车装载之间的理货作业,是作业不能均衡调节的重要因素,其他作业也应周到考虑、合理安排,这样做可以减少忙乱,节约人力。

(五)事务处理和作业环节要协调配合

协调配合就是要调整好物流和信息流的节拍,使两方面的作业没有等待时

间。通常在物流作业之前要进行信息处理,例如在发货时先要根据发货通知将货物取出,在出库区进行理货作业,再填写出库单,这些事务工作完成后,配送车辆的司机再拿出库单来提货。

(六)分拣作业的安排要和配送路线的顺序一致

分拣作业后的码垛、堆放,以及向配送车辆装车,必须充分考虑配送的先后顺序问题。在出库区理货时还要考虑装载的方便性,在分拣选物时也要依据分拣作业的安排和配送路线顺序一致的原则。

(七)缩短配送车辆如卡车等运输设备的滞留时间

缩短滞留时间是减少运输成本的重要因素。首先,事务处理和作业环节协调配合对缩减车辆等待时间是必要的;其次,减少卡车的装卸时间也是很重要的,为了减少装卸时间,应尽可能采用单元化集装系统,有效地应用各种托盘进行装卸作业。还应在理货时考虑配送顺序,便于卡车在短时间内完成装卸作业。如果想进一步提高效率,还可以采用大型集装箱或拖车,使卡车的等待时间减少到最低限度。

第二节 拣选作业

一、拣选作业的分类

随着科学技术的发展,物流配送中心拣选的种类在不断地演变,拣选作业的类别也越来越多。拣选方式可以从不同的角度进行分类:按订单的组合,可以分为按单拣选和批量拣选;按人员组合,可以分为单独拣选方式(一人一件式)和接力拣选方式(分区按单拣选);按运动方式,可以分为人至货前拣选和货至人前拣选等;按拣选信息的不同,又可以分为拣选单拣选、标签拣选、电子标签拣选、RF 拣选。各种拣选方式之间的关系如图 7-3 所示。

单独拣选方式即每人持一张取货单进入拣选区拣选货物,直至将取货单中内容完成为止;分区拣选方式是将拣选区分为若干区,由若干名作业者分别操作,每个作业者只负责本区货物的拣选,携带一张订单的流水式输送链或拣选小车依次在各区流转,各区作业者按订单的要求拣选本区段存放的货物,一个区域拣选完移至下一区段,直至将订单中所列货物全部拣选完。

人至货前拣选是指人(或人乘拣选车)到储存区寻找并取出所需要的货物;货至人前拣选是将货物移动到人或拣选机旁,由人或拣选机拣选出所需的货物。

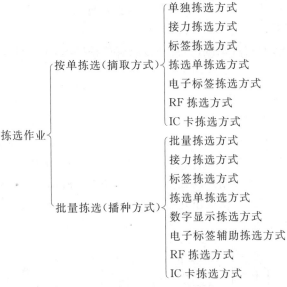

$$拣选作业 \begin{cases} 按单拣选（摘取方式） \begin{cases} 单独拣选方式 \\ 接力拣选方式 \\ 标签拣选方式 \\ 拣选单拣选方式 \\ 电子标签拣选方式 \\ RF拣选方式 \\ IC卡拣选方式 \end{cases} \\ 批量拣选（播种方式） \begin{cases} 批量拣选方式 \\ 接力拣选方式 \\ 标签拣选方式 \\ 拣选单拣选方式 \\ 数字显示拣选方式 \\ 电子标签辅助拣选方式 \\ RF拣选方式 \\ IC卡拣选方式 \end{cases} \end{cases}$$

图 7-3　拣选作业的分类

二、拣选作业方法

（一）按单拣选

1. 按单拣选作业原理

拣选人员或拣选工具巡回于各个储存点，按订单所要求的物品，完成货物的配货，如图 7-4 所示。这种方式类似于人们进入果园，在一棵树上摘下已成熟的果子后，再转到另一棵树上去摘果子，所以又被形象地称为摘果式。

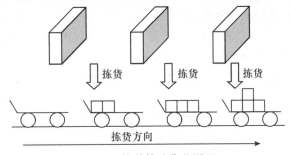

图 7-4　按单拣选作业原理

2. 按单拣选作业方法的特点

（1）按订单拣选，易于实施，而且配货的准确度较高，不易出错。

（2）对各用户的拣选相互没有约束，可以根据用户需求的紧急程度，调整配货先后次序。

（3）拣选完一个货单后货物便配齐，因此，货物可不再落地暂存，而直接装上配送车辆，这样有利于简化工序，提高作业效率。

（4）用户数量不受限制，可在很大范围内波动。拣选作业人员数量也可以随时调节,在作业高峰时,可以临时增加作业人员,有利于开展好及时配送的活动,提高服务水平。

(5)按单拣选方式对机械化、自动化没有严格要求,不受设备水平限制。

(二)批量拣选作业原理

1. 批量拣选作业原理

批量拣选作业是由分货人员或分货工具从储存点集中取出各个用户共同需要的某种货物,然后巡回于各用户的货位之间,按每个用户的需要量分放后,再集中取出共同需要的第二种货物,如此反复进行,直至用户需要的所有货物都分放完毕,即完成各个用户的配货工作,如图7-5所示。这种作业方式,类似于农民在土地上播种,一次取出几亩地所需的种子,在地上巡回播撒,所以又被形象地称为播种或播撒式。

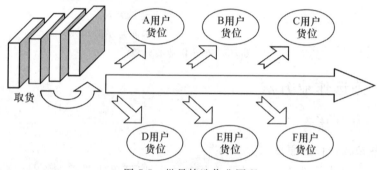

图 7-5 批量拣选作业原理

2. 批量拣选作业方式特点

(1)由于集中取出共同需要的货物,再按货物货位分放,这就需要在收到一定数量的订单后进行统计分析,安排好各用户的分货货位之后才能反复进行分货作业。因此,这种工艺难度较高,计划性较强,和按单拣选相比错误率较高。

(2)由于各用户的配送请求同时完成,可以同时开始对各用户所需货物进行配送,因此有利于车辆的合理调配和配送路线规划,与按单拣选相比,可以更好地发挥规模效益。

(3)批量拣选作业方式对到来的订单无法做及时的反应,必须等订单达到一定数量时才做一次处理,因此会有停滞时间产生。只有根据订单到达的状况做等候分析,决定出适当的批量大小,才能将停滞时间减至最少。

除了以上两种常用的拣选方式外,还可以采用以下两种拣选方式:一是整合按单拣选方式,主要应用在一天中每一订单只有一种品项的场合,为了提高运输配送的效率,将某一地区的订单整合成一张拣选单,做一次分拣后,集中捆包出库,属于按单拣选的一种变通形式。二是复合分拣方式,复合分拣是指按单选与批量分拣的组合运用,根据订单品项、数量和出库频率决定哪些订单适合按单拣选,哪些适合批量分拣。

几种拣选方式的优缺点和适用场合对比如表7-1所示。

三、拣选信息

拣选信息是拣货作业的原动力,主要目的在于指示拣货的进行,而拣货资料的源头来自客户的订单。为了使拣货人员在既定的拣货方式下正确而迅速地完成拣货,拣货信息成为拣货作业中重要的一环。利用拣货信息来支持拣货系统,除使用传统的单据来传信息外,还有一些自动传输的无纸化系统都已逐渐被导入。表 7-1 介绍了一些利用各种拣货信息来辅助拣货的应用方式。

表 7-1　拣选方式的比较

拣选方式	优　点	缺　点	适用场合
按单拣选	作业方法简单; 订货前置时间短; 作业弹性大; 作业员责任明确,作业容易组织; 拣选后不必再进行分类作业	货品品种多时,拣选行走路径加长,分拣效率降低; 拣货单必须配合货架货位号码	适合多品种,小批量订单的场合
批量拣选	合计后拣货,效率较高; 盘亏较少	所有种类实施困难; 增加出货货别的分货作业; 必须全部作业完成后,才能发货	适合少品种批量出货且订单的重复订购率较高的场合
整合按单拣选			一天中每一订单只有一种品项的场合
复合分拣			订单密集且订单量大的场合

常见拣选信息传送方式有传票拣选、拣选单拣选、标签拣选、电子标签辅助拣选、RF 辅助拣选、IC 卡拣选与自动拣选等。

(一)传票拣选

传票拣选是原始的拣选方式,直接利用客户的订单或公司的交货单作为拣选指示。依据顾客的订货单拣选,拣选员一面看订货单的品名,一面寻找货品,拣选员需要来回多走才可拣足一张订单。

优点:无须利用计算机等设备处理拣选信息,适用于订购品项数少或少量订单的情况。

缺点:(1)此类传票容易在拣选过程中受到污损,或因存货不足、缺货等注释直接写在传票上,作业过程中易发生错误或无法判别确认;(2)未标示产品的货位,必须靠拣选人员的记忆在储区中寻找存货位置,更不能引导拣选人员缩短拣选路径;(3)无法运用拣选策略提升拣选效率。

（二）拣选单拣选

拣选单拣选是目前最常用的拣选方式,将原始的客户订单输入计算机后进行拣选信息处理,打印拣选单,如表7-2所示。拣选单的品名系按照货位编号重新编号,让拣选员来回一趟就是拣足一张订单;拣选单上印有货位编号,拣选员按其编号寻找货品,使不识货品的新手也能拣选。

拣选单一般根据货位的拣选顺序进行打印,拣选人员根据拣选单的顺序拣选;拣选时将货品放入搬运器具内,同时在拣选单上做记号,然后再执行下一货位的拣选。

表7-2　拣选单示例

订单单号：		拣选员：		序号：	
客户代号：		客户名称：		日期：	
NO.	货位号码		品名	数量	备注

一般而言,拣选单是根据拣选的作业区和拣选单位分别打印的,例如整盘拣选(P→P)、整箱拣选(P→C)、拆箱拣选(C→B)或(B→B)等的拣选单分别打印、分别拣选,然后在出货暂存区集货等待出货。这是一种最经济的拣选方式,必须配合货位管理才能发挥其效益,拣选精确度可大大提高。

优点:①避免传票在分拣过程中受到污损,在检验过程中使用原始传票查对,可以修正拣选作业中发生的错误;②产品的货位显示在拣选单上,同时可以按到达先后次序排列货位编号,引导拣选人员按最短路径拣选;③可充分配合分区、订单分割、订单分批等拣选策略,提升拣选效率。

缺点:①拣选单处理打印工作耗费人力、时间;②拣选完成后仍需经过货品检验过程,以确保其正确无误。

（三）标签拣选

在这种拣选方式中,拣选标签取代了拣选单,拣选标签的数量与分拣量相等,在分拣的同时将标签贴在物品上以便确认数量。其原理为当接单之后经过计算机处理,依据货位的排列顺序打印拣选标签,订购几箱(件)货品则标签就打印几张,标签张数与订购数一样,拣选人员根据拣选标签上的顺序拣选。拣选时将货品贴标签之后放入拣选容器内,当标签贴完了代表该项货品也已经拣选完成了。

标签拣选是一种防错的拣选方式,主要被应用在高单价的货品拣选上;可以应用在商店拣选及货品拣选上,但货品拣选的应用实例更多些,因为可以利用标签上的条码来自动分类,效率非常高。

此种拣选大部分被应用在整箱拣选的标签,除了单品拣选标签上的内容外还包括客户地址及配送路线等;因此可以直接当作出货标签使用,必要时也可以增加条码的打印,以增加作业效率。而单品拣选之后大部分都必须装入纸箱或塑料箱内,因此必须增加出货标签,客户地址及配送路线的资料在出货标签上打印,而单品拣选的标签可以省略这部分内容。

单品拣选标签内容、整箱拣选的标签内容及出货标签内容,请参考图 7-6 至图 7-8 所示的标签内容。

1. 整箱拣选标签

货位号码:A0511 数量:2 箱 品号:00011125 品名:×××××××

品号:00011125	品号:00011125
品名:××××××	品名:××××××
订单号码:5401	订单号码:5401
客户名称:××××	客户名称:××××
客户地址:××××××××××	客户地址:××××××××××
配送路线:	配送路线:
订单箱数:2	订单箱数:2
箱号:5/1	箱号:5/1

图 7-6 整箱拣选标签

2. 单品拣选标签

货位号码:A1034 数量:2 件 品号:00022213

品号:00022213	品号:00022213
品名:×××××	品名:×××××
订单号码:543	订单号码:543
客户名称:×××××××	客户名称:×××××××
订单箱数:2	订单箱数:2
箱号:3/1	箱号:3/1

图 7-7 单品拣货标签

3. 送货标签

订单号码:12345
客户名称:×××××
客户地址:××××××××××
配送路线:12
订单箱数:2
箱号:6/1

图 7-8 送货标签

这种方式中,标签贴上物品的同时,物品与信息立即建立了一种对应关系,所以拣选的数量不会产生错误。这种拣选方式的优缺点如下。

优点:①结合分拣与贴标签的动作,可以减少流通加工作业与往复搬运核查的动作,缩短整体作业时间;②可以在分拣时清点分拣数量,提高拣选的正确性。若分拣未完时标签即贴完,或分拣完成但标签仍有剩余,则表示分拣过程有错误发生。

缺点:①若要同时打印出价格标签,必须统一下游客户的货品价格和标签形式;②操作环节比较复杂,拣货费用高。

(四)电子标签辅助拣选

电子标签辅助拣选是一种计算机辅助的无纸化的拣货系统,其原理是在每一个货位安装数字显示器,利用计算机程序控制将订单信息传输到数字显示器内,拣选人员根据数字显示器所显示的数字拣选,拣完货之后按确认钮即完成拣选工作,也叫作电子标签拣选。

这种分拣方式中,电子标签取代拣选单,在货架上显示拣选信息,以减少"寻找货品"的时间,分拣动作仍由人力完成。电子标签是很好的人机界面,让计算机负责烦琐的拣选顺序的规划与记忆,拣选员需依照计算机指示执行拣选作业。电子标签有一小灯,灯亮表示该货位的货品是待拣货品;电子标签中间有多个字元的液晶,可显示拣选数量。如此,拣选员在货架通道行走,看到灯亮的电子标签就停下来,并按显示数字来拣取该货品所需的数量。电子标签设备主要包括电子标签货架、信息传送器、计算机辅助拣选台车、条码、无线通信设备等。

这种拣选技术于1977年由美国开发研究而成,是物流配送中心经常应用的一种拣选方式。此种拣选方式可以用于批量拣选,也可以应用于按单拣选方式上,但是货品项目太多时不太适合,因为成本太高,因此常被应用在ABC分类的AB类货品分拣上。

电子标签辅助拣选是一种无纸化的拣货系统,可以即时处理,也可以按批次处理,拣货生产力每小时约500件,而拣货错误率只有0.01%左右。该拣选优点主要有三点:①拣选成功率高,不容易拣错货,错误率只有0.01%;②省去来回寻找待拣货品时间,拣选速度提高30%~50%;③员工适应性强,不太识货品的生手也能拣选。

电子标签根据其功能可以分为传统电子标签和智慧型电子标签。传统电子标签只能显示拣选数量,而智慧型电子标签可显示价格、标签编号、货位编号、拣选数量、台车车号与台车格位等拣选信息。智慧型电子标签是在传统电子标签的基础上发展起来的,其功能更加完善。

电子标签主要功能特点包括:①一个电子标签可对应一个货位或多个货位;②指示一个拣选员进行单一订单拣选;③指示一个拣选员进行多张订单拣选;④指示多个拣选员进行单一订单拣选;⑤指示多个拣选员进行多张订单拣选;⑥指示拣选路径;⑦立即更正拣选错误;⑧指示库存盘点;⑨指示标签作业;⑩显示标签编号。

由于智慧型电子标签可提供上述10项功能,因此适合各种拣选频率和拣选作业的模式。表7-3显示了智慧型电子标签与传统电子标签的功能比较。

表 7-3　智慧型电子标签与传统电子标签的比较

功能说明	智慧型电子标签	传统电子标签
显示方式	四位字母,可显示数字及符号	四位字母,仅能显示数字
传输方式	RS485 网络传输	RS485
对应货位	一或多货位	一个货位
对应货品	一个标签对一或多种	一个标签对一种
货位动态分割	可	不可
移动路线指示	有	无
拣错防止	有	无
多订单拣选	可	不可
店号指示	可	不可,需加上店号指示器
盘点作业	有	有些可以
拣选方式	直觉式	直觉式
导引指示	高亮度大直径 LED	一般灯泡
拣选指示	高亮度矩阵 LED	数字型 LED
可靠度	佳	佳
作业扩充弹性	佳	困难
配线方式	简单	复杂
维修作业	简单	稍难

(五)RF 辅助拣选

RF 拣选也是拣选作业的人机界面,让计算机负责繁杂的拣选顺序规划与记忆,以减少寻找货品的时间。RF 拣选通过无线式终端机,显示所有拣选信息,比电子标签更具作业弹性,不过,其价格高于电子标签。此外 RF 拣选的显示不如电子标签简单明了,容易使拣选员的直觉反应变差。RF 拣取适合以托盘为拣选单位、采用叉车进行的辅助拣选。

RF 拣选也是一种计算机辅助的拣选方式,其原理是利用掌上计算机终端、条码扫描器及 RF 无线电控制装置之组合,将订单资料由计算机主机下载到掌上终端,拣选人员根据掌上终端所指示的货位,扫描货位上的条码,如果与计算机的拣选资料不一致,掌上终端就会发出警告声;直到找到正确的货品货位为止;如果与计算机的拣选资料一致就会显示拣选数量,根据所显示的拣选数量拣选,拣选完成之后按确认钮完成拣选工作;拣选信息利用 RF 终端传回计算机主机,同时刷新库存数据库中的数据。

RF 拣选是一种无纸化拣选系统,也是即时处理系统。此种拣选方式可以用在按单拣选和批量拣选方式中,成本低且作业弹性大,尤其适用于货品种类很多的场合,常被应用在多品种少批量订单的拣选上,与拣选台车搭配最为常见。RF 拣选的拣选生产力每小时约 300 件,而拣选错误率约为 0.01%。

(六)IC 卡拣选

IC 卡拣选也是一种计算机辅助的拣选方式,其原理是利用计算机及条码扫描器之组合,将订单资料由计算机主机拷到 IC 卡上,拣选人员将 IC 卡插入计算机，根据计算机上所指示的货位，刷取货位上的条码，当与计算机的拣选资料不一致时掌上终端会发出警告声，直到找到正确货品货位为止；如果与计算机的拣选资料一致就会显示拣选数量，根据所显示的拣选数量拣选，拣选完成之后按确认钮即完成拣选工作；拣选信息是利用 IC 卡传回计算机主机同时扣除库存数据库中的拣选数据。

IC 卡拣选也是一种无纸化的拣选系统，但不是即时的处理系统而是批次处理系统。此种拣选方式可以用在按单拣选方法中，也可以用在批量拣选方法中，尤其适合于货品品项很多的场合，因此也常被应用在多品种少批量的拣选上，与拣选台车搭配最为常见。IC 卡拣选成本低且作业弹性大，拣选生产力每小时约 300 件，而拣选错误率约为 0.01%。

（七）自动拣选

自动拣选是指分拣动作由自动机械手负责完成，电子信息输入后自动完成拣选作业，无须人工介入。

自动拣选方式有 A 型自动拣选系统、旋转仓储系统、立体式自动仓储系统等多种。

A 型自动拣选系统类似于自动售货机，有一长排的 A 型货架，货架的两侧有多个货位，每个货位储存一种货品，每个货位下方有一拣选机械，货架中间有一输送带，输送带末端连接装货的容器。当联机计算机将拣选信息传入时，欲拣货品的货位拣选机械被启动，推出所需数量的货品至输送带，输送带的货品被送至末端，掉落至装货容器。如图 7-9 所示。

旋转仓储系统内有多个货位，每个货位旋转一种货品。当联机计算机将拣选信息传入时，欲拣货品的货位被旋转至前端的窗口，方便拣选员拣取。旋转仓储系统可省去货品的寻找与搬运，但仍需拣取动作；加上旋转整个货架，动力消耗大，故障率高，只适合于轻巧的零件仓库。

图 7-9 A 型自动拣选系统

立体式自动仓储系统有多排并列的储存货架。因货架不需旋转，故可向上立体化，增加储存空间。货品的存取端设多台自动存取机。当联机计算机将拣选信息传入时,自动存取机移至指定货位,拿取或存放货品。通常立体式自动仓储系统采用单位负载的存取方式,比较适合以托盘或容器为拣取单位的拣取方式。

自动拣选方式的生产效率非常高,拣选错误率非常低。由于是无人拣选,因此设备成本非常高,此种拣选方式常被利用在高价值、出货量大且频繁的 A 类货品上。

第三节　拣选策略

拣选策略是影响拣选作业效率的重要因素,对不同的订单需求应采取不同的拣选策略。决定拣选策略的四个主要因素是:分区、订单分割、订单分批及分类。这四个主要因素交互用可产生多个拣选策略。

一、分区规划策略

分区规划就是将拣选作业场地做区域划分。按规划原则的不同,有以下四种分区方法。

(1)货品特性分区。货品特性分区就是根据货品原有的性质,将需要特别储存搬运或分离储存的货品进行区隔,以保证货品的品质在储存期间保持一定。

(2)拣选单位分区。将拣选作业区按拣选单位划分,如箱装拣选区、单品拣选区,或是具有特殊货品特性的冷冻品拣选区等。其目的是使储存单位与拣选单位分类统一,以方便分拣与搬运单元化,使分拣作业单纯化。一般来说,拣选单位分区所形成的区域范围是最大的。

(3)拣选方式分区。不同的拣选单位分区中,按拣选方法和设备的不同,又可以分为若干区域,通常以货品销售的 ABC 分类为原则,按出货量的大小和分拣次数的多少做 ABC 分类,然后选用合适的拣选设备和分拣方式。其目的是使拣选作业单纯一致,减少不必要的重复行走时间。在同一单品拣选区中,按拣选方式的不同,又可分为台车拣选区和输送机拣选区。

(4)工作分区。在相同的拣选方式下,将拣选作业场地再做划分,由一个或一组固定的拣选人员负责分拣某区域内的货品。该策略的主要优点是拣选人员需要记忆的存货位置和移动距离减少,拣选时间缩短,还可以配合订单分割策略,运用多组拣选人员在短时间内共同完成订单的分拣,但要注意工作均衡问题。接力式分拣就是工作分区的一种形式,只是其订单不做分割或不分割到各工作分区,拣选人员以接力的方式来完成所有的分拣动作。这种方式比由一位拣选员把一张订单所需要的物品分拣出来要有效率,但投入的人力相对较多。

以上的拣选分区可同时存在于一个物流配送中心内，或者单独存在。除接力式分拣外，在分区分拣完后仍需将拣出的货品按订单加以结合。

二、订单分割策略

当订单上订购的货品项目较多，或是拣选系统要求及时快速处理时，为使其能在短时间内完成拣选处理，可将订单分成若干子订单交由不同拣选区域同时进行拣选作业。将订单按拣选区域进行分解的过程叫订单分割。订单分割一般是与拣选分区相对应的，对于采用拣选分区的物流配送中心，其订单处理过程的第一步就是按区域进行订单的分割，各个拣选区根据分割后的子订单进行分拣作业，各拣选区子订单拣选完成后，再进行订单的汇总。

三、订单分批策略

订单分批是把多张订单集合成一批，进行批次分拣作业，其目的是缩短分拣时平均行走搬运的距离和时间。若再将每批次订单中的同一货品品项加总后分拣，然后再把货品分类给每一个顾客订单，则形成批量分拣，这样不仅缩短了分拣时平均行走搬运的距离，也减少了重复寻找货位的时间，而使拣选效率提高。但如果每批次订单数目过多，则必须耗费较多的分类时间，甚至需要有强大的自动化分类系统的支持。

订单分批原则如下：

（1）总合计量分批。合计拣选作业前所有累积订单中每一货品项目的总量，再根据该总量进行分拣以将分拣路径缩至最短，同时储存区域的储存单位也可以单纯化，但需要有功能强大的分类系统来支持。这种方式适用于固定点之间的周期性配送，可以将所有的订单在中午前收集，下午做合计量分批分拣单据的打印等信息处理，第二天一早进行分拣分类等工作。

（2）时窗分批。当从订单到达至拣选完成出货所需的时间非常紧迫时，可利用此策略开启短暂而固定的时窗，如五分钟或十分钟，再将此时窗中所到达的订单做成一批，进行批量分拣。这一方式常与分区及订单分割联合运用，特别适合于到达时间短而平均的订单形态，同时订购量和品项数不宜太大。图7-10为时窗分批分拣的示意图，所开时窗长度为一小时。各拣选区利用时窗分批同步作业时，会因分区工作量不平衡和时窗分批拣选量的不平衡产生作业的等待，如能将这些等待时间缩短，可以大大提高拣选效率。此分批方式适合密集频繁的订单，且较能应付紧急插单的需求。

（3）固定订单量分批。订单分批按先到先处理的基本原则，当累计订单量到达设定的固定量时，再开始进行拣选作业。适合的订单形态与时窗分批类似，但这种订单分批的方式更注意维持较稳定的作业效率，而处理的速度较前者慢。图7-11是固定订单量分批的分拣示意图，固定订单量为 FN＝4，当进入系统的订单累计数到达 4 时，集合成一批进行分区批量拣选。

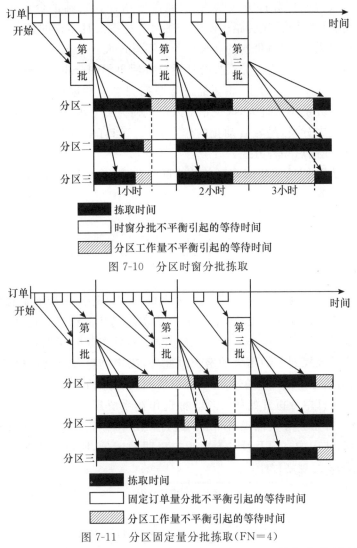

图 7-10　分区时窗分批拣取

图 7-11　分区固定量分批拣取(FN＝4)

(4)智能型分批。智能型分批是将订单汇总后经过较复杂的计算机计算，将分拣路径相近的订单分成一批同时处理，可大量缩短拣选行走搬运距离。采用这种分批方式的配送中心通常将前一天的订单汇总后，经计算机处理在当天下班前产生次日的拣选单据，因此对紧急插单作业处理较为困难。

除以上的分批拣选方式外，还有其他可能的方式，如按配送的地区、路线分批，按配送的数量、车趟次、金额分批或按货品内容种类特性分批等。

四、分类策略

当采用批量拣选作业方式时，拣选完后还必须进行分类，因此需要相配合的分类策略。分类方式大概可以分成两类。

(1)分拣时分类。在分拣的同时将货品按各订单分类，这种分类方式常与固定量分批或智能型分批方式联用,因此需使用计算机辅助台车作为拣选设备,才能加快分拣速度,避免错误发生。适用于量不大且多样的场合,且由于拣选台车不可能太大,故每批次的客户订单量不宜过大。

(2)分拣后集中分类。分批按合计量分拣后再集中分类。一般有两种分类方法。一是以人工作业为主,将货品总量搬运到空地上进行分发,而每批次的订单量及货品数量不宜过大,以免超出人员负荷。另一种方法是利用分类输送机系统进行集中分类,是较自动化的作业方式。当订单分割越细,分批批量品项越多时,常使用后一种方式。

以上四大类拣选策略因素可单独或联合运用,也可以不采用任何策略,直接按单拣选。

第四节　分拣系统规划设计

物流节点整体规划过程中,拣选作业系统的规划是其中最重要的部分。因为本着主要任务是要在有限的时间内将客户需要的货品组合送达,而客户少量多样的需求形态使得拣选作业的困难度升高,如果作业时间限制不变,必定要在拣选作业系统规划上做更大的努力。此外,决定物流节点配送规模大小、功能、处理能力最主要的输入条件就是订单资料,而拣选作业系统规划的起始步骤也是从货品订单分析开始的,因此,拣选作业系统规划是物流节点总体规划过程的重心,并且主导其他规划环节的进行。由于分拣系统与仓储系统的关联性比较密切,使用的空间及设备有时也难以明确区分,所以将两个系统的规划组合成图 7-12 的规划程序。

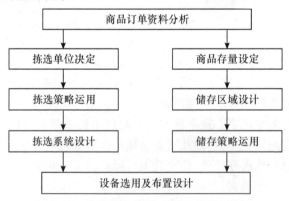

图 7-12　物流节点拣选、仓储系统规划程序

由图 7-12 可以看出,规划程序的第一步就是商品订单资料分析,订单分析完成后可提供的资料项目包括订单数分布、包装单位数量分析、出货品项数分布、季节周期性分析、货品订购频率等。这些分析出来的资料可在拣选作业系统规划过程中得到不断应用。

一、拣选单位

(一)基本拣选模式

拣选单位基本上可分为托盘、箱、单品三种。一般以托盘为拣选单位的货品品种和重量最大,其次为箱,最小者为单品。其基本拣选模式如表7-4所示。

表7-4　基本拣选模式(P托盘、C箱、B单品)

拣选模式编号	储存单位	拣选单位	记号
1	托盘	托盘	P→P
2	托盘	托盘+箱	P→P+C
3	托盘	箱	P→C
4	箱	箱	C→C
5	箱	单品	C→B
6 .	箱	箱+单品	C→C+B
7	单品	单品	B→B

拣选单位是根据订单分析的结果来做决定的,如果订货的最小单位是箱,则不需要单品拣选单位,库存的每一种货品都需要通过以上的分析判断出拣选单位。一种货品有时可能需要两种以上的拣选单位,所以一个物流节点的拣选单位通常在两种以上。

物流节点规划时必须决定拣选单位、储存单位,同时协调外部供应商确定货品的入库单位,所有单位的决定都来自客户的订单。也就是说客户的订单决定拣选单位,拣选单位决定储存单位,再由储存单位要求供应商的入库单位。

(二)拣选单位的决策

拣选单位决策步骤如下:

(1)货品特性分组。将必须分别储存处理的货品进行分组,如将体积、重量、外形差较大者,或有互斥特性的货品分别存放。

(2)历史订单统计。利用EIQ分析方法将过去一年或一个月的资料进行统计,求出各分组货品的IQ-PCB分析表,表7-5是IQ-PCB分析的一个实例,是由历史订单按订购单位数量统计而成的,主要是算出每一出货品项以托盘为单位的出货托盘数量以及从托盘上以箱分拣所需的托盘数。此分析可以掌握各拣选分区的物流量,作为物流作业系统设计的基础,而且通过物流过程分析,可以使各拣选分区作业均衡化。

表7-5　货品订单资料IQ-PCB分析实例

货品	编号	P托盘	C箱	B单品	IQ总量	P托盘	C→P(P)托盘	B→C(C)箱
1	G14	31	86	0	860	31	3.58	0
2	G1	24	114	0	690	24	4.75	0
3	G6	22	86	0	614	22	3.58	0

货品	编号	P托盘	C箱	B单品	IQ总量	P托盘	C→P(P)托盘	B→C(C)箱
4	G17	20	40	0	520	20	1.67	0
5	G16	19	49	0	505	19	2.04	0
6	G18	16	111	0	195	16	4.63	0
7	G5	15	120	0	480	15	5.00	0
8	G4	16	91	0	475	16	3.79	0
9	G2	15	110	0	470	15	4.58	0
10	G15	17	57	0	465	17	2.38	0
11	G12	14	124	0	460	14	5.17	0
12	G11	16	71	0	455	16	2.96	0
13	G13	14	64	0	400	14	2.67	0
14	G3	12	112	0	400	12	4.67	0
15	G8	13	78	0	390	13	3.25	0
16	G20	12	72	0	360	12	3.00	0
17	G19	9	69	0	285	9	2.88	0
18	G10	9	59	0	275	9	2.46	0
19	G9	7	77	0	245	7	3.21	0
20	G7	5	80	0	200	5	3.33	0
合计		306	1670	0	9014	306	69.58	

注：每个托盘装 24 箱。

（3）订货单位合理化。将订货中货品的单位合理化，避免过小的单位出现在订单中，如将大包改为中包，去掉小包装，原则上控制在三种单位以内。

（4）拣选单位的决定。将 IQ-PCB 分析表中货品单位数量，化为合理化的单位数量，分类后的货品再按合理化的单位归类。

通过以上分析，可得出各种货品应有的拣选单位，同时可以作为货品特性分析和拣选单位分区的参考。

（三）储存单位的决定

拣选单位决定之后，接下来要决定的是储存单位，一般储存单位必须大于或等于拣选单位，其一般步骤如下：

（1）订出各项货品的一次采购最大、最小批量及前置时间。

（2）设定物流配送中心的服务水平，订单到达后几日内送达。

（3）若服务水平时间＞采购前置时间＋送达时间，且货品每日被订购量在采购最小批量和采购最大批量之间，则该项货品可不设存货位置。

（4）通过 IQ-PCB 分析，如果货品平均每日采购量×采购前置时间＜上一级包装单位数量，则储存单位＝拣选单位。反之，则储存单位＞拣选单位。

（四）入库单位的决定

储存单位决定后，货品入库的单位最好能配合储存单位，可以凭借采购量的优势要求供应商配合。入库单位通常设定等于货品最大的储存单位。表 7-6 是常见的拣选系统单位组合。

表7-6 拣选系统单位组合表

拣选单位	储存单位	入库单位
P	P	P
P,C	P,C	P
P,C,B	P,C,B	P
C	P,C	P,C
C,B	P,C,B	P,C
B	C,B	C,B

二、分拣方式的确定

在规划设计拣选作业之前,必须先对拣选作业的基本模式有所认识,拣选作业最简单的分拣方式就是按单拣选和批量分拣两种。

1. 按出货品项数的多少及货品周转频率高低,确定合适的分拣作业方式

配合 EIQ 的分析结果(如表 7-7 所示),按当日 EN 值(订单品项数)及 IK 值(品项受订次数)的分布判断出货品项数的多少和货品周转率的高低,确定不同作业的区间。

原理:EN 值越大表示一张订单所订购的货品品项数越多,货品的种类越多越杂时,批量分拣时分类作业越复杂,采取按单拣选较好。相对地,IK 值越大,表示某品项的重复订购频率越高,货品的周转率越高,此时采用批量分拣可以大幅度提高拣选效率。

表7-7 分拣方式选定对照

出货品项复杂度		货品重复订购频率(IK 值)		
		高	中	低
出货品项数 (EN 值)	多	S+B	S	S
	中	B	B	S
	少	B	B	B+S

注:S 按单拣选;B 批量分拣。

2. 按表 7-8 所列项目进行考核,决定采用何种拣选作业方式

表 7-8 中第一项为每日的订单数,主要考虑的因素为行走往复所花费的时间。第二项为一天订单的品项数,考虑的是寻找货品货位的时间。第三项为一张订单中每一品项的重量,考虑的是抓取货品所用的时间。第四项为每一品项的订单件数,考虑的是同一品项重复被分拣花的时间。所以采用何种方式分拣,主要看该拣选方式效率的高低。即主要是看何种拣选方式所耗费的总时间最短,且避免不必要的重复行走时间。

表 7-8 中从左至右可以有多种组合形式,如 A—C—C—A,表示的是每日的订单数很多,而订单的品项数却很少,且一张订单的每一品项数量也很少,但不断地被重复订购。所以,可将每一品项数加总合计,采取批量分拣,以减少重复行走分拣同一品项所耗费的时间。但也要考虑分拣完后的分类集中作业的效率问题。在 C—A—A—C 形式中每天的订单数很少,但一天订单的品项数很多

又不重复,且一张订单的品项数也很少,此时适合采用单个订单方式分拣。

表 7-8　批量拣选与订单拣选考核要素

要　　素				订单要素
订单数/日	一天订单的品项数	一张订单每一品项的重量	每一品项一天的订单数	

以上考核有以下特点:

(1)因拣选行走距离无法缩短,分拣效率可能降低。

(2)作业前置时间较短,订单处理可以保持连续性。

(3)容易采用机械化的方式,协助人工分拣,但较难采用全自动的方式进行。

3. 批量分拣的适用情况及特点

适用情况:①货品外形较规则、固定,如箱装、扁袋装;②需流通加工的物品,如需包装或标价作业的货品。

批量分拣特点:①订单处理需设截止时间,允许插单能力较差;②作业前置时间一般较长;③常以系统化和自动化来提高效率;④必须注意生产线的平衡和作业持续平稳,尤其避免同一时间大量出货。

总的来说,按单拣选弹性较大,临时性的产能调整较容易,适合订单大小差异较大,订单数量变化频繁,有季节性的物流节点,批量分拣作业方式通常采用系统化、自动化设备,从而使得拣选能力较难调整,适合订单大变化小、订单数量稳定的物流节点。

三、拣选策略的运用

拣选作业系统规划中,最重要的环节就是拣选策略的运用,由于拣选策略的四个主要因素(分区、订单分割、订单分批、分类)之间存在互动关系,在做整体规划时,必须按一定的决定顺序,才能使其复杂程度降到最低。

图 7-13 是拣选策略运用的组合图,从左至右是拣选系统规划时所考虑的一般次序,可以相互配合的策略方式用箭头连接,所以任何一条由左至右可通的组合链就表示一种可行的拣选策略。

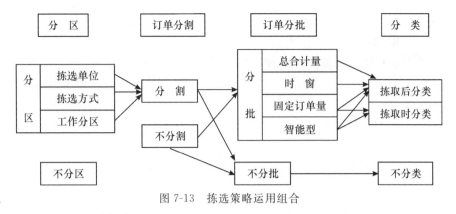

图 7-13　拣选策略运用组合

（一）分区的考虑

拣选作业系统中的分区设计,除前面介绍的拣选分区外,还必须考虑到储存分区的部分。因此在设计拣选分区之前,必须先对储存分区进行了解、规划,才能使系统整体的配合完善。图 7-14 是进行分区设计时的程序,每个分区考虑的因素和重点都不尽相同,但其基本概念是由大到小,从广入深的。

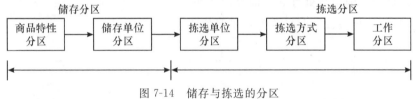

图 7-14　储存与拣选的分区

1. 货品特性分区

货品特性分区就是根据货品原有的性质,将需要特别储存搬运或分离储存的货品进行区隔,以保证货品的品质在储存期间保持一定。在拣选单位的决定过程中,货品特性分组已将货品按其特性完成,接下来要做的就是根据不同的分组特性设计储存区域,该过程的原则是尽量使用共同设备,以使设置操作成本降低。

2. 储存单位分区

同一货品在特性分区内可能因储存单位不同而分别储存在两个以上的区域,这种按储存单位划分的区域成为储存单位分区。货品储存单位已在拣选前段时间的决定中求出,因此只需将货品特性分区中具有相同储存单位的货品集中,便可形成储存单位分区。

3. 拣选单位分区

在同一储存单位分区内,有时又可按拣选单位的差异再做分区设计,如AS/RS 自动仓储系统及托盘货架都是以托盘为储存单位,AS/RS 自动仓储系统又以托盘为取出单位,而托盘货架则以箱作为拣选单位。因此,在分区设计时还必须参考拣选方式的决定。如果按单拣选,则拣选分区可完全按拣选单位决定的结果;若是按批量分拣方式,则拣选单位必须依订单分批后合计量的结果进行修正。

4. 拣选方式分区

拣选方式除有批量分拣和按单拣选的分别外,还包括搬运、分拣机器设备等差异,如想在同一拣选单位分区之内,采取不同的拣选方式或设备时,就必须考虑拣选方式的分区。通常拣选方式分区中要考虑的重要因素是货品被订购的概率以及订购量,一般概率和订购量越高,采取越具时效的拣选方式和设备。

5. 工作分区

先定出工作分区的组合并预计其拣选能力,再计算出所需的工作分区数,即:

工作分区数=总拣选能力需求/单一工作分区预估拣选能力

(二)订单分割策略

订单分割的原则按分区策略而定,一般订单分割策略主要在于配合拣选分区的结果,因此在拣选单位分区、拣选方法分区及工作分区完成之后,再决定订单分割的大小范围。订单分割可以在原始订单上做分离设计,也可以在订单接受之后做分离的信息处理。下面介绍几种订单分割方法。

(1)拣选单位分区的订单分割策略如图 7-15 所示。

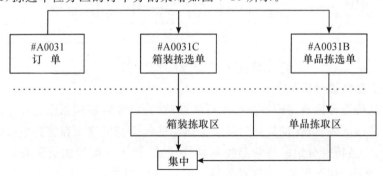

图 7-15　拣选单位分区与订单分割

(2)拣选方式分区与订单分割策略如图 7-16 所示。

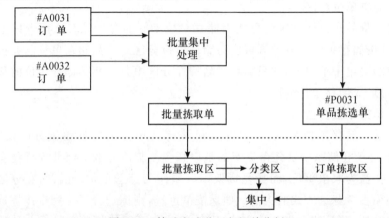

图 7-16　拣选方式分区与订单分割

（3）工作分区与订单分割策略如图7-17所示。

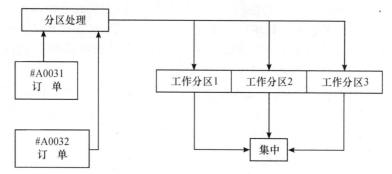

图 7-17 拣选工作分区与订单分割

（三）订单分批策略

批量分拣作业方式,如何决定订单分批的原则和批量的大小,是影响分拣效率的主要因素。下面将详细介绍订单分批策略的应用。

一般可以根据表7-9所示,按配送客户数、订货类型及需求频率等三项条件,选择合适的订单分批方式。

表 7-9 订单分批方式与适用情况

分批方式	配送客户数	订货类型	需求频率
总合计量分批	数量较多且稳定	差异小而数量大	周期性
固定订单量分批	数量较多且稳定	差异小且数量不大	周期性或非周期性
时窗分批	数量多且稳定	差异小且数量小	周期性
智能型分批	数量较多且稳定	差异较大	非即时性

1. 总合计量分批

这种分批方式较为简单,只需将所有客户需求的货品数量统计汇总,由仓库中取出各项货品需求总量,再进行分类作业即可。

2. 固定订单量分批

订单总数/固定量＝分批次数

通常固定订单量分批方式是采取先到先处理的原则,按订单到达的先后顺序做批次安排。较先进的方法是利用智能分批的原则,将订货项目接近的订单同批处理,以缩短分拣移动的距离。

3. 时窗分批

作业总时间/时窗（TW）＝分批次数

该分批方式的重点在于时窗大小的决定,决定的主要因素是客户的预期等候时间及单批订单的预期处理时间。这种拣选方式是为了适应客户的紧急需要,因此时窗的大小不应过长,且每批订单处理的时间在拣选系统的设计中也应尽可能地缩短。

4. 智能型分批方式

智能型分批方式是技巧性较高的一种分批方式,它适合仓储面积较大,储存货品项目的拣选区域。订单通常在前一天汇集之后,经过计算机处理,将订货项目相近或拣选路径一致的货品分为同批,以缩短拣选寻找的时间及移动的距离。

要做到智能型分批方式,最重要的就是货品储存位置和货位编码的相互配合,使得订单输入货品编号后就可凭借货品货位编号了解货品储存位置的情况,再根据拣选作业路径的特性,找出订单分批的法则。

(四)分类方式的确定

采取批量分拣作业方式时,其后必须有分类作业与之配合,而且不同的订单分批方式其分类作业的方式也有所不同,也就是说决定分类方式的主要因素是订单分批的方式,不采取批量分拣的作业方式就不需要进行分类作业。

分类方式可分为分拣后分类(SAP, sort-after-picking)和分拣时分类(SWP, sort-while-picking)两种。分拣后集中分类可以由分类输送机完成或在空地上以人工方式分类,分拣时分类一般由计算机辅助拣选台车来进行,这种分类方式较适合与固定订单量分批及智能型分批方式配合。

分类方式的决定除了受订单分批方式的影响外,表 7-10 也可作为判断分类方式的参考依据。

表 7-10 各种分类方式的特性

分类方式		处理订单数量	订购货品品项数	货品重复订购频率
分拣后分类	分类输送机	多	多	变化较大
	人工分类	少	少	较高
分拣时分类		多	少	较低

四、拣选信息的处理

(一)拣选作业方式与拣选信息

一般来说,拣选信息与拣选系统的规模及自动化程度有着密切的关系。通常货品种类数少,自动化程度较低的拣选系统以传票作为拣选信息,其拣选方式偏向于简单地按单拣选;拣选单是目前最常采用的一种拣选信息,与拣选方式配合的弹性也较大;拣选标签的拣选信息除与下游零售商的标价作业相适应外,也常与自动化分类系统配合;电子信息最主要的目的就是与计算机辅助拣选系统或自动拣选系统相配合,以追求拣选的时效性,达到及时控管、完全掌握的目的。

表 7-11 描述了拣选作业方式与拣选信息相配合的几种情形,可作为拣选作业方式决定后选择拣选信息的参考依据。

表 7-11　拣选作业方式与拣选信息配合的情形

拣选信息	适合的拣选作业方式
传票	按单拣选、订单不切割
拣选单	适合各种传统的拣选作业方式
拣选标签	批量分拣、按单拣选
电子信息	分拣时分类、工作分区、自动拣选系统

(二)拣选信息处理

1. 传票

拣选传票产生的方式基本上有两种。第一种是复印订单的方法,在接到订单之后将其复制成拣选传票,这种方式费用较高,但其弹性较大,可适应不同大小的订单形式。另一种方式是直接由多联式订单中撕下拣选专用的一联,这种方式有时会因订单联数过多而产生复写不清的现象,导致错误发生。以传票方式作为拣选信息的先决条件是货品品项数不多,通常在 100 种以下,无论是填写式或勾选式的订单表格,应以不超过一页为标准。适合传票的拣选方式为按单拣选。

2. 拣选单

按单拣选的拣选单处理程序是:接到订单之后利用键盘输入方式或光扫描方式进入计算机系统中,然后与计算机资料库中的货品存量核对并查出货品的储存位置,最后再按工作排程的顺序打印出拣选单,以及产生补货指示和出库指示等。分批拣选的拣选信息处理程序与按单拣选的最大差异就在于订单输入时的汇总,订单汇总必须按订单分批方式的原则,将同属一批的订单按货品品项统计订购数量。之后的核对存量与寻找货位,大致与按单拣选相同,最后打印出分批拣选单,以及产生补货、出库与分类等指示的信息。其中分类指示在自动分类中由计算机程序直接提供信号给控制系统,若用人工分类,则分类指示通常可直接由分批拣选单中得到。

3. 拣选标签

拣选标签大致可以分为价格标签和识别标签两种,价格标签的目的在于标示价格。常见的识别标签为条码,此条码并非商品条码,通常为物流条码或射频码,也有在一张拣选标签内同时显示出价格和编码的。在订单到达之前就事先印制好标签,贴标签的动作发生在进货之初(统一标价)或出货之前的,可将其归类于流通在输入订单之后经过拣选作业信息处理才打印出来,这类标签的功能除标示价格以外,对拣选作业的贡献主要有两类,一是分拣时贴标签代替了清点货品数量的过程,二是附有物流条码或射频码的标签可提供自动分类系统识别的信息。

4. 电子信息

在电子信息处理中,由计算机拣选信息处理程序将指令传给控制器,接着由控制器传出控制信号给机器使其动作,所以在电子信息的处理中偏重于软硬件的结合。一般常见的电子标签系统（ELS）、计算机辅助拣选系统（CAPS）以及无线射频（RF）拣选系统即属于这种类型的应用。电子信息与前三种拣选信息最大的差别就是无纸化，因此拣选信息的传送可以更迅速而正确，且可以做到及时的控制与管理。

第八章　物流节点装卸搬运系统规划设计

本章主要介绍物流节点物料装卸搬运系统及其特征、影响因素等，阐述物料装卸搬运系统的规划设计方法、步骤。

第一节　装卸搬运系统规划设计的影响因素

在选择搬运方案时，影响最大的因素是商品本身。如果搬运单种商品，就必须弄清这种商品的特征；如果搬运多种不同的商品，就必须按照商品类别对它们进行组合，因为每类所包括的各种商品在某一主要性能或若干相关性能方面是彼此相似的，因此可以采用相同的商品搬运方法进行处理。

随着科技进步和管理科学化、商品信息化、流通现代化，商品品种构成发生了巨大的变化，因此，商品科学分类必然要适应发展的需要。在商品分类实践中，常用的分类方法主要有以下几种。

一、按用途进行商品分类

商品的用途与消费者需求有着密切的关系，它是体现商品使用价值的重要标志，也是探讨商品质量和商品品种的重要依据。以商品用途作为分类标志，不仅适用于对商品大类划分，也适用于对商品类别、品种的进一步细分。譬如，根据用途不同，可将商品分为生活资料商品和生产资料商品，其中生活资料商品又可分为食品、衣着用品、日用工业品、日用杂品等类别，再进一步细分，日用工业品可分为器皿类、洗涤用品类、化妆品类、家用电器类、文化用品类等，化妆品类还可细分为洗发剂、染发剂、美发剂、生发剂、护发剂等，洗发剂又进一步细分为干性发用香波、油性发用香波、止痒去头屑香波、洗发护发二合一香波等。分类逐步细化，一环套着一环，许多按商品用途划分的类目名称已成为专有名词，如食品、医药品、饮料、文化用品、交通工具等。

以商品用途作为分类标志，便于比较、分析同一用途商品的质量和性能，有利于改进企业生产和提高商品质量，开发新品种，生产适销对路的商品，也便于经营者和消费者按需对口选购。但对多用途的商品，一般不宜采用此分类方法。

二、按原材料构成进行商品分类

商品的原材料是决定商品质量、使用性能、特征的重要因素。由于原材料的不同，商品具有截然不同的特性和特征，并反映在商品的化学成分、性能、加工、包装、储运、使用的条件要求不同等方面。比如，按原材料来源的不同，食品可划分为植物性食品、动物性食品和矿物性食品等；纺织品可划分为棉织品、毛织品、丝织品、化纤织品和混纺织品五大类；食糖可划分为甘蔗糖和甜菜糖两大类；等等。

以原材料作为商品分类标志，不仅使分类清楚，而且还能从本质上反映出每类商品的性能、特征、使用、保管、包装、养护要求。这种分类标志特别适用于原料性商品和原料对成品质量影响较大的商品，但对那些由多种原料制成、成品质量及特征与原材料关系不大的商品（如手机、电视机、照相机、汽车、洗衣机、网络设备等），则不宜采用。

三、按加工方法不同进行商品分类

商品的生产加工方法是商品质量的形成过程，同一用途的商品虽然使用的原材料相同，但由于采用的加工方法或制造工艺不同，其性能及特征也有很大差异，从而形成截然不同的品种类别。这种商品分类标志对那些可以选用多种加工方法制造，且质量特征受工艺影响较大的商品更为适用，能够直接说明商品质量特征及风格。例如，茶叶按制造工艺的不同，可分为全发酵茶（红茶）、半发酵茶（乌龙茶）、后发酵茶（黑茶）和不发酵茶（绿茶）；酒按酿造工艺的不同，可分为蒸馏酒、发酵酒和配制酒；纺织品按生产工艺不同，可分为机织品、针织品和无纺布。对那些虽然加工工艺不同，但成品质量特性不会产生实质性区别的商品，则不宜采用此种分类标志进行分类。

四、按化学成分不同进行商品分类

商品的化学成分是形成商品质量和性能，影响商品质量变化的最基本因素。按化学成分不同，可将所有商品分为有机商品、无机商品两大类。在很多情况下，商品的主要化学成分可以决定其性能、用途、质量或储运条件，因而是确定商品品种、等级的重要因素，对这类商品进行分类时，应以主要化学成分作为分类标志。例如，化学肥料可按其主要化学成分的不同，分为氮肥、磷肥、钾肥等；合成纤维可分为丙纶、氯纶、涤纶、腈纶、棉纶、维纶等。

有些商品的主要化学成分虽然相同，但是所含的特殊成分不同，可形成质量、特征、性质和用途完全不同的商品，对这类商品进行分类时，都能够以特殊化学成分为分类标志。例如，玻璃的主要成分是二氧化硅，根据其所含特殊成分的不同可分为钢分化玻璃（含氧化钠）、钾玻璃（含氧化钾）、铅玻璃（含氧化铅）、硼硅玻璃（含有硼酸）等；钢材可按其所含的特殊成分划分为碳钢、硅钢、锰钢等。

按化学成分进行商品分类，能够更深入地分析商品特性，对研究商品的加工、包装、使用以及商品在储运过程中的质量变化有着重要意义。化学成分已知且对商品性能影响较大的商品宜采用这种分类标志进行分类，但对于化学成分比较复杂，或易发生变化，以及对商品性能影响不大的商品，则不宜采用这种分类标志。

五、按商品的基本类型及主要特征进行商品分类

(一)按商品的基本类型分类

(1)固体、液体、气体。

(2)单独体、包装件、散装商品。

(二)按商品的主要特性分类

1.物理特性

(1)尺寸：长、宽、高。

(2)重量：单元重量或单位体积重量（密度）。

(3)形状：扁平的、弯曲的、紧密的、规则的、不规则的等。

(4)危险性：易碎、易燃、易爆、有毒、腐蚀性等。

2.其他特征

(1)数量：产量或批量。

(2)时间性：规律性、缓急程度、季节条件等。

(3)特殊控制：政府法规、工厂标准、操作规程等。

物料的可运性取决于上述各项特征，使用合适的容器或运输单元可以改善可运性。物理特性对物料的划分有着重要影响，一般来讲，物料的类别是按其物理特性来划分的。

第二节　物料装卸搬运与平面布置设计

一、物料装卸搬运

(一)物料装卸搬运的含义

任何时候，如果有产品或零部件从一个地方向另一个地方近距离转移，就会产生搬运。所谓物料装卸搬运，就是对物料进行装卸搬运的作业过程。凡是

需要进行装卸搬运、运输或改变具体位置的材料、产品、零件或其他物品,统称物料。要完成这些移动,就需要具备进行这些移动的设施和人员。一般地,这些移动的"实施",需要有设备、容器和包括人员、程序及设施的具体布置在内的工作体系。这里把设备、容器和工作体系称之为物料搬运的方法。物料装卸搬运的基本内容有物料、移动和方法三项,这三项内容是对物料装卸搬运进行一切分析的依据。

物料移动遍布于产品生产和流通的全过程。原料从自然状态移动到初加工,经初加工后又移动到制造厂生产,产品生产出来后就运送或分配到各类用户。产品在到了其有效使用期以后就要报废,报废后还要再进行移动来处理废弃物。在利用废弃物的情况下,还要把废弃物移送到废物加工处进行回收处理。由此可看出,任何一种产品在整个生命周期中,随时都有物料搬运的发生,如图 8-1 所示。

由图 8-1 可以看出,移动遍及整个环节,它不仅发生在各阶段之间,而且也发生在一个阶段之中(例如在制造厂中,产品要经过若干次加工才能完成,这其中就包括了多次移动)。

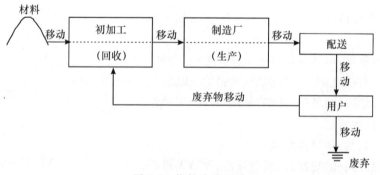

图 8-1　物料移动过程

物料装卸搬运从其所花费的时间和劳力来看,在加工制造过程中占据产品较大的成本比重,在流通过程中同样也占有较多的流通费用。因为在产品流通过程中,最主要的工作是储存、运输和装卸搬运,而且物料装卸搬运的出现频率又大于任何一个工作环节。据统计,国外机械工业每生产 1 吨产品,机械加工方面的搬运量约为 50 吨,铸造方面的搬运量约为 80 吨。物料装卸搬运费用在整个生产成本中的比例,国外约为 25%~40%,至少相当于机械加工费用,有的甚至更大些。在工伤事故方面,直接和物料装卸搬运有关的大约占 25%。综上所述,物料装卸搬运在生产和流通领域中占据重要地位。

(二)物料装卸搬运系统

物料装卸搬运系统具有一切系统所共有的特点,即集合性、相关性、目的性和环境适应性。物料装卸搬运系统是由物料、装卸搬运设施、储存设施和人员等要素构成的一个集合体。它的目的是根据生产和流通的要求移动或搬运物料,因此,它是为生产和流通服务的,是物流系统中的一个子系统。

物料装卸搬运系统是一个由许多要素所构成的整体,在这个整体中,每个要素的性能和活动都将影响到整体的性能和活动。例如,在搬运某种产品时,如果选用的搬运设备不同,则整个搬运系统的能力和适应性也就不同;对搬运设备的使用方法不同,则整个搬运系统的效率也就不一样。在物料搬运系统中,每一个要素作用的发挥,以及它对整个系统的影响必然要有其他一个或几个要素的配合,离开了这些配合,它就不能起作用。例如在搬运中所使用的托盘,必须要有叉车或其他起重设备配合等。

由此可见,物料装卸搬运系统中的每个要素都具有非独立影响,任何一个系统都具有它的性能和它的活动,但是它的性能和活动不是系统中任何一个要素所能代替的,如果把装卸搬运系统这个整体拆开,它就失去了其原有的功能。

物料装卸搬运系统是物流系统中的一个组成部分,它和物流系统中的仓储系统、运输系统、配送系统、信息系统等相互影响,都是通过互相配合来影响整体的性能,因此规划设计一个物料装卸搬运系统或改进一个装卸搬运系统,必须考虑本系统与其他系统之间的联系,不能静止地、孤立地设立或改进物料装卸搬运系统。

物料装卸搬运系统具有以下四个特征:

(1)集合性。物料装卸搬运系统是由物料、装卸搬运及储存设备、搬运人员和搬运方法等要素,按照系统所具有的整体功能而构成的集合体,是有机的集合体。评价一个物料搬运系统的好坏,不是看每一个要素是否完善,而是看整体的功能如何。一个良好的装卸搬运系统,除了能圆满完成物料装卸搬运外,还要求该系统有较高的负荷、较低的费用和一定的适应能力。

(2)相关性。物料装卸搬运系统各个要素之间是有机联系、相互作用的,它们具有某种相互信赖、相互制约的特定关系。在装卸搬运系统中,装卸搬运设备和设施就好比硬件系统,而装卸搬运的方法、计划、程序和组织就是软件系统,它们都是装卸搬运系统中的构成要素,只有在它们按某种特定关系有机地结合成一体后,才能显示出良好的性能,这就是装卸搬运系统的相关性。

(3)目的性。物料装卸搬运系统同其他系统一样,也具有自己的目的,必须根据不同需要进行存放和移动物料。厂内物料装卸搬运系统一般都以满足生产、降低成本、减少厂内装卸搬运量、减轻工人劳动强度为目的;而流通领域中的物料装卸搬运系统一般以加快物流速度、减少物料损失、避免重复搬运、降低流通费用、减轻工人劳动强度为目的。单纯地追求装卸搬运机械化和自动化并不是搬运系统的目的。因此,在设计和改造装卸搬运系统时,要严格遵循物料装卸搬运系统的设计原则。

(4)环境适应性。物料装卸搬运系统存在于物流系统之中,它必须能够适应系统环境的各种变化。一个好的物料装卸搬运系统的规划设计,必须具有较大的灵活性和较强的适应性,以适应系统环境的各种变化,延长装卸搬运系统的生命周期,这就要求系统所选用的设施设备尽量系列化、通用化和标准化;此外,它还要求作业环境布局合理,不合理的布局将导致物料搬运流程的混乱,从而降低整个系统的作业效率,甚至防碍整个系统的正常工作。合理的布局是规划设计装卸搬运系统的前提条件。

二、装卸搬运系统的平面布置设计

物料装卸搬运的全面分析不可避免地要涉及平面布置设计,平面布置设计决定了物料移动起点、终点间的距离,这个移动的距离是选择装卸搬运方法的主要因素。

由于物料装卸搬运分析含有物料、移动和方法三项基本要素,其平面布置设计也有三项基本要素,即关系、空间和调整。

装卸搬运系统平面布置设计最常见的流程模式有直线形(或直通形)、L形和U形(圆形流程和曲折流程实际上是上述三种模式的变通)。直线形流程模式布置最简洁,搬运最简单,实际应用中L形和U形比直线形更为多见,大多数装卸搬运系统的平面布置设计,都是上述三种模式的组合。

物料装卸搬运分析之前,以下四个方面的问题需要预先了解:(1)每项移动的起点和终点位置在哪里;(2)在方案的前一段已确定了哪些路线,或者对哪些路线已经做出了一般的决定,包括在这些路线上已知有哪些搬运物料的方法;(3)物料运进运出和穿过的每个"活动区"所涉及的空间是怎么样的;(4)物料运进运出的每个"活动区"里面进行什么工作,以及里面的各个部分现在是什么样的排列或什么样的概略布置。

在进行某个区域的物料装卸搬运分析时,应该首先拿到该区域的平面布置图和规划图。分析设计过程不要过于考虑"平面布置为什么要这样布置,而不是那样布置"这些方面的问题,而应把它作为现有的布置或规划方案先接受下来,把主要力量放在如何实现最有效的物料装卸搬运方法上。研究某一领域问题时,可以假定另一领域保持相对稳定不变。完成物料装卸搬运分析,开始考虑修改初步搬运规划时,就可以提出改变平面布置的建议。装卸搬运系统的选择必须建立在物料装卸搬运作业与具体平面布置相结合的基础上。

第三节　物料装卸搬运系统分析

物料装卸搬运系统分析主要涉及的内容有三方面:阶段的划分、系统运作流程分析、搬运活动的图表化。

一、物料装卸搬运系统分析的阶段划分

每个物料装卸搬运项目都有一定的环节和作业过程,从提出目标开始,到

具体完成为止，装卸搬运系统分析可划分为外部衔接、总体装卸搬运方案、详细装卸搬运方案和实施四个阶段，如图 8-2 所示。

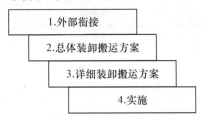

图 8-2　装卸搬运系统分析的各个阶段

外部衔接阶段主要是弄清楚整个区域所有物料的运进或运出。也就是把具体的物料装卸搬运问题与有关的外界情况（外部因素）联系起来考虑，这些外界情况有些是可控的，有些是不可控的。比如，当道路设施、机械都符合要求时，就可以把厂内物料装卸搬运，同厂外铁路运输结合成整体来考虑。

物料装卸搬运总体方案主要确定内部各主要区域之间的物料装卸搬运方法。对物料装卸搬运的基本路线、装卸搬运设备的选型以及运输单元的划分，都要做出总体安排。

编制物料装卸搬运的详细方案，实际上就是对总体装卸搬运方案阶段各项工作的具体化，主要考虑每个主要区域内部各点之间物料搬运的详细方法。如具体采用何种运输路线、设备，容器如何配置等。如果说上个阶段是分析一个厂内各车间和各库房之间的物料搬运，那么这个阶段就是分析从一个工位到另一个工位，或从一台设备到另一台设备的物料搬运方法。

最后是实施阶段。任何方案都要实施之后才能完成，这个阶段是进行设备筹备、人员组织、具体搬运设施安排并计划执行，然后对规划的方法进行试运行，对已准备的设施进行监控，以肯定其正常运转。

上述四个阶段是按时间顺序依次进行的，但在时间上各阶段又有所重叠。为了突出重点，应首先研究第二、第三两个阶段。

二、主要输入数据和搬运系统分析程序

不论分析哪一类物料装卸搬运问题，首先都应该掌握装卸搬运的几个基本输入参数，如"M, Q, R, S, T"等，其中 M 为物料（搬运对象），Q 为数量（搬运量），R 为线路（搬运路线），S 为后勤服务（搬运中需要配合的外部控制条件），T 为时间（作业时间和操作次数）。

为了便于记忆，可以把这些字母形成钥匙形，提醒人们必须弄清楚这些基本输入参数的含义，如图 8-3 所示。

物料装卸搬运依据物料、移动和方法，其系统分析包括：分析所要搬运的物料，分析所需进行的移动及确定经济实用的方法。装卸搬运系统的分析流程正是建立在这三项基本内容的基础上，如图 8-4 所示。

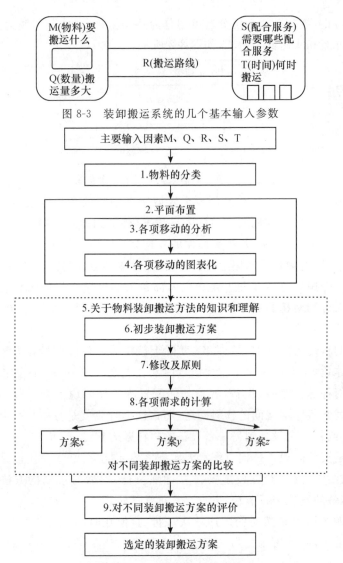

图 8-3 装卸搬运系统的几个基本输入参数

图 8-4 搬运系统分析的程序模式

装卸搬运系统分析流程是一系列依次进行的步骤所组成的一个程序。问题越复杂,则此模式所能发挥的作用也越大,所能节省的时间就越多。流程解释如下:

(1)在制订装卸搬运原则时,第一步就是物料分类,即按物料的物理性能、数量、时间要求以及特殊条件进行分类。

(2)在对各种装卸搬运活动进行充分分析或图表化以前,先要研究制订一个平面布置方案,一切装卸搬运活动都是在平面布置内进行。各项移动的分析和各项移动的图表化,都是在确定平面布置后才进行。

(3)在掌握有关物料装卸搬运方法的知识和理论基础上,对整个问题进行系统化方案汇总,提出一个或几个逻辑上可行的初步方案。

（4）在考虑一切有关的修正因素和限制因素后，对初步方案做进一步修正或调整，消除不能实现的想法，把可能性变为现实性。在选择最佳方案以前，一般还应先计算出所需的设备台数、费用、操作次数等。

（5）对各种方案进行分析评价是装卸搬运系统分析的最后一步程序。在这个阶段，通常要对费用和难以确定的问题进行评价。其目的是在若干个方案中选择一个较好的方案，作为要执行的物料搬运方案。在方案评价过程中，通常要把两个或多个方案融合在一起进行比较，形成一个新的方案。

物料装卸搬运系统分析的流程，对物料搬运总体方案和物料搬运详细方案同样适用，虽然两个阶段内运用的程序有所不同，但总的步骤基本相同。图 8-5 表明了系统分析各阶段的重叠。

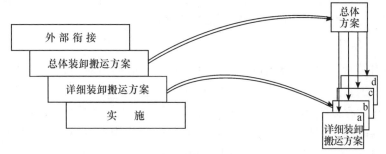

图 8-5　装卸搬运方案分析

装卸搬运系统分析的习惯表示法是图表法，即在装卸搬运系统分析的每一个步骤中，对其搬运活动用图表进行描述，这种习惯表示法的优点是简单、直观，容易发现问题。

三、各项移动的分析

在对各项移动进行具体分析时，必须掌握以下数据资料：

第一，物料（物理特征、其他特征）；

第二，路线（移动距离、路线的具体情况）；

第三，移动（物流量、移动的条件）。

（一）各项移动的路线分析

由平面布置分析可知，每条路线的长度就是从起点到终点的距离，距离一般是指直线距离。如果行程的确切路径是已经实际存在，或已经知道的，那就可以采用这个距离；如果采用矩形距离、垂直距离或合成矢量距离，应在其有关文件或图表中注明。除距离外，还应了解路线的具体情况，如路线的直接程度（水平、倾斜、垂直）和直线程度（直线、曲线），路面质量及拥挤度（通过能力），以及起讫点的具体分布和工作的组织情况等。

（二）各项移动的流量分析

从搬运系统分析可知，每项移动都有一定的流量，同时又存在一些影响该流量的因素,这些因素对流量有着不同程度的制约。物流量的计量单位一般是以每小时若干吨或每天若干立方米来表示,但有时物流量的计量单位并没有实际的可比性,如一件空心的大板壳件,如果以重量来表示,那就不能说明其可运性,而且无法与同样重量的非常密实的物料相比较。在碰到类似问题时,就不能用简单的重量单位或何种单位来比较,而应采取其他计量方法。

(三)各项移动的条件分析

在分析物流量以后,还要了解移动所需要的条件:数量条件、控制条件和时间条件。数量条件包括载荷的组成、每次搬运的件数、批量的大小、搬运的频率、每个时期的数量等,控制条件包括规章制度等外部条件,时间条件主要是指装卸搬运所要求的快慢,以及搬运活动是否与其他物料或有关人员步调一致。这里的三个条件代表前面五项输入数据中的 Q,S 和 T。

(四)各项移动的方法分析

物料移动的分析方法有两种:一种是在某一时间内对物料进行观察,并沿着其整个工艺流程搜集资料(必要时从原料库直到成品库进行追踪),这种分析方法叫作流程分析(编制流程图表),采用这种方法时,要对产品或物料进行分析;另一种方法叫起讫点分析(编制起讫点表),通过观察每项移动的起讫点,搜集其资料,一般每次只能分析一条路线(也可以对一个区域进行观察,搜集整个区域运进运出的一切物料的相关资料及数据)。

一般而言,当产品或物料属于单一品种或品种很少时,可以采用流程分析方法;当产品或物料品种繁多时,可以采用起讫点分析方法。很多情况下,上述两种方法均可采用。有时候流量大的物资,即使品种少,也要采用比较准确但较费时的流程分析方法。

为了简化工作,编制流程图表时,可以采用一些符号来描述物料在加工或转化过程中所发生的情况,这些符号应尽可能把主要情况反映出来,用印好的表格或普通的空白纸进行流程分析。

编制起讫点表同编制流程图表一样,也有两种不同的方法,一种是编制搬运路线表,另一种是编制区域图表。搬运路线表是在路线数目并不太多的情况下适用,如果路线数目很多,可采取每次考虑一个区域的方法来分析各项搬运活动。

为了分析问题的方便,可通过搬运活动一览表形式,把所有主要资料汇集在一张表上,以便全面了解搬运活动过程。在此表内,对每条路线、每类物料和每项移动的相对重要性进行标定。在实际标定中一般采用划分等级方式,对不同的物流量数值进行分级或分组,而不拘泥于其确切数值。在搬运活动一览表上对各项活动的相对重要性进行分级标定时,标定内容可有两种不同情况:一种是标定物流量,这是推荐使用的方法;另一种是标定运输工作量数值。

搬运活动一览表是搬运系统分析方法中的一项重要文件,一般包含下列内容：

（1）列出所有路线，包括每条路线的方向、距离和具体情况；

（2）列出所有类别的物料；

（3）列出各项移动（每类物料在每条路线上的移动），包括物流量、运输工作量、搬运活动的具体情况，各项搬运活动的相对重要性的分级标定等；

（4）列出每条路线，包括总的物流量以及其中各类不同物料的物流量，总的运输工作量及其不同物料的运输工作量；

（5）其他内容，如每项搬运活动中的具体件数等。

四、各项移动的图表化

根据物料和移动的要求提出一种搬运方法时，需要绘制一些能够清楚表示数据资料的图表。在有些情况下，清晰的图表比各种数据资料的文字说明更容易理解，大多数人看图表，比看数据资料和文字材料更易看懂。因此，各项移动的图表化是搬运系统分析程序中一个主要步骤。物流图表化有许多不同的方法，常见的有以下几种。

（一）物流流程简图

物流流程简图能帮助了解物料运动过程和次序。由于这种图没有联系具体的平面布置，不能表达出每个工作区域的正确位置，无法表明距离，因此这种图在分析中只能作为一种中间步骤。

（二）物流图

物流图可以表示各种不同路线上的物料移动情况，并指出物料分类和物流量。由于物流图是画在实际的平面布置图上的，图上标出正确的地点位置，所以物流图很容易表明第几条路线的距离和物流方向。

（三）距离和物流量指示图——坐标图

用水平线表示距离，垂直线表示物流量的坐标图是表示物料移动的另一种图表化方法。这种图表化方法是把移动的距离和物流量用点表明在图表上。具体作图方法是：首先表明物流量和距离的单位，以及它们采用的比例；要使标出的数值能满足最大物流量和最长距离的要求；图中各项表示所用的符号、字母或颜色，要与先前物料分类和分析步骤中规定的相同，每条路线的标号和名称、代号，要与先前规定的相同；对每次移动要画出它的物流量和各自的距离，并标出每个作图点。

第四节 装卸搬运系统方案设计

在对各项物料进行分类，对平面布置中搬运活动进行分析和图表化以后，就可以初步确定具体的物料搬运方法或物料搬运规则,初步设计物料搬运系统。初步设计时,可以根据初步确定的物料搬运方法,编制若干搬运方案,对其做进一步调查对比,使方案更为成熟。

在搬运系统分析中,把制订物料装卸搬运方法叫作"系统化方案汇总"。所谓"系统化"是指按照一套经过精心组织的、具有逻辑联系的步骤程序来进行活动的过程,所谓"方案"是指对具体情况进行基本分析后确定的解决方案,"汇总"是按物料所要求的搬运活动确定搬运方法,把各种搬运方法汇总在一起。

一、物料装卸搬运初步方案的设计和搬运原则

物料装卸搬运初步方案的设计就是确定搬运路线、搬运设备以及运输单元。搬运路线主要有直接型、间接型和中心型。物料能单独从起点到终点的路线称为直接型路线。间接型路线是把各种搬运活动组合在一起,在相同的路线上用同样的设备把各种物料从一个区域移动到其他区域。当物流量大、搬运距离短时,一般采用直接型路线较为经济。

在讨论和制订物料搬运方案时,应遵照以下搬运原则:

(1)规划原则。所有物料搬运和仓储工作的规划,是以获得最大的总体效益为目标。

(2)系统原则。把经营、仓储、生产、包装、发运和销售等方面的搬运活动,连接在一个协调一致的系统中,把所有环节看作一个连接起来的整体来考虑。

(3)"货畅其流"原则。提供一个最佳的物料流动的工作顺序和平面布置,使物料流动通畅。

(4)简化原则。减少、排除或合并不必要的活动和设备,以简化物料搬运系统设计。

(5)重力原则。只要切实可行,就应该尽量利用物料本身的重力来移动物料。

(6)空间利用原则。要最充分地利用建筑物内的面积和空间。

(7)单元尺寸原则。增加单元载荷的装载数量或重量。

(8)机械化和自动化原则。在装卸搬运系统设计时,尽量考虑搬运和储存作业的机械化和自动化,以减轻作业强度。

(9)设备选择原则。在选择装卸搬运设备时,要考虑物料装卸搬运的动作、使用方法和移动路线等方面的问题。

(10)标准化原则。尽量使装卸搬运方法和装卸搬运设备标准化。

(11)适应性原则。要尽量采用能很好地完成各种工作和用途的方法与设备。

(12)自重原则。减少走行式搬运设备的自重与载荷的比率。

(13)利用性原则。有效地利用搬运设备和合理地组织人力。

(14)日常维护原则。要制订所有搬运设备的日常维护计划和定期维修计

划,保证设备的使用寿命。

（15）更新原则。定期进行经济评价,不断引进新技术、新设备,以更新原有的技术和设备。

（16）控制原则。物料装卸搬运工作要改善生产、减少库存和订货,辅助库存控制和生产控制。

（17）生产能力原则。要使装卸搬运设备匹配于生产能力。

（18）效果原则。监督和考核物料装卸搬运系统的工作成效,其效果取决于单件物料所承担的费用。

（19）安全原则。为装卸搬运提供安全的方法和设备。

上述 19 项原则对专门从事物料装卸搬运系统设计的人员是十分重要的,具体设计时,应充分考虑这些原则。

编制搬运方案的方法之一就是填充工作表格,内容包括每条路线上每种物料的路线系统、搬运设备和运输单元等。如果物料品种单一或只有很少几种,而且各条路线的顺序是直通的,那么这种工具表格就很实用。

如果遇到许多路线和多种物料的情况,可以采用"汇总表"来描述物料搬运方法(汇总表相当于搬运活动一览表)。在汇总表上,每条路线填一行,每类物料占一栏;在搬运活动一览表上,记载的是每类物料在每条路线上移动的"工作量",如表 8-1 所示。此外,汇总表中也有用"搬运方法"来取代工作量的,把对每项移动所建议的路线系统、设备和运输单元都填在汇总表的相应格内。

上述搬运方法工作表格的具体格式取决于问题的复杂程度。对于单一产品或单一物料情况,可采用任一实用的工作表格;对于许多搬运活动复杂问题,编制汇总表是记载各种搬运方法的合理方法。

一般情况下,初步规划往往要编制几个方案,应尽可能把所有方案都在表中表示出来,后续再对初步的方案进行修改和淘汰。

表 8-1　搬运活动实例

路线			物料类别					
从—至双向与否	路线距离(m)	路况	液体			固体		
			物流量	物流条件	等级	物流量	物流条件	等级
1—1 至 1—2	20	1	24.087	3	E			
1—1 至 2,双向	81	1	27.562	3	A			
1—2 至 2	27	1	8.875	4	I			
2 至 3	36	1	20.812	3	E			
3 至 4	72	1				21.75	3	E
4 至 7	100	4				0.675	1	O
6 至 12—4	63	3				7.5	1	I
每类物料合计	物流量		81.336			29.925		
	标定等级		A			E		

二、方案的改进与约束

在拟订出若干个初步方案之后,应按照严密的物料搬运标准评价和分析其正确与否,并对其进行综合考量与修正,使其达到最能解决问题的程度。

针对现有的初步方案,除了分析搬运操作本身外,还应考虑物料搬运操作的外界因素,包括生产和仓储工作的协调、物料管理和物料采购、生产计划、仓储管理、发送计划、移动报告等。物料搬运操作和协调的实际问题可分为两大类,一是物料搬运操作的组织和人员安排,二是操作程序、工作计划、信息传递和管理的制定。这里所提的物料搬运方法,不仅要与企业组织相适应,而且不同搬运方法,还要求工人具有不同的技术水平,这样才能达到合理组织设备和人力,实现合理搬运操作的目的。此外,搬运方法是否适应现有用户的操作程序,能否改变现有操作程序,改进的程度如何等,也是需要考虑的。

三、各项需求的计算

对初步搬运方案修改后,就应逐一说明和分析哪些是最有现实性的方案。一般需要制订 2~5 个比较方案,对每一个方案都必须做到:

(1)说明每一种物料在每条路线上的搬运方法;

(2)说明搬运方法以外的任何必须更改情况;

(3)计算需要的搬运设备和人员;

(4)计算需要的作业费用和有关配合使用的费用。

通过上述分析,使经营管理部门和其他人员能够理解可供选择的方案,并对不同方案做出评价。

分析计算设备和人员时,必须注意物料搬运方案能够在不同情况下应用。一般情况下,物流量大小是以平均值为依据的。计算设备时应考虑最恶劣情况,如季节变化或高峰时间段内的最大需求量。为了反映问题的本质,有时也把每一物料搬运方案制作两份,一份是在均等情况下的方案,一份是为了满足最大需求时的方案。

影响设备需要量计算的另一因素是设备的利用程度。在很多情况下,装卸搬运设备的正常使用水平要低于潜在的机器利用率。有时为了安全起见,还需要采用备用设备,备用设备的台数主要取决于工作性质、工作任务以及重要程度。

搬运费用大小是经营管理决策的主要依据。因此,对每一搬运方案必须做出经济评价,即对投资和运转费用进行计算,计算出各种费用的差别。有时直接计算物料搬运费用是很困难的,可通过间接方法取得。

在计算出几个比较方案的需求之后,应对各项需求计算的工作表格进行汇总或整理,得出一份具体方案说明书,一份变动说明,一份所需设备和人员的计算数据说明，一份所需投资和运转费用的一览表。

四、装卸搬运方案的评价

根据上述分析研究形成的若干方案（如方案一、方案二、方案三等），每一个方案都需表达清楚并附有作为依据的计算数据和简要说明。由于每一方案都有它的优缺点，可以通过综合分析评价，从中优选一个方案，并组织实施。

装卸搬运方案的评价一般包括费用比较、无形因素比较两种。

费用比较。根据实践经验，不同方案进行费用比较时，大多会选择资金回收期短、费用最少的方案（有专门要求和限制除外）。

无形因素比较。除了实际费用外，影响搬运方案选择的，还包括一些无形因素，这些无形因素难以确定，但会影响各个方案的选择。无形因素一般包括以下内容：

(1)对生产流程服务的总体性和能力；

(2)搬运方法的适应性和灵活性；

(3)搬运方法是否便于今后拓展；

(4)搬运方法对外部限制条件的影响，是否便于平面布置或建筑物的拓展；

(5)空间利用程度；

(6)工作条件和操作工人是否满意；

(7)是否便于维护和修理；

(8)对产品和物料有无损害；

(9)物流能力，以及能否适应生产需要；

(10)自然条件的影响；

(11)物料搬运组织的适应能力；

(12)仓储设施与工作过程能否协调一致；

(13)与外部运输是否适应；

(14)社会价值。

除了上述两种分析比较外，还可把每个方案的效益和损失列成一张表加以分析，也可通过打分进行分析，即按每个因素的重要程度来打分，最后汇总比较。有时会得到一个综合方案，即汲取了许多好的想法后的方案，从这个角度来讲，评价工作过程有助于方案设计。

第五节　装卸搬运系统的实施

一、影响装卸搬运系统的外界因素

所有特定区域内的装卸搬运活动应充分考虑该区域的物料进出问题。往往一些外部条件的约束,不论其大小或性质如何,其影响力都不容忽视。

随着社会化大生产的发展,外界因素变得越来越重要。现代经营与管理,已把从原料供应开始,经过工厂加工,一直到消费的整个供应链过程作为一个有机整体来考虑。为了寻求最经济的解决办法,必须把组织问题、工序流程、运输和库存方法等紧密联系在一起,作为一个有机整体来考虑。

外界因素对整个装卸搬运活动的影响,除了物料的运进运出,它们的数量、来源和去向、服务或环境,以及时间要求等因素之外,还要考虑这些因素可能会发生的变化,找出是否有改进外部搬运活动的其他方案,会同供应单位、顾客或为第三方物流企业协同制订。密切配合有助于提高物料装卸搬运的效率,降低装卸搬运的成本。

二、装卸搬运方案的实施

装卸搬运方案的实施是整个装卸搬运系统的最后阶段,也是一个独特的阶段。设备的运进运出和吊起等动作,仅仅是实施的一部分,更重要的是实施阶段的准备和收尾,包括设计项目的最后批准,有关设备、零部件的采购,平面布置的配合,公用设施及建筑结构的任何改变等,所有这些比运进运出要花费更多的时间和精力。

在具体方案实施之前,要向有关人员介绍实施方案的情况,使他们对方案有所了解,有助于整个方案的顺利实施。此外,还可以通过一些手段对有关人员进行培训,当然,这主要取决于方案的难易程度和特殊要求。

在方案实施以后,还应当对方案进行总结,看看它是否正确,它的功效是否符合计划的要求,同时还应了解存在什么问题,从而提高物料搬运设计人员的信誉。如果发现方案实施效果不理想,就必须及时分析原因,妥善处理。

第九章 物流节点设施设备规划设计

物流节点作为现代物资流通不可缺少的最主要环节之一,为货物的快速、安全、高效、准确的送达发挥着重要作用。一个高效的现代化物流节点至少包含两部分内容:一是现代化的物流设施设备,二是先进的物流技术和管理手段,二者缺一不可。建设一个现代化、自动化的物流节点,决策者必须认真思考的问题是:选用什么样的设施设备才能满足物流节点高效运作的要求;选用什么样的储存设备才能方便而高效地存取货物;选用什么样的运送设备才能使货物由这个作业区快速、高效、准确地移动到另一个作业区。要使物流节点的作业水平提高,除了要有良好的软件系统外,还要有适用的硬件系统。

第一节 物流设施设备规划设计原则

物流设施设备规划设计的重点是合理配置物流设施设备资源,其总目标是使整个物流系统的人力、物力、财力,以及人流、实物流、信息流得到合理、经济、有效的配置和安排,实现以最小的投入获得最大的效益。具体体现在以下几个方面:

(1)有效利用空间、设备、能源和人员资源;

(2)最大限度地减少物料装卸搬运;

(3)简化作业流程;

(4)缩短作业周期;

(5)力求投资最小;

(6)为作业人员提供方便、舒适、安全和卫生的工作环境。

上述众多目标实际上不可能同时达到最优,有时甚至互相矛盾,必须使用合理的指标对每一个方案进行综合评价,以实现总体目标最佳。

物流设施设备规划设计应遵循下列基本原则:

(1)系统最优原则。运用系统的概念、系统工程的方法实现系统的整体优化。

(2)动态原则。由于生产系统和服务系统的各个环节和要素(人流、物流、资金流、信息流等)都始终处于动态变化之中,因此,必须以动态变化的观点作为设施规划的出发点,贯穿于设施设备规划设计的始终。

（3）柔性原则。要充分考虑系统的柔性生产和服务的需求。

（4）作业环节优化原则。合理规划作业环节，减少或消除不必要的作业，这是提高生产效率和降低消耗的最有效方法之一。只有在时间上缩短生产周期，空间上减少占地，物料上减少停留、搬运和库存，才能保证投入的资金最小，生产成本最低。

（5）反馈原则。现代物流设施设备规划设计是从宏观到微观，又从微观到宏观的反复迭代、并行设计的过程。先进行总体方案布置规划，再进行系统详细设计，详细设计方案又要反馈到总体布置方案中，对总体布置方案进行修正。

（6）人机工效与以人为本原则。重视人的因素，运用人机工程理论，进行综合设计，考虑环境的条件（如空间大小、通道配置、色彩、照明、温湿度和噪声等因素）对人的工作效率和身心健康的影响。

（7）可持续发展原则。从可持续发展的角度出发，在进行系统的规划设计时，充分考虑系统的可持续性、可扩展性等满足长远发展需求的影响要素。

第二节　仓储设施规划设计的概念与方法

一、仓储设施规划设计概念

仓储设施规划设计主要包括需求功能规划、作业需求量规划、设施需求规划、仓储区域作业规划以及仓库系统布局等。对仓库或货栈系统的设计、安装、改造和管理，一般须考虑下列目标：人力利用率最佳，设施利用率最好，面积利用率最高，能源利用率最优，通过能力最大，运营费用最低，最大限度地控制货物损耗，这些目标之间往往会产生矛盾与冲突，因此在仓储系统规划设计与改造中，对各种目标进行优化权衡非常重要。

（一）仓储系统需求功能规划

一般仓储作业区大致包括：存储区、流通加工作业区、退货物流作业区、换货补货作业区、厂房使用配合作业区、办公事务区、劳务性质活动区和厂区相关活动区等。

（二）仓储系统作业需求量规划

根据所需的作业区域，配合各区域的功能及需求运转能量，便可完成各作业区（如装卸平台、储存区等）的基本需求规划。

1. 货物储存区的作业需求能量规划

该规划包括储存区的划分原则、最大货物储存量、储位指派原则、存货管理方法、盘点作业方式、自动化程度要求、存储环境需求、物品特性基本资料、产品品项、物品周转率、物品使用期限、未来需求变动趋势等。

2. 装卸平台的作业需求能量规划

该规划包括进出货物是否相邻和共用平台、物品装卸特性、装卸货物车辆形式、进出频率和回车空间、每辆车装卸货物所需时间、有无装卸货物配合设施、供货商和配送客户数量、进货和配送时段等。

(三)仓储系统设备需求规划

该规划包括作业区的主要设备(如容器设施、储存设施、订单拣取设备、搬运设备、物流周边配合设备等)和辅助设施(如办公设施、计算机及周边设施、劳务设施等)。

(四)仓储区作业规划

在进行仓库作业区规划时,应考虑作业流量、作业活动特征、设备型号、成本与效率等因素,包括收发货区域的作业空间规划、仓储区的作业空间规划、拣货区的作业空间规划、集货区的作业空间规划、通道空间的布置规划、行政区的规划和厂区规划等。

二、仓储设施的选用设计

仓储设施选用设计原则大致包括以下几个方面。

(一)仓储系统物品种类

物流节点储存物品种类多达数十万种,每种物品的发货量、储存方式、拣取单位和包装形式都不一样。因此,必须根据储存单位和拣取单位来区分物品,按出入库量大小进行分类,以便选择适当的储存设备,提高作业效率。

(二)仓储设施的型号选择

一般在选择仓储设施时主要考虑经济性、作业效率及其他综合因素。对物流节点而言,仓储设施是最基本的工作条件。选择仓储设施要考虑的因素有物品特性、搬运设备、出入库量、存取性、库房结构等。最重要的是根据不同保管区域的功能做出适当的安排,例如补货储区的主要功能是补充库存数量,可选用一些高容量的货架;拣货储区的主要功能是提供拣货作业的场地,可选用一些方便拣货的流动货架等,以达到提高作业效率的目的。

仓储设施的选择需要考虑的几个具体因素有:

(1)物品特性。物品的尺寸大小、外形包装等会影响仓储储存单位的选用。由于储存单位的不同,使用的仓储设施就不同,例如托盘货架适用于托盘储放,而箱式货架则适合储箱使用。若外形尺寸特别则有一些特殊的储放设备可选用;而物品本身的自然属性如果有特殊要求,如易腐性或易燃性物品,就需要在储放设备上做防护。

(2)搬运设备。仓储设施的存取作业是依靠装卸搬运设备来完成的,因此选用仓储设施时要考虑装卸搬运设备。货架通道宽度直接影响到叉车类型的选择(配重式还是窄道式叉车),另外还要考虑叉车举升高度及举升能力是否满足库内作业的要求。

(3)出入库量。有些货架虽然可以达到较高的储存密度,但出入库量不高,适于低频率作业。出入库量的高低是非常重要的判断依据,可依此来选用适当的仓储设施。除此之外,还要考虑库存管理方式,比如对库存物品是否有先进先出的要求。

(4)存取性。一般存取性与储存密度是相对的。也就是说,为了得到较高的储存密度,则必须相对牺牲物品的存取性。有些货架虽然可以达到较高的储存密度,但会使储位管理较为复杂。自动立体仓库可以充分利用仓库高度,存取性与储存密度都能够达到较高的水平,但投资成本较高。因此选用何种仓储设施,要综合考虑各种因素,找到一个最优方案。

(5)库房架构。在选择仓储搬运设备时还要考虑库房的梁下有效高度,梁柱位置会影响货架的配置,地板承受的强度和平整度也与货架的设计、安装因素有关,此外选择仓储搬运设备时,还必须考虑消防设施和照明设施的设置要求。

(三)仓储设施的基本设计

当仓储设施的型号选定后,便可进行基本设计。每一种货架虽然不完全相同,但基本上都是根据估计货位数来计算通道数的。在满足出入库作业的前提下,进一步计算整个库存系统规模,考虑对长、宽、高等外形尺寸的要求。

第三节　平面仓库仓储设施规划设计

一、平面仓库仓储作业区规划

不同的仓库作业区域之间存在着不同的关系,包括功能性关系(区域间因功能需求形成的关系)、程序关系(因物流信息所形成的关系)、组织上的关系(部门组织间形成的关系)、环境上的关系(因操作环境、安全问题所需保持的关系)等。合理的仓库空间设计将为仓库运营提供一个良好的基础。一般的仓库,有总体空间的三分之一用于非存储功能,这些空间包括通道、行政区和停车场等其他设施所需要的空间。

仓库区域作业规划的主要内容包括:

(一)收发货区规划

为了使仓库运作更加有效,通常将收发货区分为两个区域设计,即接货区和承运区。货物在进出库时可能需要拆装、理货、检验或暂存待运等,为此应在收发货区平台上预备空间作为缓冲区;同时还应设有衔接外部运输设备的连接通道以及储藏一些设备和托盘的空间。仓库吞吐量的大小是决定收发货区域大小的关键因素。

（二）仓储区规划

存货区是仓库的实际存储空间，是仓库中最大的一个区域。与拣货区一样，需要仔细考虑存储区域的布置。影响仓储区作业空间规划的因素包括进出库方式及作业原则（如一次性作业或单元化作业、货品不落地原则，动作经济原则，减少搬运次数及距离、空间利用原则等）；物品尺寸及数量；包装规格，使用的机械设备的型号、尺寸和旋转半径；托盘、货箱或栈板的外形尺寸，货架空间；廊道宽度、形式、位置及需求空间；建筑尺寸与形式、柱间距离；进出货及搬运位置；堆码方式或保管保养要求；补货或服务设施的位置（防火墙、排水口等）；等等。总之，无论仓储区如何布置，都应先确定存货所占空间的大小、物品尺寸及数量、堆码方式、托盘、货箱或栈板的外形尺寸和货架储位空间。

（三）拣货区规划

分拣作业是仓库作业中最费时的工作，合理布置拣货方式，必将提高整个仓库的效率。一般采用的布置模式有以下几种：储存区与拣货区共用栈板货架整箱拣取模式；储存区与拣货区共用的零星拣货模式，流动栏架的拣货模式，一般货架的拣货模式，利用积层式货架的作业模式；储存区与拣货区分开的零星拣货模式；U形多种少量拣货/补货模式；分段拣取模式的少量拣货模式；拣货区的大小取决于订单的数量和产品的属性，以及搬运物料的设备，其布局对于有效仓库运营和高水平客户服务有着重要的影响。

（四）集货区规划

货物经过分拣出库后，进行集货、清点、检查和准备装车等作业。常见的集货作业方式包括单一订单拣取、订单分区拣取、订单批量拣取。集货区储位的设计要考虑出货装载的顺序性与车辆进出的流畅性。

（五）通道空间的布置规划

通道包括库区通道和仓库内通道（如作业通道、人员和电梯通道、公共设施及消防通道等）。影响通道位置及宽度的因素包括通道形式，搬运设备的型号、尺寸和旋转半径，储存物品的尺寸，储存货物的批量尺寸，容器尺寸与行列空间，防火墙的位置，储存批量尺寸，与进出口及装卸区的距离，地板负载能力，服务区及设备的位置，电梯和斜道的位置，出入方便性，等等。

（六）行政区的规划

行政区的规划主要是指不直接从事生产、物流、仓储或流通加工等部门的规划，一般包括办公室、档案室、会客室、休息室和食堂等。

（七）厂区规划

除了仓库的物流、仓储和行政区外，厂区还包括停车场、保卫室与环境绿化空间等,这些区域的规划也是作业空间规划的内容。

二、平面仓库内部布局设计

仓库的布局设计是对仓库布局模式的选择和仓库内部通道空间、货架位置、配备设施设备等实物进行设计。仓库系统布局要综合考虑物料搬运成本,库房的建筑和维护成本的平衡。仓库合理布局的目的就是充分利用仓库的储存空间,提高存货的安全性,有效利用搬运设备,提高仓库运作效率和服务水平。在这一原则的指导下,根据存储货物的特点、仓库拥有者的财务状况、市场竞争环境和顾客的需求等因素,适时改变仓库的布局。

(一)合理的仓库设计布局应满足的条件

一是适应仓储作业过程的要求,有利于仓储业务的顺利进行。仓储作业过程是指仓库从接收货物开始直到把这些货物完好地发放出去的全部活动过程,由入库、储存、出库三个阶段构成,包括了实物流和信息流两个方面。实物流是指库存物品在仓库内外的流动,按作业流程的先后顺序,主要包括接运、验收、保管、保养、加工、分拣备货、集货、发运、配送等环节。信息流是指与实物流有关的各种单据、凭证、报表、文件、资料、库存货物档案等的填制、核对、传递、保存等。因此,仓库内部布局设计应该以单一的物流流向、最短的搬运距离、最少的装卸搬运环节和最大限度地利用空间为设计目标。

二是有利于节省投资。充分利用现有的资源和外部协作条件,根据设计规划任务和库存货物的性质选择配置设备设施,以便最大限度地发挥其效能。

三是有利于保证安全和职工的健康。仓库建筑必须严格按照"建筑设计防火规范"的规定建设,其作业环境的安全卫生标准要符合国家有关规定。

(二)仓库布局设计遵循的原则

仓库布局设计应遵循的原则包括:储存的物品及作业人员运动距离最小化;面积和空间利用率最大化;方便作业,有利于提高作业效率;有利于作业时间的充分利用和作业环节的有机衔接;有利于充分发挥设备的效能;有利于人员、设备的安全。

(三)仓储系统面积与参数的确定

仓储系统面积是反映仓库规模和仓储系统能力的重要指标,它包括库区面积和仓库建筑面积。

确定仓库面积所要考虑的主要因素包括:物资储备量决定了所需仓库的规模;平均库存量主要决定了所需仓库的面积;仓库吞吐量反映了仓库实物作业量,与仓库面积成正比例关系;货物品种数,在货物总量一定的情况下,品种越多所占货位越多,发货区越大,所需仓库面积也越多;仓库作业方式,机械化作业必须适合相应的作业空间;仓库经营方式,进行流通加工需要加工作业区,开展配送业务需要配货区。

仓库建筑物主要参数是指仓库建筑物的长宽比、高度、层数、占地面积、梁间距、容积、容许库容量、站台和库房门窗尺寸等。

（四）确定仓库主体构造

仓库主体构造分类包括：基础、地坪、地面、骨架构成、立柱、墙体、屋盖、房檐、楼板、窗、出入口、通风装置等。

（五）仓库作业区的主要设备与辅助设施

根据仓库的功能、储存物品、环境要求等因素来确定主要设备与辅助设施的配置。仓库中货物的储存方式主要包括：地面平放式（将保管物品直接堆放在地面上），托盘平放式（将保管物品直接放在托盘上，再将托盘平放于地面），直接堆放式（将货物在地面上直接码放堆积），托盘堆码式（将货物直接堆码在托盘上，再将托盘放在地面上），货架存放式（将货物直接码放在货架上）。仓库货物放置和管理可以采用固定库位存储方式。

在许多仓库中有机械化、电子化的货物分拣装置，以及进行机械化作业的各种叉车、专用设备和工具。因此，仓库布局设计要与分拣装置、装卸搬运设备的配置、安装与作业方法及所需面积等相互协调。

三、平面仓库仓储设施设计原理

无论是手工作业的小仓库还是自动化设施的大仓库，其基本设计原理相似。主要内容包括设计标准、货物流程、搬运技术和积载计划。

（一）设计标准

仓库设计标准应体现实际仓库设施特征和储存货物运动。设计过程中需要同时考虑仓库的楼层数、空间利用计划和货物流程三个因素的影响。仓库的楼层数作为一个普遍性的原则，理想的设计应该为单层建筑，这样能有效避免垂直搬运货物，以提高物料处理作业的效率。仓库设计应该使存储空间利用达到最大化，应该充分考虑楼层最大允许使用的高度，最大限度地利用有效的立体空间。一般仓库高度均在 6～9m 之间，现代自动化多层仓库设施有效高度可达 30.5m 左右。仓库的有效高度受到配套的叉车、货架等物料处理设备安全提升能力，以及防火安全规则的限制。通过货架等设施，可以将货物存放到建筑物的最高限度，尽管在窄小通道里移动和堆积堆垛设备比较昂贵，但是这些设备的使用可能会使系统的总成本得到节省，因为利用高度的成本只是利用建筑物同样水平成本的 1/5，利用建筑物的高度还节省了土地成本。

（二）货物流程

仓库设计应该遵循便于货物穿过仓库连续向前流动这一原则。无论货物是被运进仓库还是实施交叉作业，这一原则都是必要的。一般仓储作业是在仓库建筑物的一端接收货物，并存放于中间，从另一端出库。如图 9-1 所示为仓库平面设计货物流程。货物从上端进库，中间存放，下端提取，装卸出库。这种直线式的货物流程提高了仓储作业效率，将拥堵和冗余降到了最低水平。

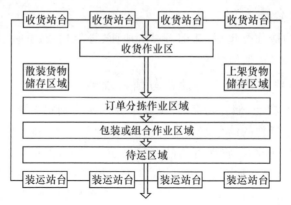

图 9-1　仓库平面设计与货物流程

此外，仓库设计中要注意仓库保管中温湿度、防水、防火、防尘、防鼠、防虫、防盗，以及特种要求（如仓库的外观造型）等。

（三）搬运技术

仓库设计要充分考虑搬运技术的效果和效率，而效果和效率的实现与移动连续性和规模经济有关。移动连续性意味着用一台材料搬运设备（搬运机）进行更长时间的移动，比用几辆搬运机对同样的移动做许多次单独、短距离的分割移动要好得多。可以想象，在搬运机之间交换产品或将产品从一台设备转移到另一台设备上，会浪费作业时间并增加货物损坏的可能性。因此，一般在仓库中首选次数少但距离长的移动。

移动规模经济是指所有仓库活动应尽可能搬运和移动最多的数量。仓库活动指移动诸如托盘或集装箱之类的成组货物（非单件货物），这种成批或成组货物的移动意味着有可能在同一时间必须移动或选择多种产品或订货。尽管该做法必须考虑多种产品或订货，有可能增加单件货物移动的复杂性，但使用这种技术可以减少大量活动并因此降低仓储成本。

（四）积载计划

积载计划是根据库存物的特征、存取搬运要求以及仓库的空间特性绘制的一个计划受载图，因此又称为货物受载图。仓库计划应考虑货物特性，尤其是货物的流量、重量和积载特性。在确定仓库积载计划时，重点关注货物流量。一般而言，销售量大或吞吐量大的货物应置于移动距离最短的位置，如主要通道附近或货架低层货位上，这样可使移动距离最短和所需升降的高度最小；相反，低流量的储存物可以安排在离主通道较远的位置，或堆放在货架高层货位上。

根据货物移动安排的积载计划如图 9-2 所示。

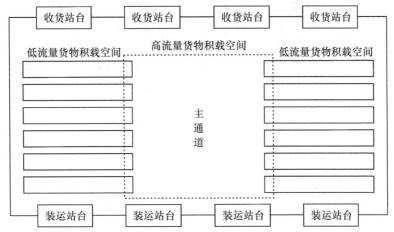

图 9-2 根据货物转移安排的积载计划（虚线框内表示高流量货物积载空间）

积载计划还应包括具体的产品战略,它取决于储存物的重量和积载特征。一般而言,将散装货物或低密度产品置于广阔的积载场地,以便有广阔的空间或高层的堆放架可供使用,相对较重的货物应安排在离地面较低的位置,以便升举重件货物的劳动强度和风险降到最低限度。此外,较小型货物还需要利用货架堆放,而综合积载必须考虑和关注每一种产品的具体特征。

四、几种典型平面仓库内部布置设计

(一)U 形布置(U-shape)

U 形布置图如图 9-3 所示,货物从进货口开始,然后进入仓库中的储存位置,通过拣取后又流动到出货口。因为 U 形布置中物流移动路线合理,进出口码头相邻可使码头资源充分利用,便于越库作业,同时也有利于仓库扩建。因此,仓库设计的首选是 U 形布置。

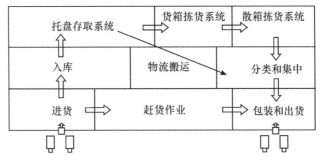

图 9-3 U 形布置仓库设计

(二)直进穿越式布置(straight-thru)

直进穿越式布置非常适合纯越库作业,也便于解决高峰时刻同时进出货的问题,如图 9-4 所示。

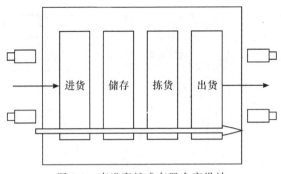

图 9-4　直进穿越式布置仓库设计

（三）模块化干线布置（modular-spine）

模块化干线布置适合于大型仓库和物流中心，可以在仓库中设计连续补货模块、越库作业模块，以及周转速度较慢的模块等，如图 9-5 所示。

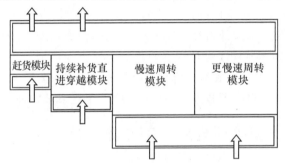

图 9-5　模块化干线布置仓库设计

五、平面仓库的内部布局与功能设计

一般根据库房（区）的建筑形式、面积大小、库房楼层或固定通道的分布和设施设备状况，结合储存物品需要的条件，将储存场所划分为若干库区，每一库区再划分为若干货位，每一货位固定存放一类或几类数量不等、保管条件相同的物品。基于经营规模与实力，根据客户不同进行分类储存，这样便于管理。

库区可根据场地和仓储、配送对象的具体情况进行规划，一般可分为入库处理区、货物储存区、拣货处理区、理货区、加工包装区（增值服务处理区）、出货区等。

（一）仓库内部布局应考虑的问题

（1）仓库的布局应以便于产品的流动为基本原则。仓库布局和物料处理系统是一个有机的整体。在进行仓库布局时，需要特别考虑接收和装载货物的物流节点位置、数量与需求设计。

（2）针对客户的要求满足特殊的物料处理作业的需要。从仓库的系统管理方面来看，应该在整个仓库中采用同一种规格的托盘，基于货物的包装箱和堆放模式的分析，来决定最适合操作的托盘的尺寸。总的来说，在一定距离移动时，托盘的装载量越大，单位重量或单位包装的物料处理费用就越低。在对托盘进行定位时，最普遍的做法是采用 90 度直角的方式放置，即将托盘被放在与走道垂直的位置上。

（3）根据搬运设备确定和落实仓库布局。货物流动的路径和速度要视物料处理系统而定。仓库有许多种布局方式，这里用图 9-6 所示的布局来说明物料处理系统和仓库布局的关系。图 9-6（a）的仓库布局展示了一个地面设计几乎是正方形的仓库布局，利用叉车进行货物的入库作业或库存转移的操作，用拖车协助订单分拣作业，箭头表示货物分拣作业流向。这种布局方式是假设货物都是通过托盘装运的，货物应该放置在仓库中某个特定的位置来进行订单分拣作业，分拣作业的区域在图中用标签标出。这样做的目的主要是使订单分拣人员在进行订单装配作业时所必须移动的距离最小，从而提高工作效率。订单分拣作业区需要来自库存区域的支持。当货物到达时，货物被装进托盘并移入存储区域备拣，分拣作业区则根据需要补进库存。在分拣作业区中，需要根据货物的重量、批量和补给速度来对货物所在的位置进行分配，以尽可能地减少运出的位移。

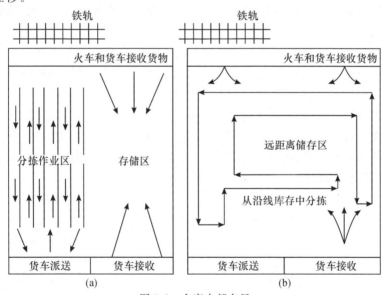

图 9-6　仓库内部布局

图 9-6（b）的仓库布局展示了一个地面设计是矩形的用叉车进行货物运入和转移的物料处理系统，箭头表示主要货物的运动，实线表示拖索运动的路径。订单分拣作业中用到了一个连续的拖索。在一个使用连续拖索的系统中（图 9-6a 仓库布局中的分拣区域在这里被直接从仓库中进行分拣作业所代替），货物从接货区移到与拖索临近的库存区域，操作人员根据订单的要求直接从库存中进行分拣作业，并把订货装上货车，小货车被拖索拉着绕仓库运动。需要存储的货物被放置在特定的位置，尽量减少运入活动。固定拖索的缺点在于，在相同的速度和频率下它利于货物的选择，但是却不适应高流动性货物的特殊要求。

仓库内部布局是否合理,将对仓库作业的效率、储运质量、储运成本和仓库盈利目标的实现产生很大的影响。仓库内存货的位置会直接影响到仓库内所有货物的总搬运成本,企业应追求物料搬运成本和仓库利用率之间的平衡。对仓库进行内部设计时,特别需要考虑利用储存空间和拣货的问题。为此,下面着重阐述货物存储区、拣货处理区、通道等的设计,以及货位的布置问题。

(二)货物存储区的设计

如果仓库的周转率低,那么首先要考虑货物储存区的布局设计。仓储的货位可以又宽又深,堆码高度可达货物稳定放置所允许的范围,但货位间的通道可能很狭窄。这种形式的布局假定对仓储空间的充分利用可以补偿货物进出储存区所需额外花费的时间,且有盈余。但是,随着存货周转率的提高,就需对这种布局进行某种方式的改进,堆码高度将降低,通道趋于变宽,这样利于缩短摆放和拣货所需时间,使物料搬运成本保持在合理的水平。因此,要科学确定所用货架的数量、摆放方向,以及货架上的货位数量。

(三)拣货处理区的设计

由于通常的仓储物流模式是货物入库单位多于出库单位,因此,拣货处理问题就成为仓库布局的主要决定因素。

履行订单所花费的时间与收货和存储货物所花费的时间不成比例。最简单的拣货布局设计就是利用现有的存储区域,只有在必要时才调节堆码高度、调节存货位置和货位尺寸,以提高效率。若仓库货物周转率高,且定点履行时需要拆装,那么存储货位既要满足存储要求,又要满足拣货需要,可能会导致物料搬运成本过高,仓容利用率过低,也就是在履行订单的过程中,由于货物在仓库内搬运的距离较长,耗费的时间也较长,成组化装运的货物被拆散,按顺序摆放和堆码的货物减少。

另一种区域布局方案是根据存储货位在仓库中的主要功能来设计,称为改良的区域系统设计。在这种布局设计方案中,指定仓库的某些区域为拣货处理区,围绕拣货处理需要和尽量减少订单履行中的移动时间来设计;同时,制定另一些区域为货物存储区,围绕着存货的需要和充分利用仓容量来设计。存储货位用于半永久性货物的储存。若拣货处理区的存货减少,就用存储区的存货来补足。但是,大件、散装货物除外,这些货物仍在存储区拣选,所有成组装运的货物都应在拣货处理区拆散。拣货货位要比存储货位小,通常只有两个托盘那么深,或者货架大小仅有存储区货架的一半。拣货处理区堆码的高度以人工可及为限。将拣货处理区和存储区分开,可使员工履行订单所需的行走时间、服务时间最大限度地减少。

(四)通道设计

通道是根据搬运方法、车辆出入频度和作业路线等因素决定的,根据进出库商品的外形尺寸、品种和周转量以及所选定设备的作业特点来决定通道宽度与条数。通道设计应以直线为原则,并形成最佳作业路线和实现最小的空间占用率。

通道包括库区内外通道,库内通道包括运输通道(主通道)、作业通道(副通道)、检查通道、人行通道、电梯通道和公共设施及消防通道等。

(五)通道宽度设计

仓库通道宽度设计主要需要考虑托盘尺寸、货物单元尺寸、搬运车辆型号及其转弯半径的大小等参数,同时,还要考虑货物堆存方式、车辆通行方式等因素(如图 9-7 所示)。

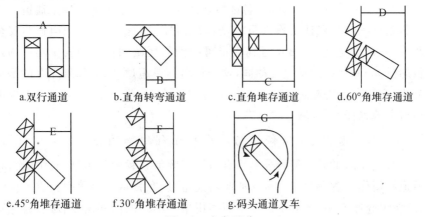

a.双行通道　　b.直角转弯通道　　c.直角堆存通道　　d.60°角堆存通道

e.45°角堆存通道　　f.30°角堆存通道　　g.码头通道叉车

图 9-7　仓库通道

根据物料的周转量、外形尺寸和库内通行的运输设备来确定通道宽度。物料周转量大、收发较频繁的仓库,其通道应按双向运行的原则来确定(双向通道),其最小宽度可按下式计算:

$$B = 2b + C$$

上式中,B 为最小通道宽度,单位为 m;b 为运输设备宽度(含搬运物料宽度),单位为 m;C 为安全间隙,一般为 0.9m。

货架的通道宽度根据物料尺寸和放进取出操作方便等条件来确定。采取人工存取的货架之间的通道宽度,一般为 0.9~1.0m,货堆之间的通道宽度,一般为 10m 左右。

运输通道连接进出口和各作业区域,供装卸运输设备在库内运行,其宽度主要取决于装卸运输设备的类型、外形尺寸和单元装载的大小。用手推车搬运时通道宽度一般为 2.0~2.5m;当汽车和移动式起重机入库,其宽度应为 3.6~4.2m,若安装了桥式起重机,则可将宽度压缩到 1.0~1.5m;当铁路专用线入库,其宽度不应小于 4.5m;在单台设备通行的情况下,采用自动堆垛机时宽度为 1.4m,采用三向叉车时宽度为 1.8m,采用前移式叉车时宽度为 2.8m,采用平衡重式叉车时宽度为 4.5m,用小型叉车搬运时,宽度一般为 2.4~3.0m。

作业通道是主通道连接各作业区的通道:供作业人员存取搬运商品的行走通道,一般垂直或平行于主通道,其宽度取决于作业方式和货物大小。当人工

存取货物时,其宽度可以按下式计算:

$$a = b + l + 2c$$

上式中,a 为作业通道的宽度;b 为作业人员身体的宽度;l 为货物的最大长度;c 为作业人员活动余量。

若使用手推车进入作业通道作业,则通道宽度应视手推车的宽度而定。检查通道是供仓库管理人员检查货物时的行走通道,其宽度只要能使仓库管理人员自由通过即可,一般为 0.5m 左右。人行通道是只用于员工进出的特殊区域,宽度通常为 0.75~1.0m;电梯通道用于出入电梯,宽度至少与电梯相同。

在对仓库内部进行设计时,各区域之间应预留安全通道。安全通道是指在发生紧急情况时为保证工作人员安全撤离而预留的空间。安全通道与安全出口相连,其最小宽度>0.8m;任何人员可达到的区域到最近的安全出口的距离不得超过 50m;如果通道是死胡同,这个距离不得超过 25m;如果库存的是易燃物品,这个距离不得超过 10m。安全通道用橘红色标出,任何时间都不得在安全通道上放置任何物品。

(六)通道宽度、货垛倾斜与库内平面利用率的关系

一般仓库内平面布置可分为垂直布置与倾斜布置两种类型,其中倾斜布置中通道倾斜优于货垛倾斜。货垛的倾斜式布置,在货垛与墙角间造成不少的死角,浪费了仓库面积,降低了仓库平面利用率。不同的倾斜角度,所需通道宽度及库内平面利用率如表 9-1 所示。

表 9-1　通道宽度和库内平面利用率

货垛对通道的倾斜角(°)	90°	60°	45°	30°
通道宽度(m)	3.53	2.77	2.31	1.84
库内平面利用率(%)	71	67	63	57

(七)仓库内部货位的布置

对整个仓库进行分区,设置库区名称和位置大小后,就可以设置货位了。货位是指仓库中货物存放的具体位置,在库区中一般按地点和功能进行划分,用来存放不同类别的货物。货位的设计要方便货物的组织和货物的出入库管理。

1. 储位的规划与分配

储位即货物储存的位置。为了方便管理,仓储配送中心的每个储位都应进行编码并输入仓储管理系统(WMS)。编码一般由通道编号、货架编号、列数、层数等要素构成。通道编号一般采用英文字母,其他的采用阿拉伯数字;储位编码的位数视储位多少而定;通道编号、货架编号、列数、层数须用醒目的字体制成标牌,悬挂、粘贴在相应位置。

在仓储作业中,要求每一货物托盘上应放置一张储位卡,所谓储位卡就是在每个储位上设置的用以反映所存货物情况的卡片,主要用于记录所存货物的

名称、存取时间及存取数量、批号及结数,每次存取货物的时间和数量均须在储位卡上记录。采用出入库手工操作时,储位卡是有效的库存管理工具。

2.货位布置方案

仓库货位布置有两种方案:一是托盘堆码式,二是托盘式货架系统。实际工作中应根据具体情况来选择货位布置方式。

在仓库设备中,货架是指专门用于存放物品的保管设备。在物流系统中,货架起着相当重要的作用,仓库管理现代化与货架种类、功能的发展有着直接的关系。随着工业现代化的迅猛发展,物流量的大幅度增加,实现仓库的现代化管理,货架的数量不仅要充足,而且要求货架具备多种功能,能满足机械化、自动化存储作业的要求。

使用货架所带来的好处体现在:可充分利用仓库空间,提高库容利用率和存储能力;物品存取方便,便于清点及计量,做到先进先出;存放物品互不积压,损耗小,确保物品的完整性,减少破损;可采取防潮、防尘、防盗、防破坏等措施,提高存储质量;有利于实现仓库的机械化及自动化管理。

货架系统是物流技术发展的成果,但并不意味着货架系统适用于所有的仓库。货架的选择是仓储系统长期运营战略的一部分,货架系统设计应遵循一系列原则:①货架选择之后就不能随意更改,否则会给物流运营方式造成障碍;②货架系统要有较高的仓储管理水平,必须有较好的 WMS 支持;③对于物品品种繁多且保质期要求较高,或者较重物品的存储,一般不建议采用货架系统储存;④货架系统对仓库建设标准的要求比平面仓库要高,从而带来设计的难度和建筑成本的增加;⑤货架系统一般一次性投资较大,需要价值昂贵的升高叉车相配合等。

是否选择货架系统用于仓库物品的存放,要将货架的优缺点与实际情况结合起来,进行权衡选择。若仓库储存能力可以满足目前需求,尚有部分货位空闲,且储存货物种类不多,而选用货架系统还需较大的投资时,就应该采用托盘堆码式保管货物。

仓库的内部布局要结合实际,随时调整,做到"专而不死,活而不乱"。此外,为应对特殊情况,库房还要预留一定的机动货位,可避免固定库区因超额储存不能安排而到处乱放的问题,能够随时接收计划外入库,还可作为物品盘点、整理等场地所用。

第四节　自动化立体仓库规划设计

一、建立自动化立体仓库的意义

自动化立体仓库(automated storage and retrieval system,AS/RS)是在不直接进行人工处理的情况下能自动存储和取出物料的系统,它由高层货架、巷道堆垛起重机(有轨堆垛机)、入出库输送机系统、自动化控制系统、计算机仓库管理系统及其周边设备组成,可对集装单元货物实现自动化控制与管理,广泛应用于大型生产性企业的采购件、成品件仓库,柔性自动化生产系统(FAS),流通领域大型流通中心,物流配送中心等,是物流机械与计算机技术的完美结合,这种结合使物资的控制和管理实现了实时化、一体化和协调可持续。此外,计算机之间、数据采集点之间、机械设备的控制器之间,以及它们与计算机之间的信息,可以及时地汇总,仓库计算机及时地记录订货和到货时间、显示库存量,计划人员可以方便地做出供货决策,知道正在生产什么、订什么货、什么时间发什么货,管理人员可随时掌握货源及需求。

历史和现实已经充分证明,作为先进的仓储技术,自动化立体仓库的使用能够产生巨大的经济效益和社会效益,主要体现在以下几个方面:

(1)由于使用了高层货架存储货物,存储区可以大幅度地向高空发展,充分利用仓库地面和空间,节省了库存占地面积,提高了空间利用率。目前世界上最高的立体仓库高度已达 50 米,立体仓库单位面积的储存量可达 7.5 吨/平方米,是普通仓库的 5~10 倍。

(2)采用计算机管理储存,可以实现货物的先进先出原则,防止货物的自然老化、变质、生锈或发霉。

(3)集装化的存储也有利于防止货物搬运过程中的破损。

(4)仓储作业完全实现机械化和自动化,运行和处理速度快,提高了劳动生产率,降低了操作人员的劳动强度。采用自动化技术后,能较好地适应黑暗、有毒、低温和污染等特殊场合的需要。如国内已有的冷冻物品自动化仓库和存储胶片的自动化仓库,在低温和完全黑暗的库房内,由计算机自动控制,实现货物的出入库作业,从而改善了工作环境,保证了安全操作,使企业物流更趋合理化。

(5)计算机能够始终准确无误地对各种信息进行存储和管理,减少了货物的处理和信息处理过程中的差错;同时,能够有效地利用储存能力,便于清点和盘库,合理减少库存,加快资金周转,节约流动资金,从而提高仓库的管理水平。

(6)使用自动化立体仓库,可以促进企业的科学管理,减少浪费,保证均衡生产;仓储信息管理的及时准确,便于企业高层随时掌握库存情况,根据生产及市场情况及时对企业规划做出调整,提高了生产的应变能力和决策能力;同时,使用自动化立体仓库,可以提高操作人员素质和管理人员的水平,从而带动企业其他部门人员素质的提高。

二、自动化立体仓库规划设计流程

(一)搜集研究原始资料

企业建设立体库的必要性分析。根据企业的生产经营方针,企业物流系统的总体布置和流程,分析立体仓库在企业物流系统中的位置、功能和作用。

根据企业的生产规模和水平,以及立体库在整个物流系统中的地位,分析企业物流和生产系统对立体库的要求,并考虑企业的经营状况和经济实力,确定立体库的基本规模和自动化水平。

调查拟存货物的品名、特征(例如易碎、怕光、怕潮等)、外形及尺寸、单件重量、平均库存量、最大库容量、每日入出库数量、入库和出库频率等,以便确定仓库的类型、库容量和出入库频率等。

了解建库现场条件,包括气象、地形、地质条件、地面承载能力、风及雪荷载、地震情况以及其他环境影响等。

调查了解与仓库有关的其他方面的条件,例如入库货物的来源及入库作业方式,进、出库门的数目,包装形式和装卸搬运方法,出库货物的去向和运输工具等。

(二)确定仓库的结构类型和作业方式

立体仓库一般由建筑物、货架、理货区(整理和倒货区域)、管理区、配套机械等部分组成,确定仓库的结构类型就是确定各组成部分的结构组成,如:

(1)建筑物的特征:原有还是新建,高层还是低层,等等。

(2)货架的结构和特征:库架合一或库架分离式,横梁式或牛腿式,焊接式或组合式等。

(3)理货区的面积和功能:与高架区的位置关系,所进行的作业性质,配备的设施,等等。

(4)堆垛机械的类型:有轨巷道式堆垛机、无轨堆垛机、桥式堆垛机和普通叉车等。

(5)配套设备的类型:配套设备主要指那些完成货架外的出入库搬运作业、理货作业以及卡车的装卸作业等的机械和设备,包括叉车、托盘搬运车、辊子输送机、链条输送机、升降台、有轨小车、无轨小车、转轨车以及称重和检测识别装置等,对于一些分拣仓库,还配备有自动分拣和配货的装置。配套设备的类型应根据立体库的规模和工艺流程的要求确定。

(6)最后,根据工艺要求,决定是否采用拣选作业。如果以整单元出库为主,则采用单元出库作业方式;若是以零星货物出库为主,则可采用拣选作业方式,并根据具体情况,确定采用"人到货前拣选",还是"货到人处拣选"。

(三)确定仓库主要参数

1. 货物单元的形式、尺寸和重量确定

货物单元是指进行出入库作业和储存的集装单元,由集装单元化器具和货物两部分组成。因为单元式立体仓库是以单元化搬运为前提的,所以确定货物单元的形式、尺寸及重量显得尤为重要。一般需要确定两个方面的内容:集装单元化器具的类型、货物单元的外形尺寸和重量。

立体库常用的集装单元化器具有托盘和集装箱，以托盘最为常见。托盘的类型又有许多种，如平托盘、箱式托盘、柱式托盘和轮式托盘等，一般要根据所储存货物的特征来选择。采用堆垛机作业时，不同结构的货架，对托盘的支腿有不同的要求，在设计时尤其要注意。

为了合理确定货物单元的尺寸和重量，需要对所有入库的货物进行 ABC 分类，以流通量大而种类较少的 A 类货物为重点管理对象，选择合适的货物单元的外形尺寸和重量。对于少数形状和尺寸比较特殊以及很重的货物，可以单独进行储存。例如，汽车上的前桥、后桥、车身等大件，形状不规则，尺寸又大，难以形成单元，就不一定非要与其他零件同入一个立体仓库。它们的储存问题可以用推式悬挂输送机或者其他方式单独处理。

2. 穿梭货架机器人配套设备的主参数确定

穿梭货架机器人负责在立体货架上移动货物，具有运行速度高，定位准确，性能稳定，安全监测等特性。配套设备的配备应根据系统的流程和工艺统筹考虑，并根据立体库的出入库频率、货物单元的尺寸和重量等，确定各配套机械及设备的性能参数。对于输送机，则根据货物单元尺寸确定输送机的宽度，根据立体库的频率要求确定输送机的速度。

总体设计时，要根据仓库的规模、货物的品种、出入库频率等，选择最合适的机械设备，并确定其主要参数；根据出入库频率，确定各个机构的工作速度；根据货物单元的重量，选定起重、装卸和堆垛设备的起重量；对于输送机，则根据货物单元尺寸，确定输送机的宽度，确定使整个系统协调工作的输送机速度。

3. 仓库总体尺寸确定

确定仓库的总体尺寸，关键是确定货架的长宽高总体尺寸。立体仓库的设计规模主要取决于其库容量，即同一时间内储存在仓库内的货物单元数。如果已经给出库容量，就可以直接应用这个参数；如果没有给出，就根据拟存入库内的货物数量，出入库的规律等，通过预测技术来确定库容量；根据库容量、货物单元尺寸和所采用的作业设备的性能参数，以及其他空间限制条件，即可确定仓库的总体尺寸。

（四）确定仓库的总体布置方案

立体仓库的总体尺寸确定后，便可进一步根据仓库作业的要求进行总体布置。主要包括立体仓库的物流模式、高架区的布局方式和入出库输送系统的方式等。

（五）选定控制方式

立体仓库的控制方式，一般可分为手动控制和自动控制两种。手动控制方式设备简单，投资小，对土建和货架的要求也较低，主要适用于规模较小，出入库频率较低的仓库，尤其适用于拣选式仓库；自动控制是立体库的主要控制方式。根据控制层次和结构不同，立体库的自动控制系统可分为三级控制系统和二级控制系统,一般由管理级、监控级和直接控制级组成(二级控制系统由管理级、控制级组成),可完成立体库的自动认址和自动程序作业,适用于出入库频率较高、规模较大的立体仓库,特别是一些暗库、冷库或生产线中的立体仓库,可以减轻工人的劳动强度,提高系统的生产率。

(六)选择管理方式

立体仓库的管理方式一般可分为人工台账管理和计算机管理两种方式。台账管理方式仅适用于库存量较小,品种不多,出入库频率不高的仓库。在自动化立体仓库中,一般都采用计算机管理,与自动控制系统结合,实现立体库的自动管理和控制,是立体仓库管理的主要方式。在总体设计阶段,要根据仓库的规模、出入库频率、生产管理的要求、仓库自动化水平等方面的因素,综合考虑选定立体仓库的管理方式。

(七)提出土建、公用设施的要求

在总体设计时,还要提出对仓库的土建和其他公用设施的要求:(1)根据货架的工艺载荷,提出对货架的精度要求;(2)提出地面需要承受的载荷以及对基础均匀沉降的要求;(3)确定对采暖、采光、通风、给排水、电力、照明、防火、防污染等方面的要求。

(八)投资概算

分别计算立体仓库各组成部分的设备费用、制造费用、设计及软件费用、运输费用、安装及调试费用等,综合得到立体仓库的总投资费用。

(九)进度计划

提出立体仓库的设计、制造、安装、调试以及试运营的进度计划,并提出立体仓库的监督和检验措施。

第十章 物流节点信息系统规划设计

第一节 物流信息的功能与特征

一、物流信息的内容与功能

从广义上看,物流信息不仅指与物流活动相关的信息,也包含与其他流通活动相关的信息,如商品交易信息和市场信息等。商品交易信息是指与买卖双方的交易过程有关的信息,如销售和购买信息、订货和接受订货信息、支付货款和收到货款信息等。市场信息是指与市场活动有关的信息,如消费者的需求信息、竞争者或竞争性商品的信息、商品促销活动信息、交通通信等基础设施信息等。

在现代经营管理活动中,物流信息与商品交易信息、金融信息、市场信息等,相互交叉、融合,密不可分。例如,零售商根据对消费者需求的预测以及现有的库存状况,制订订货计划,向批发商或直接向生产厂家发出订货信息;批发商在接到零售商的订货信息后,首先确认现行库存水平能否满足订单要求,再向物流部门发出发货配送信息。若发现现有库存水平不能满足订货要求,则马上向生产厂家发出订单;生产厂家接到订单之后,如果发现现有库存不能满足订单要求则马上组织生产,再根据订单上的数量和时间要求,向物流部门发出发货配送信息。因此,广义的物流信息不仅能连接从生产厂家、批发商和零售商,到最终消费者的整个供应链过程,而且在应用现代信息技术,如 EDI、EOS、POS、GPS/GIS 等的基础上,能实现整个供应链活动的效率化,即利用物流信息,对供应链各个企业的计划、协调、顾客服务和控制活动,进行更有效的管理。

狭义上的物流信息,是指与物流活动(如仓储、运输、配送、装卸搬运、包装、流通加工等)有关的信息。在物流活动的管理决策中,对于运输工具的选择、运输路线的安排、每次运送批量的确定、在途货物的追踪、仓库的有效利用、最佳库存数量与库存时间的计算、订单管理、如何提高顾客服务水平等,都需要详细和准确的物流信息,因为物流信息对运输管理、库存管理、订单管理、仓库作业管理等物流活动,具有决策支持保障的功能。本章讨论的物流节点信息就属于狭义上的物流信息范畴。

正由于物流信息具有上述功能,物流信息在现代经营战略中占有越来越重要的地位。信息对物流表现的重要性，在历史上并没有得到过充分的重视。这种疏忽起因于缺乏适当的技术来产生所需要的信息，管理部门也不太赏识和深刻理解，迅速和准确的信息交流是如何改善物流活动的。历史上的这些缺陷在互联网、局域网、管理系统、控制系统等信息技术高速发展的今天，都已被一一排除，目前的信息技术能够处理绝大多数所需信息识别、输入输出、处理各个环节的各种要求。一旦需要，人们随时都能获得基于实时的信息。通过建立网络平台的物流信息系统，迅速、准确、及时、全面地掌握物流信息，这是现代流通企业获得竞争优势的必要条件。

二、物流节点信息的特征

物流节点信息是指反映物流节点各种活动内容的知识、图像、数据、文件的总称。物流节点信息是物流节点活动的各个环节生成的信息，它是随着物流节点活动而产生的信息流，与物流节点中的装卸、搬运、储存、保管、流通加工、包装备货、计划配送等各种职能有机结合在一起，对整个物流节点活动顺利进行有着重要作用。

物流节点信息是物流系统内部，以及物流系统与外界相联系的重要消息，物流从一般活动成为系统活动就依赖于信息作用。如果没有信息，物流只是一个单项局部活动，只有靠信息的联结与反馈，物流才成为一个有组织、有反馈的系统活动。

与其他信息相比，物流节点信息的特征是：

（1）信息涉及面宽，信息量大。物流节点信息随着物流活动以及商品交易活动展开而大量发生。多品种少批量生产和多频度小数量配送使库存、运输等物流活动的信息大量增加。零售商广泛运用了 POS 系统读取销售时点的商品品种、价格、数量等即时销售信息，并对这些销售信息加工整理，通过网络向相关企业传送。同时为了使库存补充作业合理化，许多企业采用电子订货系统（EOS 系统）。随着企业间合作倾向的增强和信息技术的发展，物流信息的信息量在今后将会越来越大。

（2）信息动态性强，更新速度快。物流节点信息的更新速度快。多品种少批量生产、多频度小数量配送、利用 POS 系统的即时销售使得各种作业活动频繁发生，从而要求物流节点信息不断更新，而且更新的速度越来越快。

（3）信息种类多，来源多样化。物流节点信息不仅包括物流节点内部的物流信息（如生产信息、库存信息等），而且还包括企业间的物流信息和与物流活动有关的基础设施的信息。企业竞争优势的获得需要供应链各参与企业之间相互协调合作。协调合作的手段之一就是信息即时交换和共享。许多企业实现了物流信息标准化和格式化，利用网络在相关企业间进行传送，实现信息分享。另外，物流活动往往利用道路、港湾、机场等基础设施，为了高效率地完成物流活动，必须掌握与基础设施有关的信息。

第二节 物流节点与外界的信息交换

一、物流节点与供应商的信息交换

(一)电子数据交换(EDI)

物流节点与供应商之间的信息交换广泛采用电子数据交换方式,因为这种方法能及时准确地在不同企业间按照一定的标准传送有关业务的信息。电子数据交换通过电子方式,采用标准化格式,利用计算机网络进行结构化数据的传输和交换。

EDI 技术是指不同的企业之间为了提高经营活动的效率,在标准化的基础上通过计算机联网进行数据传输和交换的方法。EDI 的目的是通过建立企业间的数据交换网,实现票据处理、数据加工等事务作业的自动化、省力化、及时化,同时通过有关销售信息和库存信息的共享,实现经营活动的效率化。需要指出的是,企业在应用 EDI 时,不仅应关注在供应链参与各方之间信息的及时性和准确性,更重要的是如何利用这些信息来实现企业各自的经营目标和实现整个供应链活动的效率化。EDI 的主要功能表现在电子数据传输和交换、传输数据的存证、文书数据标准格式的转化、安全保密、提供信息查询、提供技术咨询服务、提供信息增值服务等。FORTUNE 杂志评选出的全球 500 家大型企业,都应用 EDI 系统与它们的主要客户和供应商交换商业信息。

物流 EDI 是指货主、承运业主以及其他的相关单位之间,通过 EDI 系统进行物流数据交换,并以此为基础实施物流作业活动的方法。

EDI 最初由美国企业应用在企业间的订货业务活动中,其后 EDI 的应用范围从订货业务向其他业务扩展,如 POS 销售信息传送业务、库存管理业务、发货送货信息和支付信息的传送业务等。近年来,EDI 在物流中得到广泛应用。物流 EDI 的参与单位,由货主(生产厂商、贸易商、批发商、零售商等)、承运业主(如独立的物流承运企业等)、实际运送货物的交通运输企业(铁路企业、水运企业、航空企业、公路运输企业等)、协助单位(政府有关部门、金融企业等)和其他的物流相关单位(如仓库业者、专业报关业者等)组成。物流 EDI 的框架结构,如图 10-1 所示。

物流 EDI 的优点在于,供应链组成各方基于标准化的信息格式和处理方法,通过 EDI 共同分享信息、提高流通效率、降低物流成本。例如,对零售商来说,应用 EDI 系统可以大大降低进货作业的差错率,节省进货商品检验的时间和成本,能迅速核对进货和到货的数据,易于发现差错。

(二)电子订货系统(EOS)

电子订货系统是指不同组织利用通信网络和终端设备,以在线连接方式进

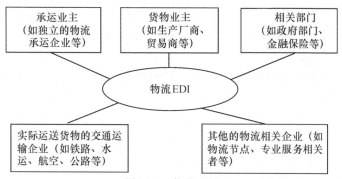

图 10-1　物流 EDI

行订货作业与订货信息交换的体系。EOS 按应用范围可以分为企业内的 EOS（如连锁店经营中各个连锁分店与总部之间建立的 EOS 系统），零售商与批发商之间的 EOS 系统，零售商、批发商和生产商之间的 EOS 系统。

EOS 系统能够及时准确地交换订货信息，它在企业物流管理中的作用，体现在以下几方面：

（1）对于传统的订货方式，如上门订货、邮寄订货、电话、传真订货等，EOS 系统可以缩短从接到订单到发出订货的时间，缩短订货商品的交货期，减少商品订单的出错率，节省人工费。

（2）有利于减少企业的库存水平，提高企业的库存管理效率，同时也能防止商品特别是畅销商品缺货现象的出现。

（3）对于生产厂家和批发商来说，通过分析零售商的商品订货信息，能够准确判断畅销商品和滞销商品，有利于企业调整商品生产和销售计划。

（4）有利于提高企业物流信息系统的效率，使各个业务信息子系统之间的数据交换更加便利和迅速，丰富企业的经营信息。

应用 EOS 系统时应注意下述问题：

（1）订货业务作业的标准化，这是有效利用 EOS 系统的前提条件。

（2）商品代码的设计。在零售行业的商品管理方式中，每一个商品品种对应一个独立的商品代码，商品代码一般采用国家统一规定的标准。对于统一标准中没有规定的商品则采用本企业自己规定的商品代码。商品代码的设计是应用 EOS 系统的基础条件。

（3）订货商品目录账册（order book）的制作与更新。订货商品目录账册的设计和运用是 EOS 系统成功的重要保证。

（4）计算机、订货信息输入输出终端设备的添置，以及 EOS 系统设计，是应用 EOS 系统的基础条件。

（5）需要制订 EOS 系统应用手册，协调部门间、企业间的经营活动。

二、物流节点与用户的信息交换

物流节点与用户的信息交换主要是通过销售时点信息系统（POS）完成的。

所谓销售时点信息系统是指在销售商品时通过自动读取设备直接读取商品销售信息,并通过通信网络和计算机系统,传送至有关部门进行加工分析,以提高经营效率的系统。

在商品上贴上条码就能快速、准确地利用计算机进行销售和配送管理。其流程如下:商品销售结算时,通过光电扫描读取并将信息输入计算机,然后输进收款机,收款后开出收据。同时,通过计算机处理,掌握进、销、存的数据。销售时点信息系统是信息的基础采集系统,是整个商品交易活动或物流活动信息传输的基本环节,通过销售时点信息系统,基础信息可以不遗漏地、不失真全部收集。销售时点信息系统具有以下功效:

(1)基础信息采集。这是 POS 系统的主要功能,它能及时地从源头采集整个物流活动的基础信息,可以说是物流信息最基础的工作。

(2)提高数据采集效率。这个系统由于采用了自动读取的设备进行数据的采集和读入,可以大大提高工作效率,尤其是数据量比较大时,这个系统的数据采集的优势就更加突出,它可以瞬间完成复杂数据的读取和采集。

(3)提高管理水平。利用 POS 系统,可以使管理工作从分类管理上升到单品管理,尤其对精细物流系统而言,后续的仓位管理、自动存取货物的管理等都要以这种单品的信息采集为基础。

(4)提高统计效率。通过计算机网络,利用智能化的信息处理手段,可以使非常烦琐的统计工作、统计分析工作通过计算机自动生成。这样一来就使过去物流工作中容易出现差错和造成时间延误的环节变得准确而通畅。

(5)延伸管理领域。采用 POS 系统,在对物流对象管理的同时,还能实现物流环节和工作人员的管理。

以前,销售时点信息系统主要用于零售业,现在正逐步扩大到金融、旅馆等服务性行业,利用 POS 信息的范围也从企业内部扩展到整个供应链。

以零售业为例,POS 系统的运行由以下五个步骤组成:

(1)店面销售商品都贴有表示该商品信息的一维条码、二维条码、射频码、磁卡码等识别码标签。

(2)在顾客购买商品结账时,收银员使用扫描终端,自动读取商品识别码上的信息,通过店铺内的计算机的后台系统,确认商品单价,计算顾客购买总金额等,同时返回给收银机,打印出顾客购买清单和付款总金额。

(3)各个店铺的销售时点信息,通过 VAN 在线连接方式及时传送给总部或物流节点。

(4)物流节点和店铺利用销售时点信息,进行库存调整、配送管理、商品订货等作业。通过对销售时点信息进行加工分析,掌握消费者购买动向,找出畅销商品和滞销商品,以此为基础,进行商品品种配置、商品陈列、价格设置等方面的操作。

(5)在零售商与供应链的上游企业(批发商、生产厂家、物流业者等)结成战略协作伙伴关系条件下,零售商利用 VAN 在线连接的方式把销售时点信息及时传送给上游企业,这样上游企业可以利用销售现场的最及时准确的销售信息,制订经营计划,进行科学决策。

第三节　信息管理对物流节点的影响

物流和信息流之间的关系是密不可分的。现代通信技术和网络技术的发展和应用,使得跨地区的信息及时交流和传递成为可能,加之无线宽带技术、计算机信息技术的发展,网上支付(如支付宝、微信、网上转账等)已经成为现实,使物流商在较大范围动作,构建跨区域、跨时域的物流信息网络。

一、建立新型的物流节点供需关系

现代信息技术使物流节点企业,通过与其顾客和供应商之间的网络信息平台,构筑商流、资金流、信息流的新型供需关系,在商品采购、客户服务、库存等方面产生有效影响。

(一)对商品采购的影响

在信息时代,企业在网上寻找合适的供应商,从理论上讲具有无限的选择性。这种无限选择的可能性,将导致市场竞争的加剧,带来供货价格降低的好处。但是,所有的企业都知道频繁的更换供应商,将增加资质认证的成本支出,面临较大的采购风险。

因此,作为应对竞争的必然对策,从物流企业的立场来看,应积极地寻求与供应商建成稳定的渠道关系,并在技术、管理或服务等方面与制造商结成更深度的战略联盟。同样,供应商也会从物流的理念出发,寻求与合格的物流企业建立一体化供应链。作为利益交换条件,供应商和物流企业之间将在更大的范围内和更深的层次上实现信息资源共享。

例如,LOF 公司是德国一家玻璃制造商,在建立信息共享机制后,将其产品承运人的数目从 534 位减少为 2 位:一家物流服务公司为其安排所有的货运事项,另一家物流公司则为其提供第三方付款服务,负责用电子手段处理账单信息。LOF 公司不仅可减少每年运费 50 万美元,而且消除了 7 万件文案。

事实上,电子商务(如 EDI,EOS)对商品采购成本的降低,主要体现在诸如缩短订货周期、减少文案和单证、减少差错和降低价格等方面。因此,虚拟空间的无限选择性,被现实市场的有限物流系统即一体化供应链所覆盖。

(二)对客户服务的影响

1. 要求客户服务的个性化

只有当企业对客户需求的响应,实现了某种程度的个性化服务时,企业才

能获得更多的商机。因此,可以从以下几个方面入手:

(1)要求企业网站的主页设计个性化。除了视觉感官的个性化特点外,最主要的是网站主页的结构设计应当是针对特定客户群的。这里要把握一个原则,即"并不是把所有的新衣服都穿在身上就一定漂亮"。所以,传统市场营销学对客户细分和对市场细分的一般性原则和方法,仍然是企业设计和变换网站主页的基本依据。

(2)要求企业经营的产品或服务的个性化。专业化经营仍然是企业在信息时代发展的第一要义。企业只有专业化经营,方能突出其资源配置的优势,向客户提供更细致、更全面、更个性化的服务保证;同样,按照供应链增值服务的一般性原则,把物流服务分成基本的和增值的两类,并根据客户需求的变化,进行不同的服务营销组合,方法是适用的。

(3)要求企业对客户追踪服务的个性化。信息时代客户需求的个性化增大了市场预测的离散度,发现客户个性化服务需求,主要依赖对客户资料的搜集、统计、分析和追踪。虽然从技术层面讲并没有什么困难,但是还要涉及文化的、心理的、法律的等诸多方面,因此建立客户档案并追踪服务本身,就是一项极富挑战性的工作。

2. 要求客户服务即时互动

要求在客户咨询服务的界面上,能保证物流节点与客户间的即时互动,网站主页的设计不仅要宣传本企业和介绍相关服务,而且要与客户一起就服务内容的设计、服务方式、收费标准、特殊服务、质量、售后服务等进行一对一的交流,帮助客户拟订服务的可得性解决方案,帮助客户下订单,使客户真正体会到物流服务的价值。

(三)对库存的影响

一般认为,信息系统的采用增加了物流系统各环节对市场变化反应的灵敏度,可以减少库存,节约成本,相应的技术手段也由准时制管理(JIT)、物料需求计划(MRP)等,转向配送需求计划(DPR)、重新订货计划(ROP)和自动补货计划(ARP)等基于需求信息做出快速反应的决策系统。从物流观点来看,这实际是借助于信息系统在供应链中对库存进行了重新安排。

库存在供应链中总量是减少的,但结构上将沿供应链向上游企业移动,即经销商的库存向制造商(供应商)转移,制造商的库存向供应商(原料供应商)转移,成品的库存变成零部件的库存,零部件的库存将变成原材料的库存。

供应链的一体化不仅要分享信息,而且要分享利益。比如,最著名的虚拟企业耐克公司,准备开始改用电子数据交换(EDI)方式与其供应商联系,直接将成衣的款式、颜色和数量等条件以 EDI 方式下单,并将交货期缩短至 3～4 个月,它同时要求供应布料的织布厂,先到美国耐克总公司上报新开发的布样,由设计师选择合适的布料设计为成衣款式后,再下单给成衣厂商生产,而且成衣厂商所使用的布料也必须是耐克公司认可的织布厂生产的。这样一来,织布厂必须提早规划新产品供耐克公司选购,由于布料是买主指定的,买主给予成衣厂商订布的时间缩短,成衣厂商的交货期也就越来越短,从以往的180天缩短为120天甚至90天。显然,耐克公司的库存压力减轻了,但成衣厂商为了提高产品的可行性,就必须对织布厂提出快速交货的要求,织布厂面临要么增加基本原材料的库存,要么投资扩大其新产品的开发能力,导致织布厂的成本必然增加,它要求分享一体化的利益也是合情合理的。

二、改变产品或服务的流通方式

(一)以顾客为核心的物流服务理念

当代市场营销要识别顾客需求,利用各种资源满足顾客的需要。实际上,顾客需求比产品或服务更重要,产品或服务只有在已定位并可获得时,才对顾客有意义,数量相对于利润来说是次要的。物流业只有适应上述理念才能获得成功。物流过程必须满足顾客的时间效用需求和地点效用需求,确保顾客定时、定量、定点的服务需求。因此,当代物流活动的产出,就是优质的顾客服务。国外学者通过多方面的研究认为,顾客服务可以看作一种管理理念和绩效水平的活动。把顾客服务看作管理理念,是强化了市场营销以顾客为核心的重要性,把顾客服务看作一种绩效水平的活动,意味着对顾客服务要有控制能力,表明顾客服务是可以精确衡量的。

此外,物流增值服务也体现在以顾客为核心的服务理念中。增值服务观念与基本服务能力中所涉及的物流活动有着重要的区别。增值服务系指独特的或特别的活动,使厂商们能通过共同努力提高效率和效益。增值服务的范围涉及大量刺激性的物流活动,即以顾客为核心的服务,以促销为核心的服务,以制造为核心的服务,以时间为核心的服务等。利用物流服务能力获得竞争优势,其实质就是尽力提高顾客满意度,为顾客提供更多的增值服务,这一切都取决于现代信息处理技术的快速发展与应用,是物流服务业今后的一个发展方向。

(二)电子商务的发展使物流功能强化

电子商务的快速发展,导致产业结构重组。产业重组的结果使得社会上的产业只剩下两类行业:一类是实体业,包括制造业和物流业;一类是信息业,包括广告、订货、销售、购买、服务、金融、支付和信息处理业等。在实体业中,制造业与物流业两者相比,制造业功能会逐渐弱化,物流业则会逐渐强化。

制造业会越来越弱化的原因是:随着经济的发展,绝大多数产品供大于求,即使一个产品暂时短缺,由于高科技和高生产力水平,再加之趋利竞争,这个产品产量会迅速上升,很快由短缺变为剩余。所以,越往后,就越难找到一个公司能长期不变地只生产其固有的产品。而且,随着人们生活水平的提高,人们的需求越来越个性化、高档化,商品的生命周期越来越短,制造公司的产品就必须越来越迅速地适应市场需求变化,今天生产这个产品,说不定明天就改为另外的产品;今天这个公司还能存在,说不定明天就不复存在了。于是出现柔性公司,其基本特点是:公司的组织结构是由一些最基本的功能单元按产品生产的需要临时结合起来,能随时根据产品品种规格、产量的变化而变化。随着这种公司的增加,特别是虚拟公司的增加,制造业的公司实体不得不随时变化,时大时小,时此时彼,甚至时存时亡,从而出现越来越弱化的现象。

物流业功能会越来越强化,这是因为:在电商和网络环境下,消费者在网上虚拟商店购物,并在网上支付资金,现实的商店、银行没有了,而物流公司不但不能缺少,反而任务加重了。它不但要把虚拟商店的货物送到用户手上,而且还要从生产公司及时进货入库,物流公司既是生产公司的仓库,又是用户所需实物的供应者,如图10-2所示。

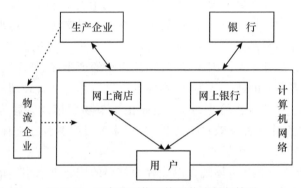

图 10-2 电商和网络环境下物流运行情况

从图10-2可以看出,在电商和网络环境下,随着绝大多数的商店、银行虚拟化,商务事物处理信息化,生产公司柔性化,整个市场剩下的就只有实物流处理工作了。物流公司成了代表所有生产公司及供应商对用户唯一最集中、最广泛的实物供应者,是进行局域市场实物供应的唯一主体。可见电商和虚拟网络环境把物流业提升到了前所未有的高度,各种网上交易和贸易的发展为物流业提供了空前的发展机遇。

第四节 物流节点信息系统规划

物流节点的信息流始终伴随着各项物流活动。当作业区域及基本作业程序建成时,通过对物流节点全体事务流程的分析,便可进行信息系统框架结构及其主要功能系统的规划。当相关物流设备和周边设施的规划实际完成之后,便可配合设备管理和控制要求,进行信息系统的详细设计。以下就物流节点信息系统功能规划和系统框架结构建立进行阐述。

一、信息系统功能规划

在完成了物流节点的作业程序分析及其设备规划之后，可根据各项作业功能特性，以及物流节点主管部门的管理要求，规划物流节点信息系统的功能。具体功能如下：

（1）采购与销售功能：以商业活动的相关业务为主，如订单处理，采购定价和市场分析等。

（2）仓储保管功能：以仓储作业相关的业务为主，如进、销、存资料管理，储位管理和库存管理等。

（3）运输配送功能：以配送运输的车辆调度和指派工作为主，如拣货计划、配派车辆、路线规划等。

（4）信息服务功能：提供完整的管理信息分析，如成绩管理、决策分析和资源计划等。

就现代化物流节点而言，信息系统的功能不再是只处理作业信息，而是向业绩管理和决策支持分析的高层次发展。为此，在规划物流节点信息管理系统功能框架时，应基本包括如下六个单元：①采购进货管理系统；②销售发货系统；③库存储位管理系统；④财务会计系统；⑤运营业绩管理系统；⑥决策支持系统。

图 10-3 所示为物流节点信息管理系统功能模块结构，主要功能模块分述如下：

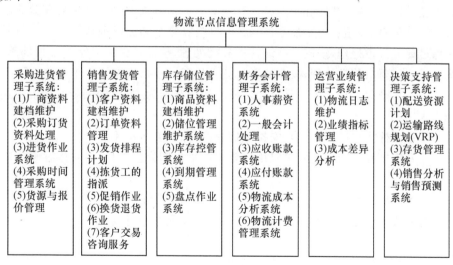

图 10-3　物流节点信息系统功能模块结构

（1）采购进货管理子系统。货品入库是物流节点实际物流的起点，必须自采购单发出开始，就应该掌握真实信息，该子系统一般要求包括以下功能：

①厂商资料档案。包括供货厂商的基本资料、交易形态（如买断、代理、委

托配送等)、交货方式和交货时间等。

②采购定货资料管理。以采购作业和预定交货资料为主,包括供货厂商、预定交货日期等基本资料。

③进货作业系统。除了进货验收核实工作之外,还要考虑是否有进一步管理要求。如制造日期和到期日期的核对、入库堆垛托盘的标准要求、进货标签处理等。此外,还要考虑实际进货品项、数量和日期等信息和预定交货信息的差别。

④采购时间管理系统。必须对采购物品、交货时间和预定交货期的准确性进行管理。

⑤货源与报价管理。对于货品取得商源、替代品和厂商报价等记录做定期维护管理。

(2)销售发货管理子系统。要求提供完整精确的发货信息,以供发货作业之用,并及时对业务员、产品计划、储运经理及用户提供发货信息。为此要求系统功能有:

①客户资料建档。根据地理和交通路线特性对用户进行配送区域划分。根据用户所在地点及交通限制情况,决定选派适合用户的配送车辆的类型;说明用户的建筑环境(如地下室,高楼层)和设施不足造成卸货困难的特点;有无收货时间的特别要求。

②订单资料处理。在订单资料输入计算机之后,如何有效地汇总和分类,是拣货作业和派车的关键。如预订送货日期管理。在订单状态的管理中,一旦订单进入物流节点,其处理状态将一直随着作业流程而移动。订单处理分为输入、确认、汇总、发货指令、拣货、装车、用户验收签字和完成确认等步骤。订单汇总是单一订单处理,按用户路线特性分批处理,按配送区域或路线分批处理,按流通加工要求分批处理,按车辆型号分批处理和按批量拣货条件分批处理。

③发货排程计划。主要是以用户要求送货日期为主进程,核对库存量配送作业。

④指派拣货程序。主要是安排拣货,打印拣货单和发货单。

⑤发货排程计划。主要是以用户要求送货日期为主进程,核对库存量配送作业。

⑥指派拣货程序。主要是安排拣货,打印拣货单和发货单。

在上述作业之后是指派车辆工作和用户交易信息服务,进一步开展促销活动。

(3)库存储位管理子系统,功能包括:

①商品资料建档。建立商品的基本信息资料、包装特性、包装规格、储存环境特性和进货有效周期等信息。

②储位管理维护系统。根据储区和储位的配置,记录储位存储内容,储位单位及相对位置信息资料等。

③库存控管系统。要求系统会处理进、销、存资料和进出库记录。此外,进一步实现库存量、订单保留量、运输途中的在途量和剩余库存量等商品的动态管理。

④到期管理系统。要求此系统实现对产品进货日期、发货有效周期、物品先进先出原则、过期或即将过期的产品分析和处理等一系列管理。

⑤盘点作业系统。这个系统包括库存冻结作业、盘点表单打印、盘点资料输入处理、盘点分析、盘点盈亏调整、库存解冻作业等。

(4)财务会计管理子系统。该系统功能包括如下几个方面:

①人事薪资系统。包括人事档案,工资统计和打印、银行计算转账等项目。

②一般会计处理。通过采购进货、销售发货、库存等系统,把有关进出货物资料转入财务系统,制作会计总账、分类账和各类财务报表,此外还具有现金管理和支票管理等功能。

③应收账款系统。主要是把订单资料和发货资料转入应收账款系统,并可实现已收款项统计,到期管理,催款管理和用户信用记录分析等功能。

④应付账款系统。主要是把采购资料和进货资料转入应付账款系统,实现已付款项统计和到期管理等功能。

⑤物流成本分析系统。如:(a)物流作业定量分析,包括对物流作业量的整理分析,入库作业人数、入库量、出库作业人数和发货量等作业信息收集分析;(b)科目分类,包括会计科目、作业阶段、商品及订单、成本分摊条件下的成本指标分析,求出各种条件下的物流成本;(c)物流直接费用分析,从财务会计的相关科目中求出与物流量有直接关系的费用科目,如输送费、包装费、保管费等,从而求出各阶段的主要物流成本。

⑥物流计费管理。系统根据物流成本分析快速准确地求出用户计费账单。这些费用包括仓储保管费、配送处理费、运输费等。还可根据不同的用户、区域、订货量、发货单位、紧急发货等建立不同的计费标准。

(5)运营业绩管理子系统。这个系统功能包括如下几个方面:

①物流日志。对每个物流作业区货物进出量、时间、作业人数,以及每一天订单的完成状态、完成率和错误率等信息进行日常收集和管理。

②业绩指标管理。主要任务是定期收集各项运营数据,进行各项运营业绩的比较分析,如订单延迟率、退货率、缺货率、拣误率和存货周期率等。

③成本差异分析。根据历史资料和作业程序分析制定物流作业标准成本,定期进行成本差异分析,加强对物流成本的控制和管理。

(6)决策支持系统。为使现代化物流节点具有策略性的竞争力,现代化物流节点的决策支持系统应具备如下功能:

①配送资源计划。在物流配送作业及接单过程中,应对库存量、人员、设备和运输车辆等资源进行确认。必须掌握人数、车型、载重量、各车的可调度时间和车辆运输时间等信息,从而进行最有效的调度,实现最佳决策支持。

②运输路线规划。根据用户要求送货时间、地区位置、卸货条件、车辆型号、物流节点位置、交通路线和各时间段的交通状况等因素,进行配送车辆指派和运输路线的规划。随着物流业和城市环境的发展,企业可应用全球卫星定位系统及地理信息系统等信息科学技术,实现车辆指派和路线规划的最优化。

③存货管理系统。要求这个系统以降低库存量为目标,分析制定最佳订货时点、安全库存量水平和库存周转率,缩短交货的前置时间,分类分项管理各物品。并根据货物价值、发货规模和货物性质,计算出库存量管理水平,实现在有限成本内发挥较大的管理效益。

④销售分析与销售预测系统。分析订单增长趋势和季节变化趋势,并对用户的地区、阶层和订购习惯等进行销售分析。此外,还对未来的需求变化、库存需求、物流成本和投资成本等进行预测分析,及时向经营管理者提供决策支持信息。

二、物流节点信息系统框架结构

根据对物流有关作业流程的规划、设备选用和信息系统功能的确定,可以建立一个如图 10-4 所示的物流节点的信息系统框架。

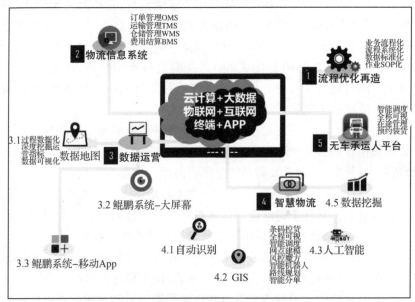

图 10-4　物流节点信息系统框架示例

(1)信息控管系统框架图。在规划物流节点信息管理系统时,应考虑到物流节点系统功能的发展和自动化设备升级情况。如信息控管系统应与自动识别系统、计算机辅助拣货系统、掌上型终端、分类输送机等控制系统相适应,具有在线信息收集和相关作业监控管理功能。

(2)信息网络系统框架图。在规划物流节点信息系统时,应考虑未来物流节点的发展规模、地区特性、与供应商及用户之间信息系统的界面链接形式,从而建立现代化的信息网络系统框架。应用这种信息网络系统可减少企业之间订单资料的重复性,实现无纸化、效率化和准确化的信息资料传输。随着无线宽带的普及,网络传输信息和电子商务的应用将更加大众化。

第五节 物流节点信息系统设计

一、物流节点信息系统的要求

信息系统是物流节点的重要组成部分,它必须满足现代化物流节点建设运营的要求:(1)从本质上提高对顾客的各种信息服务质量;(2)满足市场竞争商品组成变化和顾客需要变化;(3)快速反映物流节点运转各工序的作业指示;(4)快速输入输出物流系统各工序信息;(5)提供有利于企业营业活动的信息;(6)降低企业运营成本。

二、物流节点信息系统的设计步骤

图 10-5 为物流节点信息系统的设计步骤。

设计序号		1	2	3	4	5	6	7	8	9	10	11	12	13	14	15	16	17	18	19	20
设计步骤		基本设计→作业系统设计→详细设计····┼····→实验设计····┼····→综合试运转																			
信息系统设计	1.基本设计	■	■	■	■	■															
	2.系统详细设计						■	■	■	■	■										
	3.程序详细设计											■	■								
	4.程序制造													■	■						
	5.单体试验														■	■					
	6.程序结合试验																■	■			
	7.综合试运转																	■	■	■	

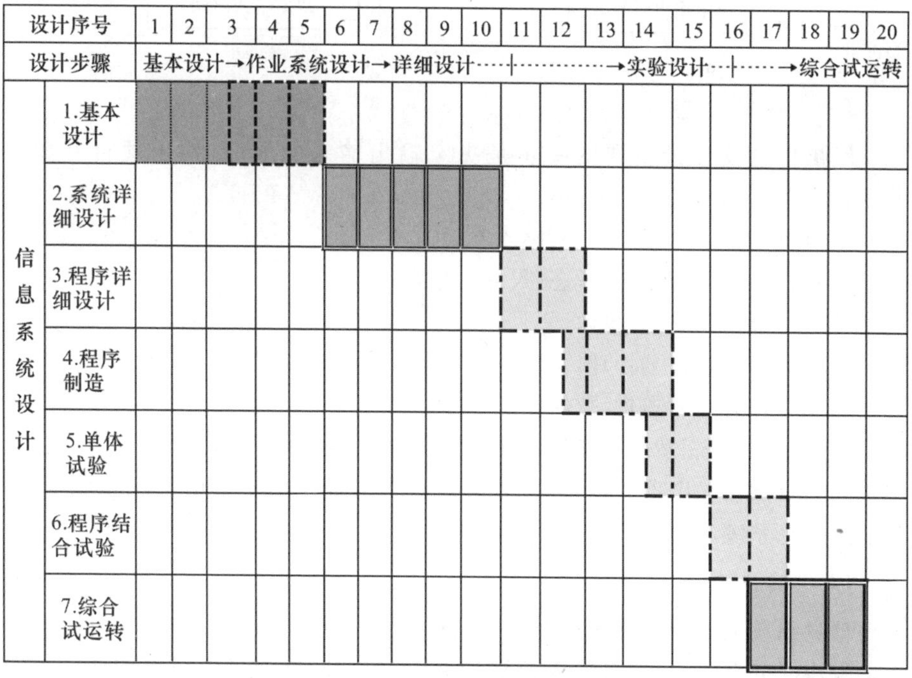

图 10-5 物流节点信息系统设计步骤

信息系统的设计离不开对信息系统设计规模的确定。所谓信息系统的设计规模,是以现状调查和设计要求得到的数据作为信息系统的需求,并进行数量化。根据信息量及数值化的实际情况可以确定主计算机的型号规格、显示器台数、打印机台数,以及线路能力大小和机种等。

例如,一般作为系统设计规模的要求如下:(1)系统的开始启动时间(年月日);(2)信息关联机器的能力(5年后的能力);(3)各工序的设计值;(4)订货件数(件/日);(5)发货传票数(枚/日);(6)发货能力(吨/日);(7)处理项目数;(8)项目条款;(9)每时传票的位数(位数/时)。

三、信息系统输入输出设计

分析设计作业系统时,必须熟悉什么工序需要什么样的数据或信息,明确各工序或作业现场的输入输出,是通过什么样的计算机和软件来实现的。这需要参考作业系统的流程图。输入输出流程图如图10-6所示。

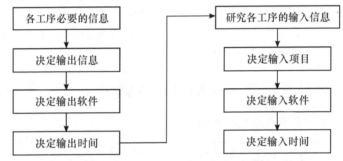

图 10-6 输入输出流程

(一)输出信息

输出信息设计最重要的一步是决定输出输入的顺序,输出项目有如下几项:

(1)输出名:实际在库表、实际入库表。

(2)输出项目:商品名、货态(尺寸)、数量。

(3)输出范围:账簿、界面。

(4)输出时间:日、周、月。

(5)输出图像:线图化、数值化。

订货系统、出库系统和发货系统的输出设计,可参见表10-1至表10-3。表中所列为一般性输出项目,实际上各企业有自己独特的输出项目,不同企业物流节点信息系统的输出项目是各不相同的。

(二)输入信息

信息系统数据录入常常费时费力,还容易出错。若是手工输入项目,当输入量较小时问题不大;如果输入数据量大,不但费时间而且错误率较高。故应利用各种手持终端(条码、射频码),实现自动化、半自动化、信息数据录入。

表 10-1　订货管理系统输出信息

输出名	项　目	区分	时　间	内　容
1. 实际订货的商品	(1)商品名　(2)货态　(3)数量 (4)重量　(5)占全部订货比例 (6)一日平均重量(月报表时)	账票 界面	(1)日　(2)月 (3)旬　(4)累计	一览表
2. 前一年同月的商品比较表	同上	账票	(1)月 (2)半期	一览表
3. 商品逐年推算表	同上	账票	(1)月 (2)半期	曲线图
4. 顾客对商品实际订货	(1)顾客名　(2)商品名 (3)货态　(4)数量 (5)合计　(6)占全体比例	账票 界面	(1)日　(2)月 (3)半期　(4)期	(1)按 ABC 顺序 (2)订货数量 (3)线图化
5. 前一年同月顾客订货比较	同上	账票	月	(1)一览表化 (2)对顾客的服务信息
6. 各区商品订货	(1)地区名　(2)商品名 (3)数量　(4)地区合计 (5)占全体比例	账票 界面	月	线图化
7. 顾客实际订货	(1)店名　(2)商品名 (3)货态　(4)数量	界面	随时	
8. 时间段商品订货件数	(1)时间带　(2)订货件数	账票 界面	(1)日 (2)月	坐标图形化

表 10-2　在库管理系统输出信息

输出名	项　目	区分	时　间	内　容
1. 出库计划	(1)各制品(代码,品名) (2)数量(个数,箱数)	界面	日	一览表
2. 实际出库	(1)订货出库量的发展图表(代码,品名) (2)出库(%) (3)数量(个数,箱数)	界面	随时	线图化
3. 各出库时间的配送计划	(1)配送路线　(2)车辆 (3)顾客名　(4)商品名 (5)数量　(6)出库时间	界面	随时	一览表
4. 出库状况	对订货量的出库进度	界面	随时	线图化

表 10-3　发货系统输出信息

输出名	项　目	区分	时　间	内　容
1. 从不同批发商进货的在库表	(1)商品名　(2)批发商 (3)数量(个数)　(4)金额 (5)占全部量的比例	账票 界面	(1)日 (2)随时	批发商库存一览表
2. 不同仓库的在库表	(1)仓库　(2)制品名 (3)数量(个数) (4)按 ABC 进行分类	账票	月	文字,数字一览表
3. 与前一年同期的在库比较表	(1)买入商品名 (2)在库量(个数、托盘)	账票	(1)半期 (2)期	坐标图表

输出名	项目	区分	时间	内容
4. 制品在库一览表	(1)制品名 (2)数量	界面	随时	文字，数字一览表
5. 向不同进货商的发货表	(1)品名 (2)数量	账票	(1)日 (2)月	数量、顺序一览表
6. 各种商品在库天数	(1)品名 (2)在库量、在库数目	界面	随时	

四、物流节点信息系统概要设计

(一)确定物流节点业务范围和信息系统的功能范围

必须清楚物流节点信息系统应该完成哪些具体业务，如果业务内容不清楚则设计内容也是糊涂的。因此，开始设计信息系统时就应该确定业务范围及业务流程。用简单的业务流程图，就可让全体人员理解和确认物流节点的信息系统的业务范围和功能范围。

(二)物流节点信息系统的硬件组成设计

(1)功能分配。它指物流节点信息系统的功能模块划分。

(2)数据文件的概念设计。按照上述功能要求，应用软件满足上述功能要求。为使物流节点计算机功能强大，主计算机必须具备 master 功能，即具备追加和修正系统功能。

(三)软件组成

(1)物流节点软件系统的功能范围。为使物流节点有机地运转，首先应确定物流节点软件系统的功能范围，该功能大小取决于对物流节点的能力需求。能力要求不同，相应的软件系统差异很大。

(2)软件系统的种类。软件系统组成是使物流节点运转的核心。实际上，各企业根据本企业特点，开发独特的应用软件系统，作业系统能够通过应用软件自动得到各种所需信息数据。

图 10-7 显示了主计算机和物流节点计算机的区分和业务分工情况。

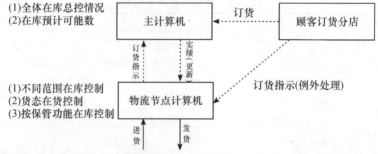

图 10-7　主计算机和物流节点计算机的区分和业务分工

第十一章 物流节点规划设计的成本分析

本章主要从降低物流节点成本的角度,对物流节点规划设计的成本管理进行分析。

第一节 物流节点成本管理概述

一、物流节点成本管理概念

(一)物流成本管理的特征

企业产品成本一般由生产成本、销售成本两大部分构成,产品生产成本包含直接材料成本、直接人工成本和制造费用三个方面。其中,直接材料成本是指构成产品的主要材料、辅助材料、电力的成本,直接人工成本是指直接参与生产该产品的工人工资及福利成本,制造费用是指为生产该产品参与的管理人员工资及福利、设备房屋折旧、车间办公费用等。产品销售成本包含办公费用、折旧费、差旅费、招待费、工资及福利等。

物流成本是指物流活动中所消耗的物化劳动和活劳动的货币表现,其成本主要由运输成本、仓储管理成本、配送成本、客户服务成本、流通加工成本、包装成本、订发货处理与信息管理成本等部分组成。从企业产品成本构成分析,可以看出,物流成本时至今日,还没有能够提到企业会计制度的高度,因而还不可能纳入企业常规管理的范畴之内。因此,对于生产企业而言,物流成本管理还是一种管理的理念,而没有转化成管理行为。物流成本管理理论重于运作的主要原因是,如果不从根本上改变企业部门和职能的结构,就无法单独形成物流成本的相关科目,物流成本总是和其他成本混杂在一起,许多成本项目是混杂在其他的科目之中,只有当企业进行深入的核算和深入财务活动分析时,才可能将物流成本完全分离出来。

要把物流成本列入常规的财务会计制度的科目之中,需要重新建立财务会计制度,目前要做到这一点较为困难。物流成本与其他成本相比较,有许多不同之处,其中最突出的两点是物流冰山现象和效益背反现象。

(1)物流冰山现象(如图11-1所示)。物流冰山现象是日本早稻田大学西泽修教授在研究有关物流成本问题时所提出的一种比喻。他认为,在企业中,绝大多数物流活动发生的费用,是被混杂在其他费用之中,而能够单独列出会计项目的,只是其中很小一部分,这一部分是可见的,常常被人误解为它就是物流费用的全部,其实它只不过是浮在水面上的、能被人所看见的冰山而已。

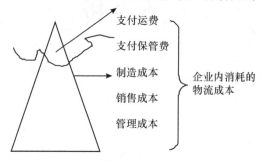

图11-1　物流成本冰山理论

(2)物流效益背反现象。效益背反现象是物流成本的另一个特征,物流成本的发生源很多,亦即物流成本发生的领域往往在企业里面分属于各个不同的部门管理,这种部门的分割,使相关的物流活动无法进行整体协调与优化,在物流活动中,一种功能成本的削减会使另一种功能的成本增加,也就是说出现了此消彼长、此损彼益的现象。因为物流活动是个整体,必须考虑整个系统成本最低,而非局部或某个环节的节约,这就要求从物流系统高度,寻求总体的最优化。

(3)成本削减的乘数效应。物流成本的控制,对企业利润的增加具有显著作用,这可以从物流成本削减的乘数效应中看出。假设销售额为100万元,物流成本为10万元,如果物流成本下降1万元,就可增加10万元的收益。由此可见物流成本的下降,对企业经济利益的巨大影响。

(4)物流成本中的非可控现象。物流成本中有不少是物流部门不能控制的,如保管费中包括了过多进货或过多生产而造成积压的库存费用,以及紧急运输等例外发货的费用。

(5)物流成本计算方法的不统一。对物流成本的计算和限制,各企业通常是分散进行的,也就是说,各企业根据自己不同的理解和认识来把握物流成本,这样就带来了一个管理上的问题,即企业间无法就物流成本进行比较分析,也无法得出行业平均物流成本值。例如,不同企业的物流外包程度是不一样的,由于缺乏相互比较的基础,无法真正衡量各企业相对的物流绩效。

从上述物流成本的基本特征可以看出,对于企业来讲,要实现物流现代化管理,首要的是全面、准确地把握企业整体物流成本,也就是说,要削减物流成本必须以企业整体成本为对象。此外,在努力削减物流成本时,还应当注意,不能因为降低物流成本而影响对用户的物流服务质量,特别是最近流通业中少数量、多品种、定时进货的要求越来越广泛，要求物流企业或部门能对应流通发展的这种新趋向。例如，为了符合顾客的要求，及时、迅速地配送发货，企业必须进行物流节点等设施的投资。显然，如果仅为了削减物流成本而节省这种投资，就会影响企业对顾客的物流服务质量。

从现代企业的管理实践来看，物流成本管理的总体思路是：不仅要掌握企业对外的物流费用，更要掌握企业内部发生的物流费用，也就是说，从现代物流管理的观念来控制物流成本。具体讲，对物流成本的计算，除了通常所理解的仓储、运输等传统物流费用外，还应当包括流通过程中的基础设施投资、商品在库维持等一系列费用，诸如物流节点实体的建设、物流信息系统的开发运营、商品在库保有量等相关的费用等，都是现代物流管理中重要的物流成本。除此之外，对投资费用，也不能仅仅从利息这个角度来理解，而应当联系投资可能带来的收益或回报率来分析。正因为如此，物流成本的管理不仅要从物流本身的效益来考虑，而且要综合考虑提高顾客服务质量、削减商品在库费用以及与其他企业相比，能取得竞争优势等各种因素来分析，只有这样才有可能取得较高的投资回报率，从而在真正意义上降低整体物流成本。

（二）物流节点成本管理的意义

物流节点是从事物流活动的场所或组织，是综合性、地域性、大批量的物流物理位移集中地，它集商流、物流、信息流和资金流为一体，成为产需企业之间的桥梁。虽然物流节点的类型和规模各不相同，运营涵盖的作业项目也不一样，但它的基本作业流程和作业成本大致相当。

物流节点承担了企业物流的绝大部分乃至全部的物流任务，因此其物流节点成本管理实际上是物流成本管理的具体化。从战略发展的角度来看，物流节点的活动范围和责任范围会随着形势的发展而有所扩大，所提供的服务范围更广泛，功能更齐全。这就要求推行以预算管理为核心的物流节点成本计划和统筹管理，通过成本差异分析来发现问题和解决问题。

综上所述，物流节点成本管理是用成本管理物流活动的，是物流管理的一个领域，而且其管理手段具有极其重要的地位。之所以要重视利用成本进行物流管理，是因为成本有两个有利的条件：其一，成本真实地反映着活动实态；其二，成本能成为评价所有活动的共同尺度。也就是说，通过货币评价活动所得出的不同结果，能够变成成本的差异而反映出来，所有的活动都可以用成本这个统一的尺度来管理和控制，并且能在同一场合进行分析比较。由此可知物流节点成本管理的重要性。

二、降低物流节点成本的方法

对于物流节点成本的计算，最初的原因是理论工作者和企业家要据此说明物流管理的重要性，以使经济界重视物流，使管理者认识物流，使客户接受物流服务。在此阶段中，无论在哪个企业里，都把物流合理化看作物流部门的事，这实际上是一种错误的想法。物流的大部分责任不在物流管理部门，而在发生物流的部门，即生产制造和产品销售部门。物流部门的责任是唤起和劝导生产制造部门和销售部门重视物流合理化。

（一）从流通全过程的角度降低物流成本

对于一个企业来讲，控制物流成本不单单是本企业的事，而应该考虑从产品制成，到最终用户整个供应链过程的物流成本效率化。物流设施的投资或扩建，要视整个物流渠道的发展和要求而定。例如，原来有些厂商是直接面对批发商经营的，因此，很多物流节点是与批发商物流节点相吻合，从事大批量的商品输送，然而，随着零售业中便民店、折扣店的迅猛发展，客观上要求厂商必须适应这种新型的业态形式，展开直接面向零售店铺的物流活动，在这种情况下，原来的投资就有可能沉淀，同时又要求建立新型的符合现代流通发展要求的物流节点或自动化设施，这些投资尽管从本企业来看，是增加了物流成本，但从整个流通过程来看，却大大提高了物流绩效。

在控制企业物流成本时，还有一个问题值得注意，即针对每个用户成本削减的幅度有多大。特别是当今零售业的价格竞争异常激烈，零售业纷纷要求发货方降低商品的价格，因此，作为发货方的厂商或批发商，都在努力提高针对不同用户的物流活动绩效。

（二）通过供应链管理削减物流成本

随着当今食品行业价格竞争的激化，ECR（有效客户反应）等新型供应链物流管理体制不断得到发展与普及。这种新型的物流管理体制使得用户除了对价格提出较高的要求外，更要求企业能有效地缩短商品周转时间，真正做到迅速、准确、高效地进行商品管理。要实现上述目标，仅靠本企业的降本增效是不够的，它需要企业协调与其他企业（如零部件供应商）及顾客、物流企业之间的关系，实现整个供应链活动的高效运转。也正因为如此，降本增效不仅仅是企业中物流部门或生产部门的事，同时也是经营部门以及采购部门的事。因此，必须把降本增效的目标贯彻到企业所有职能部门之中去。

提高对顾客的物流服务是企业确保利益的最重要手段，从某种意义上讲，提高对顾客服务是降低物流成本的有效方法之一。但是，超过必要量的物流服务，不仅不能带来物流成本的下降，反而有碍于物流效益的实现，提升物流服务质量与降低物流成本之间是效益背反关系。例如，随着多频度、少量化经营的扩大，对配送的要求越来越高，在这种状况下，如果企业不充分考虑用户的产业特性和运输商品的特性，一味地开展商品的"6小时/12小时/24小时"配送或发货，无疑将大大增加发货方的物流成本。因此，在正常情况下，既要保证顾客的物流服务，又要防止出现过剩的服务，企业应当在考虑用户产业特性和商品特性的基础上，与顾客方充分协调、探讨有关配送服务、降低成本等问题（如能够实现一周 2 至 3 次的配送），一起商讨由此而产生的利益与顾客方分享问题，从而在确保物流服务前提下，寻求降低物流成本的途径。

（三）利用现代信息技术降低物流成本

由于企业内部原有物流效率，难以使企业在日益激烈的市场竞争中取得成本上的优势，企业必须与其他上下游企业之间，形成一种高效低成本的利益关系。因此必须借助现代信息技术的应用，构建企业内部和企业之间的信息系统，使各种物流作业或业务处理得以准确、迅速的进行，使上下游企业之间建立起物流经营战略关系。进一步细述，就是要把企业订购的意向、数量、价格等信息，在企业局域网或互联网上进行传输，使生产、流通全过程的企业或部门，分享由此带来的利益，充分应对可能发生的各种需求，进而调整不同企业间的经营行为和计划。这无疑从整体上控制了物流成本发生的可能性。应该说，应用现代信息技术构建物流信息系统，可以为企业降本增效奠定基础。

（四）通过合理化的商品配送降低物流成本

对于用户的订货要求，建立短时期、正确的进货体制是企业物流发展的客观要求。利用物流信息系统实现配车、配货管理，提高装载率，减少空载率，是降低物流成本的重要手段。

所谓配车计划是指与用户订货相吻合，将生产或购入的商品按客户指定的时间进行配送的计划。对于生产商而言，如果不能按客户指定的时间进行生产，也就不可能按用户规定的时间配送商品，所以生产商配车计划的制订必须与生产计划相联系来进行。同样，批发商也必须将配车计划与商品进货计划相结合。当然，要做到配送计划与生产计划或进货计划相匹配，就必须构筑最为有效的配送计划信息系统。这种系统不仅仅是处理配送业务，而是在订货信息的基础上，管理从生产到发货全过程的业务系统。特别是制造商为缩短对用户的商品配送，同时降低成本，必须通过这种信息系统制订配送计划，产品生产出来后，立马实施车辆装载配送。

对于发货量较多的企业，需要综合考虑并组合车辆的装载量和运行路线，也就是说，当车辆有限时，在提高单车装载量的同时，事先设计好行车路线以及不同路线的行车数量等，以求在配送活动有序开展的同时，追求综合成本的最小化。另外，在制订配车计划的过程中，还需要把不同客户的配送条件限制考虑在内。例如，对进货时间、司机在客户作业现场搬运的必要性、用户附近道路的情况等都需要关注和综合分析；还有用户的货物配送量也对配车计划具有影响，货物输送量少，相应的成本就高，配车应当优先倾向于输送量较多的地域。在提高装载率方面，先进企业的做法是，将本企业涉及的商品名称、容积、重量等数据输入信息系统中，再根据用户的订货要求计算出最佳装载率。从总体上看，需求比较集中的地区，可以较容易地实现高装载率运输；需求相对较小的地区，可以通过共同配送来提高装载率。

（五）利用一贯制运输和第三方物流降低物流成本

从运输手段上来讲，降低物流成本可以通过一贯制运输来实现，即从制造商到最终消费者之间的商品搬运，通过各种运输工具的有机衔接来实现，运用运输工具的标准化以及运输管理的统一化，减少商品周转、倒载过程的费用和损失，缩短商品在途时间。一贯制运输充分体现了供应链管理的理念。

采用第三方物流也是降低企业物流成本的有效途径。不论生产制造型企业，还是流通型企业，均可以把非核心业务的物流业务，外包给专业的第三方物流企业去完成，从而降低总体物流成本，提升客户的物流服务水平。实际上，外包的利益不仅仅局限于降低物流成本上，企业也能在服务和效率上得到许多其他改进，如增强战略行为的一致性，共同提高对客户的反应能力，降低投资需求，带来创新的物流管理技术和有效的渠道信息系统等。

（六）降低因商品退货引发的物流成本

退货成本也是企业物流成本的一个重要组成部分，往往占有相当大的比例。退货成本之所以成为某些企业主要的物流成本，是因为随着退货会产生一系列的物流费用，如退货商品损伤或滞销而产生的费用，以及处理退货商品所需的人员费等各种事务性费用。特别是出现退货的情况，一般是由商品提供者承担退货所发生的各种费用，退货方因为不承担商品退货损失，很容易退回商品。由于退货商品规模较小，也很分散，商品入库、账单处理等业务也非常复杂，常常退货成本居高不下。例如，销售额 100 万元的企业，退货比率为 3％，即3 万元退货，由此而产生的物流费用和企业内处理费用，一般占到退货额的 9％～10％，因此，伴随着退货，将会产生 3000 元的物流费。实际上，退货过程中，商品的物理性、经济性容易受到损伤，商品被退回后一般降价处理，销售价格只为原来的 50％。因此，由于退货而产生的机会成本为 15000 元，综合上述费用，退货所引起的物流成本为 18000 元，占销售额的 1.8％。以上仅假定退货率为3％，如果为 5％，物流费用将达到 30000 元，占销售额的 3％。由此可见，削减退货成本十分重要，它是物流成本控制活动中需要特别关注的问题。

第二节　物流节点成本管理方法

由前面的分析可知，成本控制是企业构筑有效物流体制和供应链体制的关键要素，降低物流成本是企业永恒的课题。对物流节点成本进行控制，首要的是能明确判断和计算企业现有物流成本。从目前情况来看，物流节点成本现状的把握具有以下特点：

（1）能正确把握物流成本的大小并从时间序列上看清物流成本的发展趋势，以便与其他企业进行横向比较。

（2）能借助物流成本的现状分析，评价企业物流绩效，规划物流活动，并从供应链管理的角度对物流活动的全过程进行控制。

（3）能给企业高层管理者提供企业内全程管理的依据，并充分认识物流管理在企业活动中的作用。

（4）有利于将一些不合理的物流活动从生产或销售部门中分离出来。

（5）能正确评价企业物流部门或物流分公司对企业的贡献度。

（6）有利于企业在不断改善物流系统的同时控制相应的费用。

物流成本的大小，取决于评价的对象——物流活动的范围和采用的评价方法，采用的评价范围和评价方法不同，得出的物流成本结果也是差异很大。因此，在计算物流成本或搜集物流成本数据时，明确计算条件是必不可少的。如果无视计算条件，物流成本也就完全失去了存在的意义。

当今国际上企业对物流成本的计算方法大致有三种：形态类物流成本控制、功能类物流成本控制和适用范围类物流成本控制。而物流功能范围、物流形态范围和会计计算科目范围就是指物流成本的计算条件。所以，这三方面的范围选择，决定着物流成本的大小，每个企业应根据自己的实际情况，决定自己的物流成本的计算范围。这种范围千差万别，计算出来的结果也千差万别。随着物流管理向纵深发展，物流成本计算水平也在不断地提升，物流成本的计算范围也会不断地扩大。

一、不同形态的成本管理方法

不同形态的成本管理是指将物流成本按支付运费、保管费、材料费、配送费、人工费、物流管理费、物流利息费等支付形态来进行归类。通过这样的归类，企业可以很清晰地掌握物流成本在企业整体费用中所处位置、物流成本中哪些费用偏高等问题。这样，企业既能充分认识到物流成本合理化的重要性，又能明确控制物流成本的重点在于管理控制哪些费用。

具体方法是，在企业每月单位损益计算表"销售费及一般管理费"的基础上，乘以一定的系数得出物流部门的费用。物流部门分别按"人员系数""设备台数系数""面积指数"和"时间指数"等计算出物流费用。在此基础上，企业管理层通过比较总销售管理费和物流部门管理费用等指标，分析增减的原因，进而提出改善物流的方案。

二、不同功能的成本管理方法

不同功能的成本管理是将物流费用，按运输、保管、包装、装卸、信息管理等功能进行分类，通过这种方式把握物流各部分所承担的费用，进而着眼于物流不同功能的改善和合理化，特别是算出标准物流功能成本后，通过作业管理，能够正确设定合理化目标。具体方法是：在计算出不同形态物流成本的基础上，再按功能算出物流的成本。当然,功能划分的基础随着企业业种、业态的不同而不同,因此,按功能标准控制物流成本时,必须使划分标准与本企业的实际情况相吻合。

企业管理层在计算出各功能的物流成本的构成比、金额等之后,将其与往年数据进行对比,从而明确物流成本的增减原因,找出改善物流成本的对策。

三、不同范围的成本管理方法

不同范围的成本管理是指分析物流成本适用于什么对象,以此作为控制物流成本的依据。例如,可将适用对象按商品类别、地域类别、顾客类别、负责人等进行划分。当今先进企业的做法是:按分公司营业点类别把握物流成本,有利于各分公司进行物流费用与销售额、总利润的构成分析,从而正确掌握各分支机构的物流管理现状,及时加以改善;此外,按顾客类别控制物流成本,有利于全面分析不同顾客的需求,及时改善物流服务水准,调整物流经营战略;按商品类别管理物流成本,能使企业掌握不同商品群物流成本的状况,合理调配、管理商品。

第三节 物流节点规划设计的成本性态分析

一、物流成本性态

成本性态也称为成本习性,是指成本总额与业务总量之间的依存关系。成本总额与业务总量之间的关系是客观存在的,而且具有一定的规律性。

在物流系统的生产经营活动中,发生的资源消耗与业务量之间的关系可以分为两类。一类是随着业务量的变化而变化的成本,例如材料的消耗、燃料的消耗、工人的工资等,这类成本的特征是业务量高,成本的发生额也高;业务量低,成本的发生额也低,即成本的发生额与业务量近似成正比关系。另一类是在一定的业务范围内,与业务量的增减变化无关的成本,例如固定资产折旧费、管理部门的办公费等。这类成本的特征是在物流系统正常经营的条件下,这些成本是必定要发生的,而且在一定的业务量范围内基本保持稳定。对于这两类不同性质的成本,我们称前者为变动成本,称后者为固定成本。也就是说,按物流成本的性态特征,可将物流成本划分为变动成本和固定成本两类。

（一）变动成本

变动成本是指其成本发生总额随业务量的增减变化,而近似成正比例增减变化的成本。这里要强调的是变动的对象是成本总额,而非单位成本,单位成本是固定不变的。因为只有单位成本保持固定,变动成本总额才能与业务量之间保持正比例的变化。

（二）固定成本

固定成本是指成本总额保持稳定，与业务量的变化无关的成本。同样要注意的是，固定成本是指其发生的总额是固定的，而就单位成本而言，却是变动的。因为在成本总额固定的情况下，业务量小，单位产品所负担的固定成本就高；业务量大，单位产品所负担的固定成本就低。

（三）混合成本及其分解

在生产经营活动中，还存在一些既不与产量的变化成正比变化，也非保持不变，而是随产量的增减变动而适当变动的成本，这种成本表现为半变动成本或半固定成本。例如车辆设备的日常维修费等。其中受变动成本影响较大的成为半变动成本，而受固定成本的特征影响较大的成为半固定成本。由于这类成本同时具有变动成本和固定成本的特征，所以也称为混合成本。

事实上，在物流系统运营过程中，混合成本所占的比重是比较大的。对于混合成本，可按一定方法将其分解成变动与固定两部分，分别划归到变动成本与固定成本。混合成本可以依据历史数据来进行分解，常用方法包括高低点法、散点图法和回归直线法，在没有历史数据可以借鉴的情况下，也可以由财务人员通过账户分析法或工程分析法进行混合成本的分解。

对混合成本进行分解后，可以将整个运营成本分为固定成本与变动成本两个部分，在此基础上，进行物流成本的分析和管理。

二、物流系统"本量利分析"

（一）"本量利分析"基本模型

"本量利分析"是成本—业务量—利润关系分析的简称，是指在变动成本计算模式的基础上，以数学化模型与图形来揭示固定成本、变动成本、业务量、单价、营业额、利润等变量之间的内在规律性联系，为预测、决策和规划提供必要信息数据支持的一种定量分析方法。

"本量利分析"的基本模型为：

利润＝营业收入－变动成本总额－固定成本总额

　　　＝单价×业务量－单位变动成本×业务量－固定成本总额

　　　＝（单价－单位变动成本）×业务量－固定成本总额

在"本量利分析"中，边际贡献是一个十分重要的概念。所谓边际贡献是指营业收入与相应变动成本总额之间的差额，又称贡献边际、贡献毛利、边际利润或创利额，它除了主要以总额表示外，还有单位贡献边际和贡献边际率两种形式。单位贡献边际是某产品或服务的营业单价减去单位变动成本后的差额，亦可用边际贡献总额除以相关业务量求得；贡献边际率是指边际贡献总额占营业收入总额的百分比，又等于单位边际贡献占单价的百分比。

在上面公式中,(单价－单位变动成本)就是产品或服务的单位边际贡献,而(单价－单位变动成本)×业务量部分就是边际贡献总额。从而可以看出,各种产品或物流服务所提供的贡献边际,虽然不是物流的营业净利润,但它与物流的营业净利润的形成有着密切的关系。因为边际贡献首先用于补偿物流系统的固定成本,边际贡献弥补固定成本后的余额即企业或物流系统的利润。本量利分析可以用图 11-2 来表示。

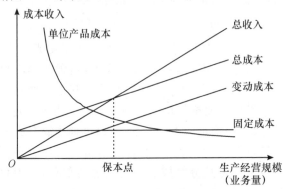

图 11-2 物流系统"本量利分析"

(二)物流系统的"本量利分析"

"本量利分析"包括盈亏平衡分析和盈利条件下的"本量利分析"。从上面的分析可以看出,物流系统只有当所实现的边际贡献大于固定成本时才能实现利润,否则将会出现亏损;而当边际贡献正好等于固定成本总额时,物流系统不盈不亏。所谓盈亏平衡点,又称为保本点,是指企业或物流系统的经营规模(业务量)刚好使利润等于零,即出现不盈不亏的状况。盈亏平衡分析就是根据成本、营业收入、利润等因素之间的函数关系,预测企业或物流系统在怎样的情况下可以达到不盈不亏的状态。而盈利条件下的本量利分析主要考虑在特定利润要求情况下应达到的业务量,以及在一定的业务量情况下,企业或物流系统的利润以及安全边际情况。

"本量利分析"的应用十分广泛,它与物流经营分析相联系,可促使物流系统降低经营风险;与预测技术相结合,可进行物流系统保本预测,确定目标利润实现的最少业务量预测等;与决策融为一体,物流系统能据此进行作业决策、定价决策和投资不确定性分析。此外,"本量利分析"还可以应用于物流的全面预算、成本控制和责任会计当中。

第十二章　物流节点规划设计具体实践

第一节　宁波明州物流园区规划

为加快宁波市现代物流产业的发展,拓展宁波新的经济增长空间,满足市场日益增长对物流服务的需求,宁波市发展和改革委员会拟充分利用明州现代物流园区地块的区位、地理、市政交通和政策等优势,在宁波建设明州现代物流园区。

一、物流园区建设的目标与定位

（一）建设目标

依据宁波市发展现代物流业的总体思路及发展目标,按照《宁波市现代物流系统发展规划总报告》中提出的"八位一体"的战略模式,宁波市已经规划建设七个物流园区。其中北仑主物流园区和明州现代物流园区将率先启动。虽然北仑是宁波的主物流园区,但主要是用来服务北仑港的,明州现代物流园区对北仑物流园区起到辅助与联动作用,在一定程度上服务于北仑港。

明州现代物流园区的实际可用地为 100 公顷,首期开发 48 公顷。该物流园区四周的交通条件十分便利,不仅可以完成市域配送,还可以行使区域配送的功能。因此,建成后的物流园区需体现物流反应快速化、物流功能集成化、物流服务系列化、物流作业规范化、物流手段现代化、物流信息电子化、物流组织网络化、物流目标系统化、物流经营市场化等特征。

（二）物流园区功能定位

宁波市政府将未来建成的明州现代物流园区定位于市域配送、兼顾区域配送的功能服务。

市域配送。主要是解决宁波城市居民生活、生产中所需生产、生活资料的快速、有效配送,即在合理的区域范围内,根据用户要求,对物品进行分拣、加工、包装、分割、组配等作业,并按时送达制定地点的物流活动,是以配货、送货形式最终完成社会物流并最终实现资源配置的活动。因而,完成市域配送的物流园区需具备储存、装卸搬运、流通加工、时效性运输配送、相关物流信息处理的功能。

区域配送。由于区域配送的距离较长,配送批量较大,因而要求负责运输配送的企业有较强的货物集散和储存能力。

同时考虑到对北仑主物流园区的辅助作用,明州物流园区也应经营进出口业务,来加速宁波的企业走向国际市场,即园区的国际化、外向型的功能定位,因而园区建设也需要考虑进出口商品的商贸展示、货物集散和保税、储存功能。

此外,现代化的物流园区也必须能为客户提供一体化的增值服务,明州物流园区也应具备商务服务、咨询服务、信息服务等功能。

二、物流园区建设的条件分析

(一)物流环境分析

1. 外部物流环境分析

(1)国际物流市场分析。以物流企业为主体,由运输和信息两大平台构成,涉及生产、流通和消费过程的现代物流系统,已发展成为适应当今世界经济最新发展趋势的重要基础产业。物流能力已经成为现代企业的核心竞争力,物流发展水平也成为了一个国家和地区综合实力的重要体现。在 21 世纪,物流业将为国民经济在高起点上持续发展提供基础动力,对全球经济体系产生革命性影响。国外物流园区的建设呈现普遍性、系统性、社会性的特点。

(2)国内物流市场分析。1978—2018 年改革开放 40 年来,我国物流业迅速发展,物流市场的年增长率在 27% 以上,而美国、西欧、日本等地的物流市场增长幅度不超过 10%。但我国物流成本占 GDP 的比重过高,接近 20% 左右。物流市场的潜力很大,70% 的物流服务提供商在过去的三年中,年均业务增幅都高于 30%。各地也在结合自身情况,积极发展物流产业,建设物流园区。

2. 宁波市物流行业分析

(1)物流业持续快速发展,产业地位得到确立和巩固。2017 年宁波市全社会完成货运量 5.3 亿吨,比上年增长 13.5%,货物周转量 2713.5 亿吨公里,增长 18.1%。其中,水路货运量 2.1 亿吨,货物周转量 2281.8 亿吨公里,分别增长 15.5% 和 19.9%;公路货运量 2.9 亿吨,货物周转量 431.7 亿吨公里,分别增长 14.3% 和 12.1%;铁路货物运输量 2446.3 万吨,增长 2.8%;民航货物吞吐量 17.0 万吨,增长 12.1%。2017 年宁波舟山港货物吞吐量 10.1 亿吨,比上年增长 9.5%,成为全球首个"10 亿吨"大港,连续 9 年位居世界第一。其中,宁波港域完成吞吐量 5.5 亿吨,增长 11.1%。宁波港域全年完成铁矿石吞吐量 8388.5 万吨,增长 9.9%,煤炭吞吐量 5985.7 万吨,增长 10.9%,原油吞吐量 6578.3 万吨,增长 4.6%。全年宁波舟山港集装箱吞吐量 2460.7 万标箱,增长 14.1%,吞吐量居全球第四位、全国第三位,其中宁波港域完成集装箱吞吐量 2356.6 万标箱,增长 13.9%。2017 年末宁波舟山港集装箱航线总数达 243 条,其中远洋干线 117 条,近洋支线 74 条,内支线 20 条,内贸线 32 条。全年完成海铁联运 40 万标箱,增长 60％。

2018 年,宁波港域货物吞吐量 57651.5 万吨,同 2017 年相比增长 4.5％;宁波港域集装箱吞吐量 2509.5 万标箱,同 2017 年相比增长 6.5％,集装箱吞吐量排名跃居中国大陆港口第三位,全球第六位。

(2)物流通道网络不断完善,物流装备水平明显提高。公路网不断完善,"一环六射"高速公路主骨架基本形成、"八横五纵三沿海"干线公路及综合枢纽场站加快建设。铁路进入加速成网阶段,甬台温铁路建成通车,萧甬铁路支线直达镇海、北仑港区,并与浙赣、沪杭、杭宣等干线铁路网相接,为海铁联运等多式联运发展创造条件。港口吞吐能力增强,近五年新增万吨级以上码头泊位 31 个,新增货物吞吐能力约 1.4 亿吨,其中新增集装箱泊位 12 个,新增集装箱吞吐能力约 720 万 TEU。空港发展形成突破之势,机场等级达到 4E 级,共开通航线 51 条,年货邮行吞吐量达到 8.1 万吨。物流装备水平大幅度提高,全市货运车辆 7.8 万辆,59 万吨位;集装箱车辆 9975 辆,29 万吨位;"大、特、新"船舶加快发展,沿海船舶营运运力总规模达 458 万载重吨,位居全省第一,万吨轮比重超过 70％。

(3)物流基地建设初见规模,物流业载体支撑得到强化。梅山保税港区瞄准国际"自由港"定位,加快建设和运营,一期工程封关运作,2 个 10 万吨级集装箱码头投入运营,累计完成投资超过 50 亿元;招商引资进展顺利,累计引进物流、贸易、金融等企业 800 家。镇海大宗货物海铁联运物流枢纽港以液体化工、煤炭、钢材、再生金属等交易市场为依托,以存储、配载和运输方式转换为手段,正加快建设华东及中西部大宗货物资源配置中心和集散中心。宁波经济技术开发区现代国际物流园已引进中外运、前程物流等一批知名物流企业落户,正在建设依托港口的高端国际物流中心。空港物流园已建成 10 万平米的标准仓库和 1 万平米的商务楼,栎社保税物流中心(B 型)封关运作,仓库出租率已接近 95％。

(4)物流企业蓬勃发展,物流运作能力显著提高。目前世界排名前 20 位的船公司和 FedEx、UPS、TNT、DHL 等国际知名物流企业落户宁波,形成了一批物流企业总部和跨国公司的职能型分支机构。本土物流企业实力得到进一步壮大,涌现出 10 多家营业额达数亿元甚至几十亿元的本土物流企业。物流企业一体化运作能力显著提高,开展运输、仓储、配送、加工、代理等两项以上业务的综合型物流企业较"十一五"初增长了 3 倍,75％的企业涉及运输业务,并逐步向仓储、配送、代理等业务延伸,初步形成了一批门类齐全、运作高效、竞争充分的市场主体。

(5)信息化水平显著提高,智慧物流建设条件日趋成熟。宁波第四方物流市场于 2009 年初正式投入运营,建立交易、金融、政务服务"三合一"的物流平台,构建了银行与平台运营商的"双主体"运作模式,激发了物流市场主体活力。先进物流技术、设备在物流企业和业务流程不断普及推广,条形码技术在各种物流业务中得到普遍应用,新增集装箱车辆 GPS 安装率达 100％,RFID 技术在宁波港集装箱码头、集卡运输和后方物流中心得到良好应用,集装箱车辆在码头闸口的通过时间由 2 分钟下降到 30 秒以下。

(二)物流园区需求分析

1.开放型、国际化的物流需求量

明州现代物流园区作为北仑主物流园区的辅助物流园区之一,为了充分利用北仑主物流园区政策优势的延伸,同时也结合本项目的先发优势和交通优势,明州现代物流园区在国际化的中转物流业务上有很大的市场需求。

2.市域配送的物流需求分析

市域配送的功能与城市居民的日常生活息息相关,近些年来,宁波城市居民迅速增加,生活水平也日益提高,直接表现就是消费需求的旺盛,进而带来物流活动的频繁与物流需求量的增加。

(1)生活消费支出稳步增长。2016 年,宁波市居民人均生活消费支出 27891 元,比上年增加 1835 元,同比增长 7.0％,增幅较上年减少 0.1 个百分点。分城乡看,城镇居民人均生活消费支出 31584 元,同比增长 6.5％,增幅较上年增长 0.2 个百分点;农村居民人均生活消费支出 19313 元,同比增长 8.5％,增幅较去年减少 1.2 个百分点。

(2)人均生活消费支出位列全省第二。2016 年,宁波市居民人均生活消费支出 27891 元,比全省平均水平高出 2364 元,在全省 11 个地市中位居第二位,比第一名杭州低 4014 元。按城乡分,宁波市 2016 年城镇居民人均生活消费支出 31584 元,比全省平均水平高出 1516 元,在全省 11 地市中位居第二位,比第一名杭州低 4102 元。农村居民人均生活消费支出 19313 元,比全省平均水平高出 1954 元,在全省 11 个地市中位居第三位,分别比前二位的杭州、舟山低 1250 元和 155 元。

从以上数据分析可以看出,宁波市居民对生活资料的需求在不断增长,必然会引起全市物流需求量的增加以及 GDP 值的增长,因此可以判断明州现代物流园区在满足市域配送方面有巨大的物流需求及利润空间。

3.区域配送的物流需求分析

由于宁波市地处长江三角洲经济圈,区域经济中心城市发展是宁波市建设"区域性物流中心"的强有力支持,同时所具有的先发优势及园区本身的区位优势和交通优势,必然会给该园区带来可观的区域配送的物流需求。

(三)物流园区资源与条件分析

1.地理条件

明州区是宁波重点建设的新兴城区,东临东方大港北仑港,西为宁波最繁华的三江口,北接市高科技园区,南接高教园区,将成为宁波市新的行政中心、中央居住区、中央商务区和金融、科技、会展、医疗、文化、体育中心。处于该区

域的宁波明州物流园区内外交通便捷,海陆空发达。该园区选址于潘和立交桥旁,其西是108米的交通主干道——世纪大道,北接城市南环路,再往北数公里是宁波市火车站东站,南靠同三线高速公路。从明州物流园区驱车20分钟即可到达我国深水良港——北仑港;15分钟车程即可赶到宁波栎社机场,栎社机场可直飞国内29个主要城市和港澳地区,并开通了至汉城、曼谷旅游包机航线,杭州萧山国际机场也在1小时公路交通圈内;1.5小时、3小时的车程分别抵达杭州、上海。此外,杭州湾跨海大桥已于2008年建成通车,宁波到上海不到2小时车程。

2. 经济条件

改革开放以来,宁波市经济得到了快速发展,成为中国华东地区重要工业城市和对外贸易口岸,是长江三角洲区域中心城市和重要工业基地,同时也是浙江省重要的工业基地,粮、棉、油经济特产和水产品的重要产地。2018年,全市上下深入贯彻落实国家和省市各项决策部署,坚持稳中求进工作总基调,坚持以供给侧结构性改革为主线,按照高质量发展要求,全面开展“六争攻坚、三年攀高”行动,经济运行总体平稳、稳中有进,结构调整积极推进,质量效益稳步提升,新经济发展态势良好,社会民生持续改善。初步核算,2018年全市实现地区生产总值10745.5亿元,跻身万亿元GDP城市行列,按可比价格计算,同比增长7.0%,增速快于全国0.4个百分点。分产业看,2018年第一产业实现增加值306.0亿元,增长2.2%;第二产业实现增加值5507.5亿元,增长6.2%;第三产业实现增加值4932.0亿元,增长8.1%。三次产业之比为2.8:51.3:45.9,一、二、三产对GDP增长的贡献率分别为0.9%、46.9%和52.2%。

3. 服务业发展条件

2018年,全年全市实现服务业增加值同比增长8.1%,占GDP比重为45.9%,比上年提高1.0个百分点。营利性服务业和交通运输业保持较好的增长势头,分别增长16.9%、9.5%,合计对服务业增长的贡献率达48.4%。全年实现商品销售额26632.0亿元,增长14.1%。12月末,全市金融机构本外币存款余额1.91万亿元,贷款余额1.99万亿元,分别增长5.5%和12.2%。全年宁波舟山港货物吞吐量108438.8万吨,增长7.4%,其中宁波港域货物吞吐量57651.5万吨,增长4.5%;宁波舟山港集装箱吞吐量2635.1万标箱,增长7.1%,其中宁波港域集装箱吞吐量2509.5万标箱,增长6.5%。

(四)竞争环境分析

根据宁波市物流业发展规划报告可以看出,宁波市规划的这些园区之间并不存在很强的竞争。而对于先期启动的两大物流园区来说,北仑港区要建成国际货运枢纽型物流园区,而明州物流园区则要服务于区域配送与市域配送,两者之间并不存在正面的冲突。明州物流园区还可以作为北仑主物流园区的重要补充。在目前阶段,北仑港的主要作用还仅限于原料的进出口,经该港口进出的货物90%以上都是矿石或其他原材料,这与明州现代物流园区基本不存在冲突。由此可以看出,这两个物流园区无论现在还是将来都能够很好地并存,两者功能互补,能够更加充分地发挥宁波市临海交通便利的区位优势。

(五)SWOT 分析

(1)优势分析(S):物流园区具有优越的地理条件、先发启动的优势。

(2)劣势分析(W):物流园区所在地地价较高,招商引资存在一定风险。

(3)机会分析(O):物流园区具有良好的经济基础、有力的政策支持和雄厚的科技实力。

(4)威胁分析(T):周边城市物流园区的建设及宁波其他物流园区的筹建,可能会分散物流商,物流需求也将分流;物流人才匮乏物流业务需求尚在潜伏期;第三方物流企业普遍档次不高,规模较小,无序竞争较为严重。

三、物流园区规划建设方案

明州现代物流园区总用地面积 48 公顷(第一期)。其中办公及生活区域规划位于环城公路南侧,规划道路西侧,地块中有智能化办公大楼及交易展示中心、集中停车场等;土地开发后专业物流企业协商入驻的地块为规划有标准仓库、多层的特色仓库;园区保留地块由宁波市计委进行招商,地块规划有标准仓库、集中集装箱堆场和小规模停车场。该地块中的集中集装箱堆场和小规模停车场可以根据入驻客户的实际需要做进一步调整。

(一)物流园区建筑设施规划

该项目总建筑面积约为 18.6 万平方米,仓库总建筑面积约为 16.7 万平方米,其中普通仓库 12.0 万平方米,预留仓库(前期拟建为过渡期的实物交易中心)3.0 万平方米,大型停车场约 2.0 万平方米,大型集装箱堆场 1.3 万平方米,智能化大楼总建筑面积约为 1.8 万平方米。

(二)物流园区电气规划方案

该园区按二级负荷考虑,二路进线电源同时供电,进线电压等级为 10kV。园区内建设 10kV 变电站一座。供电线路采用电力电缆,以放射式和树干式相结合的形式向各用电负荷供电。园区内按需求装有火灾自动报警系统、监视电视系统、电话系统、计算机网络系统和结构化布线系统。通信方面根据物流园区各地块的规划,针对不同地块对电话需求,按照办公用地 $30m^2$ 配一线、仓储用地每 $200m^2$ 配一线的标准。

(三)物流园区给排水规划方案

给水系统。该园区在环城公路南北两侧分别建有建筑物,多层建筑部分,不超过 2 层时,可直接就近利用市政给水管网直接供水;超过 2 层时,可采用恒压变频供水系统供水。高层建筑部分则采用"地下贮水池—加压水泵——屋顶水箱"联合供水方式供水。

排水系统。室内采用污废水分流方式排出,室外采用污废水合流方式排放。排出的污废水接入基地内所设的二级生化处理站,经生化处理达标后,再排入市政下水道。

（四）环境保护方面规划

该园区的生活污水拟接入合流污水一期总管。对进出园区车辆应严格按市政府有关规定采用无铅汽油为燃料,园区内配置洒水、清扫车辆。噪声方面选用低噪音产品的机械设备,同时加强对交通噪声的管理与控制。

（五）园区物流信息系统规划

园区物流信息平台是通过对公用数据的采集,为园区内企业的信息系统提供基础支撑信息,满足企业信息系统对公用信息的需求,支撑企业信息系统各种功能的实现。物流信息平台所涉及的功能繁多,要使园区中所有的企业既可以利用自身的信息系统独立进行端对端的商务活动,也可以借助园区的信息平台进行共享信息的运营活动。其信息平台的规划必须充分考虑入驻园区的企业类型。

明州物流园区可以进驻的企业种类复杂,类型繁多,包括各种商品的供应商、批发商、零售商、仓储企业、运输企业等。这些企业的管理信息系统都有自身的特点,不尽相同。因此,在园区物流信息平台构建时必须形成如图 12-1 所示子系统:供应商物流管理子系统、批发商物流管理子系统、零售商物流管理子系统、第三方物流管理子系统、其他类型物流管理子系统。

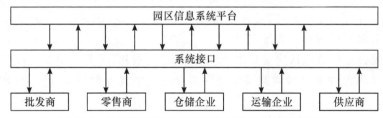

图 12-1　物流园区按企业类型规划的信息管理子系统

对提供物流服务的企业而言,在当前的竞争环境中,企业很少是单一的物流功能服务提供者。因此园区的物流信息平台除了要建立上述所提到的一些子系统,以加强同类企业之间的竞争与合作,提高企业的运营效率外,还有必要建立另外一个子系统,即与不同类型的企业在物流服务的不同环节也展开竞争与合作,改善企业物流的各个环节。因此,所构建的物流园区信息平台,还有必要构建如下的子系统:定单处理与商品进销子系统、货物运进运出子系统、仓储保管子系统、流通加工与运输加工子系统、商务服务子系统、咨询服务子系统等。

（六）项目建设进度

该项目建设进度计划从开始进行可行性研究报告编制、初步设计、施工图设计和施工等,到最后竣工,预计总的建设期为 24 个月。

前期手续工作主要是项目的报批、办证及动迁等，其他项目工程内容包括土地平整、土建工程、园区道路等，具体建设进度详见图12-2。

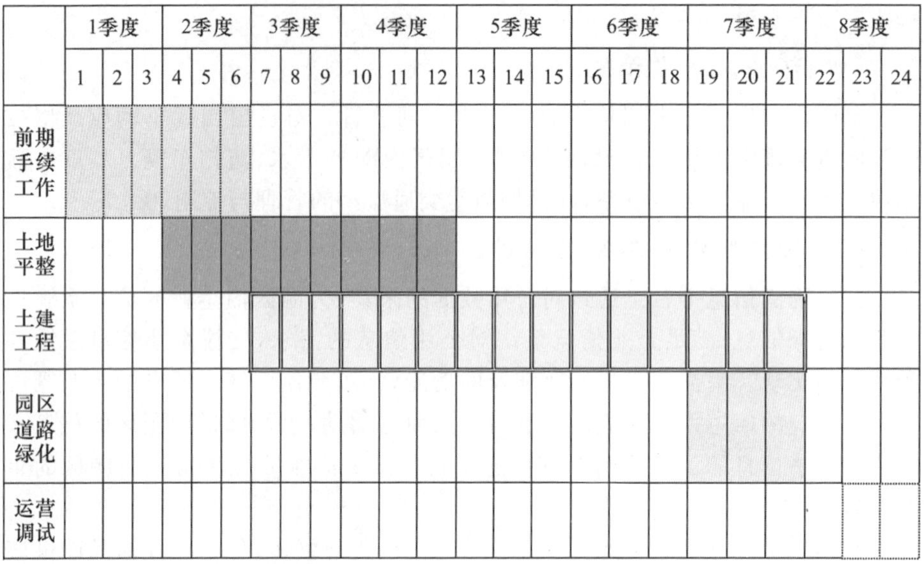

	1季度			2季度			3季度			4季度			5季度			6季度			7季度			8季度		
	1	2	3	4	5	6	7	8	9	10	11	12	13	14	15	16	17	18	19	20	21	22	23	24
前期手续工作																								
土地平整																								
土建工程																								
园区道路绿化																								
运营调试																								

图 12-2　项目进度计划甘特图

（七）投资估算与资金筹措

1. 投资估算

本物流园区总投资 3.9337 亿元人民币，分两阶段进行。其中第一阶段为项目法人进行土地开发，固定资产投资 2.5565 亿元人民币，占总投资的 65％，开发商土地开发的计算期为 12 年。

本项目总投资包括建安费用、室外工程建设费用、工程建设及其他费用、园区内简单物流设备机械的购买费用四部分。其中建安费用总计约为 18076 万元人民币，具体包括智能管理大楼、多功能交易大厅、信息中心、标准仓库、特殊仓库、停车场、道路、堆场、围墙、大门。园区内土地开发的建安费用约为 6153 万元。室外工程建设费用共计 3997 万元人民币，具体包括土石方、绿化、上下水、电管线工程。工程建设其他费用共计 15265 万元人民币，具体包括建设用地费 11520 万元人民币、建设配套设施费用 1215 万元人民币、建设与准备费用 2530 万元人民币。项目土地开发阶段建设配套设施费用 319 万元人民币、建设与准备费用 1576 万元人民币。明州现代物流园区全部投资估算详见表 12-1。

2. 资金筹措

本项目分为两个阶段开发。第一阶段由项目法人出资进行项目的前期土地开发，具体包括土地平整、前期管线工程、道路绿化、集中的停车场、智能化管理大楼、交易大厅、园区信息平台的开发建设。然后为招商进驻的物流公司、特色企业在符合宏观功能要求的前提下，在批租的地块内自行开展仓储、停车场等物流设施的开发建设。

土地开发建设所需资金 2.5565 亿元，由两部分组成。其中 65%（约 1.6617 亿元）拟向银行申请贷款，贷款年利率为 6%，主要用于地块内土地获得与人员动迁费用，其余 35% 资金（8948 万元）由项目法人的自有资金提供，主要用于室外工程、工程建设费用。表 12-2 说明了土地开发借款需要量计算情况。

表 12-1　明州现代物流园区全部投资估算

序号	工程或费用名称	单位	单价（元）	建筑面积工程量	总价（万元）	备注
1	建安工程					
1.1	智能化管理办公大楼	m²	2000	18395	3679	
1.2	信息系统平台	m²	800	18395	1472	
1.3	标准仓库	m²	650	127640	8297	
1.4	特殊仓库	m²	850	39600	3366	
1.5	集中停车场	m²	100	20200	202	
1.6	道路	m²	80	76320	611	道路率为 16%
1.7	堆场	m²	200	13000	260	
1.8	围墙	m²	300	3000	90	整个园区的外墙
1.9	大门	个	1000000	1	100	考虑外观要求
	小计				18077	
2	室外工程建设费用					
2.1	土石方	m²	25	300000	750	
2.2	绿化	m²	50	129600	648	绿化率为 27%
2.3	上下水、电管线工程	m²	140	185635	2599	仓库与办公管线平均造价
	小计				3997	
3	工程建设其他费用					
3.1	建设用地费				11520	
3.1.1	土地获得与补偿费用	亩	160000	720	11520	详见土地征用动迁估算
3.2	建设配套设施费用				1215	
3.2.1	城市基础建设费					申请免缴
3.2.2	供电工程贴费	kVA	220	10000	220	
3.2.3	人防建设费	m²	40	185635	743	按 40 元/m² 建筑面积提取
3.2.4	新型样改基金	m²	10	185635	186	按 10 元/m² 建筑面积提取
3.2.5	白蚁防治费	m²	2	185635	29.7	按 1.6 元/m² 建筑面积提取
3.2.6	散装水泥	m²	2	185635	37.1	
3.3	建设与准备费用				2530	
3.3.1	建设管理费				552	按建安费的 2.5% 提取
3.3.2	园区勘察设计				100	包括土建设计和规划
3.3.3	园区内管线工程设计				100	包括水电气的设计
3.3.4	不可预见费				1778	按上述费用的 5% 提取
	小计				15265	
4	机械购买费用				2000	
5	明州现代物流园区总投资				39338	

表 12-2　土地开发借款需要量　　　　　　　单位:万元

项　目	2013 年	2014 年	合计
固定投资总数	17895	7669	25564
其中自有资金	6263	2684	8947
其中银行贴息贷款	11632	4985	16617
固定资产投资比例	70%	30%	100%

四、结　论

明州现代物流园区项目拟分两期进行投资,总投资额为 39337 万元。其中土地开发总投资 25565 万元,财务内部收益率为 13.07%,财务净现值为 10251 万元(取折现率为 6%),静态投资回收期为 4.7 年(不含建设期),动态投资回收期为 7.7 年(不含建设期),贷款偿还期为 10 年。项目在财务分析测算上可行。

从社会效益来讲,该项目对于加强宁波市区域经济的竞争力,促进宁波成为区域经济、金融和贸易中心,促进其产业结构调整和改善城市投资环境,提升当地企业的竞争力都有重要意义,社会效益深刻而广泛。因此,项目建设是可行的,也是十分必要的。

第二节　廊坊市烟草物流配送中心规划

一、卷烟特性及现状分析

本项目通过整理分析廊坊烟草资料,得知目前的廊坊卷烟物流配送烟草供应商主要是廊坊市周边卷烟生产厂,面对的客户除了指定的销售点外,还包括市区以及各县、乡的超市等,廊坊经营的烟草品牌包括国内各大小品牌以及少量国外品牌。

(一)卷烟的特性分析

卷烟的存储与配送一般是以"条"和"件"为单位进行的,对于需求量少、单价较高的卷烟,在卷烟经营户的特别要求下,可以考虑以"包"为最小单位。卷烟的包装较为规范,一般情况下是 20 支/包,10 包/条,50 条/件,5 件/大箱(大箱一般作为统计的单位,不是实际包装规格)。也有不规范包装的烟,但其比例较小。一般的条烟尺寸为:硬包装 283mm×89mm×48mm,软包装 271mm×88mm×48mm;件烟尺寸为:492mm×293mm×461mm;堆垛方法一般为:24 件/垛或 28 件/垛,本规划方案选用的是 24 件/垛的方式。而适用于卷烟堆垛的托盘尺寸为 1000mm×1200mm×150mm,其托盘码盘方式为 8 组一个,总高 1200mm。

（二）各品牌卷烟销售比例分析

根据廊坊市卷烟销售区域统计分析可知，廊坊市"石家庄、西柏坡、钻石、中南海、红塔山、红河"等几种品牌的卷烟销售占总销售量的 69.20%。廊坊市烟草这种品牌分布现象可以说是代表了广大烟草公司的现行销售状况，这种现状不仅说明卷烟消费习惯趋于区域化，而且从侧面说明了我国卷烟销售地方保护主义的力量。

某些品牌的卷烟配送量极小，无法达到整托盘进出货的模式，其中有 16 个品牌种类的卷烟销量不到 1 件，其配送无法达到整件出货。这说明在物流配送中心的规划中，为提高进出货效率，节省固定资产的投资，提高资产使用率，应对配送量较大、库存量及库存周转率高的卷烟与配送量小、库存周转率低的卷烟区别管理。对配送量大、库存量及库存周转率较高的卷烟可以通过全自动立体化仓库进行存储管理，以提高存储效率；而对配送量小、库存周转率低的卷烟，通过普通立体货架仓库进行管理，以不影响全自动立体化仓库的运行效率。

从卷烟品牌的分析，可以看出，一方面是本省烟的品牌集中，卷烟厂到物流配送中心的距离较近，订货周期较短，配送量大；另一方面是外地卷烟品牌繁多，订货距离较远，订货周期较长，库存周转率相对较低，配送量相对来说比较分散。为了满足顾客的个性化需求，廊坊市卷烟配送中心对外地卷烟的购销配送同样重视。廊坊市烟草公司物流配送中心不仅要重点做好本地卷烟自产自销的配送工作，更要重视卷烟配送的大环境，即全国区域内的卷烟调拨及卷烟库存管理。

二、廊坊市烟草物流配送中心总体规划

（一）规划原则

1. 作业规模经济化

一般情况下，工业企业的规模经济性非常明显，在条件允许的限度内采用大生产的模式可以降低单位产品的成本，同样物流中心的运作也存在规模经济性的问题，采用大规模处理货物的手段可以降低物流成本，但物流配送中心的规模主要受到物流量的限制。廊坊市烟草公司物流配送中心的建设是在取消原来 39 个区县烟草公司配送中心的基础上规划的，其主要目的之一也是集成各配送线路的物流量，整合物流配送资源，体现物流作业的规模经济效益。

2. 作业能力弹性化

由于物流相对于生产而言具有一定的被动性，随着市场变化、供货能力的涨落，流通量必然有较大的波动。对物流中心的规划来说，要充分考虑对物流中心的进出能力、加工能力、存储能力、运转能力等做出一定的弹性安排，以利于在国家政策调整、地方经济发展、市场波动的背景下也能最低成本地调整物流配送中心运作模式,适应各种情况下物流配送需求。

3.技术设施实用化

随着科学技术的不断发展,物流领域也产生了许多先进实用的技术,如全自动立体化仓库、自动分拣系统、自动输送系统及自动引导搬运车。卷烟物流配送中心的规划设计是否采用某种先进技术不应一概而论,而应对经济、技术、使用条件、成本等各方面进行综合论证,从经济性、合理性及与物流中心规模等多方面进行分析研究,才能做出正确的抉择。

(二)规划目标

物流配送中心规划是探讨如何将一个系统中的资产做最有效的分配、安排,使物流系统的运作达到最佳的绩效表现,它是针对组织营运的未来目标而制订执行计划,同时在规划的实施上,不只是考虑静态的系统安排,更需要提供系统可随时应变的弹性能力。故廊坊市烟草公司物流配送中心的规划应该达到以下目标:

1.优质服务

新时代面临新的竞争环境,卷烟生产和卷烟销售分离后的烟草公司,逐步转换营销模式,提高服务客户的意识,把做好卷烟的物流配送、稳定卷烟经营户的货源、保证卷烟销售的顺畅,作为提升自身竞争力的关键。卷烟物流配送中心规划的首要目标就是要以高效服务客户为中心,保证运作后的物流配送中心能最大限度地满足各方卷烟经营户的各种需求,从而最终达到健全卷烟销售网络,稳固市场的目的。

2.快速及时

快速及时不仅要求物流配送中心能够按客户的要求快速及时地订货,并将卷烟快速及时地配送到户,同时也要求物流配送中心能够第一时间收集到有关市场各方面的信息,对卷烟市场的变化做到快速及时的反应,及时调整各品牌卷烟的库存比例,使经营成本降至最低。

3.低成本

降低成本,提升效益是一项永恒的课题,而降低物流成本,成为生产制造型企业备受关注的企业第三利润源。对于物流企业,降低物流成本就意味着激活企业的生命。对卷烟物流配送中心的规划,不仅要求做到设备投资的合理化,更要注重通过优化配送线路、完善库存管理、提高工人工作效率等方面,保证卷烟物流配送中心的运营费用、管理费用、物流配送费用等总费用降到最低。

(三)规划思路

1.物流配送节点的规划

配送本质上是运输,但配送并不等于运输,它是运输在功能上的延伸。其延伸功能还可归纳为以下几个方面：一是通过干线运输及支线运输的配合，完善运输系统；二是各零散客户的需求通过配送中心进行整合后再实施配送，可消除交叉运输，缩短输送距离，降低成本；三是准时制的配送方式可以使客户最大限度地降低库存，以减少客户资金占用，改善企业的财务状况。

2. 配送方式的规划

根据廊坊市卷烟物流配送节点的分析及本省、廊坊的外卷烟物流配送的规划，廊坊市烟草公司卷烟物流配送方式可分为直接配送、接力配送及中转配送三种方式。

一是直接配送方式。对于廊坊市烟草公司来说主城区内卷烟经营户网点密集，销量较高，配送线路较短，而且需求趋于多样化，是物流配送的重中之重，可采取门对门的配送方式，即各个城区每天通过呼叫中心，进行各卷烟经营户的需求访问，形成配送订单（包括本地烟和外地烟），再根据配送订单进行集中分拣后，配送到每一家卷烟经营户。

二是接力配送方式。廊坊市各区县的卷烟经营户分布比较分散，各经营户的销售量不大，而且配送线路较远，若要做到直接配送到户，势必影响物流配送中心的卷烟分拣效率，增加物流配送费用，降低服务水平。按每一家经营户的需求再次分拣配送到户，实现接力送货，这样不仅不会因为各区县公司卷烟经营户过多的小数额订单影响到物流配送中心的分拣、出货及管理效率，同时也有效地利用了现有市郊各区县烟草公司的资源，保证良好的终端经营户的服务水平。

三是中转方式。如图 12-3 所示廊坊市卷烟物流配送中心的配送模式，其中中转运输主要适合于外烟的中转及配送。

（四）配送中心内部功能规划

结合烟草配送的特点以及配送中心的功能布局和作业的需要，廊坊市卷烟配送中心的重要功能区域有：存储区、分拣区、流通加工区、办公区、收货区、理货区、退货区、废弃物处理区、出货区、设备保管及维护区。

（五）配送中心选址

配送中心选址规划作为物流系统规划中的重要组成部分，已成为企业建立竞争优势的关键。位于廊坊市开发区的西柏村就具有这得天独厚的优势。这里已经建立了相对健全的基础设施，具有方便的交通运输、较低的土地租金、政策的导向作用，吸引了更多工业企业在此投资发展，并已经有大量的企业在这里投资建厂。作为廊坊市的烟草配送中心，在这里投资建厂可以充分利用这种区位优势，为客户提供优质和高效的服务，提高卷烟配送的市场的竞争力。

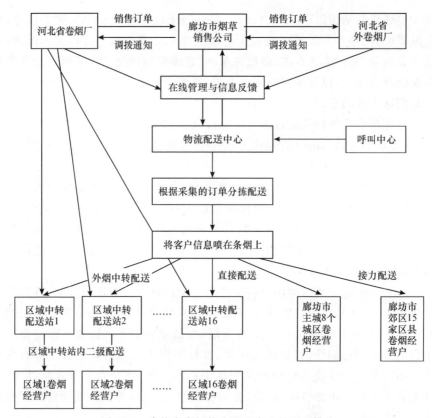

图 12-3 廊坊市卷烟物流配送中心的配送模式

三、廊坊市烟草物流配送中心的作业流程与设施设备规划

进行物流配送中心作业系统的规划首要的是确定物流配送中心的运营能力,即在对各种现状数据分析之后,要充分考虑到物流配送中心的发展状况,使其在设计使用年限仍然能够满足配送能力的要求,并能保持整个物流配送中心物流量的平衡。其因素包括进货增长率、进货峰值、库存增减情况、出货增长率、出货峰值、客户管理情况及退货情况等。在科技高速发展的今天,物流设施设备的设计制造日新月异,物流配送中心的运营能力的大小,与物流设施设备的规划和选用有直接的联系。同时不同功能的物流配送中心需要不同的设施设备,不同的设施设备会使物流配送中心的面积和布置发生变化,因此物流配送中心规划又必须按照实际需求,选取适合的设施设备。

(一)作业流程规划

在营销系统的配合下,物流配送中心的作业流程呈现一个闭环的过程,即从营销系统中采集配送订单,再根据配送订单的要求备货、分拣、出货,最后服务于营销系统中各卷烟经营户的需求。从整个物流配送中心的作业流程(见图12-4)来看,卷烟物流配送中心的规划关键需要做好进货规划、仓储规划、分拣规划及配送规划。

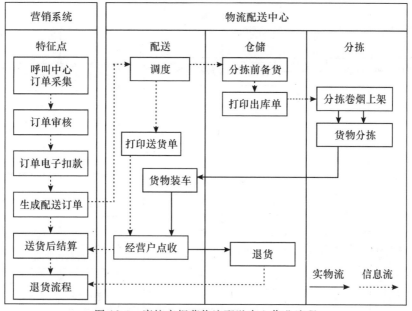

图 12-4　廊坊市烟草物流配送中心作业流程

（二）设备规划与选型时应考虑的因素

物流配送中心设备选型应全面考虑以下因素，以确保设备组合的优化。

（1）设备作业范围的确定。在确定适合于人工处理的作业范围的条件下，明确手工作业和机械作业的范围，统一入库、补货、保管、拣货、出库等作业的机械化水平，协调好前后作业物流量的处理效率，在这一原则下决定设备的作业范围和内容。

（2）系统化原则。所选择的设备不应仅仅局限于某一范围，而是要在整个运作系统的总目标下发挥作用，即使是一辆单独的叉车或一台单独的输送机，也是整个物料搬运系统的一部分。

（3）设备能力的模拟。通过设定不同的装卸作业、保管作业、搬运作业的必要功能，让全部功能满负荷发挥，并在不同环境条件变化的情况下，考察设备的能力。

（4）投资额度与经济性的原则。计算设备及附属设备的投资额，将物流效益、输送效果、作业效果等货币化，进行各种效果的比较，来确定所采用的设备达到合理化及投资的经济性。

（三）进货作业及进货设备的规划

1.进货作业流程

物流配送中心进货环节是卷烟从生产领域进入流通领域的第一步。进货基本的环节包括卷烟从货车上卸货、点数、分类、验收、搬运到指定存储地点。具体流程详见图 12-5。

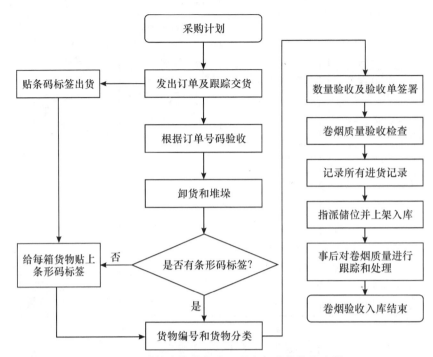

图 12-5　廊坊市烟草物流配送中心进货作业流程

进货作业时应该注意以下几点：

一是为了提升进货效率,应做好采购计划,掌握预计的到货日、卷烟形态、进货量及送货车车型,尽可能准确预测送货车到达日程,配合停泊信息协调进出货车的交通问题,做好停泊位置及临时存放位置的计划。为了安全有效地卸货和减少公司作业人员,一般要求送货司机卸货。

二是为节省空间,进货作业区设计时,应力求一个作业压设置多个卸货站点,并将从站台到储存区域的搬运路线设置为直线流动,使距离最小,并尽可能平衡停泊站台的配车,在峰值时也能使卷烟进货维持正常的速度流动。

三是卸下的卷烟应该使用相同的容器,以节省更换容器的时间,详细记录进货资料,以备后续存储及查询工作的需要。

2. 进货设备规划

进货站台的附属设施,如库门、站台登车桥、站台拖车、地面登车桥、液压升降台等一般归为土建设施,而所涉及的物流设备主要指搬运设备,如托盘,叉车,托盘输送机或自动引导车。在进货作业时考虑廊坊市本地卷烟及外地卷烟的货物形态要素,即考虑到所进卷烟有可能是托盘运送的,也可能是散件运送的,而且卷烟的接收有四种情况,即托盘卸货后按托盘进货,零散卷烟卸货后码盘进货,中转卷烟临时存放,或是破损卷烟分类摆放准备退货等。不同的进货作业性质决定使用不同的设备。

(四)储存作业及设备的规划

储存作业是要充分考虑最大限度地利用空间,最有效地利用劳力和设备,最安全和经济地搬运卷烟,最良好地保护和管理货物。良好的储存策略可以减少出入库移位距离,缩短作业时间,充分利用存储空间。因此储存设备的选用需考虑的因素包括:物品特性,即尺寸、重量、储位数、储存单元等;库存的存取性,即储存密度、先进先出的执行、储位管理模式等;入出库量,即存取频率、存取数量;搬运设备空间限制,即通道宽度、举升高度、举升重量、旋转半径等。根据卷烟品牌及卷烟品牌销售比例分析可知,廊坊市烟草物流配送中心不同卷烟的存储,应针对流动量大的本地卷烟,设置全自动立体化仓库存储;而对于物流量较少的外地烟,可设置传统立体货仓进行存储。

1. 全自动立体化仓库

如图 12-6 所示,除了土建及公用工程设施,如厂房、消防系统、照明系统、通风及采暖系统、动力系统、给排水、地线接地及环保系统等设施之外,廊坊市烟草物流配送中心全自动立体化仓库还包括相关的物流存储机械设备,如货架、托盘、巷道式堆垛机。立体仓库的功能是在计算机管理系统的高度指挥下,高效、合理地储存各种品牌的卷烟,准确、快速、灵活地给各销售公司提供其所需要的卷烟,并为卷烟订货、产销链接提供准确的信息,同时还具有节省用地、减轻劳动强度、提高物流效率、降低储运损耗、减少流动资金积压等功能。巷道式堆垛机是随着立体仓库的出现而发展起来的,是集搬运及输送为一体的设备,它的主要用途是在高层货架的巷道内,来回穿梭运行,将位于巷道口的货物存进指定货格;或者取出货格内的货物运送到巷道口。堆垛机的运行是靠自动控制系统、监控调度系统和计算机管理系统进行控制的。自动控制系统实现堆垛机的高速运行,并能平稳地进行停车对位;监控调度系统根据主机系统的作业命令,按运行时间最短、各项作业合理配置等原则,对作业的先后顺序进行优化

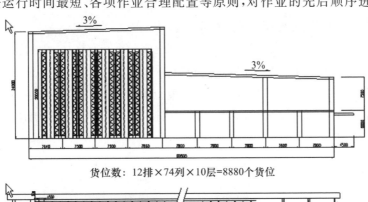

货位数:12排×74列×10层=8880个货位

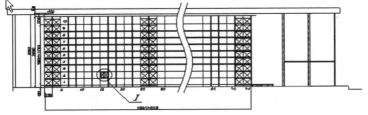

图 12-6　廊坊市烟草物流配送中心全自动立体化仓库规划

组合排队,并将优化后的作业命令发送给各控制系统,对进库及出库作业实行实时监控;而堆垛机的计算机管理系统是仓库信息系统的子系统,对仓库所有入、出库活动进行最佳登录的控制,并对数据进行统计分析,以便决策者及早发现问题,采取相应的措施,最大限度地降低库存量,加快货物周转,提高经济和社会效益。

2.传统立体货仓

如图 12-7 所示,传统立体货仓的基本特点包括物品整齐分类储存,能够预订储存物品位置,方便管理;有效利用空间,防止物品因多层叠放而压伤变形;快速取出所需物品,不影响其他物品的存放。传统立体货仓正好满足物流量较少的外地卷烟库存管理的要求,其相应的物流设备还包括托盘及电动叉车。

图 12-7 廊坊市烟草物流配送中心传统立体货仓规划

(五)分拣作业及设备的规划

众所周知,每个卷烟经营户每一次的卷烟订货都最少有一种以上的卷烟,如何把一张订货单中这些不同种类、数量的卷烟,通过物流配送中心的作业集中在一起,以备配送,这就是拣货作业。卷烟物流中心的分拣线是物流配送中心的动脉系统,分拣线运行的准确、高效、流畅、安全与否,直接影响配送效率及配送中心的服务水平。

1.分拣作业流程

接受订单及分拣作业流程可通过图 12-8 简单明了地表示。分拣系统按作业方式可以分为摘取式分拣和播种式分拣。摘取式分拣是汇总每次分拣的需要量后,分别存储于分拣线上相应的货位,根据各批订货单相应品牌的指示,巡回于存储场所,按卷烟经营户的订货单挑选出每一种卷烟,巡回完毕完成一次分拣作业,并将配齐的卷烟放置到卷烟配送所指定的货位。播种式分拣是将每批订货单上的相同的卷烟数汇总,从仓库中取出,分别放入各卷烟经营户的货位处,直到分拣完毕。由于卷烟品种较多,卷烟的分拣多采用摘取式分拣。

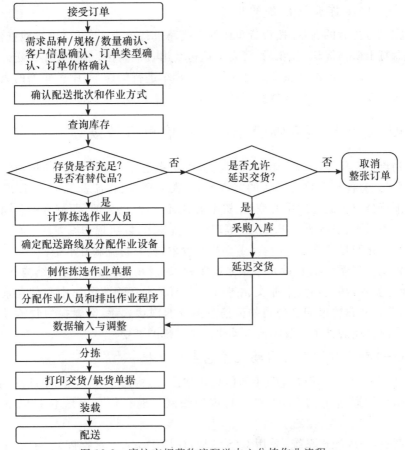

图 12-8　廊坊市烟草物流配送中心分拣作业流程

2.分拣设备规划

目前国内的卷烟分拣系统有人工、半自动及全自动分拣系统。人工分拣是指不使用任何机械设备,直接将卷烟按类别摆放好,分拣工人对应每个配送订单的品名及数量,用人工取货的方式,一一进行选取,人工分拣的速度一般为40～60件/小时。半自动分拣系统是指人工将卷烟摆上流力式货架,通过分拣软件,将每一配送订单的卷烟种类和数量,通过电子标签形式自动提示给分拣工人,分拣工人再机械地从货架上取烟,并通过皮带传输,最后统一集货的分拣模式,半自动分拣系统的速度一般为100～120件/小时。全自动分拣系统是将需要分拣的卷烟自动上架,并对应不同的配送订单,在一端取出共同需要的卷烟,随着传送带的运行,按计算机预先设定的指令,通过自动装置集货,并自动输送至终点货位的拣选模式,全自动分拣系统的速度一般为200～300件/小时。边远地区的卷烟配送规模不大,目前边远地区的烟草公司往往采用的是人工分拣模式;而对于经济情况较好,人力成本较高,卷烟配送任务较重的地区则考虑采用半自动的分拣线;对于经济较发达的大都市,如上海、杭州、深圳等采用的是全自动的卷烟分拣系统。

（六）配送作业及设备的规划

完成分拣后的卷烟，按订货单或配送线路进行分类，再进行出货检查，合格的卷烟打上防伪标识，装箱后，将卷烟运送至出货准备区，最后装车配送。其中城市内或短距离的配送主要选择小型厢式货车进行配送，而中长距离的大批量的配送主要选择大型厢式货车配送为主。

四、廊坊市烟草物流配送中心信息系统规划

物流信息化是廊坊市烟草公司物流配送中心建设的灵魂。通过物流管理的信息化，完善现有物流配送的客户资源、人力资源、物流资源的管理，实现廊坊市烟草公司物流配送中心商流、资金流、物流与信息流的"四流合一"，同时通过使用条形码、射频码、GPS、GIS等现代物流技术，以实现物流配送中心内部作业的信息化和自动化，从而提高劳动生产效率，提升物流服务水平。

物流信息系统的建设是一项系统工程，涉及物流企业的组织结构、管理理念、业务流程，甚至物流企业文化等方方面面。本章物流配送中心信息系统的规划，首先从廊坊市烟草公司物流信息系统的现状入手，简要探讨物流配送中心所需的管理信息系统及物流自动化信息系统的规划。

（一）廊坊市烟草公司物流信息系统现状

廊坊市烟草公司经过多年的信息化建设，已构建了较为完备的信息系统。目前全市均通过电信 SDH 专线与市局联网。现有信息系统包括以下几个方面：

第一，一级配送系统（采用 C/S 结构，使用 DB27.1 数据库）。主要满足各区县烟草销售公司的业务活动需要。

第二，网上订货系统（采用 B/S 结构，基于廊坊 SP），与一级配送系统使用同一数据库和服务器。

第三，客户档案管理系统（采用 B/S 结构，基于.NET，使用 DB28.1 数据库）。各区县烟草公司通过客户档案管理系统，办理专卖许可证，并通过接口将客户资料导入各区县烟草公司大配送系统。

第四，专卖管理系统。用于专卖证照管理、案件管理、市场检查等。目前廊坊市烟草公司的网上订货系统、配送系统、客户档案管理系统及专卖管理系统都是各自独立，尚未联网，不利于全市数据的统计，不利于廊坊市烟草公司进行决策分析。通过筹建廊坊市烟草公司物流配送中心，实现"电话订货、网上配货、电子结算、现代物流"的目标，廊坊市烟草公司必须引进现代物流信息系统，将各区县公司的信息资源进行整合，发挥最大的经济效益。

（二）廊坊市烟草物流配送中心信息系统规划的原则及目标

物流信息系统是根据物流管理运作的需要，在管理信息系统的基础上，形成的物流信息资源管理和协调的系统。它是依靠现代科学技术，特别是计算机

网络技术和现代物流设备自动化技术,在计划、管理、控制以及作业环节等方面,充分利用信息系统快速反馈信息,为决策提供依据并辅助决策,以提高物流效率、降低物流成本、提升客户满意度,从而优化供应链系统。

(1)物流信息系统规划的原则。物流信息系统应具备随着企业发展而发展的能力。在设计物流信息系统时,应充分考虑企业未来的管理及业务发展的需求,以便在原有的系统基础上建立更高层次的管理模块。根据"木桶原理",物流配送中心的信息化建设,应选择物流企业管理最薄弱、最需要解决的环节作为突破口,以带动整个物流配送中心的整体管理水平。物流信息系统应与客户的 ERP 系统或库存管理系统实现连接,并能保证企业内部各部门之间的协同,具备支持远程监控的功能。

(2)物流信息系统规划的目标。廊坊市烟草公司物流配送中心信息系统的规划,是为物流信息系统的具体设计服务的,其目标是根据物流配送中心建设的需求和现有的基础条件,制订出一个与物流配送中心的发展相适应的、先进实用的、以计算机系统为基础的管理信息系统总体规划方案。物流信息系统的规划是系统开发的第一个阶段,系统规划要站在一个战略的高度,把物流配送中心作为一个有机的整体,全面考虑企业所处的环境、企业本身的潜力、企业具备的条件和企业发展的需要,规划出企业在一定时期内所需建立的信息系统的蓝图。

(3)物流信息系统规划内容概要。为满足廊坊市烟草公司物流配送中心运营管理的需要,物流信息系统各子系统的构建及整体框架的设计如图12-9所示。

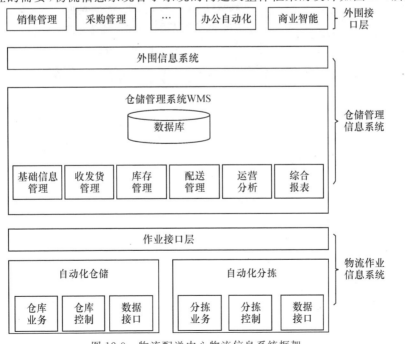

图 12-9 物流配送中心物流信息系统框架

从图 12-9 可知,物流信息系统主要包括仓储管理系统及物流作业系统,仓储管理系统包括基础信息管理、收发货管理等六个子系统,物流作业系统包括自动化仓储作业系统及自动化分拣作业系统。从物流信息系统纵向逻辑性分析,可得信息系统组成逻辑图(见图 12-10)。图中,"信息中心管理层"相当于企业 ERP 系统(包括 WMS 仓储管理系统),是位于物流自动化信息管理系统之上的系统,它可以向自动化物流系统发布采购计划、销售计划、入出库计划及规划入库产品项目,同时也可以从自动化物流信息管理系统获得各种必要的信息,如库存情况、入出库情况等;"设备管理层"主要功能是完成设备运作任务的分发下达、设备运行执行情况监视、命令执行结果的数据上传及结果处理、设备的状态识别及处理、动画仿真及图形查询、故障处理等功能,是自动化物流系统的关键系统;"控制层"主要通过可编程控制器(PLC)实现,是自动化系统与信息系统的桥梁;"执行层"则是保障各项物流设施设备的自动运行,其执行结果通过专门的设备网络接口与现场总线连接,完成整个系统的信息沟通。

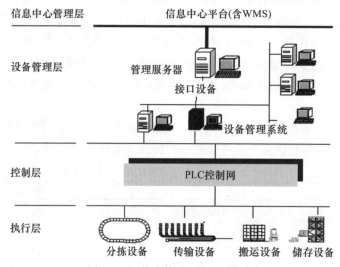

图 12-10　物流信息系统组成逻辑

因物流作业系统涉及的自动控制、电机、遥控装置等专业性知识点较多,难以简明地阐述,故本节只对仓库管理系统的规划做简要的说明。各子系统具体功能如下:

基础信息管理。包括商品基础信息管理、客户基础信息管理、配送线路基础信息管理、管理人员角色数据管理等。

收发货管理。包括收货管理、发货管理、退货管理等,收货系统与外围信息系统的采购管理系统有紧密的联系,包括供应商资料档案、采购订货资料、采购时间管理系统、资源与报价管理等;发货管理与外围信息系统的销售管理系统有紧密的联系,包括订单资料处理、指派拣货程序、发货日程计划等。

库存管理。包括库存盘点和库存分析等,库存分析包括库存预警、账龄分析、流量统计、货位分析等。

配送管理。包括车辆管理、车辆配货、车辆跟踪、车辆调度等。现代卷烟物流配送采取的是按订单配送的管理模式,故配送管理与外围信息系统的销售管理系统有紧密的关系。基于 GPS 的车辆优化调度系统和基于 GIS 的地理信息系统,集成车辆优化调度算法和数据库管理于一体,是一个先进的图形、图像处理及数据可视化技术系统。它为用户的商业配送业务提供全面的解决方案、信息搜索、管理和统计分析,为物流配送优化调度的应用提供了一个好的使用环境。利用 GIS/GPS 对物流企业所属车辆进行实时跟踪、监控,有利于提高物流配送中心车辆管理利用率和客户服务水平。

运营分析。包括库存分析、设备利用率分析、订单结构分析、运营成本分析等。

综合报表。包括进销存日报、月报、季报、年报等及综合查询,其中综合查询包括卷烟编号查询、卷烟品名查询、供货烟厂查询、历史记录查询、货位信息查询、空货位查询等。

五、物流配送中心规划方案投资概算

(一)设备投资概算

设备的合理使用包括技术合理和经济合理两个方面。物流配送中心设备的合理使用的基本要求是:保持设备的良好状态,正确使用和优化组合,充分发挥设备的功能和效用,安全、优质、高效、低耗地完成担负的物流作业任务,并取得良好的经济效益。表 12-3 为廊坊市烟草物流配送中心软硬件投资概算。

表 12-3　廊坊市烟草物流配送中心软硬件投资概算

项目	项目明细	规格、型号	数量	单价(万元)	总价(万元)
存储	全自动立体化仓库货架	12 排×74 列×10 层	8880 货位	0.03	266.4
	巷道式堆垛机轨道		6 套	48	288
	巷道式堆垛机轨道		30 吨	0.8	24
	低频烟库区货架	12 排×10 列×3 层	360 货位	0.03	10.8
输送	一楼传送系统		1 套	120	120
	一楼传送系统		1 套	140	140
分拣	全自动卷烟拆零分拣系统		6 套	250	1500
信息及自动化	集成化物流管理系统		1 套	24	24
	物流监控系统		1 套	10	10
	GIS 动画显示系统		1 套	6	6
搬运	仓储木托盘	1200mm ×·1000mm ×150mm	10000 个	0.0068	68
	出货用物流周转箱	600mm×500mm×360mm	40000 个	0.0053	212
	平衡重式叉车	1.2 吨	10 辆	18	180
	高提升叉车	2.0 吨	4 辆	24	96
配送	厢式货车	0.9 吨	15 辆	10	150
其他	其他设备			5	5
总计					3100.2

（二）作业人员规划及人工费用预算

1. 作业人员规划需要考虑的因素

作业人员作为生产要素之一，比机器设备及卷烟货物更具有弹性。在明确作业人员有一个安全的作业环境之后，作业人员的规划应考虑每个作业程序的劳动力需求量，具体包括作业人员的职责分工，每个作业程序需要的作业人数及轮班制的影响。表 12-4 显示了廊坊市烟草物流配送中心作业人员规划。

2. 岗位设置与人员规划

物流配送中心的相关工作人员，按岗位职责不同及工作量的大小进行配置，如进货及仓储作业及设备维护人员实行 7×24 小时工作制度，需执行三班制，分拣作业实行两班制，配送人员及管理人员实行一班制等。

物流配送中心作业人员的多少直接影响到物流配送中心日后的运营人工成本。按每人平均年工资额 4 万元计，廊坊市烟草公司物流配送中心按此方案所需的年运营人工成本就是人民币 1220 万元。

表 12-4　廊坊市烟草物流配送中心作业人员规划

作业人员细分	序号	岗位	每班人员（人）	人员总数（人）	备注
进货及仓储人员	1	卸货协调员	1	3	卸货到伸缩皮带机
	2	码盘员	4	12	伸缩皮带机进货后码盘
	3	数据员	1	3	进库条码扫描、进库系统录入
	4	叉车工	1	3	叉车驾驶员将托盘进库
	5	系统管理员	1	3	全自动立体化仓库操作员
整托盘分拣线	6	整托盘分拣叉车工	2	4	将出库后的整托盘卷烟运送至出货指定地点
整件烟分拣线	7	补货拆盘人员	2	4	将出库后托盘拆盘，卷烟通过输送机传送到补货区
	8	卷烟分拣人员	6	12	根据订单要求将卷烟分拣至传送皮带上
	9	卷烟分拣后码盘人员	6	12	卷烟通过传送皮带到达指定码盘地点后码盘
拆零条烟分拣线	10	低频烟补货员	2	4	从低频烟库位出货并补货至传送皮带上
	11	补卷烟到重力货架	12	24	将卷烟拆箱后，卷烟补充到自动分拣货架上
	12	上箱人员	2	4	将空周转箱补给自动装箱机
物流设备管理人员	13	周转箱码盘	4	8	自动装箱机装箱完成后周转箱码盘
	14	空纸箱回收整理	1	2	自动分拣线上，拆箱后的空纸箱整理回收
	15	分拣后托盘搬运	2	4	将分拣好的空托盘托送到进货暂存区

作业人员细分	序号	岗位	每班人员（人）	人员总数（人）	备　注
配送人员	16	直接配送出库管理员	10	10	直接配送的出库管理,调度
	17	接力配送出库管理员	5	5	接力配送的卷烟出库管理,调度
	18	中转配送出库管理员	1	1	中转卷烟的装车,配送及其他客户服务
	19	直接配送汽车司机	120	120	直接配送卷烟的装车、配送及其他客户服务
	20	接力配送汽车司机	30	30	接力配送卷烟的装车、配送及其他客户服务
	21	中转配送汽车司机	10	10	中转出货卷烟的装车、配送及其他客户服务
信息管理人员	22	物流配送系统管理员	10	10	程序开发、设计、维护及信息分析人员
营运管理人员	23	营运管理人员	5	5	负责物流管理与物流策略的制定
辅助人员	24	机械工	2	6	负责物流配送中心机械设备的日常维护
	25	电修工	2	6	负责物流配送中心电路系统的日常维护
合计				305	

第三节　辽宁省医药物流配送中心规划设计

一、项目的目标

本项目为辽宁省规划、建设一座现代医药物流配送中心,主要物流对象为药品、医疗器械,服务对象为制药厂、省内药店和医院,主要功能为仓储管理和向省内药店和医院配送。首先以自身配送为主,面对医院、零售药店和其他商业;其次是吸引主要供应商并与他们建立网络伙伴关系,使物流配送中心成为其他药品的配送中心或中转仓库,扩大物流配送中心的功能;再次是从配送药品,扩大到医院、药店需要的其他相关产品的储存、配送。

二、现状分析

近年来,医药行业被列入国家高新技术产业,并得到国家政策的大力扶持,医药经济始终保持了旺盛的发展势头。医药行业进入 2007 年后,不仅销售收入实现了 26% 的平稳增长;更重要的是,销售利润的增长幅度超过收入,增幅接近 25 个百分点,达到 48.74%,扣除投资收益之,增幅也在 35% 左右。但是,长期以来,我国医药行业因药品的特殊性、专营性以及国有主渠道作用,一直由国有企业垄断。2005年起,我国允许外国企业从事全方位的药品销售服务,包括药品的采购、仓储配送、批发零售和售后服务等,这对我国传统的医药批发、零售运作模式产生了重大的影响,我国医药商业企业面临世界级医药巨头的挑战。

虽然我国医药行业通过全面的药品经营质量管理体系(GSP)认证,促进了行业的规范化建设,医药商业的管理体制将日趋完善,管理能力逐步提高,特别是一些大型医药企业通过体制改革,逐步朝着企业集团化、管理现代化的方向发展,在一定程度上解决了医药行业企业多、规模小、管理机制僵化、效率低、费用高、效益差、秩序乱等多种问题,但在目前,我国医药行业与发达国家同行相比,还存在一定的差距,主要体现在以下几个方面:

(1)营运手段原始。目前我国的医药物流企业采用的是普通仓库、车辆和人员的堆积方式,沿袭传统的运营模式,管理效率不高,流通方式落后。据行业统计,目前国内医药商业的平均物流成本占销售额的比重达10%以上,而美国医药批发商的该项指标仅为2.6%;医药商业纯利润率仅有0.72%,全美医药批发商利润率为1.55%。据调查统计,2011年全国重点医药企业物流成本构成中,运输成本占比43.4%,管理成本占比12.8%,仓储成本占比12.7%,配送成本占比9.3%,保险成本占比7.2%,利息成本占比5.7%,服务费用占比0.3%,管理成本占12.8%,降低物流成本压力主要来自运输成本、仓储成本和管理成本。

(2)物流服务水平不高。目前,国内大多数医药企业采用的分销模式为多级分销形式。即处于区域核心城市的一级大型医药物流批发商,凭借其强大的储运能力,向所覆盖区域的地、市、县二、三级医药批发商销售,地、市、县医药批发商凭借其配送能力和掌握的区域客户资源,在当地向医院、诊所和药店等终端零售商进行销售。在此基础上还存在面对城区的中小型区域仓储配送形式、面对医院的区域性纯销形式、面对单一产品的招商代理形式等其他类型。可以看出,多级分销模式的效率不高。从一级批发商到最后的门店,中间要经过很多环节,不可能很快把药品迅速、准确、及时、低成本地送到对应的门店或终端客户;其次,多级分销模式因中间环节过多,使一级批发商在一定程度上难以及时了解终端市场的真实需求,无法给采购提供准确的决策数据,可能导致无法及时提供门店或终端客户需求的药品和相关增值服务;另外,各级分销商因技术和相关资源有限,在对门店或终端客户进行配送作业时,主要依赖人工处理,使服务水平和质量难以提高。

(3)管理方式较为简单和粗放。国内医药商业企业,大部分仍沿袭传统的运营模式,大都以具体业务操作为主要方式,管理环节较为薄弱,管理人才较为缺乏,管理制度不甚健全,目前仅有少数企业,初步建立具备局部支持功能的物流信息管理及业务支持系统,大部分中小型企业的信息及物流管理系统有待今后逐步导入和使用。

为了积极应对国际医药巨头的挑战,在国家政策支持下,我国医药市场不断整合和规范,医药企业的管理由粗放型向集约型转变,物流运作方式从传统的批发企业模式向供应链管理模式发展。对于大型医药流通企业来说,要获得市场上的主导地位,就要加强与其在同一条供应链上的制造商、供应商、零售商的联盟合作,且须比供应链中其他成员更好地担负市场功能,在运作上做得更好。

在以前,由于地、市、县二、三级医药批发商都是各自管理自己的库存,都有自己的库存控制目标和相应的策略,而且相互之间缺乏信息沟通,彼此独占库存信息,因此不可避免地产生了需求信息的扭曲和时滞,需求逐级放大的同时,导致了供应链中各个环节库存的异常波动,这对整个供应链效率和响应速度的影响是不言而喻的。同时,从消费的角度来说,消费者对物品品牌的迷信度越来越低,物品之间的品质差异也越来越小,因此当要购买的品牌缺货时,会马上以其他品牌代之。所以,门店里都尽可能地销售畅销物品,库存数量最好是不太多,又不会缺货。因此,就会要求多品种、少批量的订货,以及多频度的配送,要求配送中心能对门店或最终用户快速反应,处理订货及出货。作为这一问题的解决方法,现代化的医药物流配送中心应运而生,医药物流建设不再是从前简单地租借或自建仓库,追求短、平、快的投机操作,而是从一般传统型向大型化、现代化方式发展。

三、医药物流配送中心总体规划设计

(一)总体规划

辽宁省医药物流配送中心规划建设库房面积 5000 平方米以上,分设常温库、阴凉库、冷库三大功能库区。拥有配送货车 8 辆,其中冷藏车 2 辆。整个库区内全部配备恒温、恒湿大型中央空调系统。拥有全套标准的现代物流设备,包括电子标签自动拣货系统、出入库及盘点无线手持设备、无线接收设备、24 小时温湿度记录及报警设备等,现代物流设备与实施 GSP(Good Supply Practice,在中国称为《药品经营质量管理规范》)和业务流程有机结合,软、硬件兼备,更有效记录及监控药品的全面质量管理体系。库区内实行标准药品色标管理,库区内各区域划分非常明显,各个流程安排井井有条。新标准下的仓储配送中心,既保证了药品存储的质量稳定、安全、可靠,又提供了现代信息管理和快捷高效的配送服务。公司还拥有先进的信息管理系统,该系统结合现有的现代物流设备,从实际出发,规范了从采购、验收、保管、销售、出库、复核、移库、退货、养护、饮片加工等业务环节,以及应收应付、财务成本核算、业务员业绩考核、业务数据统计分析等管理功能的全面的信息化管理。

(二)物流配送中心选址规划

选址最佳城市:沈阳。

作为医药物流配送中心,选址应选辽宁省的物理重心,沈阳的周围有沈大高速、沈丹高速、沈吉高速、沈哈高速、沈通高速、京沈高速以及其他国道,呈辐射状向外延伸,还有沈环高速和辽中环线高速呈环状相连接,这样可以缩短配送总距离,提高配送效率。同时,沈阳市是东北地区最大的经济、文化、交通、金融和商贸中心城市,经济总量相当于辽宁省的四分之一,约占辽宁中部城市群经济总量的二分之一。该区域市场经济发达,工业化程度较高,拥有资金、技术、人才、信息、市场等优势。

(三)仓储布局规划

1. 业务划分

作为医药物流配送中心,仓库规划最主要的重点还是满足业务需要。一般而言,现代药品仓库大多数是矩形建筑,因此该药品仓库规划本着"通透式"原则,即验收入库区和待运出库区在一条直线上,零货库在中间,上下直对验收入库区和待运出库区,整件库区在零货库区的两边,便于直接补货和发货。需要强调的是,冷藏库、易串味库、中药库、二类精神药品库等各类小库区,原则上以靠墙设计为主,目的是尽量减少对库区有效使用面积的占用,降低中央空调管道和机组的建设成本。

2. 色标管理

在库药品严格按照 GSP 的储运要求,实行专库、专区分类存放,做到药品与非药品、内服药与外用药、易串味药品、中药饮片与其他药品分开存放,危险品单独存放,医疗用毒性中药材专柜存放,实行双人双锁保管,专账记录。仓库按规定实行色标管理,严格分区管理。

为了有效控制药品储存质量,应对药品按其质量状态分区管理。为杜绝库存药品的存放出现差错,必须对在库药品实行色标管理。药品质量状态的色标区分标准为:合格药品为绿色,不合格药品为红色,质量状态不明确药品为黄色。按照库房管理的实际需要,库房管理区域色标划分的统一标准是:待验药品库区、退货药品库区为黄色,合格药品库区、中药饮片零货称取库区、待发药品库区为绿色,不合格药品库区为红色。三色标牌以底色为准,文字可以白色或黑色表示,防止出现色标混乱。

3. 搬运和堆垛要求

严格遵守药品外包装图式标志的要求,规范操作。怕压药品应控制堆放高度,防止造成包装箱挤压变形。药品应按品种、批号相对集中堆放,分开堆码,不同品种或同品种不同批号药品不得混垛,防止发生错发混发事故。

4. 药品堆垛距离

药品货垛与仓间地面、墙壁、顶棚、散热器之间应有相应的间距或隔离措施,设置足够宽度的货物通道,防止库内设施对药品质量产生影响,保证仓储和养护管理工作的有效开展。药品垛堆的距离要求为:药品与墙、药品与屋顶(房梁)的间距不小于 30 厘米,与库房散热器或供暖管道的间距不小于 30 厘米,与地面的间距不小于 10 厘米。另外仓间主通道宽度应不少于 200 厘米,辅通道宽度应不少于 100 厘米。

5. 分类储存管理

医药物流配送中心有适宜药品分类管理的仓库,按照药品的管理要求、用途、性状等进行分类储存。可储存于同一仓间,但应分开不同货位的药品有:药品与食品及保健品类的非药品、内用药与外用药;应专库存放,不得与其他药品混存于同一仓间的药品有:易串味的药品、中药材、中药饮片、特殊管理药品以及危险品等。

为保证在库药品质量,养护上实行"三三四"检查,即每个季度第一个月检查 30%,第二个月检查 30%,第三个月检查 40%,使库存药品每个季度能全面检查一次(月查季轮),同时建立定期上报质量信息报表制度,有效期在 6 个月以内的,按时填报"近效期药品催销表",并设立"近效期药品警示牌",保证过期药品不出库,有问题药品不出售。

6. 温湿度条件

按药品的温、湿度要求将其存放于相应的库中,药品经营企业各类药品储存库均保持恒温。对每种药品,根据药品标示的贮藏条件要求,分别储存于冷库(2~10℃)、阴凉库(20℃以下)或常温库(0~30℃)内,各库房的相对湿度均保持在 45%~75%。

医药物流配送中心所设的冷库、阴凉库及常温库所要求的温度范围,以保证药品质量、符合药品规定的储存条件为原则,进行科学合理的设定,即所经营药品标明应存放于何种温湿度下,企业就设置相应温湿度范围的库房。对于标识有两种以上不同温湿度储存条件的药品,一般存放于相对低温的库中,如某一药品标识的储存条件为:20℃以下有效期 3 年,20~30℃有效期 1 年,应将该药品存放于阴凉库中。

7. 中药材、中药饮片储存

根据中药材、中药饮片的性质,设置相应的储存仓库,合理控制温湿度条件。对于易虫蛀、霉变、泛油、变色的品种,设置密封、干燥、凉爽、洁净的库房;对于经营量较小且易变色、挥发及融化的品种,配备避光、避热的储存设备,如冰箱、冷柜。对于毒、麻中药做到专人、专账、专库(或专柜)、双锁保管。

8. 入库的条件

药品入库时,必须建立并执行进货检查验收制度,建立真实完整的药品购进记录。记录必须注明药品通用名称、生产厂家、剂型、规格、批号、生产日期、有效期、批准文号、供货单位、数量、价格、购进日期等。仓库的仓储要求是建立药品保管、养护制度,采取必要的冷藏、防冻、防潮、避光、通风、防火、防虫、防鼠等措施。储存应将中药材、中药饮片、化学药品、中成药分别储存,分类存放,这样才能保证药品质量。在药品出库时,严格执行药品"先进先出,近期先出和按批号发货"的原则,对出库药品,复核人员按照发货凭证对照实物,逐项进行检查核对,并登记出库复核记录,实行质量跟踪。

（四）设施设备选择

一是根据药品对库房温湿度的严格要求，设置阴凉库，并配置冷柜、冰箱、空调；安装排气扇、避光窗帘，并对门窗进行了加密加固；在库内、库外设置温湿度计，并及时做好温湿度记录，做好仓库的温湿度调控。

二是设置货架、货垫以及手动液压叉车、无线条形码机和扫描仪、购物小推车、运输车辆等企业经营的硬件设施。

三是为加强验收养护，确保药品质量，公司对验收养护室按照 GSP 的要求，配置了分析天平、澄明度检测仪、标准比色液、水分快速测定仪、三用紫外线荧光灯、生物显微镜、中药标本柜、干燥箱等硬件设施，安装了空调等防潮防尘设备，并做好检测记录，确保入库药品质量合格。

（五）药品运输方案

1. 干线运输方案的目标

干线运输方案是为辽宁省内的制药厂、药店和医院整体配送提供快速、安全、优质的干线运输保证。通过干线运输方案的设计，旨在达到以下的目标：一是充分利用 SINOTRANS（即"中外运"，中国外运股份有限公司从事全球陆、海、空货运仓储码头服务）的优势，通过运输方案优化及与地区配送中心的合作，有效降低物流成本；二是不断改进运作方式，提高运输效率，保证运输货物及时到达；三是进一步提高货运质量，降低产品运输损耗，保证运输货物的完好性及可靠性。

2. 干线运输方式的选择

根据区域内的运输现状，医药物流配送中心对辽宁省内的药品和医疗器械，采用普通集装箱和冷藏集装箱公路运输方式。采用公路运输，时间波动性较小，运输可靠性强。通过公路多频次的运输，物流配送中心可以有效地减少库存，降低配送成本。

从运输角度看，选择沈阳市作为医药物流配送中心是非常合适的，从沈阳周边公路交通布局可以看出，沈通、京沈、沈大、沈丹、沈吉、沈哈六条高速公路通往各地。比如要向大连的医院配送药品或者医疗器械，只需由环城高速转到沈大线，即可直达大连，只有四小时的车程。走高速公路的好处就是，突发状况比较少，速度比较稳定，可以提前估算到达时间，以此来安排运输。如果对运输时间要求不严格，也可以不由高速公路运输，这样可以节省高速公路运输的费用，降低配送成本。

3. 干线运输服务保障措施

一是制定完善的干线运输业务操作规范，使所有运输业务操作按照标准的服务流程进行，确保整个操作过程井然有序；二是随时提供合格的运输车辆，保证货物的及时运输和安全到达，保证运输服务质量；三是利用先进的技术手段，对车辆进行实时监控；四是保证对车辆进行定期的维护和保养，保障车辆的适营性;五是根据不同的自然状况和路况,掌握行车速度,降低货损货差,在保证及时送货的同时,保证货物的安全。

4.干线运输标准操作流程

第一步,接收药品和医疗器械的运输指令。即物流配送中心调度部门接收辽宁省内的制药厂、药店和医院发货的指令,根据指令,安排车辆运输作业计划。

第二步,检查车辆的适营性。司机接受调度部门的运输指令后,负责检查车辆状况,保证车辆的适营性。同时进行以下方面的检查:一是车龄检查(车辆是否超出营运年限,发动机状况如何,有无漏油、漏水情况等);二是箱体检查(箱体内是否清洁、平整,有无漏雨、漏风情况,冷藏车冷藏系统是否正常运行);三是车厢门锁检查(车厢门锁是否固定,铆钉固定或者插栓固定,是否适合铅封)。

第三步,仓库提货。一是驾驶员到医药物流中心仓库提货;二是发货经办人确认单据无误后开始装车;三是驾驶员要负责监装,核对各品种各规格的装货数量,同时注意药品和医疗器械包装有无破损,如有异议,及时提出;四是确认装货数量无误后,开始装货;五是驾驶员与发货经办人共同加封加锁。

第四步,货物进行干线运输。车辆施封后,载货车辆启运。运输过程中,司机严格在公司规定的车速范围内行驶,若出现意外事故,按照后文的意外事故处理流程进行处理。

(六)作业流程

物流配送中心的具体作业流程和采用的信息系统有着直接的关系。而物流配送中心内部的作业流程,又和物流配送中心的平面布置和设备规划紧密联系在一起,流程的规划必须满足以下需求:一是满足物流中心药品储存的特性与要求,二是符合物流中心的平面布置和设备规划;三是紧密结合物流中心采用的信息系统。

1.收货流程(见图12-11)

首先,拣选系统(RF)从仓库管理系统(WMS)中获得收货信息,拣选系统扫描或输入订单号或其他单据号,经过WMS系统检查正确,扫描或输入物料号、数量,然后托盘化管理,扫描托盘、贴条码,将收货信息上传到WMS系统,要装运的发货装车,其余的转入上架流程。

2.上架流程(见图12-12)

首先要区分是否为大件,如果是,要扫描货物条码,WMS给出货位信息,搬运工将货物送到大件储存区;如果不是,RF扫描托盘或周转箱,WMS提示货位信息,搬运工将货物送到指定货位,然后扫描指定货位,确认上架。

3.补货流程(见图12-13)

WMS给出补货指令,RF给出取货的货位,叉车工到达货位进行货位扫描,取托盘并扫描托盘,根据RF提示补货数量取出物料,转运至补货暂存区并扫描暂存区货位码。

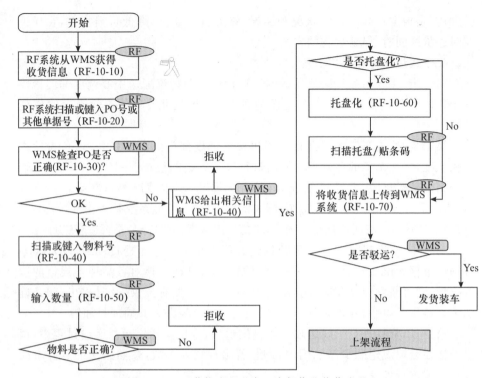

图 12-11 医药物流配送中心内部作业收货流程

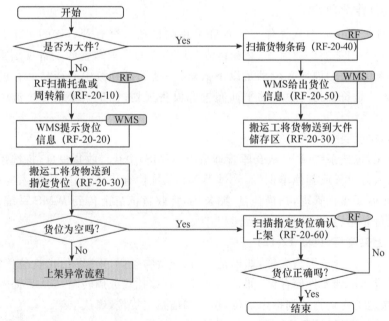

图 12-12 医药物流配送中心内部作业上架流程

　　补货的时机有三种形式:一是批次补货,每天由计算机计算出所需货品的总拣货量,再查看需补货区域存货量后,在拣货之前一次补足,从而满足全天的拣货量。二是定时补货,把每天分为几个时段,计算机自动计算下一时段所需

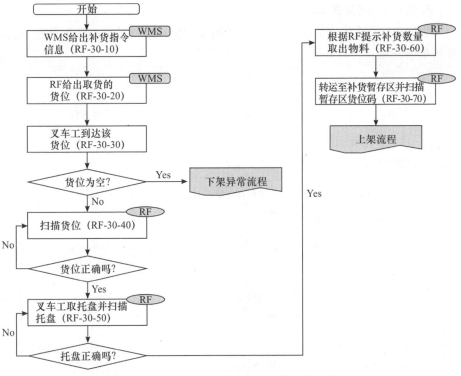

图 12-13　医药物流配送中心内部作业补货流程

货品的总拣货量,在拣货之前把该时段所需货品一次性补足。三是随机补货。当计算机系统计算出某种货品的存量小于设定标准值时,系统会立即下达补货指令,给该品种进行补货。

4. 发货流程(见图 **12-14**)

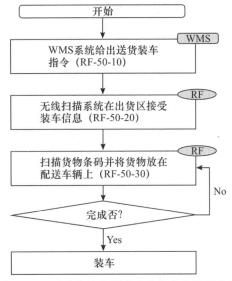

图 12-14　医药物流配送中心内部作业发货流程

5. 拣选流程(见图 12-15)

WMS 系统给出送货装车指令,天线扫描系统在出货区接受装车信息,扫描货物条码并将货物放在配送车辆上,装车发货。

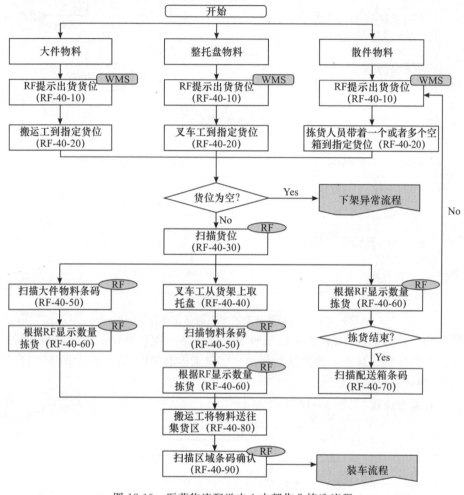

图 12-15　医药物流配送中心内部作业拣选流程

(七)信息系统

为了满足药品物流配送运作和第三方物流业务发展的需要,医药物流配送中心信息系统是一个以物流执行系统为中心,以客户管理、财务管理为辅,再加以第三方结算系统的信息系统。

(八)增值服务

可以在医药物流配送中心进行以下流通加工,这就要求采用复核及二次包装的处理方式进行设计。对于已完成拣选作业的塑料周转箱或订单,由于其是单品存放,在配送过程中不方便,所以在配送前一般要重新包装成一个或几个新的箱件药品(即二次包装),与在箱拣区拣选出的箱件药品一起配送到各个客户。考虑到医药的特殊性,同时为了提高配送的正确率,提升配送服务水平,在二次包装前,必须把所拣选的药品进行复核,无误后才能进行二次包装。

(九)服务组织

以医药物流供应链模式为基础,依托一定的物流设备、技术和物流管理信息系统,有效整合营销渠道上下游资源,通过优化药品供销配运环节中的验收、存储、分拣、配送等作业过程,提高订单处理能力,降低货物分拣差错,缩短库存及配送时间,减少物流成本,提高服务水平和资金使用效益,实现自动化、信息化和效益化,在制药厂、省内药店及医院之间做好妥善的物流服务,以下为简易货物流向图(见图12-16)和物流中心作业部门设置(见图12-17)。

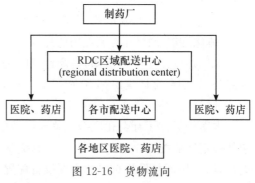

图 12-16 货物流向

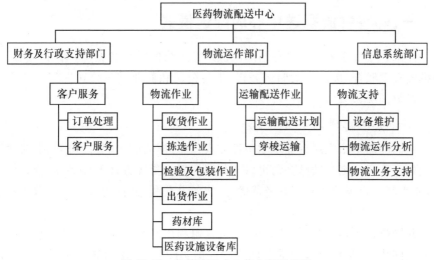

图 12-17 物流配送中心作业部门设置

第四节 烟台铁路公司珠矶物流配送中心规划

烟台地处山东半岛中部,濒临黄海、渤海,与辽东半岛及日本、朝鲜、韩国隔海相望,是全国首批14个沿海开放城市之一,也是国家重点开发的环渤海经济区内的重要城市。

烟台地区的物流产业环境尚未形成良好的框架,物流基础设施尚欠完备,市政府对物流业尚未出台正式的、长远的发展规划或发展政策,对物流产业在投资、税收、费用方面都没有相关政策。烟台地区大部分储运公司处于困难时期,大货场运营欠佳,货物走向未被重视。现有的大型储运企业都是各自为政,横向联合差。物流产业经营分散,组织化程度低,物流技术含量低,物流布局不合理。

2018 年初烟台市政府出台《烟台市物流业发展中长期规划(2016—2025年)》,并发布《烟台市物流业发展三年行动方案(2018—2020 年)》,提出到 2020年,全市社会物流总额要达到 2.6 万亿元,年均增长 6.5%,3A 级以上物流企业达到 80 家,物流业与制造业、农业、交通、贸易、金融等行业联动发展水平明显提高,一体化运作、网络化经营能力明显增强,信息化和供应链管理水平明显提升。

珠矶地区位于烟台市郊,是烟台市的交通枢纽和重要的商品集散地。烟台铁路公司、烟台交运集团都有在珠矶地区设立物流配送中心的设想,并得到了有关部门的支持。

本案例提供了社会化联合型物流配送中心建设的主体设计规划方案,内容包括确定物流配送中心的配送模式、物流配送中心的功能规划、业务流程规划、岗位设置、场地与设施布局和主要设备配置等内容。

一、确定物流配送中心的配送模式

珠矶物流配送中心为避免与周围铁路专用线的所有者竞争,采用共同配送的模式实现联合,选定珠矶储运公司、果品公司和商业储运公司三家企业作为合作对象。

(一)共同配送的具体模式

共同配送是指配送企业采取多种方式,进行横向联合、集约协调、求同存异以及效益共享。烟台铁路公司可以充分利用组织货源方面的优势,联合其他企业,使用其空余场地或利用其经营优势,使各方获利,并促进各企业运营规模的扩大,提高服务水平,降低物流成本。

共同配送包括:配送的共同化、物流资源利用的共同化、物流设施与设备利用的共同化,以及物流管理的共同化。根据实际情况,珠矶物流配送中心可以同上述三家企业实现物流设施与设备的共同利用,由两家企业提供场地、仓储设施供铁路公司使用。另外,在协调基础上,充分利用它们的物流设备(如运输车、装卸搬运机械、托盘、集装箱等),以利于企业经营规模的进一步扩大,运营成本的进一步降低。

共同配送的联合方式通常有紧密型(法人型)、半紧密型(合伙型)和松散型(合同型)三种类型。珠矶物流配送中心初步运营阶段选择松散型(合同型)联合方式,以获取更大的经营主动性,避免认识及经营理念上的差异,对物流配送中心的发展产生不利影响。

按照供货和送货的形式,共同配送有共同集货型、共同送货型和共同集送货型三种类型。由于现阶段还没有形成真正的共同配送联合体,所以无论哪种方式,实现起来都有困难。在珠矶物流配送中心的初步发展阶段,可以先进行自行配送。当具备社会化物流发展的大环境,各家企业都认识到有必要物流资源利用共同化。物流管理共同化时,再逐步发展真正意义上的共同配送。

（二）实施共同配送的原则

共同配送的参加企业应共同遵守一定的原则和理念,才能获得好的经营效益。针对烟台铁路公司的具体情况,珠矶物流配送中心的共同配送应遵循以下原则:

(1)扬长避短,自愿互用,追求整体效益;

(2)排除短期行为和成见,互利互惠共同发展,不能以大压小,要坚持"利益均沾"和"有利可图"的原则;

(3)公平公开,加盟企业确保中立,保守内部秘密;

(4)联合形式多样,追求实效;

(5)不断创新,不断发展,防止临时观念和因循守旧,把竞争的思想转变成联合互利的思想。

（三）共同配送的目标

(1)改变现在珠矶站到多、发少的现状,扩大经营规模,扩展经营范围,提高发送量;

(2)提高现有物流资源的利用率,降低运营成本;

(3)充分利用合作企业的设施与设备,扩大配送面积,提高作业效率。

（四）实施共同配送的步骤

(1)选择合作伙伴;

(2)组织联合谈判班子,做好谈判前的准备;

(3)签订共同化联合意向书;

(4)签订共同化联合的正式合同;

(5)对合同进行公证;

(6)联合体正式运作。

二、物流配送中心的功能规划

珠矶物流配送中心是在一般铁路货站的基础上建立的,其内部结构和布局直接影响其功能。主要功能包括以下几个方面:

(1)储存。珠矶物流配送中心是货物的集散中心,初期配送对象确定为煤、钢材和木材三种,所以储存功能必不可少,而且利用合作企业的储存场地是铁路公司与合作企业的主要合作项目之一。

(2)分拣理货。为了满足客户对商品不同种类、不同规格、不同数量的需求,物流配送中心必须有效分拣货物,并按计划理货,这是物流配送中心的核心功能。对于珠矶物流配送中心而言,由于初期发展方向定位于大宗散装货物,规格品种较为简单明了,所以此项工作不是很难。

(3)配货。用户对商品的需求有各种不同的组合,物流配送中心必须对货物进行有效组合,才能合理利用运输工具,方便配送工作,满足用户需求。如果珠矶物流配送中心开展真正意义上的共同配送,就必须真正与合作企业联合,实现资源共享。那时配货工作就会显出其重要性,而且将是需要信息化程度很高的一项工作。

(4)倒装、分装。这是指不同规模的货载在物流配送中心能高效分解与组合,按用户要求形成新的组合或新的装运形态。

(5)装卸搬运。这是配送中心必不可少的辅助作业。

(6)流通加工。对商品进行不同程度的流通加工,能够提高配送水平,提供增值服务,实现更高的经济效益。珠矶物流配送中心应利用铁路运输优势和场地优势,充分发挥这一功能的作用。

(7)送货。送货工作在物流配送中心之外完成,但是送货工作的计划、指挥和管理均由物流配送中心完成。这项工作直接涉及客户的满意程度,所以其及时性、准确性非常重要。现在有多种先进的送货方式,如与生产厂家直接挂钩实现即时配送,帮助厂家实现零库存或少库存。珠矶物流配送中心应在不断发展配送商品品种、扩大业务范围的基础上,发展多种送货方式,以实现更大的经济效益。

(8)信息处理。其重要性毋庸多言。需要注意的一点是,在物流配送中心发展的初级阶段,不必盲目追求所有信息都实现计算机处理以及计算机联网,可以分阶段、分步骤完成信息处理工作。

三、物流配送中心的业务流程规划

根据业务流程重组的理论,针对每一配送品种制定一套业务流程是比较合理的。对于每一个品种(钢材、木材和煤),基本业务流程如图 12-18 所示,整个业务流程须和实际业务系统结合起来考虑。

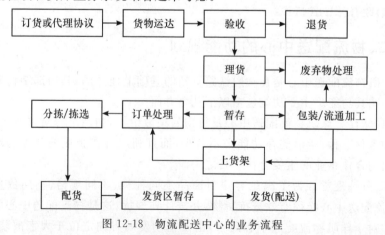

图 12-18　物流配送中心的业务流程

（一）煤

作为配送对象的煤炭产品主要有原煤、型煤、配煤。这类产品需求的共同特点是：需求量大，需求范围广；消耗稳定，用户较固定。因为此类产品储运是以散堆为主，很难与其他产品混装，常采用计划配送和定量配送等形式向用户供货。

鉴于煤炭有其特殊的物理性能和化学性质，因而在实际操作中有两种不同的配送流程：

第一种配送流程：从储存场地直接装货、直接送货，即进货→储存→装卸→送货。

第二种配送流程：在储货场地设置流通加工环节，将煤炭加工成配煤和型煤，然后进行装货和发货。煤的流通加工主要就是掺配不同热值的煤炭和去除混杂在煤炭中的矸石，这是附加价值较高的一种方式。根据珠矶站的煤炭除了电力用煤就是生活用煤的特点，建议珠矶物流配送中心采用如下的配送流程：进货→储存→加工→储存→装货→送货。

在煤炭的配送模式中，装卸运输作业通常要使用专用的工具和设备，并且车辆可直接开到储货场地进行作业（直接发送）。煤炭配送的特点是：配送量大且发送货物频繁，有些不需要加工的煤炭，在满足整车装运要求的前提下，配送时运输车辆可以直接到储煤场地去装运和发货。配送流程中也不需要分拣、配货等作业。

（二）钢材和木材

木材和钢材的特点是重量大、强度高、规格品种繁多，但运输时可以混装。一般说来，这类物资的产需关系比较稳定，但是需求结构比较复杂。据此，木材和钢材的配送一般都应包含加工工序。对于一些需求量不太大，但需要品种较多的用户，配送流程中又常常包含着分拣、配货和配装等作业，其配送流程有以下三种不同的情况：

①进货→储存→装货→送货；

②进货→储存→加工→储存→分拣→配货→配装送货；

③进货→储存→理货→分拣→配装→送货。

由于木材和钢材的需求相对稳定，因此在实践中，宜采用计划配送的形式供货，也适宜采用集团配送和定时、定量配送的形式向用户供货。

木材的流通加工主要有两项内容：①破开原木，将发运来的大规格的原木截锯成各种小规格的木方或木板，这需要专用设备；②制材，将碎木、木屑压制成各种规格的板材。

钢材的流通加工主要包括三项内容：①圆钢、角钢、扁钢、方钢等小型钢和部分管材的切割，线材的冷拉加工；②薄钢板的剪切加工和带钢的平展、裁切加工；③专用钢管的涂油和油漆加工，需要专门的设备。

四、物流配送中心的岗位设置

根据业务流程重组的理论,为提高运行效率,不按职能设置工作岗位,而是根据业务流程设置。初步设想每一种商品设置一个管理小组,装卸搬运、包装、流通加工、信息处理等公用部门单独设置。

(一)事业部的设置

对于具体的配送工作,建议设立三个事业部。

第一事业部:负责煤、钢材和木材的具体配送工作。对每一种商品单独设立一个管理部,即煤炭配送管理部、钢材配送管理部、木材配送管理部。

第二事业部:负责保管、流通加工、装卸搬运和运输等工作。

第三事业部:负责信息处理工作。建立完善的信息网络,提供信息服务。

(二)具体职能部门的设置

第一事业部:对每一个管理部,建议设立如下工作岗位,具体负责各项工作。但是,并非每一岗位都由专人负责,而是尽可能由一人负责全程工作,或者至少负责其中几项工作,以提高效率,减少由于各环节衔接不当而引起的工作疏漏和效率低下。

(1)采购或进货管理组。负责订货、采购、进货等作业环节的安排及相应的事务处理,同时负责对货物的验收工作。

(2)配货管理组。负责对出库货物的拣选和对组配作业进行管理,并与其他部门联系,提出有关机械设备及所需信息或信息处理要求。

(3)运输管理组。负责按客户要求制订合理的运输方案,组织好运输车辆,最终完成配送。

(4)营业管理组或客户服务组。负责接收和传递客户的订货信息、货物送达的信息,处理客户投诉,受理客户退换货请求,并具体处理退货与换货,安排好其所需运输工具。

(5)账务管理组。负责核对配送完成表单、出货表单、进货表单、库存管理表单。与第三事业部协同工作,协调控制监督货物流动,同时负责管理各种收费发票和物流收费统计、配送费用结算工作。

第二事业部:根据工作不同,分设仓储保管、流通加工、装卸搬运和运输四个具体管理部。根据第一事业部的要求,安排合适的保管场所并负责商品养护以及具体的出入库工作;安排流通加工所需场地及人员、设备;调配装卸搬运设备以按时完成工作;调度运输车辆,为保证配送工作的完成服务。由于采取共同配送的形式,第二事业部工作还包括处理与合作企业协调场地及设施的利用问题。

第三事业部:建立信息系统及相关网络,随时为第一、第二事业部的工作提供所需数据,进行必要的处理,并对他们的所有信息、数据进行统一管理。此外紧跟信息技术发展步伐,开展网上宣传,在适当的时候开展网络营销和电子商务营销,以不断扩大经营规模。

五、物流配送中心场地与设施布局

珠矶物流配送中心场地与设施的规划与布局,首先需要对计划配送商品的特性进行详细了解,内容包括待送商品的规格、重量、品种、形态,每件货物进出库的重量(最大、最小、平均),每天进货和发货的数量,从收货到发送所需时间,供应时间、订货次数、订货费用和服务质量等。有关数据调研可参见表12-5。

表 12-5　配送商品特性统计

特性		煤	钢材	木材
规格				
重量				
品种				
形态				
每件货物进出库的重量	最大			
	平均			
	最小			
每天进货数量				
每天发货数量				
从收货到发货所需时间				
供应时间				
订货次数				
订货费用				

在物流配送中心建设初期,根据现状,原有设施的改造利用应成为重点内容,尽量避免新增设施。对仓库建筑物、货棚和货场而言,没有太多特殊要求,可以在适当的内部改造的基础上充分加以利用。例如为配合配送要求,在库房地面硬化的基础上,铺设行走导轨和牵引索道,以安装活动货架和轨道搬运车;对原有库房、场地进行重新划分,确定加工区、理货区、配货区;建立高层货架,提高空间利用率等。

(一)珠矶站及合作企业现有场地设施状况

1. 珠矶站

珠矶站内设有股道线路 9 条,其中第 8 道、第 9 道是货物装卸线。站内货场设装卸货物线 2 条,650 平方米的零担货物仓库 1 座,108 平方米零担到达库 1 座,货物装卸高站台 2 处,地磅 1 座。第 8 道货物装卸线有效长 948 米,装卸有效长 730 米,装卸货位 48 个,分东、中、西段。东段设有水泥平台高货位 14 个,办理日用百货、烟酒、罐头等成包论件的货物;中段有 17 个笨大货区的低货位(硬面化可两面作业),办理装卸原木、钢材、钢锭等集装成件的笨大货物;西段设有 17 个低货位,办理卸煤、矿石、焦炭等散堆装货物。第 9 道货物装卸线有效长 338 米,装卸有效长 254 米,货位 16 个,零担仓库、货位 3 个,办理发到千家万户的零担货物业务;铅锌库货位 3 个,办理发送矿粉;东端设高台货位 14 个,办理苹果、轮胎、成包论件的货物。珠矶站共有堆场面积 1475 平方米,硬面面积 10000 平方米。

2. 烟台果品公司

占用 1 条专用线。其货场面积为 2 万平方米,利用率只有 30%～40%。内设贯通线路 2 条,1 道长 565 米,装卸有效长 390 米,设站台仓库 1 座 1680 平方米,高台货位 2 个,平货位 6 个。2 道长 854 米,装卸有效长度 480 米,货物雨棚 1 座,设高台货位 20 个,平货位 16 个,办理发送农副产品、水果、煤等,不办理零担货物。库房大部分出租,出租价位较低,还有一大部分不收租金。公司代运物资主要是化肥、煤炭和钢材。

3. 商业储运公司

内设尽头股道 2 条。1 道线路有效长 368 米;线路东端设高站台货位 3 个,西端为平货位 20 个。3 道线路有效长 330 米,高货台货位 16 个,设 1200 平方米站台库 1 座,主要办理日用百货、电器、成包论件货物和煤、焦炭等散堆装货物,不办理发送零担货物。2 道是珠矶西货场走行线。专用线饱和运输能力为 15 万～16 万吨,现在实际只有 5 万～6 万吨。

4. 珠矶储运公司

包括东、西两个货场,占地 1000 亩(约 666667 平方米)。东货场设尽头线路 2 条,1 道线路装卸有效长 416 米,东段平货位 15 个,西段 1200 米长,为笨大货区;2 道线路装卸有效长 400 米,东段平货位 10 个,西段设 550 平方米站台库 1 座,高台货位 18 个,站台风雨棚 1700 平方米。西货场内设尽头线路 3 条,线路装卸有效长度共约 1500 米,以散堆货物煤、木材、钢材为主。其中木材存储区占地 150 亩左右,煤炭存储区占地 300 亩左右。西货场大库存储面积 2000 平方米(原材料存储)。

(二)珠矶物流配送中心设施的合理构成

珠矶物流配送中心为了完成配送业务,通常由下列设施构成(见图 12-19):(1)管理区,(2)进货区,(3)理货区,(4)储存区,(5)加工区,(6)分拣配货区,(7)发货区,(8)退货处理区,(9)废弃物处理区,(10)设备存放及简易维护区。但是,从珠矶站现状考虑,要想完全合理地设置这些功能区是不可能的。只能利用合作企业的场所,设置相关区域的管理机构。

退货处理区	废弃物处理区	设备存放及简易维护区	
进货区	理货区	储存区	
		加工区	废弃物处理区
管理区	分拣配货区	管理区	
	发货区		

图 12-19　物流配送中心的功能分区

(三)确定各区所需设施种类及其面积

设施需要面积是按作业量计算的,根据经验确定的单位面积作业量为:(1)保管设施(库存剩余货物量):1 吨/平方米;(2)处理货物的其他设施:0.2 吨/平方米。

根据珠矶站历年到发量,初步确定物流配送中心日处理货物 500 吨,其中入库、出库各 250 吨,保管场所滞留货物设为 300 吨,具体计算可按表 12-6 进行。由此可见,物流配送中心共需场地约 7725 平方米,根据现有场地分析,完全能够满足日处理货物 500 吨的物流配送中心的需求。

表 12-6　物流配送中心场地面积计算

编号	设施名称	每日作业量(吨)	单位面积作业量(吨/平方米)	设施面积(平方米)
1	收货与验收区	250	0.2	1250
2	理货区	250	0.2	1250
3	分拣区	150	0.2	750
4	保管场所	300	1.0	3000
5	流通加工场所	25	0.2	125
6	退货处理区与废弃物处理区	10	0.2	50
7	配送场所	250	0.2	1250
8	设备存放与简易维护区			50
	合计			7725

(四)对珠矶物流配送中心场地与设施布局具体建议

(1)管理区利用现有车站设施;

(2)煤炭储存建议利用商业储运公司场地;

(3)钢材与木材堆放建议利用果品公司场地;

(4)在任务繁忙的时候,考虑利用珠矶储运公司的西货场;

(5)应考虑长期租用果品公司和商业储运公司的场地,合理安排各区分布。

六、物流配送中心需要的主要设备

在珠矶物流配送中心发展的初期,应尽量节约资金,尽可能利用现有设备,尤其是果品公司和商业储运公司的设备。

（一）现有设备分析

（1）果品公司：现有12吨的汽车吊、叉车数辆，没有运输车。

（2）商业储运公司：有一些吊车、叉车，无大型吊车设备。

由于珠矶站有自身的到发任务要完成，所以物流配送中心不应占用珠矶站现有设备。而且因为作业场地都选在了合作企业，所以实际上也无法利用珠矶站大型设备。根据这些分析，可以进一步确定所需设备种类。

（二）需要设备种类与数量

（1）装卸搬运设备。珠矶物流配送中心发展初期的年到发量估计为20万吨。根据经验值判断，需要装卸搬运设备为160吨左右。根据实际情况，应减少初期投资，重视对现有设备的利用，基本上能满足需要。除此之外，还应添置如下新设备：龙门吊1台，主要在果品公司使用，以装卸钢材与木材。如果资金允许的话，还应添置带式输送机，用以输送煤及其他散货。

（2）运输设备。发展真正意义上的现代物流，不能依靠客户自备车辆提货，必须送货上门。珠矶物流配送中心的特殊之处在于，它并非将所配送的物资全部用汽车进行运输，而是部分依靠铁路向外发送。所以，依据前面假设，一天发送量为250吨，大约能有50%依靠汽车进行运送。具体数字还要依据实际情况进行确定。这样，就大约需要运输车辆总吨位为125吨。由于运送的物资为体积大、重型和散装货物，所以应考虑的汽车车型为重型载货汽车、拖车与挂车。需要数量为10～15辆。

（3）流通加工设备。对于煤、钢材和木材来说，都需要专门的设备进行流通加工。珠矶物流配送中心在初期发展阶段，资金较为紧张，可以先进行一些不需要专门设备的流通加工活动，例如去除煤中的煤矸石。

七、结论与建议

（1）珠矶物流配送中心的合作对象选择为效益较差的果品公司、商业储运公司，以及效益很好的珠矶储运公司。对前者利用其设施与设备，对后者应考虑与其进行业务上的合作。

（2）应尽量利用现有设施与设备，先将物流配送中心的业务开展起来，然后再逐步、分阶段、有计划地进行场地改造与设备添购。但是，大型装卸搬运设备和运输车辆必须是新添置的。

（3）建议烟台铁路公司对物流配送中心的物流系统进行更详细的论证与研究，最终确定物流配送中心的布局、业务流程、作业流程、机构与人员设置、具体所需设施种类与面积、所需设备种类与数量等问题。

（4）建议铁路公司进一步建立物流管理信息系统。

第五节 桂北柑橘物流中心规划设计

一、桂北柑橘物流中心概述

我国是个柑橘生产与出口大国,广西更是我国柑橘的重要生产出口基地。桂北由于其地理位置、气候等原因,生产的柑橘在品质、营养、口感等方面均为柑橘之上乘。桂林市平乐县源头镇位于桂东北地区,其地理、气候、土壤、水质极其适合优质柑橘的种植与生产,是我国的传统柑橘种植基地,种植的柑橘具有"皮薄、肉厚、无渣、糖高、味美"的特点,博得了国内外消费者的好评。源头镇也逐渐发展成为广西柑橘购销的集散地,汇集桂林、柳州等地生产的柑橘,远销国外 30 多个国家和地区。

桂北柑橘物流中心位于桂林市平乐县源头镇,毗邻国有源头农场,面向 323 国道,占地 15000 平方米,总体为长方形,长约 150 米,宽约 100 米,设计年吞吐量 20 万吨。根据桂林市政府对该中心的总体布局规划,将为桂林地区和周边区域生产种植的柑橘提供综合物流服务,包括仓储、运输、配送、催熟、打蜡、贴牌等流通加工服务以及柑橘供销物流信息服务。

根据物流中心总体规划布局,中心规划场地东侧面临 323 国道,对外交通连接便利,分成入口和出口通道,南面毗邻国有源头农场,后续工程可以与农场合作而做到滚动发展,故物流中心位置出入口选择在区域东侧。物流中心规划按不同方案可有不同设计,主要开展柑橘储存、库内柑橘交易、分拨、流通加工以及信息处理等增值服务。

二、物流中心功能设计

(一)物流中心功能内容设计

根据桂北柑橘物流中心的业务要求,结合物流中心规划业务拓展需要,物流中心必须满足下面几个方面的作业需求:

(1)产品信息收集与发布。包括物流中心服务柑橘产区的产品产量、产品质量、产品品种以及产品供给地的产品需求等信息的发布与收集。

(2)产品交易。包括现场现货交易、远程网上采购与订单处理等。

(3)进货。包括车辆进货、进货卸载、进货点收、理货、搬运等。

(4)储存保管。包括普通储存、冷藏储存、气调储存、产品入库、调拨补充、理货等。

(5)分拣。包括订单处理分拣、品级拣货分类、集货等。

(6)流通加工。包括对柑橘的分级、打蜡、抛光、贴牌、包装等。

(7)出货。包括品检、出货点收、出货装载等。

(8)运输。包括车辆调度、路线安排、车辆运输、货物交割等。

(9)仓储管理。包括柑橘保管、盘点(定期、不定期)、变质产品处理、移仓与储位调整等。

(10)逆向物流。如退货、退货卸载、退货点收、退货责任确认、退货废品处理、换货补货等。

(11)物流辅助服务。如报关报检服务、租车服务、车辆货物出入管理、装卸车辆停车管理、包装中转容器回收、暂存、废物回收处理、银行保险服务等。

(二)物流中心功能分区设计

根据物流中心的服务产品对象、服务产品特性以及物流中心服务辐射范围,结合各种业务需求,集合现货批发交易市场、远期交易预订、电子商务、仓储、流通加工、信息处理、商品检测为一体的具有综合性系统的柑橘物流中心,将桂北柑橘物流中心功能分区为综合楼、柑橘现货批发交易区、仓储区、流通加工区、物流配送区等五个区。根据物流中心总体吞吐量规划要求,结合各功能区作业需要,其建设规划设计如下:

(1)综合楼。综合楼是物流中心的枢纽部分,集商务、服务、信息交流、住宿餐饮为一体的综合性建筑,主要分为四大功能区,即信息中心、信息发布厅(接待厅)、商务办公区、交易厅。

(2)柑橘现货批发交易区。这是物流中心的最主要的功能区域之一,该功能分区建设规划设计包括交易大棚(主要的小额交易场所,将大棚分割成较小的固定摊位,出租给采购商和批发商,并通过交易大棚进行现场交易)和现货交易铺面(主要用于面临终端商贩的小量现货交易,并可短时存储货品)。

(3)仓储区。包括柑橘冷藏保鲜库和普通仓库,可以作为现货集散仓库,也可以储藏为远期合同或待价销售。

(4)流通加工区。通过对柑橘的分级、打蜡、抛光、贴牌、包装等系列处理工序,提升柑橘的附加值,以满足国外市场的需要和国内高端市场需求。同时,经过流通加工的柑橘可以制定标准的交易价格,为实现未来销售奠定了良好的基础。另外,在柑橘淡季也可以提供为其他水果的分选、加工、包装等,以及蔬菜清洗、拣选、包装甚至开展速冻等业务。

(5)物流配送区。通过第三方物流公司为客商提供一系列物流服务:报关货代、普通大宗运输、冷链运输、零担托运、城区配送、租车服务等。

三、物流中心建设规模设计

(一)物流中心功能区建设规模设计原则

物流中心分为四个主要功能区,各功能区的规模设计将影响整个物流中心

运作的效率与协调性,应遵循以下几个原则:

(1)效率第一原则。物流中心是供应链中的一个最重要的节点,同时也是企业创造"第三利润源泉"的重要环节,物流中心的规划设计首要考虑的是物流效率的提升和物流成本的降低。

(2)合理性原则。应根据实际物流业务量设计各功能分区的规模,并使各功能分区业务能力适合业务流程的需要,切忌某一功能过强或某一功能不足,从而产生流程瓶颈,影响流程的整体效率。

(3)适用性原则。物流中心是一个自负盈亏的独立经济实体,对物流中心的建设应该充分考虑其远期发展,同时也应考虑物流中心短期业务需求的适用性,防止规模太大或规模发展不足的现象出现。

(4)通用性原则。在物流中心的各个业务流程中,有着相对独立和相互依赖的关系,因此物流中心内的建设规模、建设模式,尽量采用标准化,使之具有一定的通用性。比如流通加工与交易大棚可采用同等构造和规格,使流通加工车间与交易大棚具有通用性,从而充分利用设施设备。

(二)物流中心建设规模设计

(1)综合楼。该楼设计为 5 层砖混结构楼,占地 400 平方米,设计有商务区、餐饮区、住宿区,可同时容纳 150 人住宿。综合楼可进驻工商、税务、银行、保险、海关、检疫、邮政以及各经营公司分部。

(2)柑橘现货批发交易区。整个批发交易区占地 7000 平方米。整个桂北地区的柑橘产量目前已达 120 万吨以上,目前平乐县源头镇自有产量 4 万吨以上,考虑到国内外柑橘市场的发展倾向,将该交易区年交易规模总体规划设计为 20 万吨,其中 3 万吨通过分拣、分级、打蜡、抛光、贴牌、包装、保养后供出口和国内高端市场,7 万吨通过远期销售进入仓储区储存后待价销售,10 万吨通过交易市场现场收购交易。

(3)仓储区。整个仓储区总共占地 2500 平方米,包括普通仓库 1500 平方米,冷藏、气调保鲜库 1000 平方米。冷库及保鲜库储存时间较长,一般可达 3 个月,按经验数据可储存 2 万吨,可用于储存流通加工处理后出口部分的极品果,物流中心年设计交易量为 20 万吨,其中 7 万吨远期交易中有 5% 以上需经本仓库存放后发货,平均存放天数按 5 天计算,普通仓库最大容量 4000 吨,交易日数为 180 天,即 1500 平方米的普通仓库年存储量为 15 万吨。

(4)柑橘流通加工区。该加工区占地 4000 平方米,包括采后处理加工生产线,引进一套国外进口生产线,沿用现用生产线,可以达到年处理量 4 万吨鲜果,并设计 1000 平方米的催熟房。

(5)物流配送区。该配送区占地 1500 平方米,主要包括进驻物流中心的第三方物流公司办公、理货区,第三方物流公司停车区与物流中心停车区合用。

四、物流中心流通加工设计

(一)流通加工工艺流程设计原则

(1)桂北柑橘物流中心的流通加工工艺流程设计应符合物流中心的长远发展规划,整个物流中心的设计方案合理、物流流程协调,同时应与周围环境相协调,达到合理组织人流、物流、资金流、信息流之目的。

(2)正确地选择流通加工工艺,合理地组织流通加工作业,以创造最佳的运营效益,获得更高的物流附加值。

(3)流通加工设施设备的选型,应根据国内外成熟的使用经验选择;设备数量的配置,可以视流通加工作业量的逐年增加,而分期添置,并充分考虑国内劳动力成本与物流效率之间的关系。

(4)在满足本期限设计吞吐量前提下,流通加工容量应适当预留,以满足今后物流吞吐量增长需求。

(5)采用柔性化工艺设计原则。充分利用空间,使得流通加工区与交易大棚可以根据业务处理量而互换通用。

(二)流通加工流程设计

柑橘流通加工是在柑橘采摘后为了更好向消费领域流动的过程中,促进柑橘产品销售、维护柑橘产品质量、提高柑橘物流效率,以及满足不同的消费需求等,对柑橘进行的一系列加工,包括采后处理、分级、拣选、打蜡、催熟、贴牌、包装等工艺。而在实际柑橘产品流通加工过程中,对于不同档次的柑橘产品有不同的流通加工流程,在流通加工的原材料选用、加工工艺的选择上也不尽相同。

根据桂北柑橘物流中心的设计要求,结合当地的柑橘产品特点、不同的销售区域和产品设计的档次,可设计不同的流通加工流程(见图12-20)。

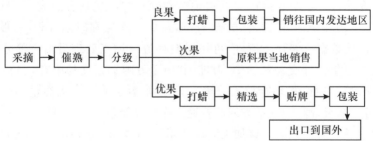

图 12-20　桂北柑橘物流中心流通加工流程

桂北柑橘物流中心柑橘产品经过采摘、催熟后,分为优果、良果、次果等档次。其中次果在物流中心的现货交易大棚中交易销售,主要是面向当地农贸市场、街边小摊等低级消费群体;良果分拣后将在物流中心打蜡,而后包装,主要在国内消费水平较高的城市(北京、上海、广州等)销售;优果在物流中心打蜡后,进行第二次精选,精选出的极品柑橘果通过贴牌、包装后出口到国外,精选剩余的优质柑橘果,送往国内发达地区的高档消费场所进行销售。

经过上述一系列流通加工后的柑橘,从总体上看,提高了当地柑橘产品的附加值,也提升了当地柑橘产品的知名度和品牌价值,对于当地柑橘产业的健康、可持续性发展,具有极为重要的意义。

五、桂北柑橘物流中心物流流程设计

桂北柑橘物流中心根据集散的柑橘产品特性、产品流通特点、产品流通加工方法、产品交易方式、产品运输方式等,结合物流中心的具体环境,充分考虑产品信息的传递特点。同时物流中心采用内统一品牌、统一标准、统一销售、统一管理的"四统一"方式进行管理,充分利用"商流、物流、资金流、信息流"有效结合,设计物流中心内的物流业务流程,从而达到具有实际意义的现代交易方式。

(一)物流业务流程设计

物流业务流程为:通过现场考察、网上查询或现场咨询,获得产品信息,然后进行商务谈判,通过电子支付或现金支付的方式支付货款,再利用第三方物流公司或自行运输的方式,将产品运送至终端市场或消费者手上。如图 12-21 所示。

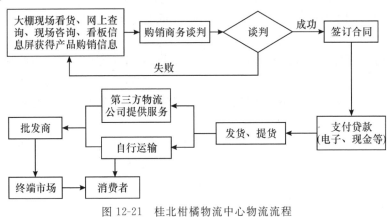

图 12-21　桂北柑橘物流中心物流流程

(二)信息流设计

柑橘物流中心的信息流设计是以物流中心为核心,信息流上游延伸至当地柑橘供应商,下游拓展至批发商或者是终端消费者,物流中心发挥物流信息枢纽的作用。促进柑橘的流通,从而确保柑橘产品销售与供应的信息通畅,避免因为信息的不通畅而产生损失(见图 12-22)。

(三)供应链一体化下的桂北柑橘物流体系分析

在功能完善的物流中心业务流程、现代化的物流服务、柑橘物流信息枢纽

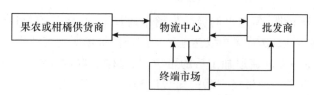

图 12-22 桂北柑橘物流中心信息流程

的作用下,桂北柑橘物流中心形成以现代物流信息系统为纽带,以物流中心为核心,以各分区为节点,政府统一管理为基础的柑橘产、供、销一体化产业链。该产业链整合了柑橘产业的信息流、物流、资金流,包括采购、营销、配送、仓储、流通加工、供应商管理、质量管理、金融、保险、第三方物流等多方资源,使整个桂北柑橘市场发生了革命性的变革,形成了全新的桂北柑橘供应链管理系统。

桂北柑橘供应链管理系统是在以物流中心的信息流和存货流为核心业务支持下,充分结合公司的现状,将顾客(采购商)、供应商(农场职工或周边果农)、企业(销售企业、物流企业、生产企业)连为一体的管理方式,做到了真正的"公司+基地+农户"的产业模式。在这种管理方式下,柑橘物流不仅适用于平乐县当地,又超越平乐县扩展至广西桂北地区;并不局限于平乐县内部的柑橘产量、流量等因素,充分考虑桂北柑橘物流中心的上游供应商(农场或周边果农)的利益和下游顾客(批发商或零售商)的利益,同时提高了平乐县内的果农、周边县市的果农,以及批发商和零售商对当地种植柑橘产品和桂北柑橘物流中心的积极性和忠诚度,增强了桂北柑橘产业的竞争力,提升了桂北柑橘的声誉度、品牌价值。

桂北柑橘物流中心作为桂北柑橘产业链中最重要的节点,其中的信息流、存货流(库存实现)、产品集散、物流服务等,不仅连接了产业链的生产原产地,还连接了产品的终端市场,使得柑橘产业链得以延伸、产业得以持续发展,对桂北柑橘产业产生了深远的影响。

第三方物流的支持是桂北柑橘物流中心柑橘供应链环节的最重要组成部分,使得整个柑橘物流是在供应链一体化支持下,紧密连接种植企业(农场和果农)和终端企业的物流体系,从而确保物流、资金流、信息流的通畅运营。如图12-23所示。

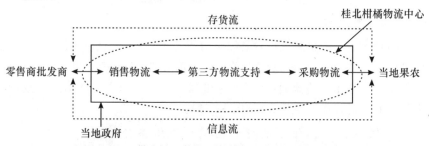

图 12-23 供应链一体化下的桂北柑橘物流体系分析

六、结　语

综合前面的分析,桂北柑橘物流中心规划设计,充分考虑了服务产品的功能需求、物流吞吐量的建设规模、物流流程的协调性。在规划设计的思想中主要突出了物流中心的枢纽性作用,以及发挥物流中心在整个桂北柑橘供应链中的核心地位和作用,并以此融入物流中心的业务流程设计与供应链一体化网络核心节点的打造。

第六节　玉柴物流园区规划设计

本节采用 MSFLB(market study, strategic positioning, function design, layout design, business plan)物流园区规划方法,对玉柴物流园区规划设计进行市场分析、战略定位、功能设计、布局设计和商业策划。

一、玉柴南宁物流园区项目市场分析

近年来,南宁已经成为中国西南大部分省市向东盟出口、东盟向中国出口的中转站,南宁市作为区域性物流中心的地位已经显现,未来几年将着力建设成为服务东盟各国及其他国家和地区的国际性区域现代物流中心,逐渐成为区域性的交通枢纽、物流基地、商贸基地、加工制造基地和信息交流中心。

然而,南宁市的土地随着经济发展越发"吃紧",货运物流场站更是成为制约南宁物流、信息流和运力流发展的瓶颈。据了解,目前全区拥有道路货物运输户 61723 户,道路运输资质企业 135 家,但从目前南宁市拥有的货运物流场站看,已经无法解决整合社会运力的需求,也无法满足市场运力的资源调配和使用,更无法有效沟通货主和司机之间的市场供求信息。因此,南宁市大型物流综合场站的需求非常强烈。

南宁市目前主要的货运市场有南宁货运北站(南宁运德物流公司)、货运西站、现代货运市场(大学路)、快材建材货运市场(北湖与快速环道立交旁)以及安吉吉运物流。目前货运汽车都集中在泰达停车场(简单的物流场站)。目前运营的场站均存在规模较小、管理不规范、缺乏信息平台、缺少大型仓库、发展后劲不足等缺点。

玉柴物流集团公司的核心业务重心,近年来已逐步转移到南宁市,急需在南宁市建设大型场站,以实现公司"打造大型跨国商贸物流企业集团"的战略构想。经多方调研、论证,公司租赁西乡塘区邕武路二塘坡 280 亩土地,该位置位于南宁快速环道秀厢大道边上,毗邻环城高速公路,靠近交通主干道的出入口,有通畅的物流通道网络。周边有成熟的建材批发市场、五金器材批发市场、汽车交易中心等,同时,结合南宁市产业空间布局和产业结构调整要求,充分考虑现有基础设施和地价情况、物流基础等条件,该位置的地位最为突出,物流发展的潜力较大,所以,可确立为玉柴南宁物流园区,重点建设实施大型物流综合场站。

二、战略定位

在完成翔实的定性和定量市场分析之后,规划者必须对南宁物流园区整体优势、劣势、机会、威胁进行分析(即 SWOT 分析)。这些分析主要作用是帮助园区的高层经营决策者,明晰内外部环境,提出发展物流园区的使命、远景目标和制胜策略,从而进行准确的战略定位,帮助实现其战略目标。这里的制胜策略,是指击败现有及潜在竞争者的计划,包括一系列举措以提高物流服务的水平,物流园区战略选择的"价值方案"及其实施步骤。这些策略应该严格限制在内部使用。

玉柴南宁物流园区项目 SWOT 分析如下:

(一)项目的优势(strength)

品牌:在南宁市及周边地区影响力大;

融资:与同区域同行企业相比具有较大优势;

网络:拥有区内外 10 多家物流营业网点;

开发:市场开发和策划导向能力相对较强;

管理:相对较好,规范;

风险:抗风险能力较强。

(二)项目的劣势(weakness)

机制:国有制企业,机制不如同行(民营公司)灵活;

成本:公司管理成本远比同行(民营公司)高;

开发:货源市场开发能力处于相对劣势。

(三)项目的机遇(opportunity)

一是国家对南宁市及周边地区基础建设投入大,开发力度加大,拉动南宁物流业务需求增加;二是南宁及周边交通条件持续改善,物流发展迅速;三是南宁拟建设成为区域性中心城市,并承接东部产业转移,物流运输需求增加;四是南宁及西乡塘区对运输市场进一步规范,快环路之内禁止大型货车进入,并对快环路两边的停车场等物流场站进行整顿。

(四)项目的威胁(threat)

一是国家或地方政策调整、领导变动等对项目的不利影响;二是该地区存在安吉、泰达等较强竞争对手,市场竞争愈加激烈,市场管理不规范;三是资金不能及时到位,不能半年内投产和实现收益;四是若干年后城市发展不允许货车进入快速环道,将对该项目造成致命打击;五是土地性质为租赁,所有投入无法计为固定资产,从而影响融资。

三、功能设计

物流园区的功能设计主要采用自顶向下的方法,即在确定物流园区的规划原则以后,对物流功能规划所涉及的核心因素,进行列举和分析,然后通过收集整理一系列国际最先进的物流园区案例,总结出对物流园区最适合的经验。

(一)物流园区的内部功能

物流园区内部功能可概括为8个方面,即综合功能、集约功能、信息交易功能、集中仓储功能、配送加工功能、多式联运功能、辅助服务功能、停车场功能。其中,综合功能的内容为:具有综合各种物流方式和物流形态的作用,可以全面处理储存、包装、装卸、流通加工、配送等作业方式以及不同作业方式之间的相互转换。

(二)玉柴南宁物流园区项目主要功能

建成广西最大、功能最全的大型物流综合场站,在物流、车辆调配等方面与全国主要物流枢纽城市及物流中心联成信息网络,提供实时动态的综合信息服务,并发展成为以物流信息服务为主,集仓储配送、车辆调度、维修配件、停车、后勤服务为一体的物流集散基地。

主要功能包括信息交易中心、大型停车场、大型仓库(含装卸平台)、零担专线门店、汽车辅助服务区(配件销售、汽车修配区),以及招待所、餐饮、绿化、道路等生活配套设施。

主要功能定位:(1)以区域分拨和城市配送为主的分拨配送型园区模式,是园区建设与经营的核心模式;(2)以批发市场和仓储超市为主的交易型模式,是园区的防御型模式;(3)以国际分拨和保税区为基础的国际采购分拨模式,是园区的战略性模式。

玉柴南宁物流园区将提供集货运、货运代理、货运信息、停车场、仓储、零担托运、货物配载、装卸服务、汽修汽配、餐饮住宿等多种业务于一体的综合物流服务,实现到达时间的节约、等待时间的减少、流量的平衡、运输链中各种设备设施的最优利用;同时,达到制造企业、销售企业对园区建设的要求,即货物处理能力(按产品分类)、联合运输能力、运输服务质量,以及时间、成本、安全、货损、快速与可靠性要求;达到第三方物流公司对园区建设的要求,即信息系统、联合运输协调、装载与中转设备、库存管理等。

四、布局设计

物流园区的设施规划与布局设计是指根据物流园区的战略定位和经营目

标,在已确认的空间场所内,按照从货物的进入、组装、加工等,到货物运出的全过程,力争将人员、设备和物料所需要的空间,做最适当的分配和最有效的组合,以获得最大的经济效益。对物流园区中的各建筑设施的选址和规划应采用科学的定量方法,如运筹学中的最优选址方法、最短路径法、最小费用最大流法、有效的物料进出表法、搬运系统分析法、模糊理论中的模糊综合评价法、最优决策方法等。

(一)国内物流园区布局设计经验

主要经验有:一是采取校园化的设计理念来分割物流园区不同的功能区域;二是按照物流与空港、海港,以及与陆路运输的密切程度来安排相关产业;三是地块规划面积能满足柔性需求并有可选的扩展空间;四是多式联运的设施规划,如水路、铁路、公路和航空的设施规划;五是保持产业加工和高附加值物流企业之间,合理的利益分配比例;六是充分考虑地理和生态环境,有吸引力地设计并考虑环保预留用地。

(二)功能区布局规划

玉柴南宁物流园区项目功能区布局规划如图 12-24 所示。

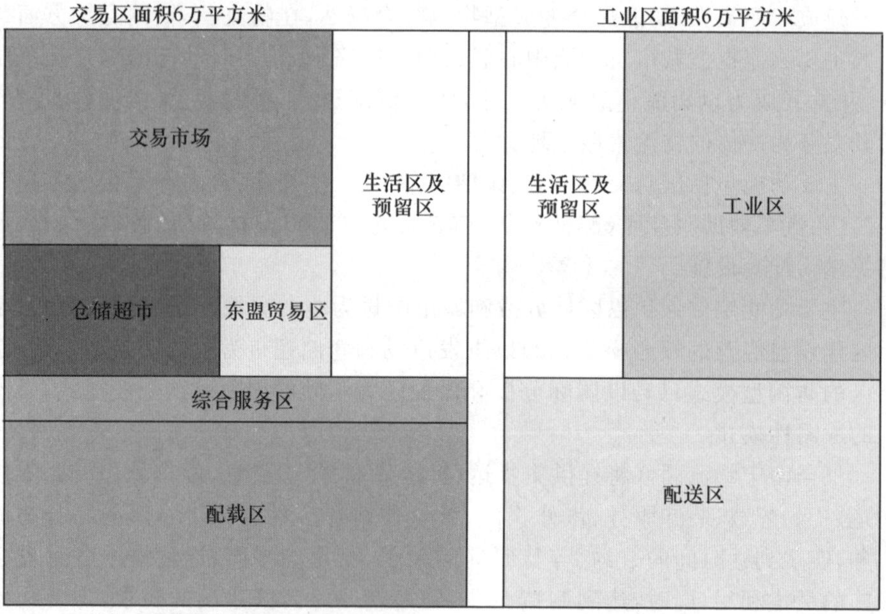

图 12-24　玉柴南宁物流园区项目功能区布局规划

(三)公路交通流向规划

本项目公路交通流组织方法:(1)单向行驶、分门出入。车辆进出园区采取右进右出方式,避免在出入口出现交叉车流;(2)园区内车道必须为继承环状,不应出现尽端式回车场,并结合消防道路布置;(3)园区的主要道路应为 4 车道以上,考虑到大型卡车和集装箱车辆进出,最小转弯半径不小于 15 米;(4)车道设置有导向标识。

五、商业计划

商业计划主要是让园区投资和经营管理者,按照公司体制设计业务模式和管理模式,主要包括物流园区管理公司的组织架构和职责、物流园区业务模式、收益预测、客户分析、园区销售/市场推广策略、投资收益等财务概要分析等。

物流园区的开发一般分阶段进行。分阶段进行比一步到位式开发容易实施,并且后一个阶段可以吸取前一个阶段中的经验教训,同时进一步调整和优化下一步的营销策略和其他细节。

（一）玉柴南宁物流园区项目营运方式

(1)方案一:公司已租土地 280 亩,全部由公司投资及运营。

(2)方案二:公司和租赁土地使用权人共同成立开发管理公司,参与园区的开发和经营,租赁土地使用权人以租赁的场地作为投入,占股份为 49%,公司投入资金 2500 万元,占股份为 51%,由公司派人员担任开发管理公司的董事长及主要管理人员,双方按股份比例参与经营的赢利分红,后续园区投资则由双方从净利润中投入。

(3)整体规模投资:预计 3753 万元人民币。

(4)资金筹措计划:第一期启动资金投入约 2500 万元;第二期资金投入约 1253 万元(以净利润滚动投入)。

(5)项目进度计划:

①建设当年 9 月上旬提交项目报告给西乡塘区政府,同时做具体的项目预决算方案及基建、工程招投标等相关工作。

②建设当年 10 月上旬开始建设,第二年上半年完成第一期建设,下半年开始起试运营。

③预计第三年下半年开始第二期建设,年底起试运营。

（二）玉柴南宁物流园区项目投资概算

(1)土地租赁费用(租金):预计租期 18 年,其中第一年租金 450 万元,第 2 至第 3 年每年租金 600 万元,第 4 年至期满每年租金 800 万元。

(2)工程项目规划及投资估价(所有工程项目均按临时建筑报建,全部外墙均为普通涂料,全部需铺设的地板砖均采用最便宜的普通材料),具体如下:

①信息大厅($28m \times 18m \approx 500m^2$)。信息大厅采用大型屏幕显示全国物流信息、滚动公布信息。土建采取钢结构单层,估价 $500m^2 \times 700$ 元/$m^2 = 35$ 万元;信息系统及大屏幕拟向政府申请扶持资金建设,由物流业务板块投入。

②信息交易主楼(三层),含 74 间信息部＋37 间住宿或办事处用房共 $70m \times 18m \times 3$(层)$= 3780m^2$,估价 $3780m^2 \times 700$ 元/$m^2 \approx 265$ 万元。

③信息交易副楼（二层）采用砖混结构（含 40 间信息部），其中一期面积 $42m \times 10m \times 2$（层）$=840m^2$，估价 $840m^2 \times 700$ 元/$m^2 \approx 59$ 万元；二期投入同一期。

④零担专线门店，一期建设 100 间，二期 86 间。其中一期面积 $500m \times 12m \times 2$（层）$=12000m^2$，估价 $12000m^2 \times 750$ 元/$m^2 = 900$ 万元；二期面积 $430m \times 12m \times 2$（层）$=10320m^2$，估价 $10320m^2 \times 750$ 元/$m^2 = 774$ 万元。

⑤大型仓库要求具有防水、防潮、防鼠、防火、防盗等功能，采用 12cm 混凝土，净高 6m，顶盖隔热瓦。其中一期面积 $300m \times 40m = 12000m^2$，估价 $12000m^2 \times 220$ 元/$m^2 = 264$ 万元；二期面积 $250m \times 40m = 10000m^2$，估价 $10000m^2 \times 220$ 元/$m^2 = 220$ 万元。

⑥场内混凝土硬化道路，$1600m \times 7m = 11200m^2$，估价 $11200m^2 \times 90$ 元/$m^2 \approx 100$ 万元。

⑦停车场及空地（沙石夯实），包含 $1600 \sim 1800$ 个停车位，约 $130000m^2$，估价 $130000m^2 \times 20$ 元/$m^2 = 260$ 万元。

⑧汽车旅馆、餐厅，一期设 80 间客房，$40m \times 14m \times 4$（层）$=2240m^2$，土建估价 $2240m^2 \times 700$ 元/$m^2 \approx 157$ 万元，空调、生活设施等估价约 43 万元，餐厅、厨房估价 $600m^2 \times 400$ 元/$m^2 = 24$ 万元，以上共计 224 万元（厨房设施由承包人投入）。二期包括扩汽车旅馆 80 间客房，估计 200 万元。

⑨车辆维修服务，占地 $10000m^2$，维修工位 50 个，规格为 $16m \times 6m$，零配件门店 11 个，规格为 $12m \times 5m$，拟采取转包土地，由承包人投资建设，租金每平方米 6 元。

⑩主大门至快速环道临时道路 600m，混凝土 20cm 厚，估价为 $600m \times 8m \times 100$ 元/$m^2 = 48$ 万元；辅大门至邕武路道路 50m，估价为 $50m \times 8m \times 100$ 元/$m^2 = 4$ 万元。小计 52 万元。

⑪主大门玲珑塔（"物流基地"广告塔）高 108m，估价 80 万元。

⑫水电设施估价 96 万元。

⑬消防设施估价 100 万元。

⑭绿化估价 5 万元。

⑮其他不可预见投入 60 万元。

综上 15 项合计，工程项目投资总额 3753 万元。其中一期投入 2500 万元，二期投入 1253 万元。

（三）经济效益分析

（1）主要收益来源

停车场、仓库、零担专线门店、信息部、住宿和其他。

（2）经营收入预测

①第一期建设完成投入经营第一年收入预测如表 12-7 所示。

表 12-7 玉柴南宁物流园区第一期经营收入预测

收入项目	单价	数量	满租率	月收入(元)	年收入(元)
停车费	平均 25 元/天	1800 个	40%	540000	3240000
仓库租金	每月 12 元/m²	12000m²	50%	72000	432000
零担专线门店租金	每月 25 元/m²	12000m²	60%	180000	1080000
信息大厅租金	每月 20 元/m²	500m²		10000	60000
信息主楼一、二楼租金	每月均价 1000 元/间	74 间	90%	66600	399600
信息主楼三楼租金	每月均价 400 元/间	37 间	60%	8880	53280
信息副楼租金	每月均价 700 元/间	40 间	90%	26600	159600
转租维修场地租金	每月 5 元/m²	10000m²		50000	300000
餐厅转包租金	每月 10000 元			10000	60000
汽车旅馆收入	每天 60 元/间	80 间	90%	129600	777600
广告塔收入				10000	60000
合计				1103680	6622080

注:第一期工程完成后只有 6 个月时间,年收入只计 6 个月。尚有其他收入(如场站内重要区域的广告牌位租金、车辆出入收费、水电费收入等)未计入。

②第二期工程完成后第二年经营收入预测如表 12-8 所示。

表 12-8 玉柴南宁物流园区第二期完成后第二年经营收入预测

收入项目	单价	数量	满租率	月收入(元)	年收入(元)
停车费	平均 25 元/天	1800 个	70%	945000	11340000
仓库租金	每月 12 元/m²	12000m²	80%	115200	1382400
零担专线门店租金	每月 25 元/m²	12000m²	80%	240000	2880000
信息大厅租金	每月 20 元/m²	500m²		10000	120000
信息主楼一、二楼租金	每月均价 1000 元/间	74 间	90%	66600	799200
信息主楼三楼租金	每月均价 400 元/间	37 间	80%	11840	142080
信息副楼租金	每月均价 700 元/间	40 间	90%	25200	302400
转租维修场地租金	每月 6 元/m²	10000m²		60000	720000
餐厅转包租金	每月 15000 元			15000	180000
汽车旅馆收入	每天 60 元/间	80 间	90%	129600	1555200
广告塔收入				10000	120000
合计				3256880	39082560

③第二期工程第一年经营收入预测如表 12-9 所示。

表 12-9 玉柴南宁物流园区第二期工程年经营收入预测

收入项目	单价	数量	满租率	月收入(元)	年收入(元)
二期仓库租金	每月 12 元/m²	10000m²	80%	25200	75600
二期信息副楼租金	每月均价 700 元/间	40 间	90%	96000	288000
合计				121200	363600

注:二期工程只计 3 个月,即 10~12 月。尚有其他收入(如场站内重要区域的广告牌位租金、车辆出入收费、水电费收入等)未计入。

④第二期工程完成后年经营收入预测如表 12-10 所示。

表 12-10 玉柴南宁物流园区第二期完成后年经营收入预测

收入项目	单价	数量	满租率	月收入(元)	年收入(元)
停车费	平均 25 元/天	1800 个	80%	1080000	12960000
仓库租金	每月 12 元/m²	22000m²	90%	237600	2851200
零担专线门店租金	每月 25 元/m²	22320m²	90%	502200	6026400
信息大厅租金	每月 20 元/m²	500m²		10000	120000
信息主楼一、二楼租金	每月均价 1000 元/间	74 间	90%	66600	799200
信息主楼三楼租金	每月均价 400 元/间	37 间	90%	13320	159840
信息副楼租金	每月均价 700 元/间	80 间	90%	50400	604800
转租维修场地租金	每月 6 元/m²	10000m²		60000	720000
餐厅转包租金	每月 15000 元			15000	180000
汽车旅馆收入	每天 70 元/间	160 间	90%	302400	3628800
广告塔收入				10000	120000
合计				2347520	28170240

若各项满租率提升为 100%,则从第二期投入使用第二年起每月收入为 260.38 万元,年收入为 3124.56 万元。由此可知,第二年起至期满每年营业收入基本稳定在 3000 万元左右。

(3)经营成本预测

①按方案一(见表 12-11)。

表 12-11 玉柴南宁物流园区经营成本预测(方案一)　　　　　　　单位:万元

成本项	第一年	第二年	第三年	第四年	说明
固定资产投资折旧		250	375.3	375.3	按 10 年折旧
租金	450	600	600	800	
工资	100	120	140	140	设管理及财务人员 6 人,经理 1 人;计划当地招聘 50 名保安,5 名清洁工
电费					有余额
水费					有余额
维护费用	5	10	10	10	
网络费用		1	1	1	
汽车旅馆费用	31.1	62.2	145.15	145.15	汽车旅馆费用按营业收入的 40% 测算
税金	37.8	124.2	168.7	180	按经营收入总额 6% 计算
合计	623.9	1167.4	1440.15	1651.45	

②按方案二(见表 12-12)。

表 12-12　玉柴南宁物流园区经营成本预测(方案二)　　　　单位:万元

成本项	第一年	第二年	第三年	第四年	说明
租金	450	600	600	800	
工资	100	120	140	140	设管理及财务人员 6 人,经理 1 人;计划当地招聘 50 名保安,5 名清洁工
电费					有余额
水费					有余额
维护费用	5	10	10	10	
网络费用		1	1	1	
汽车旅馆费用	31.1	62.2	145.15	145.15	汽车旅馆费用按营业收入的 40% 测算
税金	37.8	124.2	168.7	180	按经营收入总额 6% 计算
合计	623.9	917.4	1064.85	1276.15	

注:由于本方案是与租赁土地使用权人合作开发和按股权分红方案,因此不计提固定资产折旧费。

(4)经营利润预测

①按方案一(由公司自主经营)(见表 12-13)。

表 12-13　玉柴南宁物流园区经营利润预测(方案一)　　　　单位:万元

年份	第一年	第二年	第三年	第四年	说明
物流场站经营收入	630.5	1990.49	2817	3000	
物流场站经营成本	623.9	1167.4	1440.15	1651.45	
利润	6.6	823.09	1376.85	1348.55	利润合计 3555.09 万元

注:2012 年以后年经营成本相对固定为 1650 万元左右,营业收入相对稳定在 3000 万元左右。

②按方案二(公司与租赁土地使用权人合作经营,公司占 51%,租赁土地使用权人占 49%)(见表 12-14)

表 12-14　玉柴南宁物流园区经营利润预测(方案二)　　　　单位:万元

年份	第一年	第二年	第三年	第四年	说明
物流场站经营收入	630.5	1990.49	2817	3000	
物流场站经营成本	623.9	917.4	1064.85	1276.15	
场地租金增加利润	450	600	600	800	
经营所得利润	6.6	1073.09	1752.15	1723.85	
利润总额	456.6	1673.09	2352.15	2523.85	
公司应得利润(51%)	232.87	853.28	1199.60	1287.16	公司应得利润合计 3572.9 万元,比方案一增加 17.81 万元

(四)社会效益分析

(1)税费贡献:含场站自身运营业务、南宁物流自身经营业务、南宁公司挂靠车辆业务及进入场站经营的其他单位和个人的业务应缴税费,第一年预计 1330 万元,第二年预计 2400 万元,第三年预计 3600 万元,第四年预计超过 4000 万元。

(2)为西乡塘区提供就业岗位 1000 个以上(场站管理与服务 100 个,信息服务 300 个,物流业务 400 个,维修配件 100 个,宾馆餐饮 100 个)。

（3）玉柴南宁物流园区将建成广西规模最大、综合运营水平最高的物流基地，可辐射到全国主要物流枢纽城市及东盟市场，并为公司打造大型跨国商贸物流企业集团的战略提供有力的支持。

（五）风险分析

（1）政策风险：国家及地方政府对城市建设规划、物流业规划调整，主管领导更替等对物流园区建设和经营均会有较大的影响，因此应以签订正式合同和提前协商解决等方式规避风险。

（2）投资及建设风险：资金不能及时到位，工程报建等须提交政府审批项目，不能按期执行，建设期超出预定时间等对本项目的影响也比较大，应落实专人、专项资金并确保各项工作按计划推进实施。

（3）市场及业务风险：市场环境、行业竞争及物流园区各项业务能否顺利铺开，将成为本项目能否成功的关键因素，因此必须在项目启动时同步开展详尽、周密的市场调查、分析、研究，采取多种手段引导和吸引客户进场，提前开展招投标、宣传和招租等工作。

其他风险分析参见 SWOT 分析。

六、结论及建议

以上只是简略地介绍了 MSFLB 物流园区规划方法论中的核心内容，要创造性地在项目实践中应用，关键是对规划工作采取非常严谨、认真的态度，预留足够的时间进行调查，整理和分析市场信息和数据，同时根据项目的规模和客户要求，对实施流程进行适当裁减，灵活应用，同时充分学习和借鉴国外先进的规划技术和园区规划实践经验，才能取得规划工作的成功。

综上所述，玉柴南宁物流园区项目当年投资当年收益，投入回收期较短（据以上测算不足 4 年即可回本），项目经济性较好，发展前景较好，既可迅速扭转目前利润途径单一的不利局面，又能促进公司长远战略目标的实现，因此项目可行。同时建议采取以下措施，确保项目顺利实施和快速推进：一是与西乡塘区政府洽谈开通主大门至快速环道和辅大门至邕武路道路；二是采取公关等多种手段，尽快促使政府关闭泰达停车场及周边不符合规划建设要求的物流场站。

第七节　南京汽车整车及零配件物流园区规划设计

一、物流园区设施布置设计

（一）功能需求划分

南京汽车整车及零配件物流园区的仓储区和公路货运区主要细分为 3 个

整车仓库,1个零件仓库,2个停车场,1个集装箱作业区;此外,物流园区的办公生活区和汽车展示交易区,又大致分为绿化区、展示交易区、办公区、停车场、休闲区、综合服务区和宿舍区。

(二)仓储区设计

南京汽车整车及零配件物流园区项目设计服务能力为年销售整车12000辆、零部件10000件/套。确定订货点,必须考虑如下因素:

(1)汽车整车仓库储存量。平均每天的正常耗用量 $n=12000\div365=32.88$(辆)≈33(辆)。预计每天的最大耗用量 $m=43$(辆)。提前时间,指从发出订单到货物验收完毕所用的时间 $t=20$ 天。保险储备,指为防止耗用量突然增加或交货误期等进行的储量 $S=mt-nt=43\times20-33\times20=200$(辆)。订货点 $R=nt+S=mt=43\times20=860$(辆)。

(2)汽车整车仓库存储面积。汽车整车仓库占地总面积为:$860\times32=27520$(平方米)$=2.752$(公顷)。将汽车整车仓库占地面积规划为3公顷。因为3公顷的仓库建筑方面成本较高,刚度太低,所以分成3个1公顷(100m×100m)的仓库。

(3)汽车零配件仓库存储量。平均每天的正常耗用量 $n=10000\div365\approx27.397$(件)$\approx28$(件)。预计每天的最大耗用量 $m=38$(件)。提前时间,指从发出订单到货物验收完毕所用的时间 $t=20$ 天。保险储备,指为防止耗用量突然增加或交货误期等进行的储备 $S=mt-nt=38\times20-28\times20=200$(件)。订货点 $R=nt+S=38\times20=760$(件)。

(4)汽车零配件仓库存储面积。汽车零配件可以用货架存放,估算整个汽车零配件占地面积为汽车整车仓库占地面积的三分之一,为1公顷(100m×100m)的仓库。

(三)其他功能区面积

由类比法确定园区其他功能区规划面积。这里以烟台物流园区发展规划作为案例说明。烟台物流园区规划占地100000平方米,基础设施用地比例:仓库用地、停车场用地、集装箱堆场用地、道路用地、绿化用地、办公用地的比例,分别为:3:1.5:1:1.5:2:1。

南京汽车整车及零配件物流园区已经算出仓储面积总共为4公顷,类比上述烟台物流园区基础设施用地比例,可以算出仓储面积应规划为6公顷,其中外租仓库定为1.5公顷(150m×100m)。因此规划出的仓库用地为5.5公顷,其中汽车整车仓库A区、B区、C区,汽车零配件仓库各1公顷(100m×100m),外租仓库为1.5公顷(150m×100m)。

类比上述比例可以算出停车场用地为3公顷,集装箱堆场用地为2公顷,道路用地为3公顷,绿化面积为4公顷,办公用地为2公顷。规划出的停车场用地总共为2.485公顷。其中货车停车A区为1公顷,货车停车B区为1.08

公顷,轿车停车区为 0.405 公顷,规划出的集装箱堆场用地为 0.55 公顷。规划出的道路用地为 4.83 公顷。规划出的绿化用地为 6.49(公顷)。因为绿化面积要占整个园区面积的 30%,即 21.6×30%=6.48 公顷。规划出的展示交易区为 1.2 公顷,用来提供展车展台、交易休息场所、交易协商场所等。展示交易区每天大概展出车辆 120 辆。规划出的综合服务区为 3.705 公顷,其中办公区为 0.66 公顷,商务服务楼为 1.2 公顷,宿舍楼为两栋,每栋占地面积为 0.585 公顷,共 1.17 公顷,休闲区为 0.405 公顷。

由算出的各功能区的面积得具体的设施布置规划,如图 12-25 所示。

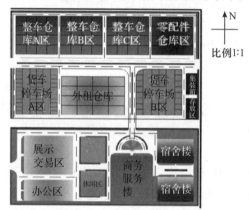

图 12-25 南京汽车整车及零配件物流园区设施规划

(四)道路交通规划设计

南京汽车整车及零配件物流园区平面和道路交通路线如图 12-26 所示。

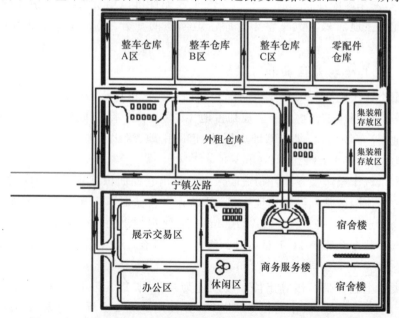

图 12-26 南京汽车整车及零配件物流园区平面和道路交通路线规划

　　因为选取的物流园区地址位于高架的两边,所以必须考虑到从高架下来的车如何进出物流园区,这就涉及出入口的设计问题,采用在平坦的地方设置一个十字路口并自己修建道路通到物流园区,这样可以很好地解决从高架下来进出物流园区难的问题,也不会对其他在高架上行驶的车辆造成影响。内部道路是网格状的,与其他建筑协调得很好。物流园区的两个分半区主要一个是供大货车的进出,另一个则是主要供前来商务洽谈的客户的小轿车进出的。设计的原则就是让所有在园区中的汽车都是单向行驶,这样就可以避免一些相向行驶的车辆的相互影响。在所有的园区建筑周围都留有空地建设道路,这样车辆就可以通过这些道路的引导向单一方向行驶,让整个园区的车辆行驶顺畅有序,也比较安全。主干道中间用绿化带隔开并设置待转弯区,要去哪个仓库就从哪边仓库对应的待转弯区转弯到相应的仓库装卸货。停车场也有严格的出入口,使得园区真正能够做到单一行驶。内部主干道采用的是双向四车道,其余支路则是双向两车道,这样设计可以满足院内车辆的畅通安全行驶。

　　物流园区周边路网分布及到达物流园区的路线如图 12-27 所示。图中圆圈所在地区为物流园区所在地,粗线部分路段为物流园区周边主要的道路,每条主干道又连接着众多干道,这几条主干道分别是二桥高速、玄武大道、宁镇公路、沪宁高速、绕城高速。二桥公路主要连接江北及扬州、泰州、南通方向,玄武大道主要连接南京市区及南京长江大桥部分,宁镇公路则是镇江方向的,沪宁高速为上海、苏锡常方向。物流园区的辐射范围是非常大的,这些车辆在到达园区的附近东杨坊立交桥时就可以从立交桥驶出进入园区,交通比较方便。

图 12-27　物流园区周边路网分布及到达物流园区的路线

二、结　论

物流园区可以集聚周边的零散资源并且将资源重新分配,有利于更快更好地服务客户。本节主要通过对南京汽车整车和零配件物流园区的设计规划对设施布置与园区内部道路规划问题进行详细的论述。不过本节规划方面缺少物流园区的信息系统和具体运作流程规划,需要进一步完善。

第八节　跨境电商海外仓选址规划

一、跨境电子商务

跨境电子商务(简称跨境电商)是指分属不同关境的交易主体,通过电子商务平台达成交易,进行支付结算,并通过跨境物流送达商品、完成交易的一种国际商业活动。按照商品流向分类,跨境电商可以分为出口跨境电商、进口跨境电商。随着移动互联网向各个领域的不断渗透以及经济全球化的不断深入,跨境电商为诸多国内的企业带来了无限的发展可能。相比于传统贸易,跨境电商具备海量信息、优质货源、支付简便、富于个性等众多的优点,已经成为我国创新驱动发展的重要引擎,以及"大众创业、万众创新"的重要践行渠道。

2013—2018 年我国跨境电商交易额及增长率如图 12-28 所示。

图 12-28　2013—2018 年中国跨境电商交易规模及预测

图 12-28 显示,2013 年我国跨境电商交易额仅 2.9 万亿元,2017 年跨境电商整体交易规模(含零售及 B2B)达 7.6 万亿元,平均增长率达 27.35%,增速可观。在"新消费"观念和消费升级潮流的冲击下,商品质量更有保障的跨境电商市场交易规模保持快速增长。与此同时,跨境电商交易额占全国进出口贸易的比例也在不断提高。中国的跨境电商虽起步较晚,但发展迅速,尤其是零售进口业务 B2C、C2C 的大幅增长,让中国跨境电商迅速成为国际贸易中的一支新力量。据海关总署统计,2017 年通过海关跨境电商管理平台零售进出口总额达902.4 亿元,同比增长 80.6%。跨境电商为提高经济竞争力、培育发展新动能、

引领消费新趋势、增加就业岗位等提供了巨大机遇。未来以跨境电商为代表的中小微企业将成为世界贸易的主要力量。

跨境电子商务的发展离不开政策的导向和支持。随着"一带一路"的深入推进，跨境电商将收获更为丰厚的政策红利。未来跨境电商的经营品类将更细分化，区域特色也会愈发明显，个性化、定制类的商品与服务也会愈加成熟，跨境电商平台的升级将是新突破点。亚欧大陆拥有世界人口的75％，地区生产总值约占世界总额的60％，东面是活跃的东亚经济圈，西面是发达的欧洲经济圈，中间广大腹地经济发展潜力巨大。特别是"一带一路"沿线国家资源禀赋各异，经济互补性强，合作空间广阔。"一带一路"的建设使得我国与欧洲沿线国家的经贸往来发展迅速，物流需求旺盛，贸易通道和贸易方式不断丰富和完善，为跨境电商的发展带来了难得的机遇。

二、跨境电商物流

跨境电子商务业务最终由跨境电商物流完成。跨境电商物流是指与某一个国家（或地区）的出口贸易相关的物流活动。由于跨境电商物流的物流活动发生在不同的国家（或地区）间，涉及多个国家（或地区）的物流系统，因此，通常情况下，跨境电商物流的路程更远、时间更长、风险更高。从跨境电商物流的运作看，除了具有包装、运输仓储等环节外，还必须增加适应国际贸易的通关、检验检疫以及国际货物保险业务等环节。

跨境电商的物流模式如图12-29所示。目前在市场上，跨境电商物流模式主要可以分为进口物流模式和出口物流模式。其中，出口物流模式总共有五种：（1）国际快递（最为常见）。DHL、FedEx、UPS都是世界领先的快递服务公司，这几家全球知名的老牌企业实力雄厚、信息化水平高，为全球众多客户提供海量、高效、优质和精准的物流配送服务，国际商业快递具备时间周期短、可运送产品种类多、价格昂贵等特点。（2）国内快递。主要是通过申通快递、圆通快递、中通快递、百世汇通、韵达快递、顺丰速运、EMS等进行跨境贸易运输。其中最为成熟的顺丰，目前可送达的国家和地区有北美、澳洲、日本、东南亚等，快递两天到一周时间即可到达目的地。业务最为完善的是EMS，目前可直达全球60多个国家，费用较低，过海关速度快。（3）专线运输（也称为直达运输）。该模式有别于国内的物流专线服务，跨境物流专线运输一般是通过航空包航的方式将货物送往境外，再委托第三方合作的公司完成目的地所在国国内的派送服务。目前较为普遍的专线包括北美、欧洲、澳洲、俄罗斯等专线，有小部分公司开通了非洲和中东等地的专线，其优势是可以发挥规模效应，集中大批量包裹发往目的地，从而降低成本和提高运输速度。（4）班轮运输。这是指轮船公司将船舶按事先制定的船期表，在特定海上航线的若干个固定挂靠的港口之间，定期为非特定的众多货主提供货物运输服务，并按事先公布的费率或协议费率收取运费的一种船舶经营方式。班轮运输在国际货物运输中最为广泛，占国际贸易总运量三分之二以上,班轮运输是跨境电商中最为常见的物流方式之一,具备省时省力、手续简单、运价固定等特点。(5)海外仓。海外仓是出口物流很重要的一种模式,详情见如下描述。

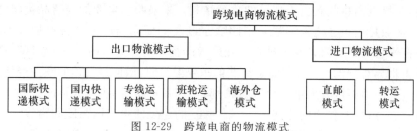

图 12-29　跨境电商的物流模式

三、跨境电商物流新模式——海外仓

海外仓是指为跨境电商卖家,提供以境外仓储为核心的第三方综合物流服务体系,主要包括大宗或散货集中货物运输、海内外贸易清关、精细化仓储分拣管理、个性化订单管理、包装配送以及综合信息管理等,是一种综合能力很高的服务跨境电商的海外仓储物流服务模式。

跨境电商企业在买方所在国,通过租赁或建设仓库,通过跨境电商平台展示与销售,当有需求时,利用当地物流体系进行配送。近年来,随着我国跨境电商快速发展,跨境物流海外仓数量迅猛增长。据中国物流与采购网数据显示,2013—2016 年期间,我国海外仓数量从 2013 年 50 多个,增长至 2016 年 500 多个,年平均增长率为 77%。相关调研数据显示,海外仓发展势头强劲,尤其是在新兴市场,海外仓发展不断完善,同时还存在巨大的发展空间。统计详情见图 12-30。

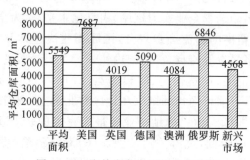

图 12-30　海外仓各国平均仓库面积

四、影响海外仓选址的因素分析

海外仓是跨境电商海外贸易的物流中心店,因此其选址非常重要。海外仓选址受到诸多因素的影响,这些因素也是选址模型建立的重点。

(一)海外仓选址的目标

作为跨境电商海外物流组织的重要节点,海外仓的运作模式具有一定的特征。海外仓不是跨境电商在海外从事商品生产的场所或机构,而是从国内电商的手中汇聚各种货物资源,然后进行分类、配送等集约化活动,促使跨境贸易物流活动的规模经济效益,有效降低跨境电商的物流成本。因此海外仓会受到货物资源分配、需求状况、运输等其他自然条件的影响,在同一个区域中布局仓库,则可能导致整个物流系统的运作成本出现较大的差别。在现有的客观条件下,如何设置海外仓,促使整个系统的成本耗费最低、消费体验最佳,这是海外仓选址最重要的问题。

通常情况下,仓库选址及网点布局必须以成本低、效益高、辐射力强等为目标。对于企业建立海外仓而言,成本控制是指建设费用、经营费用等方面费用的最低化;效益高指的是海外仓选址能够确保货品及时完好地送到消费者手中;辐射力强则是指仓库选址应当从整个区域的物流大系统考虑,促使仓库的地域分布和区域物流资源、需求相适应,与当地经济发展需求相契合。

(二)海外仓选址的基本原则

海外仓的选址过程中,必须遵循几个基本原则,具体包括以下 4 个方面:

(1)适应性原则。海外仓的选址,必须与所在国家或地区的经济发展相适应,并且与该地区的物流资源分布相协调,与所在出口国的法规政策相适应。

(2)协调性原则。海外仓的选址,必须将所在地区的物流网络作为一个整体系统分析,将海外仓的固定设施与活动设备、公用设备与自有设备实现相互协调,促使海外仓在物流作业、地区分布之间良好配合。

(3)经济性原则。海外仓的选址建设,涉及多种成本即费用,特别是建设成本及经营成本两大项。海外仓的选址定位在出口国的城区、近郊或者远郊等区域,其未来的建设规模、费用、运费等都是有所差别的,因此以总费用最低的原则来处理选址问题。

(4)战略性原则。海外仓的选址,应当具备一定的战略性眼光。首先要对海外市场形成全局观,并且从小区域到大区域、从眼前使用到未来规划,既要考虑当下需求,也要布局未来的发展。

(三)基于层次分析法的选址方法分析

仓库的选址研究有多种方法,如重心法、鲍姆尔-沃尔沃启发式算法、层次分析法等,跨境电商海外仓的选址规划最适合采用层次分析法(analytic hierarchy process,简称 AHP)。AHP 一般采用定性与定量相结合的方法,适用于多因素多目标决策领域,该方法根据总目标、中间层、备选方案的顺序分解成不同的层次结构,对每一级元素对上一级元素的优先权重进行求解,求解后再加权和递阶,最后合并各个备选方案对总目标的最终权重,权重最大者即为最优方案。

五、基于 AHP 方法的企业海外仓选址规划

中东公司是中石化下属的一家企业,长期从事建筑材料的国际贸易事务。

为了促使海外贸易更加便利,拓展海外建材市场,中东公司选择阿联酋迪拜Jebel Ali自由区作为海外仓的建设地点。现根据上述层次分析法及海外仓选址影响因素等检验其选址是否合理。

(一)中东公司的阿联酋建材市场分析

中东公司自1999年成立以来,借政策东风及央企背景,出口业务持续快速增长,并与国内上百家工厂开展深度合作,与全球120多个国家和地区保持着多年的经贸关系。已在全球多个国家和地区设立分公司、子公司或办事处,推行"属地化"经营策略,在全球化的征程上,早已处于国外企业的领头羊地位。随着业务国际化、信息化的发展,中东公司的出口业务在现有的贸易模式中加入电子商务,于2011年推出服务于全球用户的电子商务平台。中东公司的发展理念集中于创新和变革两个方面,并且以全球化与大建材为核心,努力实现对供应链上中下游的全程控制,不断拓展海外市场,全力提升公司的信息化建设,强化产业增值服务能力。未来中东公司将逐步发展为全球化的建材企业品牌,并且依托于复合材料、水泥制造、光伏产品等方面的优势,进一步拓展业务范围并增强优势。

中东海湾地区的石油出口量占据世界的65%以上,当地经济发展成为市场需求旺盛的一个重要的原因。基础设施建设加强了当地对建材的需求。海湾地区的建材消费年均保持两位数的增长速度,其市场需求巨大:阿联酋与沙特拥有中东地区4/5的建材市场,周边国家对建材的需求也呈增长趋势。目前阿联酋整个基础设施处于全面建设阶段,中东,特别是迪拜地区的建设均以世界第一为目标,如号称世界第八大奇迹的"棕榈岛工程"、迪拜国际金融中心等。这些工程的施工,无不需要大量的建筑材料;同时,迪拜紫禁城、迪拜首条步行街、阿联酋"波浪"项目高尔夫球场、杰贝阿里自由区扩建等新工程也处在紧锣密鼓的筹建当中;随着越来越多的跨国公司进驻及国际旅游业的发展,当地对酒店及写字楼的需求也日益增加,对铝材、塑钢、水泥、钢铁、卫浴等建材的需求量巨大。加之阿联酋的有关法律规定,建筑物必须进行外装修,地板装修,所以建筑材料中,对大理石贴面和地板,用量巨大。而阿联酋所需的建筑材料几乎100%依靠进口,所以抓住中东特别是阿联酋市场的商机,是任何一个建材行业都迫切想实现的目标。

(二)中东公司的海外仓

中东公司海外仓是该公司第一个海外建材仓储中心,位于迪拜Jebel Ali自由贸易区,毗邻阿联酋最大的Jebel Ali港口和世界最大机场——阿勒马克图姆机场,由仓储、办公、物流三部分组成,充分发挥其"交易、物流、服务"三大平台功能,依托中东公司的品牌优势和综合实力,立足阿联酋,辐射中东及非洲市场,致力于打造成为中东地区最有竞争力的综合建材服务商。中东公司通过中东物流园,结合自己的跨境电商平台及线下的国际业务团队,打造了创新的"一网、一园、一群人"模式。并通过对供应链上不同企业间的资源整合,形成新的合力,借以提高中国外贸出口的综合竞争力和服务水平。

中东公司阿联酋迪拜海外仓建设立足现在,着眼未来。中东公司的发展战略为充分利用集团优势以及原有的国际贸易基础,立足于信息化发展条件,实现公司资源的最优化配置,公司旨在帮助客户实现商业目标,并构建中东地区一流的建材服务商,为中东公司探索建立海外建材超市,奠定良好的基础。

(三)中东公司海外仓选址的定性分析

中东公司海外仓的选址,充分比对阿联酋多个城市,最终选择迪拜 Jebel Ali 自由区作为场址。因为该自由区的基础设施建设良好,交通便捷,能够满足海外仓物流运输、生活及消防等基本需求。中东公司在阿联酋建材市场的发展,有赖其长期在国外建材市场中确立的良好声誉和庞大的市场规模。具体选址主要考虑了以下几个方面因素:

第一,中东公司针对阿联酋建材市场进行提前布局,中东公司及上级公司深耕细作中东市场十几年,形成了自身独有的优势。目前,除了拥有 50000 多平方米物流园的硬件设施外,经过多年积累,其销售网络覆盖整个中东国家及北非地区,集中在建材及设备领域的活跃客户达到上千家,其中包括各类建材贸易商、中大型承包商和工厂等优质的终端客户资源。中东公司还拥有一批由中外籍业务员组成的专业销售队伍,可与客户进行高效的无缝对接。此外,成熟专业的物流操作团队,能确保货物准确顺利的运达。对于上述资源,中东公司迪拜海外仓都与合作企业充分共享,"物流仓储+销售能力"成为其核心竞争力。

第二,迪拜 Jebel Ali 自由区与中国长期保持着良好的双边贸易及商务关系。该自由区属于包括西亚、非洲、独联体以及印度次大陆在内的大中东区的贸易及物流中心,又是世界上成长速度最快的地区。中东地区大多数国家都在经济基础设施建设方面,进行了大规模的投资,是一个建筑材料产业密集的区域,这为中国的建筑行业,以及其他与基础设施开发相关的行业提供了巨大的机遇。

第三,迪拜 Jebel Ali 自由区的政策优势。迪拜所有的自由区都是免税的,自由区直接转口到其他国家不需要缴税,区外是 5% 的关税。另外,自由区还提供了一系列的配套政策。这些都是中东公司选择在迪拜 Jebel Ali 自由区设立海外仓的重要原因。

第四,迪拜 Jebel Ali 自由区具有较强的产业聚集、终端店铺需求、基础设施条件以及交通方面的优势。该自由区属于阿联酋迪拜地区最为有名的贸易区域,区域内建筑业较为兴盛,对建筑材料市场的需求较大,从事与建筑行业相关的终端店铺较多,因此海外仓设立在此处,具有明显的产业聚集优势。

(四)层次分析法在中东公司海外仓选址中的量化分析

1. 选址步骤

海外仓在跨境电商的物流系统中占据着核心地位,其选址是一个具有战略意义的问题。海外仓连接着国内建筑材料公司、电商平台以及出口国的建材需求方,起着承上启下的作用。海外仓的选址非常重要,合理选址能够节约成本,促进生产和消费的协调和配合,确保公司的国际物流业务平稳发展。图 12-31 为海外仓选址的一般流程,通过该流程图可以发现,海外仓的选址涉及两个阶段,也就是一次与二次评选阶段。第一次是进行粗略的评选,根据海外仓选址的基本原则和主要需求来选择地址。这一阶段的选址较为简便,对后续的选址工作有着重大的作用,有利于下一阶段的评选,使得工作更加明确。在第一次评选之后,对于剩下的备选场址要进行较为复杂的评选,无法再通过直观的方法来选择。因此需要利用定量与定性相结合的第二阶段层次分析法。整个海外仓选址主要步骤如下:

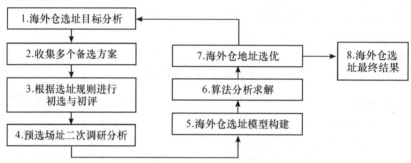

图 12-31　海外仓选址的一般流程

第一,确定构建阿联酋海外仓的目的及必要性。具体包括海外仓的服务对象、客户分布及需求量、海外仓的规模、运输条件、服务内容,以及决策者对海外仓所能承受的投资水平等因素。

第二,对多个备选场址及相关资料进行搜集。对于备选场址的资料要详尽地搜集,有利于后续的评选。具体包括备选场址的规模、交通运输、地理条件、劳动力价格以及当地政策等,还包括政府税收、地价、物流作业水平等方面条件。针对搜集到的方案及相关资料,决策者需要根据上述选址原则,以及海外仓建立的目标进行筛选。这是一次较为粗略的、直观的选择,将完全不合理方案淘汰掉。中东公司对于备选方案进行初次筛选后,剩下 J、X、W、Z 四个地区。

第三,根据初选结果,中东公司将对 J、X、W、Z 四个地区的资料进行再搜集,完备和充实相关资料,包括总体客户需求量、各场址的运输路线,各场址的供货费用、数量等,还包括各个场址的构建费用及建设规模。

第四,构建海外仓二次选择的具体目标。根据前面的分析,海外仓的选址受到诸多因素的影响,必须根据这些因素来确定选址的具体目标。在确定海外仓二次评价的具体目标之后,需要将指标进行细化,形成海外仓选址的评价指标体系。这一指标体系必须能够反映海外仓选址的实际需求,不同指标能够反映决策者对选址各个方面的考虑。通过这个评价指标体系考察海外仓选址的结果,是具有可比性的。

第五,对海外仓的选址进行分析与评价。为了确保这项评价工作的客观性,可以选聘独立机构来展开评选,对海外仓选址展开定量化评价。通过层次分析法建立相应的模型,对选址方案进行定性与定量分析,得出评价的结果。

第六,对每个选址方案进行评价,得到各自的评分,寻找最优方案,结束选址决策。在此过程中,必须根据实际情况来改善原有的选址目标,并且对现实问题进行反馈,有利于将来的选址工作。

2. 备选场址的优选

中东公司要在阿联酋建造海外仓,并在阿联酋的 J、X、W、Z 四个基本符合备选条件的地点进一步优选,这就需要对这四个地点的环境因素、经济因素、社会政治因素等各个指标进行综合分析研判。对于上述四个备选场址,采用 AHP 方法进行分析,求出其合适程度的排序情况。这四个场址是需要进行分析的决策变量,对于基础设施及其他因素的次层因素需要进行重点分析。递阶层次结构见图 12-32,具体指标体系见表 12-15。

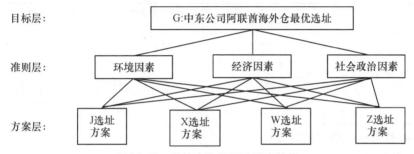

图 12-32　海外仓选址递阶层次结构

表 12-15　海外仓选址指标体系

一级指标	二级指标	三级指标
A0 海外仓选址最高层指标	B21 环境因素	C311 地理条件
		C312 周边建材企业密集度
		C313 交通运输情况
		C314 自营店铺密集度
		C315 土地使用情况
		C316 基础设施建设情况
	B22 经济因素	C321 土地成本
		C322 货运成本
		C323 经营成本
		C324 建设成本
	B23 社会政治因素	C331 当地法规政策
		C332 当地政府与中东公司关系
		C333 当地建材市场前景

表 12-15 中递阶层次结构的构建,属于层次分析法的重要一环,构建其判断矩阵,必须结合专家的意见,根据企业海外仓项目的调研成果,才能对各项数据加以明确。

3.判断矩阵的排序

首先,对目标层矩阵排序。对于中东公司海外仓选址方案的相对优劣评选,要在通过中东公司相关部门、专家的访谈,特别是在上述指标相对重要性进行判断的基础上,通过九级评分法,即 A_{ij} 分取 1~9 及其互反数 1/9~1,对各层次的判断矩阵进行分析,如表 12-16 所示。

通过表 12-16 的分析可知,中间层共有三个指标,即环境因素、社会政治因素以及经济因素,通过两两对比,得到相对重要性的量化值,形成中间层的判断矩阵表。上述矩阵为一正互反阵,利用规范平均列算法,通过 Excel 软件,对层次单排序的一致性检验指标数值进行计算,得出环境因素、经济因素和社会政治因素对目标层的权重,即标准向量。同时利用 CR=CI/RI 进行一致性检验,得知 CR 值小于 0.1,符合一致性要求。

表 12-16　目标层判断矩阵

A0	B21 环境因素	B22 经济因素	B23 社会政治因素
B21 环境因素	1	3	1/6
B22 经济因素	1/3	1	1/4
B23 社会政治因素	6	4	1
权重	0.4769	0.4219	0.1012

CI=0.0181;RI=0.58,CR=0.023<0.1,符合一致性要求

4.构建准则层判断矩阵

准则层的三个指标又可以分为若干个不同的子指标,这些具体的子指标构成了准则层。这里,需要判断准则层中的各个子指标对于其上一层的相对重要程度,构建出判断矩阵,形成三个判断矩阵,具体如表 12-17 至表 12-19 所示。

表 12-17　社会政治因素判断矩阵

B23	C331 区域建材 市场前景	C332 当地政府与 中东公司关系	C333 区域建材 市场前景
C331 当地政策法规	1	3	1/6
C332 当地政府与中东公司关系	1/3	1	1/4
C333 区域建材市场前景	6	4	1
权重	0.0913	0.5279	0.3438

CI=0.0141,RI=0.46,CR=0.0231<0.1,符合一致性要求

表 12-18　经济因素判断矩阵

B22	C321	C322	C323	C324
C321	1	5	2	3
C322	1/5	1	1/2	4
C323	1/2	1/2	1	5
C324	1/3	1/4	1/5	1
权重	0.5232	0.1604	0.2348	0.0924

CI=0.0123,RI=0.58,CR=0.0213<0.1,符合一致性要求

表 12-19 环境因素判断矩阵

B21	C311	C312	C313	C314	C315	C316
C311	1	1/5	1/8	1/7	1/7	1/7
C312	5	1	1/7	1/6	1/4	1/7
C313	8	7	1	5	5	4
C314	7	6	1/5	1	4	1/3
C315	7	4	1/5	1/4	1	5
C316	7	7	1/4	3	1/5	1
权重	0.0297	0.0640	0.3964	0.1819	0.1674	0.1606

CI＝0.0123,RI＝0.58,CR＝0.0213＜0.1,符合一致性要求

5. 方案对比与结果分析

通过上面层次分析方法的结果,结合中东公司海外市场开发部的调研结论,四个备选场址的详细指标评价,以及得分情况如表 12-20 至表 12-23 所示。

表 12-20 J 场址评价结果

三级指标				二级指标			一级指标
指标	权重	评价	得分	指标	权重	综合	总分
C311	0.0297	7	0.2079	B21	0.4769	7.09	7.12
C312	0.0640	8	0.512				
C313	0.3964	8	3.1712				
C314	0.1819	5	0.9095				
C315	0.1674	6	1.0044				
C316	0.1606	8	1.2848				
C321	0.5323	6	3.1938	B22	0.4219	7.35	
C322	0.1604	9	1.4436				
C323	0.2348	8	1.8784				
C324	0.0924	9	0.8316				
C331	0.0913	8	0.7304	B23	0.1012	6.30	
C332	0.5279	8	3.1674				
C333	0.3438	7	2.4066				

表 12-21 X 场址评价结果

三级指标				二级指标			一级指标
指标	权重	评价	得分	指标	权重	综合	总分
C311	0.0297	8	0.2376	B21	0.4769	5.98	6.43
C312	0.0640	7	0.448				
C313	0.3964	6	2.3784				
C314	0.1819	7	1.2733				
C315	0.1674	5	0.837				
C316	0.1606	5	0.803				

（续表）

三级指标				二级指标			一级指标
指标	权重	评价	得分	指标	权重	综合	总分
C321	0.5323	6	3.1938	B22	0.4219	7.12	
C322	0.1604	9	1.4436				
C323	0.2348	9	2.1132				
C324	0.0924	4	0.3696				6.43
C331	0.0913	5	0.4565	B23	0.1012	5.69	
C332	0.5279	6	3.1674				
C333	0.3438	6	2.0628				

表 12-22　W 场址评价结果

三级指标				二级指标			一级指标
指标	权重	评价	得分	指标	权重	综合	总分
C311	0.0297	8	0.2376	B21	0.4769	7.73	
C312	0.0640	8	0.512				
C313	0.3964	9	3.5676				
C314	0.1819	7	1.2733				
C315	0.1674	6	1.0044				
C316	0.1606	7	1.1242				
C321	0.5323	7	3.7261	B22	0.4219	6.18	7.02
C322	0.1604	6	0.9624				
C323	0.2348	4	0.5544				
C324	0.0924	6	0.4565				
C331	0.0913	5	3.7304	B23	0.1012	5.69	
C332	0.5279	6	3.1674				
C333	0.3438	6	2.0628				

表 12-23　Z 场址评价结果

三级指标				二级指标			一级指标
指标	权重	评价	得分	指标	权重	综合	总分
C311	0.0297	8	0.2376	B21	0.4769	7.23	
C312	0.0640	8	0.512				
C313	0.3964	9	3.5676				
C314	0.1819	7	1.2733				
C315	0.1674	5	0.837				
C316	0.1606	5	0.803				
C321	0.5323	6	3.1938	B22	0.4219	6.13	6.64
C322	0.1604	9	1.4436				
C323	0.2348	4	0.9392				
C324	0.0924	6	0.5544				
C331	0.0913	5	0.4565	B23	0.1012	6.03	
C332	0.5279	6	3.1674				
C333	0.3438	7	2.4066				

通过上述分析,海外仓选址四种备选方案中:J选址得分7.12,X选址得分6.43,W选址得分7.02,Z选址得分6.64,J选址得分最高,中东公司选择在J地区设立海外仓属最优方案。

（五）结论

采用AHP层次分析法,对中东公司阿联酋海外仓选址方案进行定性与定量对比分析,在四个备选场址中选择了J地区作为海外仓建设地点,是有其合理性的。

定性分析上,阿联酋建材市场发展前景良好,因此为了扩大阿联酋的建材市场份额,中东公司有必要在阿联酋建立海外仓,实现物流体系的优化,提高消费者的体验。根据海外仓选址的基本原则,筛选了部分备选场址之后,明确了四个初步优化的场址,J、X、W、Z四个地区,对于这四个地区做进一步的定量分析。

定量分析上,通过咨询专家意见及实地资料搜集,采用层次分析法确定海外仓选址影响因素的具体指标体系,形成了海外仓选址的评价标准。利用该评价指标体系进行备选场址的权重排序,最终得出J地区的得分最高,属于最优选址。

层次分析法是一种定性与定量相结合的多目标决策分析法,它将决策者的经验给予量化,这在目标（因素）结构复杂,且缺乏必要数据的情况下较为实用。

参考文献

[1]Agrebi M，Abed M，Omri M N. A new multi-actor multi-attribute decision-making method to select the distribution centers'location[J]. 2016 IEEE Symposium Series on Computational Intelligence,2016.

[2]Bektaş T，Gabriel T，Tom C，et al. From Managing Urban Freight to Smart City Logistics Networks[M]. CIRRELT，Montréal，2015.

[3]Bu L，Van Duin J H R，Wiegmans B，et al. Selection of city distribution locations in urbanized areas[J]. Procedia Soc Behav Sci，2012，39：556-567.

[4]Buergin J，Belkadi F，Hupays C，et al. A modular-based approach for just-in-time specification of customer orders in the aircraft manufacturing industry[J]. CIRP J Manufact Sci Technol，2018，21：61-74.

[5]Buergin J，Blaettchen P，Qu C，et al. Assignment of customer-specific orders to plants with mixed-model assembly lines in global production networks[J]. Procedia CIRP 50，2016,330-335.

[6]Buergin J.，Blaettchen P,Kronenbitter J,et al. Robust assignment of customer orders with uncertain configurations in a production network for aircraft manufacturing[J]. Int J Prod Res，2018，14：1-15.

[7]Chen Zixia，Lu Yongmin. Research on Vehicle Routing Problem based on Hybrid Artificial Fish-school and Genetic Algorithm[C]. The Proceedings of 2010 International Conference on Computer Application and System Modeling，2010(8)：562-566.

[8]Chen Zixia，Jiang Changbing. Simulation of a flexible manufacturing system with automod software[J]. Intelligent Information Management，2011(3)：186-189.

[9]Chen Zixia，Wang Qin. The Research of the Relationship between Upstream and Downstream Embeddedness Effect on Resource Utilizing in Manufacturing Supply Chain[C]. The Proceedings of 2010 International Conference on Logistics Engineering and Management，2010:4320-4328.

[10]Díaz-Madroñero M.，Mula J，Peidro D. A mathematical programming model for integrating production and procurement transport decisions[J]. Appl Math Model，2017，52：527-543.

[11]Ehm J，Scholz-Reiter B，Makuschewitz T，et al. Graph-based integrated production and intermodal transport scheduling with capacity restrictions [J]. CIRP J Manufact Sci Technol，2015，9：23-30.

[12]Fleischmann B，Meyr H，Wagner M. Supply Chain Management and Advanced Planning：Concepts，Models，Software，and Case Studies[M]. Heidelberg：Springer，2015，71-95.

[13]Hein F，Almeder C. Quantitative insights into the integrated supply vehicle routing and production planning problem[J]. Int J Prod Econ，2016，177：66-76.

[14]Kiba-Janiak M. Urban freight transport in city strategic planning[J]. Res. Transp. Bus. Manag. ，2017，24(9)：4-16.

[15]Li Guoqi，Jin Fengjun，Chen Yu，et al. Location characteristics and differentiation mechanism of logistics nodes and logistics enterprises based on points of interest (POI)：A case study of Beijing[J]. Journal of Geographical Sciences，2017(7)：879-896.

[16]Pan Xiang. Design on Planning Simulation of Integrated Logistics System. Proceedings of 2017 IEEE 2nd Advanced Information Technology，Electronic and Automation Control Conference[C]，2017.

[17]Schliwa G，Armitage R，Aziz S，et al. Sustainable city logistics — making cargo cycles viable for urban freight transport[J]. Res Transp Bus Manag，2015，15：50-57.

[18]Sun X T，Chung S H，Chan F TS. Integrated scheduling of a multi-product multi-factory manufacturing system with maritime transport limits [J]. Transp. Res. Part E Logist. Transp. Rev. ，2015，79：110-127.

[19]Tae Hoon Oum，Jong-Hun Park. Multinational firms' location preference for regional distribution centers：focus on the Northeast Asian region[J]. Transportation Research Part E，2014，40：101-121.

[20]Wang Rui，Qi Mingze，Han Anqi. Comparative Study of Emergency Logistics Path Planning[J]. Journal of Donghua University(English Edition)，2018(3).

[21]蔡临宁. 物流系统规划——建模与实例分析[M]. 北京：机械工业出版社，2003.

[22]陈德良. 物流系统规划与设计[M]. 北京：机械工业出版社，2016.

[23]陈思. 基于物流需求多样性的区域物流规划方法研究[D]. 成都：西南交通大学，2013.

[24]陈晓越. 物流规划与应用[M]. 北京：科学出版社，2016.

[25]陈颖. 整车新工厂物流规划和生产管理的应用研究[D]. 上海：上海交通大

学,2014.

[26]陈子侠.城市卷烟配送线路的网格划分算法[J].上海交通大学学报,2003
(7).

[27]陈子侠.基于 GIS 物流配送线路优化与仿真[M].北京:经济科学出版
社,2007.

[28]陈子侠.考虑售后服务和配送成本的选址问题系统建模仿真[J].计算机工
程,2003(7).

[29]陈子侠.日本开展物流配送的经验及其启示[J].商业经济与管理,2002
(1).

[30]陈子侠.凸轮转子叶片马达定子有限元分析与优化设计[J].机床与液压,
2019(11).

[31]陈子侠.现代物流学理论与实践[M].杭州:浙江大学出版社,2003.

[32]陈子侠,陈良深.基于 NX 模型的凸轮叶片马达定子结构分析与参数优化
[J].机械设计,2019(10).

[33]陈子侠,傅培华.全局最优策略下交通线路建设物流设施点布局设计[J].
交通工程,2019(6).

[34]陈子侠,蒋军,彭建良.物流技术与物流装备[M].2 版.北京:中国人民大
学出版社,2015.

[35]陈子侠,蒋长兵.一种基于微信平台的海外代购信息服务系统设计与实现
[J].软件,2019(9).

[36]陈子侠,蒋长兵.杭烟物流送货线路的划分模式与算法研究[J].系统工程
理论与实践,2004(3).

[37]陈子侠,蒋长兵.现代物流管理教程[M].北京:中国物资出版社,2007.

[38]陈子侠,蒋长兵.现代物流企业经济效益的综合评价[J].中国物流与采购,
2003(12).

[39]陈子侠,张芮、陈颢.物流中心规划设计[M].北京:高等教育出版社,2005.

[40]程国全,柴继峰.物流设施规划与设计[M].北京:中国物资出版社,2003.

[41]耿会君.物流系统规划与设计[M].北京:电子工业出版社,2017.

[42]龚志锋.现代航空物流中心规模预测及其布局规划的研究[D].合肥:电子
科技大学,2005.

[43]龚宗生.电子企业 A 仓储物流中心规划设计[D].天津:天津大学,2012.

[44]国家发展与改革委员会、国土资源部、住房城乡建设部等 12 部委.全国物
流园区发展规划(2013—2020 年)[S].发改经贸[2013]1949 号.

[45]国务院.关于依托黄金水道推动长江经济带发展的指导意见[S].国发
〔2014〕39 号.

[46]国务院.关于印发物流业发展中长期规划(2014—2020 年)的通知[S].国发
〔2014〕42 号.

[47]国务院办公厅.关于进一步推进物流降本增效促进实体经济发展的意见[S].2017.

[48]国务院办公厅.关于推进电子商务与快递物流协同发展的意见[S].2018.

[49]海峰,刘勤.物流园区规划设计与运营管理[M].武汉:华中科技大学出版社,2015.

[50]韩彬.我国物流规划中应该注意的问题[J].中国物流与采购,2003(7).

[51]何新华.物流产业规划与管理[M].北京:清华大学出版社,2016.

[52]黄尧笛.供应链物流规划与设计 方法工具和应用[M].北京:电子工业出版社,2016.

[53]冀芳,张夏恒.跨境电子商务物流模式创新与发展趋势[J].中国流通经济,2015(6).

[54]姜超峰.国家物流枢纽的规划和建设[J].中国储运,2018(8).

[55]金海和,等.分销配送网络优化模型及其求解算法[J].清华大学学报,2002(6).

[56]李浩,刘桂云.现代物流规划与设计[M].上海:同济大学出版社,2015.

[57]李晓晖.应急物流规划与调度研究[D].南京:南京航空航天大学,2015.

[58]李永生,郑文岭.仓储与配送管理[M].北京:机械工业出版社,2003.

[59]林勇,马士华.物流中心物流信息系统发展规划的理论、方法[J].物流技术,2003(12).

[60]林振强.智慧物流园区规划与建设[J].物流技术与应用,2017(5).

[61]刘海燕,李宗平,叶怀珍.物流配送中心选址模型[J].西南交通大学学报,2000(6).

[62]刘红元.城市物流园区的规划设计方案分析研究[J].建筑工程技术与设计,2017(6).

[63]刘芮.基于第三方的 HB 汽车公司产前物流规划研究[D].长春:吉林大学,2015.

[64]刘志学,等.现代物流手册[M].北京:中国物资出版社,2001.

[65]罗纳德.H.巴罗.企业物流管理[M].王晓东,胡瑞娟,译.北京:机械工业出版社,2002.[美]

[66]孟庆永.城市物流园区委托运营商的选择方法研究——以宜宾志诚物流园区为例[D].杭州:浙江工商大学,2010.

[67]彭京平,孙逊,贺政纲.物流园区物流需求预测方法研究[J].物流工程与管理,2013(10).

[68]齐二石.物流工程[M].天津:天津大学出版社,2001.

[69]千庆兰,陈晓越.物流规划与应用[M].北京:科学大学出版社,2016.

[70]秦明森.实用物流技术[M].北京:中国物资出版社,2001.

[71]任芳.跨境电商发展中的物流问题思考[J].物流技术与应用,2016(2).

[72]汝宜红,田源,徐杰,等.配送中心规划[M].北京:北方交通大学出版社,2002.

[73]单宝伟.基于物流量预测的铁路物流中心规划研究[D].兰州:兰州交通大学,2012(4).

[74]沈杰.物流中心规划设计的研究与探讨[J].物流技术,2004(2).

[75]四川省发展与改革委员会、四川省人民政府物流办公室等13部门.四川省物流园区发展规划(2014-2020年)[S].川发改经贸[2014]918号.

[76]宋华,胡佐治.现代物流与供应链管理[M].北京:经济管理出版社,2000.

[77]宋伟生,张洪苹.物流成本管理[M].北京:机械工业出版社,2003.

[78]王家善,吴清一.设施规划与设计[M].北京:机械工业出版社,2001.

[79]王嘉林,张雷丽.物流系统工程[M].北京:中国物资出版社,1987.

[80]王俊程.义乌小商品出口的海外仓建设模式选择[D].杭州:浙江大学,2018.

[81]王叶青.物流园区内部功能区布局规划实证研究[D].杭州:浙江工商大学,2010.

[82]王转,程国全.配送中心系统规划[M].北京:中国物资出版社,2003.

[83]吴清一,王转.物料搬运系统[M].北京:五洲同出版社,1996.

[84]吴瑛.物流工程中仓储设施规划设计的研究[D].上海:同济大学,2009.

[85]肖允兵.现代物流中心规划设计分析与研究——以泰山物流中心规划设计为例[D].青岛:青岛理工大学,2010.

[86]谢如鹤,罗荣武,张得志,等.物流系统规划原理与方法[M].北京:中国物资出版社,2004.

[87]宿立燕.电商海外仓的选址研究——以C公司为例[D].北京:对外经济贸易大学,2017.

[88]徐杰,郑凯,田源,等.物流中心选址的影响因素分析及案例[J].北方交通大学学报,2001(5).

[89]徐克林.物流系统规划与设计[M].杭州:浙江大学出版社,2015.

[90]徐利民,等.仓储中心的动态规划选址及应用[J].武汉理工大学学报(交通科学与工程版),2003(4).

[91]徐强.物流园区规划的方法与实践[J].建筑工程技术与设计,2016(36).

[92]杨家其.现代物流与运输[M].北京:人民交通出版社,2003.

[93]尹丹臣.中邮海外仓开启跨境电商新时代[J].中国物流与采购,2014(7).

[94]岳东山.医药物流中心规划与设计的研究[D].武汉:武汉理工大学,2004.

[95]张萌.苏州工业园区现代商贸物流中心规划研究[D].南京:南京理工大学,2010.

[96]赵启兰,刘宏志.生产计划与供应链中的库存管理[M].北京:电子工业出版社,2003.

[97]赵晓妍.海外仓趋势下跨境电商物流的发展研究[J].公路交通科技,2018(4).

[98]中华人民共和国国家质量监督检验检疫总局、中国国家标准化管理委员会.物流术语:GB/T18354－2006[S],2006.

[99]周健.冷链物流中心平面布局与冷库规划流程研究[D].成都:西南交通大学,2010.

[100]周旭东.我国现代化物流中心建设中存在的问题及对策[J].商品储运与养护,2003(1).

[101]周跃进,陈国华.物流网络规划[M].北京:清华大学出版社,2015.

[102]资道根.海外仓模式下跨境电商物流成本控制[J].物流技术,2015(8).

[103]宗璐瑶.跨境电子商务的物流模式研究——以"义乌购"为例[J].浙江万里学院学报,2017(6).

附录一

全国物流园区发展规划(2013－2020 年)

　　物流园区是物流业规模化和集约化发展的客观要求和必然产物,是为了实现物流运作的共同化,按照城市空间合理布局的要求,集中建设并由统一主体管理,为众多企业提供物流基础设施和公共服务的物流产业集聚区。物流园区作为重要的物流基础设施,具有功能集成、设施共享、用地节约的优势,促进物流园区健康有序发展,对于提高社会物流服务效率、促进产业结构调整、转变经济发展方式、提高国民经济竞争力具有重要意义。

　　根据《中华人民共和国国民经济和社会发展第十二个五年规划纲要》、《国务院办公厅关于印发促进物流业健康发展政策措施的意见》(国办发〔2011〕38号),为促进我国物流园区健康有序发展,特制定本规划。规划期为 2013—2020 年。

一、发展形势

(一)现实基础

　　"十一五"期间,国家高度重视物流业发展,实施《物流业调整和振兴规划》,综合交通运输体系逐步完善,规模化物流需求快速增长,物流业区域布局进一步优化,为物流园区的健康发展奠定了基础。

1.物流园区总量较快增长

　　"十一五"时期,我国物流规模不断扩大,社会物流总额和物流业增加值年均分别增长 21％和 16.7％,物流业增加值占国内生产总值的比重由 2005 年的6.6％提高到 2010 年的 6.9％。为适应物流业快速发展趋势,各级地方政府积极推进物流园区规划和建设,全国物流园区数量稳步增长,物流业呈现集聚发展态势。据中国物流与采购联合会第三次全国物流园区调查,2012 年全国共有各类物流园区 754 个,其中已经运营的 348 个,在建和规划中的分别为 241 个和 165 个。

2.物流园区类型不断丰富

　　各地因地制宜建设发展了不同类型的物流园区。在交通枢纽城市,具备多式联运条件、提供大宗货物转运的货运枢纽型物流园区不断涌现;面向大城市商圈和批发市场,提供仓储配送功能的商贸服务型物流园区蓬勃发展;毗邻工业园区,提供供应链一体化服务的生产服务型物流园区配套而建;在口岸城市,提供转运、保税等功能的口岸服务型物流园区快速发展;特大城市周边,出现了不少融合上述功能的综合服务型物流园区。总体上看,全国初步形成了定位准确、类型齐全的物流园区体系。

3. 物流园区功能日趋完善

园区基础设施建设不断加快,集疏运通道逐步完善,仓储、转运设施水平显著提高;信息平台建设稳步推进,园区信息化和智能化水平明显提升。园区通过不断完善各项功能,打造形成坚实的硬件基础和高效的软件平台,为园区入驻企业提供完善的公共服务,使物流企业能够专注从事物流业务,进一步提高物流效率和服务水平。

4. 物流园区集聚效应初步显现

园区利用设施优势集聚物流企业,减少了货物无效转运,优化了装卸和处理流程,提高了物流效率;利用信息平台匹配物流供需信息,提高了货物运输组织化程度,降低了车辆空驶率;通过整合分散的仓储物流设施,节约了土地资源,优化了城市空间布局;通过为园区周边生产制造、商贸等企业提供一体化物流服务,促进了区域经济转型升级。

(二)存在问题

从总体来看,我国物流业发展水平还比较低,物流园区在规划、建设、运营、管理以及政策方面还存在一些问题。一是建设发展有待规范。由于缺乏统一规划和管理,一些地方脱离实际需求,盲目建设物流园区,片面追求占地面积和投资规模。另一方面,由于缺乏对物流园区内涵的认识,一些市场和物流企业也冠以物流园区的名称。二是设施能力有待提高。从已建成的园区看,多数物流园区水、电、路、网络、通信等基础设施建设滞后,集疏运通道不畅,路网配套能力较差,普遍缺少铁路和多式联运中转设施。另外,在一些重要物流节点,仍然缺少设施齐全、服务能力较强的物流园区。三是服务功能有待提升。多数物流园区虽然具备了运输、装卸、仓储配送和信息服务等功能,但与物流发展的市场需求相比,仍然存在着专业化程度不高、设施装备配套性差、综合服务能力不强、信息联通不畅等问题,多式联运和甩挂作业、冷链物流服务、信息管理、流程优化、一站式服务等功能亟待完善和提高。四是经营管理体制有待健全。有的物流园区缺乏政府的协调和推动,面临规划、用地、拆迁、建设等方面的困难;有的物流园区缺乏市场化的运作机制和盈利模式,园区服务和可持续发展能力不足。五是政策扶持体系有待完善。由于缺少针对物流园区发展的优惠政策和建设标准,物流园区普遍存在"落地难"、"用地贵"和基础设施投资不足的问题。

(三)发展要求

今后几年,是我国物流业发展的重要时期。科学规划、合理布局物流园区,充分发挥物流园区的集聚优势和基础平台作用,构建与区域经济、产业体系和居民消费水平相适应的物流服务体系,是促进物流业发展方式转变、带动其他产业结构调整以及建设资源节约型和环境友好型社会的必然选择。

1. 科学规划物流园区是提高物流服务效率的客观要求

加快转变经济发展方式给我国物流业发展提出了新的更高的要求,物流园区作为连接多种运输方式、集聚多种服务功能的基础设施和公共服务平台,已经成为提升物流运行质量与效率的关键环节。科学规划物流园区有利于发挥物流设施的集聚效应,在满足规模化物流需求的同时,提升物流效率,降低物流成本;有利于促进多式联运发展,发挥我国综合交通运输体系的整体效能;有利于促进社会物流的有效组织和有序管理,优化布局和运作模式,更好地适应产业结构调整的需要,为其他产业优化升级提供必要支撑。

2. 科学规划物流园区是节约集约利用土地资源的迫切需要

科学规划一批具有较强公共服务能力的物流园区,一方面可以适度整合分散于各类运输场站、仓房、专用线、码头等物流设施及装卸、搬运等配套设施的用地,增加单位物流用地的物流承载量,提高土地利用率;另一方面能够有效促进专业化、社会化物流企业承接制造业和商贸业分离外包的物流需求,减少原有分散在各类企业内部的仓储设施用地。科学规划物流园区,已经成为当前促进物流业节约集约利用土地资源的重要途径。

3. 科学规划物流园区是推进节能减排和改善环境的重要举措

面对日趋严峻的资源和环境约束,物流业亟须加快节能减排步伐,增强可持续发展能力。科学规划物流园区,有利于优化仓储、配送、转运等物流设施的空间布局,促进物流资源优势互补、共享共用,减少设施闲置,降低能耗;有利于提升物流服务的组织化水平,优化运输线路,降低车辆空驶率,缓解交通干线的通行压力和城市交通拥堵,减少排放,改善环境。

二、指导思想、基本原则和发展目标

(一)指导思想

以邓小平理论、"三个代表"重要思想和科学发展观为指导,按照加快转变经济发展方式、促进产业结构调整的要求,以市场需求为导向,以促进物流要素聚集、提升物流运行效率和服务水平、节约集约利用土地资源为目标,以物流基础设施的整合和建设为重点,加强统筹规划和管理,加大规范和扶持力度,优化空间布局,完善经营管理体制和服务功能,促进我国物流园区健康有序发展,为经济社会发展提供物流服务保障。

(二)基本原则

1. 科学规划,合理布局

根据国家重点产业布局和区域发展战略,立足经济发展水平和实际物流需求,依托区位交通优势,符合城市总体规划和土地利用总体规划,注重与行业规划相衔接,科学规划、合理布局物流园区,避免盲目投资和重复建设。

2. 整合资源，集约发展

优先整合利用现有物流设施资源，充分发挥存量物流设施的功能。按照规模适度、用地节约的原则，制定物流园区规划、建设标准，合理确定物流园区规模，促进物流园区集约发展，吸引企业向园区集聚。

3. 完善功能，提升服务

促进物流园区设施建设配套衔接，完善物流园区的基本服务功能。注重运用现代物流和供应链管理理念，创新运营管理机制，拓展增值服务，提升物流园区的运作和服务水平。

4. 市场运作，政府监管

充分发挥市场机制的作用，坚持投资主体多元化、经营管理企业化、运作方式市场化。积极发挥政府的规划、协调作用，规范物流园区建设管理制度，制定和完善支持物流园区发展的各项政策，推动物流园区有序建设、健康发展。

（三）发展目标

到 2015 年，基本建立物流园区建设及管理的有关制度，物流园区发展步入健康有序的轨道，全国物流园区规划布局得到优化，物流园区设施条件不断改善，服务能力明显增强，初步建成一批布局合理、运营规范、具有一定经济社会效益的示范园区。

到 2020 年，物流园区的集约化水平大幅提升，设施能力显著增强，多式联运得到广泛应用，管理水平和运营效率明显提高，资源集聚和辐射带动作用进一步增强，基本形成布局合理、规模适度、功能齐全、绿色高效的全国物流园区网络体系，对推动经济结构调整和转变经济发展方式发挥更加重要的作用。

三、物流园区总体布局

物流园区是提供物流综合服务的重要节点，也是重要的城市基础设施。全国物流园区总体布局的基本思路是：根据物流需求规模和区域发展战略等因素，确定物流园区布局城市；按照城乡规划、综合交通体系规划和产业发展规划等，合理确定城市物流园区建设数量、规划布局和用地规模；研究制定物流园区详细规划，因地制宜，合理确定物流园区的发展定位、功能布局、建设分期、配套要求等。

（一）物流园区布局城市

确定物流园区布局城市，主要依据以下条件：一是物流需求规模，主要参考城市的国内生产总值、货运总量、工业总产值、社会消费品零售总额和进出口总额等经济指标的预测值。二是与物流业发展总体规划以及铁路、公路、水运、民航等相关交通运输规划相衔接。三是结合国家重点区域发展战略和产业布局规划，考虑相关城市的经济发展潜力、物流需求增长空间以及对周边地区的辐射带动作用。

　　根据上述条件,按照物流需求规模大小以及在国家战略和产业布局中的重要程度,本规划将物流园区布局城市分为三级,确定一级物流园区布局城市29个,二级物流园区布局城市70个(见专栏),三级物流园区布局城市具体由各省(区、市)参照以上条件,根据本省物流业发展规划具体确定,原则上应为地级城市。

专栏　物流园区布局城市
一级物流园区布局城市(共29个)
北京、天津、唐山、呼和浩特、沈阳、大连、长春、哈尔滨、上海、南京、苏州、杭州、宁波、厦门、济南、青岛、郑州、合肥、武汉、长沙、广州、深圳、南宁、重庆、成都、昆明、西安、兰州、乌鲁木齐
二级物流园区布局城市(共70个)
石家庄、邯郸、秦皇岛、沧州、太原、大同、临汾、通辽、包头、鄂尔多斯、鞍山、营口、吉林、延边(珲春)、大庆、牡丹江、齐齐哈尔、无锡、徐州、南通、泰州、连云港、温州、金华(义乌)、舟山、嘉兴、湖州、安庆、阜阳、马鞍山、芜湖、福州、泉州、南昌、赣州、上饶、九江、烟台、潍坊、临沂、菏泽、日照、洛阳、南阳、安阳、许昌、宜昌、襄阳、岳阳、娄底、衡阳、佛山、东莞、湛江、柳州、钦州、玉林、贵港、海口、绵阳、达州、泸州、贵阳、拉萨、榆林、宝鸡、咸阳、西宁、银川、伊犁(霍尔果斯)

(二)物流园区选址要求

　　在布局城市选址建设物流园区,应遵循以下原则:一是与综合交通体系和运输网络相配套。依托主要港口、铁路物流中心、公路货运枢纽、枢纽机场及主要口岸,具有交通区位优势,便于发展多式联运。二是与相关规划和现有设施相衔接。符合土地利用总体规划、城市总体规划和区域发展总体规划,充分利用现有仓储、配送、转运等物流设施。三是突出功能定位。紧密结合产业布局和区位优势,突出专业服务特点,明确物流园区功能定位。

　　依据以上原则,物流园区布局城市可根据实际需要建设不同类型的物流园区:

　　(1)货运枢纽型物流园区。依托交通枢纽,具备两种(含)以上运输方式,能够实现多式联运,具有提供大批量货物转运的物流设施,为国际性或区域性货物中转服务。

　　(2)商贸服务型物流园区。依托城市大型商圈、批发市场、专业市场,能够为商贸企业提供运输、配送、仓储等物流服务以及商品展示、电子商务、融资保险等配套服务,满足一般商业和大宗商品贸易的物流需求。

　　(3)生产服务型物流园区。毗邻工业园区或特大型生产制造企业,能够为制造企业提供采购供应、库存管理、物料计划、准时配送、产能管理、协作加工、运输分拨、信息服务、分销贸易及金融保险等供应链一体化服务,满足生产制造企业的物料供应与产品销售等物流需求。

　　(4)口岸服务型物流园区。依托口岸,能够为进出口货物提供报关、报检、仓储、国际采购、分销和配送、国际中转、国际转口贸易、商品展示等服务，满足国际贸易企业物流需求。

（5）综合服务型物流园区。具有两种（含）以上运输方式，能够实现多式联运和无缝衔接，至少能够提供货运枢纽、商贸服务、生产服务、口岸服务中的两种以上服务，满足城市和区域的规模物流需求。

四、主要任务

（一）推动物流园区资源整合

打破地区和行业界限，充分整合现有物流园区及物流基础设施，提高设施、土地等资源利用效率。一是整合需求不足和同质化竞争明显的物流园区。引导需求不足的园区转型，对于同质化竞争明显的园区，通过明确功能定位和分工，推动整合升级。二是整合依托交通枢纽建设的物流园区。加强枢纽规划之间的衔接，统筹铁路、公路、水运、民航等多种交通运输枢纽和周边的物流园区建设，大力发展多式联运，形成综合交通枢纽，促进多种运输方式之间的顺畅衔接和高效中转。三是整合分散的物流设施资源。发挥物流园区设施集约和统一管理的优势，引导分散、自用的各类工业和商业仓储配送资源向物流园区集聚，有效整合制造业分离外包的物流设施资源。大力推广共同配送、集中配送等先进配送组织模式，为第三方物流服务企业搭建基础平台。

（二）合理布局新建物流园区

物流园区布局城市应综合考虑本区域的物流需求规模及增长潜力，并结合现有物流园区布局情况及设施能力，合理规划本地区物流园区。现有设施能力不足的地区，应基于当地产业结构和区位条件及选址要求，布局新建规模适当、功能完善的物流园区，充分发挥园区的集聚效应和辐射带动作用，服务当地经济发展和产业转型升级。

（三）加强物流园区基础设施建设

优化物流园区所在地区控制性详细规划，加强物流园区详细规划编制工作，科学指导园区水、电、路、通信等设施建设，强化与城市道路、交通枢纽的衔接。大力推进园区铁水联运、公铁联运、公水联运、空地联运等多式联运设施建设，注重引入铁路专用线，完善物流园区的公路、铁路周边通道。提高仓储、中转设施建设水平，改造装卸搬运、调度指挥等配套设备，统一铁路、公路、水运、民航各种运输方式一体化运输相关基础设施和运输装备的标准。推广甩挂运输方式、集装技术和托盘化单元装载技术。推广使用自动识别、电子数据交换、可视化、货物跟踪、智能交通、物联网等先进技术的物流设施和装备。

（四）推动物流园区信息化建设

加强物流园区信息基础设施建设，整合物流园区现有信息资源，提升物流园区信息服务能力。研究制定统一的物流信息平台接口规范,建立物流园区的信息采集、交换和共享机制,促进入驻企业、园区管理和服务机构、相关政府部门之间信息互联互通和有序交换,创新园区管理和服务。

(五)完善物流园区服务功能

结合货运枢纽、生产服务、商贸服务、口岸服务和综合服务等不同类型物流园区的特点,有针对性地提升服务功能,为入驻企业提供专业化服务。鼓励园区在具备仓储、运输、配送、转运、货运代理、加工等基本物流服务以及物业、停车、维修、加油等配套服务的基础上,进一步提供工商、税务、报关、报检等政务服务和供应链设计、管理咨询、金融、保险、贸易会展、法律等商务服务功能。

(六)聚集和培育物流企业

充分发挥物流园区的设施优势和集聚效应,引导物流企业向园区集中,实现园区内企业的功能互补和资源共享,提高物流组织效率。优化园区服务环境,培育物流企业,打造以园区物流企业为龙头的产业链,提升物流企业的核心竞争力。支持运输企业向综合物流服务商和全球物流经营人转变。按照提升重点行业物流企业专业配套能力的要求,有针对性地发展专业类物流园区,为农产品、钢铁、汽车、医药、冷链、快递、危货等物流企业集聚发展创造有利条件。

(七)建立适应物流园区发展的规范和标准体系

按照适用性强、涵盖面广、与国际接轨的要求,建立和完善物流园区标准体系。修订《物流园区分类与基本要求》国家标准,制定《物流园区服务规范及评估指标》国家标准,进一步明确园区概念内涵,规范物流园区功能定位,防止盲目发展。按照既要保障物流园区发展,又要节约利用土地的原则,建立物流园区规划设计、建设和服务规范,明确园区内部各功能区建设标准和要求,促进物流园区规范化发展。

(八)完善物流园区经营管理体制

根据各地物流园区发展实际,借鉴国内外物流园区管理经验,建立完善政府规划协调、市场化运作的物流园区开发建设模式和经营管理体制。在政府规划指导下,成立物流园区管理机构,开展物流园区基础设施建设,并选择具有物流园区经营管理经验的企业参与管理运营。鼓励园区研究开发物流与商贸和金融协同发展等新型业态,创新物流园区发展模式。通过企业化运作,提高管理水平,形成良性发展机制,为园区物流企业提供优质服务,实现可持续发展。

五、保障措施

(一)做好综合协调

国家发展改革委、国土资源部、住房和城乡建设部要会同交通运输部、商务部、海关总署、科技部、工业和信息化部、铁路局、民航局、邮政局、国家标准委等部门,加强对全国物流园区发展的指导和管理。各省级人民政府有关部门也要协调配合,统筹推进规划实施工作。

（二）加强规范管理

各地有关部门要加强对物流园区的规范和管理,提出本地区物流园区布局规划,严格控制园区数量和规模,防止盲目建设或以物流园区名义圈占土地。布局城市要按照城乡规划和相关行业规划,加强和加快现有物流设施的整合和清理,因地制宜合理新建物流园区,做到既符合城市和产业发展实际,满足物流发展需求,又防止出现重复建设。

（三）开展示范工程

各地要结合实际,选择一批发展条件好、带动作用大的园区,作为省级示范物流园区加以扶持推广,具体由各省有关部门研究制定管理办法并组织评定。在此基础上,开展国家级物流园区示范工程,由国家发展改革委、国土资源部、住房城乡和建设部会同交通运输部、商务部、工业和信息化部、海关总署、科技部等有关部门和行业协会组织国家级示范物流园区评定工作。对于列入国家级示范的物流园区,有关部门可给予土地、资金等政策扶持。国家级物流园区示范工程的具体管理办法另行制定。

（四）完善配套设施

支持连接物流园区的铁路专用线、码头岸线和园区周边道路等交通配套设施建设和改造,进一步发挥物流园区的中转服务功能,提高运输服务水平。支持物流园区信息平台建设,鼓励企业建设立体仓库,提高园区物流设施信息化和智能化水平。

（五）落实用地政策

研究制定物流园区规划设计规范,科学指导物流园区规划建设。各地应及时将物流园区纳入所在城市的各类城市规划和土地利用总体规划,统筹规划和建设,涉及新增建设用地的,合理安排土地利用计划指标。对于示范物流园区新增建设用地,优先列入国家和地方建设用地供应计划。

（六）改善投融资环境

鼓励物流园区运营主体通过银行贷款、股票上市、发行债券、增资扩股、合资合作、吸引外资和民间投资等多种途径筹集建设资金,支持物流园区及入驻企业与金融机构联合打造物流金融服务平台,形成多渠道、多层次的投融资环境。各地要适当放宽对物流园区投资强度和税收强度的要求,鼓励物流企业入驻物流园区。对于国家级和省级示范物流园区,有关部门可根据项目情况予以投融资支持。

（七）优化通关环境

优化口岸通关作业流程,适应国际中转、国际采购、国际配送、国际转口贸易等业务的要求,研究适应口岸服务型物流园区发展的通关便利化政策,提高通关效率。

（八）发挥行业协会作用

物流及相关行业协会应认真履行行业服务、自律、协调和引导职能,及时向政府有关部门反映物流园区发展中存在的问题和企业诉求,积极配合相关部门做好物流园区相关标准制修订、建立实施统计制度、总结推广先进经验、引导推动科技创新等相关工作,促进物流园区健康有序发展。

附录二

国家物流枢纽布局和建设规划

物流枢纽是集中实现货物集散、存储、分拨、转运等多种功能的物流设施群和物流活动组织中心。国家物流枢纽是物流体系的核心基础设施,是辐射区域更广、集聚效应更强、服务功能更优、运行效率更高的综合性物流枢纽,在全国物流网络中发挥关键节点、重要平台和骨干枢纽的作用。为贯彻落实党中央、国务院关于加强物流等基础设施网络建设的决策部署,科学推进国家物流枢纽布局和建设,经国务院同意,2018年12月,国家发展改革委、交通运输部联合制定本规划。

一、规划背景

党的十八大以来,我国物流业实现较快发展,在国民经济中的基础性、战略性、先导性作用显著增强。物流专业设施和交通基础设施网络不断完善,特别是一些地区自发建设形成一批物流枢纽,在促进物流资源集聚、提高物流运行效率、支撑区域产业转型升级等方面发挥了重要作用,为建设国家物流枢纽网络奠定良好基础。

基础设施条件不断完善。截至2017年底,我国铁路、公路营运总里程分别达到12.7万公里和477.3万公里,万吨级以上港口泊位2366个,民用运输机场226个,铁路专用线总里程约1.8万公里。全国营业性通用仓库面积超过10亿平方米,冷库库容约1.2亿立方米,运营、在建和规划的各类物流园区超过1600个。

运行组织效率持续提高。互联网、物联网、大数据、云计算等现代信息技术与物流业发展深度融合,无人机、无人仓、物流机器人、新能源汽车等智能化、绿色化设施设备在物流领域加快推广应用,物流枢纽运行效率显著提高,有力引导和支撑物流业规模化集约化发展,为加快物流转型升级和创新发展注入新的活力。

综合服务能力大幅提升。货物集散转运、仓储配送、装卸搬运、加工集拼等基础服务能力不断增强,与制造、商贸等产业融合发展趋势日益明显,物流要素加速向枢纽聚集,以平台整合、供应链融合为特征的新业态新模式加快发展,交易撮合、金融结算等增值服务功能不断拓展,物流枢纽的价值创造能力进一步增强。

经济支撑带动作用明显。国际陆港、中欧班列枢纽节点等快速发展,跨境电商、同城配送等物流新需求持续增长,物流枢纽的资源聚集效应和产业辐射效应不断显现,对经济增长的带动作用日益增强,有效支撑我国世界第二大经济体和第一大货物贸易国的地位。

但也要看到,与发达国家相比,我国物流枢纽发展还存在一定差距。一是系统规划不足,现有物流枢纽设施大多分散规划、自发建设,骨干组织作用发挥不足,物流枢纽间协同效应不明显,没有形成顺畅便捷的全国性网络。二是空间布局不完善,物流枢纽分布不均衡,西部地区明显滞后,部分地区还存在空白;一些物流枢纽与铁路、港口等交通基础设施以及产业集聚区距离较远,集疏运成本较高。三是资源整合不充分,部分物流枢纽存在同质化竞争、低水平重复建设问题,内部缺乏有效分工,集聚和配置资源要素的作用没有充分发挥。四是发展方式较为粗放,一些已建成物流枢纽经营方式落后、功能单一,无法开展多式联运;有的枢纽盲目扩大占地面积,物流基础设施投入不足,服务质量有待提高。

当前,我国经济已由高速增长阶段转向高质量发展阶段。加快国家物流枢纽网络布局和建设,有利于整合存量物流基础设施资源,更好发挥物流枢纽的规模经济效应,推动物流组织方式变革,提高物流整体运行效率和现代化水平;有利于补齐物流基础设施短板,扩大优质物流服务供给,打造低成本、高效率的全国性物流服务网络,提升实体经济活力和竞争力;有利于更好发挥干线物流通道效能,加快推进要素集聚、资源整合和城乡空间格局与产业布局重塑,促进区域协调发展,培育新的经济增长极;有利于深化国内国际物流体系联动协同,促进生产制造、国际贸易和国际物流深度融合,提高国际供应链整体竞争力,培育国际竞争新优势,加快推动我国产业向全球价值链中高端迈进。

二、总体要求

(一)指导思想

以习近平新时代中国特色社会主义思想为指导,全面贯彻党的十九大和十九届二中、三中全会精神,牢固树立和贯彻落实新发展理念,按照高质量发展的要求,统筹推进"五位一体"总体布局和协调推进"四个全面"战略布局,坚持以供给侧结构性改革为主线,认真落实党中央、国务院决策部署,推动物流组织模式和行业管理体制机制创新,加快现代信息技术和先进设施设备应用,构建科学合理、功能完备、开放共享、智慧高效、绿色安全的国家物流枢纽网络,打造"通道＋枢纽＋网络"的物流运行体系,实现物流资源优化配置和物流活动系统化组织,进一步提升物流服务质量,降低全社会物流和交易成本,为优化国家经济空间布局和构建现代化经济体系提供有力支撑。

(二)基本原则

市场主导、规划引领。遵循市场经济规律和现代物流发展规律,使市场在资源配置中起决定性作用和更好发挥政府作用,通过规划引领和指导,推动物流资源向有市场需求的枢纽进一步集聚,支持和引导具备条件的物流枢纽做大做强,在物流运行体系中发挥骨干作用。

集约整合、融合创新。坚持以存量设施整合提升为主、以增量设施补短板为辅,重点提高现有物流枢纽资源集约利用水平。依托国家物流枢纽加强物流与交通、制造、商贸等产业联动融合,培育行业发展新动能,探索枢纽经济新范式。

统筹兼顾、系统成网。统筹城市经济发展基础和增长潜力,兼顾东中西部地区协调发展,围绕产业发展、区域协调、公共服务、内联外通等需要,科学选址、合理布局、加强联动,加快构建国家物流枢纽网络。

协调衔接、开放共享。加强物流与交通基础设施衔接,提高不同运输方式间货物换装效率,推动信息互联互通、设施协调匹配、设备共享共用,增强国家物流枢纽多式联运功能,提高运行效率和一体化组织水平。

智慧高效、绿色发展。顺应现代物流业发展新趋势,加强现代信息技术和智能化、绿色化装备应用,推进货物运输结构调整,提高资源配置效率,降低能耗和排放水平,打造绿色智慧型国家物流枢纽。

(三)发展目标

到 2020 年,通过优化整合、功能提升,布局建设 30 个左右辐射带动能力较强、现代化运作水平较高、互联衔接紧密的国家物流枢纽,促进区域内和跨区域物流活动组织化、规模化运行,培育形成一批资源整合能力强、运营模式先进的枢纽运营企业,初步建立符合我国国情的枢纽建设运行模式,形成国家物流枢纽网络基本框架。

到 2025 年,布局建设 150 个左右国家物流枢纽,枢纽间的分工协作和对接机制更加完善,社会物流运行效率大幅提高,基本形成以国家物流枢纽为核心的现代化物流运行体系,同时随着国家产业结构和空间布局的进一步优化,以及物流降本增效综合措施的持续发力,推动全社会物流总费用与 GDP 的比率下降至 12% 左右。

——高效物流运行网络基本形成。以"干线运输+区域分拨"为主要特征的现代化多式联运网络基本建立,全国铁路货运周转量比重提升到 30% 左右,500 公里以上长距离公路运量大幅减少,铁路集装箱运输比重和集装箱铁水联运比重大幅提高,航空货运周转量比重明显提升。

——物流枢纽组织效率大幅提升。多式联运、甩挂运输等先进运输组织方式广泛应用,各种运输方式衔接更加紧密,联运换装转运效率显著提高,集疏运体系更加完善,国家物流枢纽单元化、集装化运输比重超过 40%。

——物流综合服务能力显著增强。完善互联互通的枢纽信息网络,国家物流枢纽一体化运作、网络化经营、专业化服务能力进一步提高,与供应链、产业链、价值链深度融合,对实体经济的支撑和促进作用明显增强,枢纽经济效应充分显现。

到 2035 年,基本形成与现代化经济体系相适应的国家物流枢纽网络,实现与综合交通运输体系顺畅衔接、协同发展,物流规模化、组织化、网络化、智能化水平全面提升,铁路、水运等干线通道能力充分释放,运输结构更加合理。全社会物流总费用与 GDP 的比率继续显著下降,物流运行效率和效益达到国际先进水平。依托国家物流枢纽,形成一批具有国际影响的枢纽经济增长极,将国家物流枢纽打造成为产业转型升级、区域经济协调发展和国民经济竞争力提升的重要推动力量。

三、合理布局国家物流枢纽,优化基础设施供给结构

(一)国家物流枢纽的类型和功能定位

国家物流枢纽分为陆港型、港口型、空港型、生产服务型、商贸服务型、陆上边境口岸型等 6 种类型。

陆港型。依托铁路、公路等陆路交通运输大通道和场站(物流基地)等,衔接内陆地区干支线运输,主要为保障区域生产生活、优化产业布局、提升区域经济竞争力,提供畅通国内、联通国际的物流组织和区域分拨服务。

港口型。依托沿海、内河港口,对接国内国际航线和港口集疏运网络,实现水陆联运、水水中转有机衔接,主要为港口腹地及其辐射区域提供货物集散、国际中转、转口贸易、保税监管等物流服务和其他增值服务。

空港型。依托航空枢纽机场,主要为空港及其辐射区域提供快捷高效的国内国际航空直运、中转、集散等物流服务和铁空、公空等联运服务。

生产服务型。依托大型厂矿、制造业基地、产业集聚区、农业主产区等,主要为工业、农业生产提供原材料供应、中间产品和产成品储运、分销等一体化的现代供应链服务。

商贸服务型。依托商贸集聚区、大型专业市场、大城市消费市场等,主要为国际国内和区域性商贸活动、城市大规模消费需求提供商品仓储、干支联运、分拨配送等物流服务,以及金融、结算、供应链管理等增值服务。

陆上边境口岸型。依托沿边陆路口岸,对接国内国际物流通道,主要为国际贸易活动提供一体化通关、便捷化过境运输、保税等综合性物流服务,为口岸区域产业、跨境电商等发展提供有力支撑。

(二)国家物流枢纽布局和规划建设要求

国家物流枢纽基本布局。加强宏观层面的系统布局,依据区域经济总量、产业空间布局、基础设施联通度和人口分布等,统筹考虑国家重大战略实施、区域经济发展、产业结构优化升级等需要,结合"十纵十横"交通运输通道和国内物流大通道基本格局,选择 127 个具备一定基础条件的城市作为国家物流枢纽承载城市,规划建设 212 个国家物流枢纽,包括 41 个陆港型、30 个港口型、23

个空港型、47 个生产服务型、55 个商贸服务型和 16 个陆上边境口岸型国家物流枢纽。

专栏 1　国家物流枢纽布局承载城市
1.陆港型国家物流枢纽承载城市。包括石家庄、保定、太原、大同、临汾、呼和浩特、乌兰察布、沈阳、长春、哈尔滨、佳木斯、南京、徐州、杭州、合肥、南昌、鹰潭、济南、潍坊、郑州、安阳、武汉、长沙、衡阳、南宁、柳州、重庆、成都、遂宁、贵阳、遵义、昆明、拉萨、西安、延安、兰州、酒泉、格尔木、乌鲁木齐、哈密、库尔勒。
2.港口型国家物流枢纽承载城市。包括天津、唐山、秦皇岛、沧州、大连、营口、上海、南京、苏州、南通、连云港、宁波—舟山、芜湖、安庆、福州、厦门、九江、青岛、日照、烟台、武汉、宜昌、岳阳、广州、深圳、湛江、钦州—北海—防城港、洋浦、重庆、泸州。
3.空港型国家物流枢纽承载城市。包括北京、天津、哈尔滨、上海、南京、杭州、宁波、厦门、青岛、郑州、长沙、武汉—鄂州、广州、深圳、三亚、重庆、成都、贵阳、昆明、拉萨、西安、银川、乌鲁木齐。
4.生产服务型国家物流枢纽承载城市。包括天津、石家庄、唐山、邯郸、太原、鄂尔多斯、包头、沈阳、大连、长春、哈尔滨、大庆、上海、南京、无锡、苏州、杭州、宁波、嘉兴、金华、合肥、蚌埠、福州、三明、南昌、青岛、郑州、洛阳、武汉、十堰、襄阳、长沙、郴州、广州、深圳、珠海、佛山、东莞、南宁、柳州、重庆、成都、攀枝花、贵阳、西安、宝鸡、石河子。
5.商贸服务型国家物流枢纽承载城市。包括天津、石家庄、保定、太原、呼和浩特、赤峰、沈阳、大连、长春、吉林、哈尔滨、牡丹江、上海、南京、南通、杭州、温州、金华(义乌)、合肥、阜阳、福州、平潭、厦门、泉州、南昌、赣州、济南、青岛、临沂、郑州、洛阳、商丘、南阳、信阳、武汉、长沙、怀化、广州、深圳、汕头、南宁、桂林、海口、重庆、成都、达州、贵阳、昆明、大理、西安、兰州、西宁、银川、乌鲁木齐、喀什。
6.陆上边境口岸型国家物流枢纽承载城市。包括呼伦贝尔(满洲里)、锡林郭勒(二连浩特)、丹东、延边(珲春)、黑河、牡丹江(绥芬河—东宁)、防城港(东兴)、崇左(凭祥)、德宏(瑞丽)、红河(河口)、西双版纳(磨憨)、日喀则(吉隆)、伊犁(霍尔果斯)、博尔塔拉(阿拉山口)、克孜勒苏(吐尔尕特)、喀什(红其拉甫)。

国家物流枢纽规划建设要求。一是区位条件良好。毗邻港口、机场、铁路场站等重要交通基础设施和产业聚集区,与城市中心的距离位于经济合理的物流半径内,并与城市群分工相匹配。二是空间布局集约。以连片集中布局为主,集中设置物流设施,集约利用土地资源。同一国家物流枢纽分散布局的互补功能设施原则上不超过 2 个。三是存量设施优先。以完善提升已建成物流设施的枢纽功能为主,必要情况下可结合区域经济发展需要适当整合、迁移或新建枢纽设施。四是开放性公共性强。具备提供公共物流服务、引导分散资源有序聚集、推动区域物流集约发展等功能,并在满足区域生产生活物流需求中发挥骨干作用。五是服务功能完善。具备干线运输、区域分拨等功能,以及多式联运转运设施设备和系统集成、互联兼容的公共信息平台等,可根据需要提供通关、保税等国际物流相关服务。六是统筹运营管理。由一家企业或多家企业联合主导国家物流枢纽建设、运营和管理,统筹调配物流服务资源,整合对接物流业务,实行统一的安全作业规范。七是区域协同联动。鼓励同一承载城市

内不同类型的国家物流枢纽加强协同或合并建设,增强综合服务功能;支持京津冀、长三角、珠三角等地区的承载城市在城市群内部开展国家物流枢纽合作共建,实现优势互补。

国家物流枢纽培育发展要求。各承载城市要遵循市场规律,尊重市场选择,以市场自发形成的物流枢纽设施和运行体系为基础,对照上述要求,选择基础条件成熟、市场需求旺盛、发展潜力较大的物流枢纽进行重点培育,并可根据市场和产业布局变化情况以及交通基础设施发展情况等进行必要的调整。同时,通过规划引导和政策支持,加强公共服务产品供给,补齐设施短板,规范市场秩序,促进公平竞争。要加强国家物流枢纽与其他物流枢纽的分工协作和有效衔接,两者不排斥、不替代,通过国家物流枢纽的发展带动其他物流枢纽做大做强,打造以国家物流枢纽为骨干,以其他物流枢纽为补充,多层次、立体化、广覆盖的物流枢纽设施体系。

四、整合优化物流枢纽资源,提高物流组织效率

(一)培育协同高效的运营主体

鼓励和支持具备条件的企业通过战略联盟、资本合作、设施联通、功能联合、平台对接、资源共享等市场化方式打造优势互补、业务协同、利益一致的合作共同体,推进国家物流枢纽设施建设和统筹运营管理,有序推动干线运输、区域分拨、多式联运、仓储服务、跨境物流、城市配送等物流服务资源集聚,引导物流服务企业集群发展,提升物流一体化组织效率。

(二)推动物流设施集约整合

整合优化存量物流设施。优先利用现有物流园区特别是国家示范物流园区,以及货运场站、铁路物流基地等设施规划建设国家物流枢纽。鼓励通过统筹规划迁建等方式整合铁路专用线、专业化仓储、多式联运转运、区域分拨配送等物流设施及通关、保税等配套设施,推动物流枢纽资源空间集中;对迁建难度较大的分散区块设施,支持通过协同运作和功能匹配实现统一的枢纽功能。支持国家物流枢纽集中承接第三方物流、电子商务、邮政、快递等物流服务的区域分拨和仓储功能,减少物流设施无效低效供给,促进土地等资源集约利用,提升设施综合利用效率。

统筹补齐物流枢纽设施短板。加强物流枢纽设施薄弱地区特别是中西部地区物流软硬件设施建设,支持物流枢纽设施短板突出地区结合产业发展和城市功能定位等,按照适度超前原则高起点规划新建物流枢纽设施,推动国家物流枢纽网络空间结构进一步完善,带动区域经济发展。

(三)增强国家物流枢纽平台支撑能力

加强综合信息服务平台建设。鼓励和支持国家物流枢纽依托现有资源建设综合信息服务平台,打破物流信息壁垒,推动枢纽内企业、供应链上下游企业

信息共享,实现车辆、货物位置及状态等信息实时查询;加强交通、公安、海关、市场监管、气象、邮政等部门公共数据开放共享,为便利企业生产经营和完善物流信用环境提供支撑;加强物流服务安全监管和物流活动的跟踪监测,推动相关企业落实实名登记和信息留存等安全管理制度,实现货物来源可追溯、责任可倒查。依托国家交通运输物流公共信息平台等建立国家物流枢纽间综合信息互联互通机制,促进物流订单、储运业务、货物追踪、支付结算等信息集成共享、高效流动,提高物流供需匹配效率,加强干线运输、支线运输、城市配送的一体化衔接。完善数据交换、数据传输等标准,进一步提升不同枢纽信息系统的兼容性和开放性。

推动物流资源交易平台建设。依托具备条件的国家物流枢纽综合信息服务平台,建设物流资源要素交易平台,开展挂车等运输工具、集装箱、托盘等标准化器具及叉车、正面吊等装卸搬运设备的租赁交易,在制度设计和交易服务等方面加强探索创新,允许交易平台开展水运、航空货运、陆运等运力资源和仓储资源交易,提高各类物流资源的市场化配置效率和循环共用水平。

专栏2 国家物流枢纽资源整合工程

1.国家物流枢纽建设运营主体培育工程。借鉴国外成熟经验,遵循市场化原则,创新物流枢纽经营管理模式,探索建立国家物流枢纽建设运营参与企业的利益协同机制,培育协同高效的运营主体,提高枢纽组织效率。

目标完成时限:2020年底前,争取培育10家左右国家物流枢纽建设运营标杆企业,形成可推广、可复制的枢纽建设运营经验。

2.国家物流枢纽联盟工程。发挥行业协会等作用,支持和推动枢纽建设运营企业成立国家物流枢纽联盟。发挥骨干企业网络化经营优势,推动国家物流枢纽之间加强业务对接,积极推进要素流动、信息互联、标准协同等合作机制建设,加快推动形成国家物流枢纽网络。

目标及完成时限:2020年底前,依托已投入运行的国家物流枢纽,成立国家物流枢纽联盟,在信息互联互通、标准规范对接等方面取得突破。2025年底前,基本形成稳定完善的国家物流枢纽合作机制,力争将已建成的国家物流枢纽纳入联盟,形成顺畅衔接、高效运作的国家物流枢纽网络。

五、构建国家物流枢纽网络体系,提升物流运行质量

(一)建设国家物流枢纽干线网络体系

构建国内物流干线通道网络。鼓励国家物流枢纽间协同开展规模化物流业务,建设高质量的干线物流通道网络。重点加快发展枢纽间的铁路干线运输,优化运输组织,构建便捷高效的铁路货运网络。鼓励陆港型、生产服务型枢纽推行大宗货物铁路中长期协议运输,面向腹地企业提供铁路货运班列、点到点货运列车、大宗货物直达列车等多样化铁路运输服务;支持陆港型、港口型、商贸服务型枢纽间开行"钟摆式"铁路货运专线、快运班列,促进货物列车客车

化开行,提高铁路运输的稳定性和准时性,优先鼓励依托全国性和区域性铁路物流中心培育发展陆港型枢纽;加密港口型枢纽间的沿海沿江班轮航线网络,提升长江中上游港口码头基础配套水平和货物集散能力;拓展空港型枢纽货运航线网络,扩大全货机服务覆盖范围。完善进出枢纽的配套道路设施建设,提高联运疏解效率。

提升国际物流网络化服务水平。提高国家物流枢纽通关和保税监管能力,支持枢纽结合自身货物流向拓展海运、空运、铁路国际运输线路,密切与全球重要物流枢纽、能源与原材料产地、制造业基地、贸易中心等的合作,为构建"全球采购、全球生产、全球销售"的国际物流服务网络提供支撑。促进国家物流枢纽与中欧班列融合发展,指导枢纽运营主体集中对接中欧班列干线运力资源,加强分散货源组织,提高枢纽国际货运规模化组织水平。充分发挥中欧班列国际铁路合作机制作用,强化国家物流枢纽与国外物流节点的战略合作和业务联系,加强中欧班列回程货源组织,进一步提高运行质量。发挥陆上边境口岸型枢纽的辐射作用,加强与"一带一路"沿线国家口岸相关设施的功能衔接、信息互联,加强单证规则、检验检疫、认证认可、通关报关、安全与应急等方面的国际合作,畅通陆路双向贸易大通道。

(二)依托国家物流枢纽加快多式联运发展

加强干支衔接和组织协同。充分发挥国家物流枢纽的资源集聚和区域辐射作用,依托枢纽网络开发常态化、稳定化、品牌化的"一站式"多式联运服务产品。推动港口型枢纽统筹对接船期、港口装卸作业、堆存仓储安排和干线铁路运输计划。鼓励空港型枢纽开展陆空联运、铁空联运、空空中转,发展"卡车航班",构建高价值商品的快捷物流服务网络。支持具备条件的国家物流枢纽建立"公共挂车池",发展甩挂运输,试点开展滚装运输;支持建设多式联运场站和吊装、滚装、平移等快速换装转运设施,加快发展国内国际集装箱公铁联运和海铁联运。

创新标准形成和应用衔接机制。支持和引导国家物流枢纽采用已发布的快递、仓储、冷链、口岸查验等推荐性国家标准和行业标准,严格执行有关规划建设和安全作业标准。研究国家物流枢纽间多式联运转运、装卸场站等物流设施标准,完善货物装载要求、危险品界定等作业规范,加强物流票证单据、服务标准协调对接。充分发挥物流骨干企业作用,通过高频次、规模化、市场化的物流活动,推动多式联运服务、设施设备等标准进一步衔接,重点在水铁、公铁联运以及物流信息共享等领域,探索形成适应枢纽间多式联运发展的市场标准,为制定国家和行业有关标准提供依据。

推广多式联运"一单制"。研究在国家物流枢纽间推行集装箱多式联运电子化统一单证,加强单证信息交换共享,实现"一单制"物流全程可监测、可追溯。加强不同运输方式在货物交接、合同运单、信息共享、责任划分、保险理赔等方面的制度与规范衔接。鼓励企业围绕"一单制"物流创新业务模式,拓展统一单证的金融、贸易、信用等功能,扩大单证应用范围,强化与国际多式联运规则对接,推动"一单制"物流加快发展。

(三)打造高效专业的物流服务网络

现代供应链。促进国家物流枢纽与区域内相关产业协同联动和深度融合发展,打造以国家物流枢纽为核心的现代供应链。鼓励和引导制造、商贸、物流、金融等企业,依托国家物流枢纽实现上下游各环节资源优化整合和高效组织协同,发展供应链库存管理、生产线物流等新模式,满足敏捷制造、准时生产等精益化生产需要;探索发展以个性化定制、柔性化生产、资源高度共享为特征的虚拟生产、云制造等现代供应链模式,提升全物流链条价值创造能力,实现综合竞争力跃升。

邮政快递物流。推动邮政和快递物流设施与新建国家物流枢纽同步规划、同步建设,完善提升已有物流枢纽的邮件快件分拨处理功能。推动快递专业类物流园区改扩建,积极承接国家物流枢纽功能。提升邮件快件分拨处理智能化、信息化、绿色化水平。鼓励发展航空快递、高铁快递、冷链快递、电商快递、跨境寄递,推动快递物流与供应链、产业链融合发展。支持建设国际邮件互换局(交换站)和国际快件监管中心。

电子商务物流。鼓励和支持国家物流枢纽增强电子商务物流服务功能,发挥干线与区域分拨网络作用,为电商提供覆盖更广、效率更高的专业物流服务,促进农村电子商务物流体系建设,推动农产品"上行"和工业品"下行"双向高效流通,提高电子商务物流服务的时效性、准确性。鼓励国家物流枢纽综合信息服务平台与电子商务物流信息平台对接,推动国家物流枢纽网络与电子商务网络信息互联互通,实现"双网"融合。增强国家物流枢纽在跨境电商通关、保税、结算等方面的功能,提高枢纽支撑电子商务物流一体化服务的能力。

冷链物流。引导冷链物流设施向国家物流枢纽集聚,促进冷链物流规模化发展。鼓励国家物流枢纽高起点建设冷链物流设施,重点发展流通型冷库、立体库等,提高冷链设施供给质量。鼓励企业依托国家物流枢纽建设面向城市消费的低温加工处理中心,开展冷链共同配送、"生鲜电商+冷链宅配"等新模式;大力发展铁路冷藏运输、冷藏集装箱多式联运。依托国家物流枢纽综合信息服务平台,加强全程温度记录和信息追溯,促进消费升级,保障食品质量安全。

大宗商品物流。鼓励粮食、棉花等大宗商品物流嵌入国家物流枢纽服务系统,通过供应链信息协同、集中存储、精细化生产组织等方式,加快资源产地、工业聚集区、贸易口岸的物流组织变革,推动大宗商品物流从以生产企业安排为主的传统模式向以枢纽为载体的集约模式转型,促进枢纽与相关生产企业仓储资源合理配置,进一步降低库存和存货资金占用。发展铁路散粮运输、棉花集装箱运输和能源、矿产品重载运输,推动运输结构调整。

驮背运输。依托国家物流枢纽在具备条件的地区选择适合线路发展驮背运输,充分发挥驮背运输安全可靠、节能环保、运输灵活等优势。加强国家物流枢纽网络的驮背运输组织体系建设,完善与既有铁路、公路运输体系的高效衔接,进一步推动公铁联运发展,促进货物运输"公转铁"。

航空物流。促进国家物流枢纽与机场等航空货运基础设施协同融合发展,加强设施联通和流程对接。依托国家物流枢纽创新航空货运产品体系和业务模式,为集成电路等高端制造业以及生鲜冷链等高附加值产业发展提供高效便捷的物流服务支撑,优化提升航空物流产业链,增强服务实体经济能力。

应急物流。发挥国家物流枢纽网络功能和干线转运能力优势,构建应对突发情况能力强、保障效率和可靠性高的应急物流服务网络。优化存量应急物资储备设施布局,完善枢纽综合信息平台应急功能,提升统一调度、信息共享和运行协调能力。研究制定枢纽应急物流预案,建立制度化的响应机制和协同机制,确保应急物流运行迅速、精准、顺畅。

(四)促进国家物流枢纽网络军民融合发展

按照军民融合发展战略和国防建设有关要求,明确有关枢纽设施服务军事物流的建设内容和标准,支持军队后勤保障社会化。根据军事物流活动保密性、时效性、优先性等要求,拓宽军队使用地方运力、仓储设施、交通网络等物流资源的工作渠道,打通军地物流信息系统数据安全交换通道,建设物流信息资源军地共享平台,建立枢纽服务军事物流需求的运行机制,利用国家物流枢纽的干线调配能力和快速分拨网络服务军事物流需要。

专栏3 国家物流枢纽服务能力提升工程

1.内陆集装箱体系建设工程。结合我国国情和物流业发展实际,研究推广尺寸和类型适宜的内陆集装箱,完善相关技术标准体系。加强载运工具、转运设施等与内陆集装箱标准间的衔接,在国家物流枢纽网络内积极开展内陆集装箱多式联运,形成可复制的模式后逐步推广。

目标及完成时限:2020年底前,在部分国家物流枢纽间试点建立"钟摆式"内陆集装箱联运体系。

2.枢纽多式联运建设工程。加快国家物流枢纽集疏运铁路、公路和多式联运转运设施建设,建立规模化、专业化的集疏运分拨配送体系。研究制定满足多式联运要求的快速中转作业流程和服务规范。依托统一单证探索开展"一单制"物流。

目标及完成时限:2020年底前,在已投入运行的国家物流枢纽间初步建立多式联运体系,标准化联运设施设备得到推广应用,多式联运相关的服务规范和运行规则建设取得积极进展。

2025年底前,多式联运体系基本建成,先进的标准化联运设施设备得到大规模应用,多式联运相关的服务规范和运行规则基本形式,"一单制"物流加快发展。

3.枢纽铁路专用线工程。支持国家物流枢纽新建或改扩建铁路专用线,简化铁路专用线建设审批程序,建立专用线共建共用机制,提高国家物流枢纽内铁路专用线密度,加强装卸场站等联运换装配套设施建设。重点推进港口型枢纽建设连接码头堆场、铁路干线的专用线,鼓励有需要、有条件的铁路专用线向码头前沿延伸。鼓励具备条件的空港型枢纽加强铁路专用线建设。

目标及完成时限:结合国家物流枢纽建设持续推进。除空港型、部分陆上边境口岸型外,已投入运行的国家物流枢纽均具备铁路专用线,实现与铁路运输干线以及港口等交通基础设施有效联接。

4. 枢纽国际物流功能提升工程。支持基础条件好的国家物流枢纽扩大国际物流业务,建设全球转运中心、分拨中心,拓展全球交易中心、结算中心功能,积极推进中国标准"走出去"并与国际标准对接,提高在世界物流和贸易网络中的影响力。

目标及完成时限:2020年底前,建设5—10个具有较强国际竞争力的国家物流枢纽,健全通达全球主要经济体的国际物流服务网络,辐射带动更多枢纽提升国际物流功能。

5. 标准化装载器具推广应用工程。重点加强集装箱、集装袋、周转箱等载运工具和托盘(1200mm×1000mm)、包装基础模数(600mm×400mm)在国家物流枢纽推广应用,促进不同物流环节、不同枢纽间的设施设备标准衔接,提高标准化装载器具循环共用水平。

目标及完成时限:到2020年,已投入运行的国家物流枢纽中标准托盘、集装箱、集装袋、周转箱等标准化装载器具得到广泛应用,基本建立标准化装载器具循环共用体系。

六、推动国家物流枢纽全面创新,培育物流发展新动能

(一)加强新技术、新装备创新应用

促进现代信息技术与国家物流枢纽运营管理深度融合,提高在线调度、全流程监测和货物追溯能力。鼓励有条件的国家物流枢纽建设全自动化码头、"无人场站"、智能化仓储等现代物流设施。推广电子化单证,加强自动化控制、决策支持等管理技术以及场内无人驾驶智能卡车、自动导引车、智能穿梭车、智能机器人、无人机等装备在国家物流枢纽内的应用,提升运输、仓储、装卸搬运、分拣、配送等作业效率和管理水平。鼓励发展智能化的多式联运场站、短驳及转运设施,提高铁路和其他运输方式换装效率。加强物流包装物在枢纽间的循环共用和回收利用,推广使用可循环、可折叠、可降解的新型物流设备和材料,鼓励使用新能源汽车等绿色载运工具和装卸机械,配套建设集中式充电站或充电桩,支持节能环保型仓储设施建设,降低能耗和排放水平。

(二)发展物流新业态新模式

高效响应物流市场新需求。适应产业转型、内需扩大、消费升级带来的物流需求变化,加强国家物流枢纽与腹地生产、流通、贸易等大型企业的无缝对接,提高市场感知能力和响应力。发展集中仓储、共同配送、仓配一体等消费物流新模式,构建以国家物流枢纽为重要支撑的快速送达生活物流圈,满足城乡居民小批量、多批次、个性化、高品质生活物流需求。引导国家物流枢纽系统对接国际物流网络和全球供应链体系,支持中欧班列、跨境电商发展。鼓励大型物流企业依托国家物流枢纽开展工程设备、大宗原材料的国际工程物流服务。

鼓励物流枢纽服务创新。建立国家物流枢纽共享业务模式,通过设施共建、产权共有、利益协同等方式,引导企业根据物流需求变化合理配置仓储、运

力等资源。加强基础性、公共性、联运型物流设施建设,强化物流枢纽社会化服务功能,提高设施设备共享共用水平。发展枢纽平台业务模式,将枢纽内分散的物流业务资源向枢纽平台整合,以平台为窗口加强业务资源协作,统一对接上游产业物流需求和下游物流服务供给。拓展枢纽供应链业务模式,发挥国家物流枢纽在区域物流活动中的核心作用,创新枢纽的产业服务功能,依托国家物流枢纽深化产业上下游、区域经济活动的专业化分工合作,推动枢纽向供应链组织中心转变。

(三)打造特色鲜明的枢纽经济

引导地方统筹城市空间布局和产业发展,充分发挥国家物流枢纽辐射广、成本低、效率高的优势,带动区域农业、制造、商贸等产业集聚发展,打造形成各种要素大聚集、大流通、大交易的枢纽经济,不断提升枢纽的综合竞争优势和规模经济效应。依托陆港型枢纽,加快推进与周边地区要素禀赋相适应的产业规模化发展。依托港口型枢纽,优先推进临港工业、国际贸易、大宗商品交易等产业联动发展。依托空港型枢纽,积极推进高端国际贸易、制造、快递等产业提质升级。依托生产服务型枢纽,着力推进传统制造业供应链组织优化升级,培育现代制造业体系。依托商贸服务型枢纽,重点推进传统商贸向平台化、网络化转型,带动关联产业集群发展壮大。依托陆上边境口岸型枢纽,推进跨境电商、进出口加工等产业聚集发展,打造口岸产业集群。

专栏4　国家物流枢纽创新驱动工程

1.枢纽经济培育工程。发挥国家物流枢纽要素聚集和辐射带动优势,推进东部地区加快要素有机融合与创新发展,提高经济发展效益和产业竞争力,培育一批支撑产业升级和高质量发展的枢纽经济增长极;推进中西部地区加快经济要素聚集,促进产业规模化发展,培育一批带动区域经济增长的枢纽经济区。

目标及完成时限:2025年底前,依托国家物流枢纽及相关产业要素资源,推动20个左右承载城市发展各具特色的枢纽经济,探索形成不同区域、不同类型国家物流枢纽支撑和带动经济发展的成熟经验。

2.枢纽业务模式创新培育工程。支持和引导国家物流枢纽开展物流线上线下融合、共同配送、云仓储、众包物流等共享业务。在平台开展物流对接业务的基础上,进一步拓展交易担保、融资租赁、质押监管、信息咨询、金融保险、信用评价等增值服务,搭建物流业务综合平台。结合枢纽供应链组织中心建设,提高枢纽协同制造、精益物流、产品追溯等服务水平,有序发展供应链金融,鼓励开展市场预测、价格分析、风险预警等信息服务。

目标及完成时限:2025年底前,建设30个左右体现共享型、平台型、供应链组织型特色的国家物流枢纽。

3.智能快递公共枢纽建设工程。依托国家物流枢纽,建设一批信息化、标准化、智能化、绿色化特征显著,设施配套、运行高效、开放共享的国际和国内快递公共枢纽,推进快递与上下游行业信息联通、货物畅通、资金融通,促进快递运转效率进一步提升。

目标及完成时限:2025年底前,基于国家物流枢纽的快递高效服务网络基本建立,联结并辐射国际重要节点城市,实现物品安全便捷寄递。

七、加强政策支持保障，营造良好发展环境

（一）建立完善枢纽建设协调推进和动态调整机制

充分发挥全国现代物流工作部际联席会议作用，建立国家物流枢纽培育和发展工作协调机制，统筹推进全国物流枢纽布局和规划建设工作。在符合国土空间规划的基础上加强与综合交通运输规划等的衔接。研究制定国家物流枢纽网络建设实施方案，有序推动国家物流枢纽建设。建立国家物流枢纽定期评估和动态调整机制，在规划实施过程中，对由市场自发建设形成且对完善国家和区域物流网络具有重要意义的枢纽和所在城市及时调整纳入规划范围，享受相关政策；对枢纽长期达不到建设要求或无法有效推进枢纽实施的承载城市要及时调出。有关地方要加强部门间的协调，扎实推进相关工作，形成工作合力和政策协同。

（二）优化枢纽培育和发展环境

持续深化物流领域"放管服"改革，打破阻碍货畅其流的制度藩篱，支持国家物流枢纽的运营企业通过技术创新、模式创新、管理创新等方式提升运营水平，为入驻企业提供优质服务。规范枢纽内物流服务企业的经营行为，严格执行明码标价有关规定，坚决消除乱收费、乱设卡等推高物流费用的"痼疾"。适当下浮枢纽间铁路干线运输收费，适当提高中西部地区铁路运输收费下浮比例。研究内陆地区国家物流枢纽实施陆港启运港退税的可行性。鼓励地方政府在国家物流枢纽统筹设立办事服务机构，支持交通、公安、市场监管、税务、邮政等部门进驻枢纽并开展联合办公。在全国信用信息共享平台和国家企业信用信息公示系统中，完善枢纽物流服务企业信用信息，增强企业信用信息记录和查询服务功能，落实企业失信联合惩戒制度，为国家物流枢纽发展提供良好信用环境。

（三）完善规划和用地支持政策

对国家物流枢纽范围内的物流仓储、铁路站场、铁路专用线和集疏运铁路、公路等新增建设用地项目，经国务院及有关部门审批、核准、备案的，允许使用预留国家计划；地方相关部门审批、核准、备案的，由各省（区、市）计划重点保障。鼓励通过"先租后让"、"租让结合"等多种方式供应土地。对因建设国家物流枢纽需调整有关规划的，要积极予以支持。利用国家物流枢纽中的铁路划拨用地用于物流相关设施建设，从事长期租赁等物流经营活动的，可在五年内实行继续按原用途和土地权利类型使用土地的过渡期政策，期满及涉及转让需办理相关用地手续的，可按新用途、新权利类型和市场价格以协议方式办理。加强国家物流枢纽空间布局与城市功能提升的衔接，确保枢纽用地规模、土地性质和空间位置长期稳定。研究制定合理的枢纽容积率下限，提高土地资源利用效率。

（四）加大投资和金融支持力度

中央和地方财政资金利用现有渠道积极支持枢纽相关设施建设。研究设立国家物流枢纽中央预算内投资专项，重点支持国家物流枢纽铁路专用线、多式联运转运设施、公共信息平台、军民合用物流设施以及内部道路等公益性较强的基础设施建设，适当提高中西部地区枢纽资金支持比例。中央财政投资支持的国家物流枢纽项目需签订承诺书，如改变项目土地的物流用途等，须连本带息退还中央财政资金。引导商业金融机构在风险可控、商业可持续条件下，积极支持国家物流枢纽设施建设。支持符合条件的国家物流枢纽运营主体通过发行公司债券、非金融企业债务融资工具、企业债券和上市等多种方式拓宽融资渠道。按照市场化运作原则，支持大型物流企业或金融机构等设立物流产业发展投资基金，鼓励包括民企、外企在内的各类社会资本共同参与国家物流枢纽规划建设和运营。

（五）加强规划组织实施

各地区、各部门要按照职责分工，完善细化相关配套政策措施，认真落实规划各项工作任务。各省级发展改革部门要会同交通运输等部门，根据本规划和相关工作方案要求，指导承载城市结合城市总体规划和本地区实际编制具体方案，并对照有关要求和重点任务，积极推进枢纽规划建设。已编制物流业发展规划的城市，应结合国家物流枢纽布局，对原有规划进行调整修编；尚未编制物流业发展规划的城市，按照本规划要求结合实际尽快统筹编制相关规划。国家物流枢纽运营主体要完善统计制度，加强数据收集和分析，定期报送相关运营情况。国家发展改革委、交通运输部要会同有关部门加强统筹协调和工作指导，及时协调解决规划实施中存在的问题，重大问题及时向国务院报告。